Heinz Wetzel

Damals in drei deutschen Ländern

für Suzanne und Claudia

Heinz Wetzel

Damals in drei deutschen Ländern

ATHENEMEDIA

Die Beschreibung historischer Ereignisse und Personen orientiert sich eng an den Erfahrungen des Autors. Größter Wert wurde darauf gelegt, allen Rechten zu entsprechen. Sollten trotzdem Rechte Dritter berührt sein, bitten wir die Betroffenen, uns dies mitzuteilen. Für den Inhalt ist der Autor verantwortlich.

Erstausgabe

Umschlaggestaltung: Athene Media
Umschlagbild: Panayotis Yalelis
Autorenfoto: Jorgilias Wetzel-Yalelis
Printed in Germany
ISBN 978-3-86992-218-8
www.athene-media.de

Inhalt

Vorwort

Er wuchs in drei deutschen Ländern auf: Im Deutschen Reich, in der Deutschen Demokratischen Republik und in der Bundesrepublik Deutschland. Mit 30 Jahren kam er Deutschland ganz abhanden; aber eigentlich ging er schon mit 26 ins Ausland.

Sein Leben fing 1935 an. Im Jahr 1945 erlebte Max den ersten großen Umschwung: Das Deutsche Reich war zu Ende und die Sowjetische Besatzungszone Deutschlands wurde etabliert, jedenfalls in dem Teil von Deutschland, wo er wohnte. Das Jahr 1945 hat er stets für den größten Einschnitt in seinem Leben gehalten. Schon 1949 ging die Sowjetische Besatzungszone in die Deutsche Demokratische Republik über. Seine Eltern und die beiden Geschwister, später auch seine Schwiegereltern, blieben dort wohnen. Deshalb machte ihm dieser Staat zu schaffen, bis die DDR 1989 endlich das Zeitliche segnete.

Aber schon 1952 ging Max schwarz über die Grenze nach Westberlin. Damit war er dem Zugriff der DDR entronnen, außer, wenn er sich später auf deren Gebiet traute. Das geschah nicht selten. Im Westen galt er als Bürger Westberlins, später der Bundesrepublik, aber er traf auch da auf Menschen, die er nicht gerade sympathisch fand. Schließlich ging er 1964 nach Nordamerika.

„Das ist nicht fair den Deutschen gegenüber," sagte seine Frau Johanna zu ihm, sodass ich es hören konnte, „das klingt, als ob du wegen der Deutschen ins Ausland gegangen bist; dabei hat dein Erlebnisdrang mindestens eine ebensolche Rolle gespielt." Max gab das zu. Er wollte aber nicht über die fünfzig Prozent hinausgehen, mit denen sein Erlebnisdrang ihn motiviert hatte.

Seine Entwicklung werde ich anhand von Episoden erzählen, die in seinem Leben eine Rolle gespielt haben. Man kann diese Geschichten auch jeweils für sich lesen, aber dann geht einem die zeitliche Abfolge verloren. Allerdings überlagert eine Episode zeitlich manchmal eine andere; dann halte ich selbst die chronologische Folge nicht ein. Doch das geschieht selten.

Max hat es gegeben; es gibt ihn noch immer, und vielleicht erzähle ich irgendwann noch die anderen Episoden, die er mir mitgeteilt hat, die aus seinem späteren Leben. Schon die Geschichten, die ich hier erzählt habe, sind alle passiert. Es wird deshalb niemanden wundern, dass ich wegen dieser großen Nähe zur Wirklichkeit alle Personennamen und auch die geografischen Namen – außer den Namen von Ländern und mittelgroßen und großen Städten – geändert habe, denn ich musste Max und die Menschen, die um ihn waren, ja vor bloßer Neugier schützen.

Ottawa, 15. September 2014

Heinz Wetzel

1 Die gespenstische Kutsche

Die Leute sagen, das Früheste, an das man sich erinnert, hat mit großem Lärm und schneller Bewegung zu tun. Möglich, dass Max nur dadurch im Lauf der Zeit zu dem Glauben gekommen ist, die Sache mit dem Einspänner sei seine älteste Erinnerung.

Er spielte in sich versunken auf der Straße vor dem Haus; es war eine enge, mit Kopfsteinen gepflasterte Straße. Die Häuser waren niedrig, höchstens zwei Stockwerke hoch, und weil sie auf sumpfigem Grund standen, neigten sich manche nach vorn und manche nach hinten. Gerade beobachtete Max eine Ameisenstraße, und er dachte darüber nach, was die Tiere sich wohl zu sagen hatten, wenn sich zwei von ihnen begegneten, dabei kurz stehen blieben und die Köpfe zusammensteckten.

Da kam von der breiten Hauptstraße her plötzlich ein Pferd in vollem Galopp die Straße herab, einen leichten Einspänner hinter sich herziehend, der vorn eine Sitzbank und dahinter eine kastenförmige Ladefläche hatte. Mäxchen blickte auf, und sofort sah er, dass der Wagen hin und her schlenkerte und nicht wie üblich in gerader Linie hinter dem Pferd blieb; er scherte mal nach links, mal nach rechts aus. Der Platz des Kutschers, der sonst das Gespann von seiner Sitzbank her weit überragte, war diesmal gespenstisch leer. Nur die Lehne konnte man sehen.

Max sprang schreiend auf, wie das geisterhafte Gefährt von oben her auf ihn zukam, die Hufe in einem ungewohnten, erschreckend schnellen Rhythmus klapperten und die eisenbereiften Räder auf dem Pflaster rasselten, und lief die drei Stufen hinauf zur Haustür. Die aber war, wie immer, verschlossen. Weil das Trottoir nur schmal war, schloss die unterste Stufe mit der Hausfront ab, und die drei Stufen führten in einer Nische bis zur Haustür aufwärts. Hier oben konnte man sich schon sicherer fühlen. Wenn man auch wissen wollte, was auf der Straße los war, stellte man sich auf die untere Stufe, reckte den Kopf hinaus und konnte nun die Straße hinauf- und hinabsehen. Mäxchen aber hatte schon viel zu viel gesehen. Von der oberen Stufe erreichte man die Hausklingel, aber dazu war er noch zu klein. Die Angst vor dem aufsässigen Pferd schrie aus ihm, er wollte ins Haus.

Als er Luft holte, hörte er das rettende Geräusch: Von innen wurde der Schlüssel ins Schlüsselloch geschoben und fast gleichzeitig mit einem energischen Ruck umgedreht. Er stürzte an seiner Mutter vorbei und sah sich erst aus dem kühlen Hausflur nach ihr um. Sie stand auf der untersten Stufe und sah die Straße hinauf, von wo der Lärm kam. Weil er fürchtete, dass Mutter sich irgendeiner Gefahr aussetzte oder dass auch ihm diese Gefahr durch die offene Tür irgendwie ins Haus folgen könne, hörte er nicht auf zu schreien sodass Mutter die Haustür hinter ihm wieder verschloss und mit ihm ins Wohnzimmer lief, aus dessen zwei Fenstern sie auf die Straße sahen.

Dort war es seltsam still geworden. Als sie sich in die Ecke neben dem linken Fenster drängten, um die Straße ein kleines Stück nach rechts hinaufzusehen, stand Nachbar Ambros schon auf dem Damm und hielt das Pferd am Zügel, während Herr und Frau Vierling aus ihrem Haus schräg gegenüber gestürzt kamen und den Kutscher von der Ladefläche zogen, auf die er gefallen war. Mäxchen staunte, als er sich bewegte und als Frau Vierling, die immer etwas vornübergeneigt, sehr resolut und immer drei Schritte vor Herrn Vierling durch die Stadt lief, Herrn Ambros zurief: „Is nischt passiert. Er is bloß besoffen!“ Noch mehr staunte er aber über das Pferd, weil es so plötzlich stehen geblieben war.

Vater erklärte es beim Abendbrot: Man könne Pferde, die durchgehen, aufhalten, wenn man sich ihnen mit ausgebreiteten Armen in den Weg stelle. Dann bekam er einen Schreck und ermahnte seinen Sohn eindringlich, das nicht etwa zu versuchen. Aber damals hätte der es sowieso nicht getan, und im Lauf der Jahre gab es immer weniger Gelegenheiten dazu; es gehen ja kaum noch Pferde durch. Max war froh, weil alles so schnell wieder in die gewohnte Bahn gekommen war. Aber auch angstvoll war er geworden, weil die Weltordnung so schnell und ohne vernünftigen Grund aus ihrem sicheren Gleis geraten konnte.

Alltags trug er eine blaue Kinderschürze mit Trägern und einer großen Tasche, auf der eine Ente mit ihren Kücken zu sehen war. Die Ente war von einem klaren Weiß, die Kücken aber von kräftigem Gelb, und alle gingen im Gänsemarsch, man sah sie nur im Profil. Er trug kurze braune Strickhosen und ein Alltagshemd. Sonntags aber durfte er sich auf keinen Fall schmutzig machen. Er musste ein Sonntagshemd, gute Hosen – die mit den aufgesetzten Perlmuttknöpfen – und weiße Kniestrümpfe tragen, letztere aber nur in der warmen Jahreszeit, weshalb es um Ostern immer zu Spannungen in der Familie kam. Dazu hatte er einen Hut, der wie ein Tirolerhut aussehen sollte und an dem hinten eine riesige Truthahnfeder festgenäht war. Mäxchen sollte glauben, dass es eine Adlerfeder war. Das tat er viel zu lange. Die Feder, die seinen Kopf weit überragte, erregte so viel Aufsehen, dass man ihn öfter danach fragte, auch

Erwachsene. Dann sagte er stolz: „Adlerfeder“, aber die Leute kamen näher und sahen sie sich genauer an, und manchmal wollten die Männer ihren fachmännischen Blick beweisen und sagten: „Det is ‘ne Truthahnfeder.“ Er wusste natürlich genau, dass es eine Adlerfeder war. Sollten sie reden. Aber dann wollte er einmal beim Sonntagsspaziergang erhobenen Hauptes unter einem überhängenden Ast hindurchschreiten, was ihm in seiner Alltagskleidung anstandslos gelungen wäre. Die Feder war aber zu hoch und knickte ein. Damit war auch sein Stolz gebrochen. Er hatte das verächtliche „Truthahnfeder“ zu oft gehört.

Mit Putern hatte er ohnehin nichts im Sinn. Am südlichen Ende seiner Straße, wo es zur Burg ging, stand das Hotel *Preußischer Adler*. Es diente schon lange nicht mehr als Hotel, das ganze obere Stockwerk stand leer, nur die Gastwirtschaft unten war noch in Betrieb, und der schon alte Besitzer wollte sich mit seiner Putenzucht was dazuverdienen. Mäxchens Problem war, dass manchmal das Hoftor des *Preußischen Adler* offen blieb und die Tiere auf die Straße kamen. Sie liefen blau und rot an, wenn jemand bloß vorbeikam, und machten komische Geräusche, als ob sie einen synkopierten Schluckauf hätten, nur viel lauter. Dabei hing ihnen irgendein rotes Gezottel im Gesicht, und aus dem Schwanz wurde ein riesiger Fächer; der bewegte sich kaum, dafür aber ruckartig. Mäxchen richtete im Vorbeigehen immer ein Auge auf das Hoftor, und einmal ist er auf die oberste Stufe vor der Haustür seiner Eltern retiriert, als sich bloß ein Hühnerkücken unter dem Tor des *Preußischen Adler* durchgequetscht hatte und auf der Straße zwischen den Pflastersteinen herumpickte. Als seine Mutter mit missbilligendem Blick die Tür wieder öffnete, rief er ihr entgegen: „Dahinten geht ein Kücken!“

2 Der Sonntagnachmittagsspaziergang

Die Samthose blieb Mäxchen aus gutem Grund in Erinnerung. Ich muss hier etwas ausholen: Max galt als jähzornig. Selbst sah er das natürlich anders, aber es kam wegen dieses unschönen Charakterzugs immer wieder zu lebhaften Auseinandersetzungen, wobei Mutter, Vater und seine Schwester Lena die eine Seite einnahmen, und nur Mäxchen die andere – man sieht schon: Er war allein. Anlässe für seine Ausbrüche gab es viele. Er weiß aber nicht mehr, wer im Folgenden wirklich im Unrecht war, falls man hier überhaupt von Recht und Unrecht sprechen kann, denn welches die richtigen Maßstäbe sind, das ist ein anderes Problem, und kein kleines.

Die Auseinandersetzungen fingen wie immer mit einer kleineren Missetat Mäxchens an, die seine Eltern nicht hinnehmen wollten. Er aber sah in ihren Erziehungsmaßnahmen ein himmelschreiendes Unrecht und weigerte sich, klein beizugeben und „artig" zu sein. Allein vor dem Wort, das ihm Unterwerfung und Konformismus bedeutete, empfand er tiefen Ekel. Aber immer wieder stieß er an die Grenzen seiner Macht, denn in der Speisekammer, gleich links in der Ecke, stand der Rohrstock, vor dem er wirklich Angst hatte, nicht der Schmerzen, sondern der Demütigungen wegen.

Mit Schlägen in die Ecke getrieben und seiner Würde beraubt, ist er oft in das wenig benutzte Wohnzimmer gerannt, hat sich mit einem Aufschrei auf die Chaiselongue geworfen und seinen Kopf in die Kissen gedrückt. Auch wenn sein Schluchzen längst aufgehört hatte, ist er noch lange liegen geblieben. Den Geruch, der in der Polsterung hing, kannte er genau. Er stellte sich dann allerlei vor: wie er von zu Hause wegläuft und alle ihn ängstlich suchen oder wie er sich das Leben nimmt und alle um seinen Sarg stehen und weinen, das Übliche eben. Solche Vorstellungen hatte er auch später noch, in der „schlechten Zeit", als Vater im Krieg, sein Bruder Joachim noch ein Baby war und Mutter mit den dreien allein zurechtkommen musste. Die Geschichte mit der Samthose ist aber schon früher passiert, mehrere Jahre bevor Max in die Schule kam.

Es war an einem Sonntag nach dem Mittagessen, er hatte irgendwas angestellt und musste nach mehreren Ermahnungen, die er nicht beachtet hatte, ins Bett. Draußen schien die Sonne, aber im Zimmer war es stockdunkel, denn die Jalousien im Schlafzimmer waren heruntergelassen. Vater muss sehr erzürnt gewesen sein, denn dass Mäxchen mit Sachen im Dunkeln ins Bett musste, und das während des Tages, hatte es noch nie gegeben. Sein Kinderbett hatte am Kopf- und am Fußende metallene Verzierungen; er schlief immer in einer Art Drahtkäfig. So waren Kinderbetten damals; man konnte sich dann nicht verletzen. Aus diesem Käfig konnte er aber auch nicht heraussteigen, und zur Gesellschaft hatte er nur seinen Teddy.

Es war also Sonntagnachmittag. Er hatte seinen Sonntagsanzug an; dazu gehörte die Samthose mit den Perlmuttknöpfen. Der Sonntagnachmittagsspaziergang stand bevor, und weil er immer noch schrie, als wenn er am Spieß steckte, fragten sich seine Eltern, was zu tun sei. Der

Sonntagnachmittagsspaziergang war eine geheiligte Institution. Er durfte nicht ausfallen. Man traf andere wohlgekleidete und wohlgescheitelte Familien, Mäxchens Vater lüftete jedes Mal den Hut, wenn man einander im Vorbeigehen grüßte, und auch die Route lag fest. Zwar erkundigte sich Mutter vor jedem Aufbruch danach, aber Vaters Antwort, obwohl sie immer abwägend klang, blieb stets dieselbe: „Na, erst durchs Bürgerholz, dann über den Friedhof und dann bei Oma mit ran."

Das Wort „Bürgerholz" benutzte nur Vater; alle anderen sagten „Hölzchen". Lange hielt Mäxchen Vaters Ausdrucksweise für steifleinen und witterte darin eine Art übertriebenes Standesbewusstsein, aber später kam er dahinter, dass Vater zuinnerst ein Demokrat war. Als der Krieg nämlich zu Ende war, begriff Max allmählich, was Demokratie ist, und er glaubte, dass Vater mit dem Wort „Bürgerholz" nur die wahren Besitzverhältnisse betonen wollte, denn er hatte einen ausgeprägten Ordnungs- und Gerechtigkeitssinn, und das Hölzchen war nun mal städtisches Eigentum; es gehörte den Bürgern.

Oma in der Ahornstraße war Vaters Mutter. Seit ihr Mann schon sehr früh gestorben war – selbst Vater hatte ihn kaum gekannt –, wohnte sie in ihrem kleinen Häuschen, und Max hatte den Verdacht, dass Vater die Besuche bei ihr an die Sonntagnachmittagsspaziergänge anhängte, weil das Einvernehmen zwischen Mutter und ihr nicht so groß war, dass extra Familienbesuche angebracht gewesen wären. Ich will gleich noch von ihr erzählen.

An jenem Sonntag nun drängte die Entscheidung, weil sonst der Zeitplan allzu sehr durcheinander gekommen wäre, denn man musste ja auch noch Kaffee trinken und Abendbrot essen, wie es sich gehört. Ein paarmal war Mutter schon im Schlafzimmer erschienen, wobei von der Tür her immer etwas Licht in Mäxchens Dunkel gefallen war, und hatte gefragt, ob er nun „artig" sein wolle, worauf er jedes Mal mit erneutem Wutgeheul geantwortet hatte. Mutter konnte ja nicht wissen, wie sehr ihm das Wort ein rotes Tuch war. Ihm wurde also verkündet, dass die Familie dann ohne ihn spazieren gehen werde. Der bloße Verdacht, er solle damit unter Druck gesetzt werden, reizte ihn zu einem nochmaligen lautstarken Protest.

Die Familie ging spazieren, Max blieb zurück. Erst musste er seine Lage als im Dunkeln Eingesperrter begreifen, dann steigerten sich sein Selbstmitleid und die Wut über seine Machtlosigkeit so sehr, dass er ihnen Ausdruck geben musste. Das war nicht einfach, weil niemand ihn hören konnte. Doch mit der Not kommen auch die Einfälle. Mutter hatte den Drahtkäfig, sein Bett, innen mit einer gekräuselten Bespannung aus lichtem, hellblauen Stoff mit kleinen Blümchen darauf ganz ringsum verziert, sodass eigentlich von einem Käfig gar nicht die Rede sein konnte, so wenig war von innen her von dem Gitter zu sehen. In seiner grenzenlosen Wut zerriss er diese Bespannung. Er riss sie nicht nur vom Bett ab, was ihm sonst nicht entfernt in den Sinn gekommen wäre, sondern er riss sie auch noch in Fetzen. Sein Teddy flog in hohem Bogen auf die Elternbetten. Erst dann beruhigte er sich etwas.

Der Spaziergang wurde diesmal abgekürzt, der Schlüssel drehte sich im Schloss, und im nächsten Augenblick sah Mutter ihr Mäxchen mitten in der Verwüstung sitzen. Sie schrie auf, Vater kam, sah, und schritt stumm zur Speisekammer. Von dort kam er mit dem Rohrstock zurück und verprügelte Mäxchen, dass ihm Hören und Sehen verging, aber nicht das Schreien, das markerschütternd gewesen sein muss.

Die Tür zum Schlafzimmer war offen geblieben. Durch das geriffelte Glas im ovalen Fenster der Korridortür am anderen Ende des Korridors konnte man sehen, was im Hausflur vor sich ging. Deshalb sah Max nach einer kleinen Weile, wie jemand in grüner Uniform, mit Stiefeln und gemessenem Schritt die Treppe herabkam und gleich darauf energisch an die Korridortür klopfte. Statt der Klinke hatte diese Tür einen Knopf, den man nicht drehen konnte; sie war auch, wie die Haustür, immer verschlossen. Vater ließ von Mäxchen ab und ging, um zu öffnen. Draußen stand der Landgendarmeriewachtmeister, der große Herr Zimmermann. Ihm und seiner Frau hatten die Eltern die obere Wohnung vermietet; Zimmermanns hatten selbst keine Kinder und waren vernarrt in Lena und Mäxchen. Max erfüllte es immer mit Stolz, dass am Elternhaus, neben dem Eingang, eine Emaille-Tafel mit einem ehrfurchtgebietenden grünen Emblem und der Aufschrift „Landgendarmerie-Meisterei Sachsenbach“ prangte. Es gab auch noch einen kleinen Herrn Zimmermann, der aber nur das eine Zimmer bewohnte, das gleich über der Treppe lag, und über den nichts weiter zu sagen ist.

Der große Herr Zimmermann stand also gestiefelt und gespornt in seiner grünen Uniform vor der Wohnungstür, was Max wusste und was Vater, als er durch den Korridor schritt, ebenfalls sah, denn das geriffelte Glas im ovalen Rahmen ließ die Umrisse dessen, der Einlass begehrte, und die Farbe seiner Kleidung erkennen. Beide konnten sich denken, was der große Herr Zimmermann wollte. Vater sah sich aber im Recht, und so bat er Herrn Zimmermann diesmal nicht in die Wohnung, obwohl die Familien befreundet waren. In und vor der Tür kam es zu einer lautstarken Auseinandersetzung. Die Kontrahenten legten einander ihre jeweilige Rechtsposition dar, dann stiefelte der große Herr Zimmermann wieder treppauf, unverrichteter Dinge, könnte man meinen. Aber so war es nicht, denn Vaters Zorn war während der juristischen Disputation einer Nachdenklichkeit gewichen, wozu wahrscheinlich die polizeiliche Meinungsäußerung beigetragen hatte, der Rohrstock war zurück in die Speisekammer gewandert, und in Mäxchens Wut und Angst hatte sich schon wieder Neugier gemischt, alles Voraussetzungen für eine allmähliche Normalisierung.

Nur Mutter blieb auf der Arbeit sitzen, sie musste für eine neue Bettbespannung sorgen. Und dann entdeckte sie noch, dass an Mäxchens Samthose ein Perlmuttknopf zerbrochen war, zerschlagen von einem der väterlichen Hiebe, von deren Wucht dieser Perlmuttknopf noch lange zeugte. Ohne ihn wäre das Ereignis vielleicht niemandem im Gedächtnis geblieben.

Heute sagt Max, dass man, um die Handelnden richtig beurteilen zu können, viel mehr wissen müsste, als diese Geschichte verrät. Das klingt geheimnisvoll, aber wenn man ihm glaubt, ist er der Auflösung dieser Zusammenhänge nie näher gekommen.

3 Oma in der Ahornstraße

Zum Wohnzimmer von Mäxchens Oma ging es gleich rechts, wenn man die Haustür in der Ahornstraße 17 hinter sich geschlossen hatte. So wie „die Eltern in Ellenhausen“ zu Mutter gehörten, gehörte Oma, wie gesagt, zu Vater. Innen über ihrer Tür hing in einem dreidimensionalen Glasrahmen, von kleinen Spiegeln und allerhand Verzierungen umgeben, ein Myrtenkranz, Omas Brautkranz. Wer ins niedrige Wohnzimmer trat, musste darunter hindurch. Geradeaus über dem Sofa, dem Tisch und den zwei Stühlen tickte eine Wanduhr, die zwischen zwei großen Bildern hing. Auf dem linken Bild, einer großen Fotografie, die in einem leichten Braunton gehalten war, sah man die Offiziere und Soldaten eines preußischen Füsilierregiments, die auf ansteigender Tribüne um ihren Ehrenkommandeur, einen preußischen Prinzen in strahlend weißer Uniform und mit einem Vogel auf dem Helm – wahrscheinlich war es ein Adler – aufgebaut waren. Mäxchens Opa, der schon lange tot war, stand auf dem Bild ganz oben rechts, weit weg vom Prinzen, in der zweitobersten Reihe. Unter dem Bild standen alle Namen gedruckt, deren Anordnung derjenigen der Namensträger auf dem Bild entsprach. Mäxchen stand lange auf dem Sofa und fuhr von seinem Nachnamen mit dem Finger hinauf, um zwischen all den jungen Soldaten nach seinem Opa zu suchen, bis Oma ihn ihm zeigte.

Auf der anderen Seite der Wanduhr war ein ebenso großes Bild aufgehängt, das aber schön bunt war. Es war nicht wirklich eine Fotografie. Zwischen allerlei Ranken und Eichenblättern standen drei Soldaten in Großformat, alle in tadelloser Haltung und makellosem Preußischblau, die beiden äußeren im Schrägprofil, der mittlere direkt von vorn. Obendrüber in einem Bogen stand: „Mit Gott für König und Vaterland!“ und unten drunter: „Füsilier Paul Emil Bärenreiter".

Er fragte Oma einmal, wer das auf dem Bild sei. Sie antwortete: „Det is dein Opa.“ Das erste Mal nahm er es hin, dass sie nicht auf die beiden andern Soldaten einging und ihm auch nicht sagte, welcher der drei sein Opa sei. Er dachte, es müsse ein Geheimnis dahinter lauern, an das er besser nicht rührte. Aber dann plagte ihn die Neugier doch. Er wollte Oma überlisten, zeigte auf den Soldaten am linken Rand und fragte: „Wer is ‘n der da?“ Die Antwort war wieder: „Det is dein Opa.“ Dann zeigte er schnell auf den in der Mitte: „Und der?“ – „Der ooch.“ Dann zeigte er auf den Soldaten rechts im Bild: „Und der?“ Nun hatte sie etwas Ungeduld in der Stimme: „Na, der ooch.“ Lange hat er dieser wundersamen Vermehrung seiner Großväter väterlicherseits nachgesonnen, bis er sich eines Tages wieder einen Stuhl vor das Bild rückte – das Sofa reichte nicht bis unter das zweite Bild – und erkannte, dass das Gesicht jedes der drei Soldaten fotografiert und aufgeklebt und dass es jedes Mal dasselbe Gesicht war.

Wenn seine ganze Familie bei Oma „mit ran“ kam und alle vier in ihre Stube traten, war es oft schon dämmrig. Mutters erster Griff war dann nach dem Lichtschalter. Wenn es draußen schon kälter war, saß Oma mit dem Rücken an ihrem großen, grünen Kachelofen. Dann kam regelmäßig die Frage, die eigentlich nur eine Feststellung war, aber auch eine leichte Kritik einschloss: „Du sitzt ja hier ganz im Dunkeln.“ Die Antwort darauf war: "Ick kann meine Fennje ooch im Dustern zähln.“ Es folgte eine etwas gezwungene Unterhaltung, bei der Max sich in seinen Sonntagssachen fehl am Platz vorkam, und danach ging die Familie wieder.

War der Ofen geheizt, dann stellte sich Mäxchens Vater wenigstens einige Augenblicke mit dem Rücken dagegen. Dabei musste er aufpassen, dass er sich nicht an der Ofenröhre versengte, an der kleinen metallenen Tür, mit der die Röhre verschlossen war. Darin hielt sich Oma ihr Essen warm. Die Röhre war Gegenstand eines Verses, den sie den Kindern vorsang – ihr Repertoire reichte nicht weit; außer diesem Vers gab es nur noch „Horch, was kommt von draußen rein“ und das Horst-Wessel-Lied. Das kleine Lied aber ging so:

> Weene man nich, weene man nich,
> inne Röhre steht Klump,
> den sehste bloß nich.

Eigentlich war es nur ein Singsang. „Klump“ übersetzte sie mit „Klöße“. Mäxchen konnte sich nicht vorstellen, wie man ein weinendes Kind mit der Aussicht auf Klöße trösten kann. Oma hat es ihm nicht erklärt, aber sie hat es gewusst.

Besser fand er es, wenn er wochentags mit Lena in die Ahornstraße gehen konnte, mit einer Bestellung oder mit Obst aus dem Garten, oder wenn Mutter irgendwas für Oma eingekauft hatte. Aus der Speisekammer, wo immer eine Mausefalle aufgestellt war, holte sie Butter, Mehl und den Zuckertopf und nahm drei Eier aus einer braunen Tonschüssel. Dann ging sie zum Herd, der in der Küche aus Backsteinen gemauert war, und legte Holz nach. Eier, Mehl und Milch tat sie in einen tiefen Teller mit Zwiebelmuster und schlug das Ganze mit einer Gabel. Wenn das Feuer richtig brannte, nahm sie den Wasserkessel und einige eiserne Ringe aus dem Herd, dass das Feuer durch die Öffnung hoch aufloderte und die ganze Küche erleuchtete. Max bedauerte immer, dass sie die Öffnung gleich darauf wieder mit der Pfanne verschloss. Darin schmolz zuerst ein Stück Butter, dann goss sie den Inhalt des tiefen Tellers dazu.

Die Eierschalen wurden zusammengeschoben, Oma öffnete die Hintertür, durch die man aus der Küche auf den Hof trat, die Hühner kamen herbeigerannt, eins fing die hinausgeworfenen Schalen mit dem Schnabel auf und rannte damit los, alle andern dicht hinterdrein, immer um den Hof herum, vorbei an den Ställen, dem Misthaufen, der Scheune, dem Bretterzaun, der Pumpe und dem Birnbaum. Dabei wechselten die Schalen mehrmals den Besitzer. Es dauerte lange, bis das eine Huhn es endlich wagte, sie fallen zu lassen, um daran zu picken, denn im selben Moment kam schon das nächste von hinten, schnappte zu, und die wilde Jagd ging wieder von vorn los. Max blieb auf dem Hof, bis der letzte Rest in den Schnäbeln der Kontrahentinnen verschwunden war.

Dann legte sich eine gespenstische Stille über den Hof. Die Hühner standen im weiten Halbkreis vor der geschlossenen Hintertür und betrachteten sie mal mit dem einen Auge, und wenn sie den Kopf auf die andere Seite gelegt hatten, mit dem andern. Manchmal sagte ein Huhn lang gezogen und wie fragend in die Stille hinein „kook, kook". – „Ja, nu wundert ihr rum", sagte Oma dann, die noch einmal in der Tür erschienen war, um die Kinder zu rufen, und niemand hätte es treffender sagen können.

Inzwischen waren die Eierkuchen fertig. Lieber hätte sie Speck daran getan, weil sie glaubte, Lena und Max könnten es gebrauchen und der Zucker, den sie sich darüber streuten, sei nichts Halbes und nichts Ganzes. Sie hat sich aber mit ihrem dekadenten Geschmack abgefunden.

In ihrem großen Kopftuch, das über der Stirn zu einem kleinen Dach geformt und unter dem Kinn verknotet war, ihrem schwarzen Kattunkleid, vor das sie sich immer eine dunkelgraue, leicht in sich gemusterte und makellos saubere Schürze band, und in ihren schwarzen Wollstrümpfen strahlte sie die Würde ihres Alters aus.

Später saß sie oft auf ihrem Hof in der Sonne auf einem Küchenstuhl, den sie sich unter den Birnbaum gestellt hatte. Die Sorge von Max' Eltern, ihr könnte mal eine Birne auf den Kopf fallen, wischte sie beiseite. Im Winter saß sie in der Küche an der Wand, dicht beim Herd, auf dem Holzdeckel eines hohen Tonkrugs, in dem sie ihr Brot aufbewahrte. Der Krug war nicht ganz rund und hatte ein paar Dellen. Offenbar war der Ton vor dem Brennen etwas in sich zusammengesackt. „Ausschussware", sagte Oma, was sie aber nicht abwertend meinte.

Zuletzt – Max war schon in Westberlin – hatte sie mehrere Schlaganfälle, aber sie wollte in ihrem Haus bleiben. Max' Mutter versorgte sie mit Essen, das sein Bruder Joachim ihr brachte. Bei seinen späteren Besuchen in Sachsenbach ging Max immer auch in die Ahornstraße. Das letzte Mal fuhr er auf seinem Fahrrad hin; er musste wieder zurück nach Berlin und wollte auf Wiedersehen sagen. Sie konnte kaum sprechen, sagte aber, dass es ihr schon wieder besser gehe, und wenn sich ihre Sprache erstmal berappelt habe, dann werde alles wieder gut. Als er aus dem Haus ging, kam sie an ihrem Krückstock mit vor die Tür. Er stieg aufs Rad und drehte sich im Abfahren noch einmal um. Da stand sie auf dem großen Tritt, hatte ihren Krückstock erhoben und rief ihm nun doch sehr verständlich nach: „Komm nich untern Leierkasten!“ Er winkte zurück, rief „Nee nee, Oma!“ und fuhr davon. Er wusste genau, was sie meinte.

Wer sie wirklich war, hat er erst später, Jahrzehnte nach ihrem Tod, erfahren. Sie war Waschfrau geworden. Seine Eltern sprachen nicht darüber, vielleicht glaubten sie, dass ein sozialer Makel daran hing. Seit er es weiß, sieht er Oma mit anderen Augen. Das liegt auch an den beiden Geschichten, die man ihm inzwischen erzählt hat:

Atze Bergmann, ein wohlhabender, menschenfreundlicher und stadtbekannter Textilkaufmann in der Breiten Straße, bot ihr eines Tages an, Max‘ Vater auf seine Kosten auf eine Oberschule zu schicken. Sie lehnte ab. Sie war zu stolz. Zwar lag ihr alles daran, ihren Jungen so weit zu bringen, dass er nicht wie sein Vater im Freien arbeiten musste, wo, wie sie wusste, Gefahren lauern. Sie hat das aber ohne Atze Bergmann geschafft.

Max hat sich lange gefragt, warum er ihr das Angebot gemacht hat. Schließlich fiel ihm ein, dass man in der Nische zu Atze Bergmanns Ladentür, die zurückgezogen war wie die Haustür in der Wallstraße, zwischen zwei Spiegeln stand, die so gegeneinander versetzt waren, dass man sich wie in einer leichten Kurve und in einer schier endlosen Reihe mal von hinten und mal von vorn sah, wenn man in einen der Spiegel blickte. Dergleichen war einmalig in Sachsenbach. Wollte Bergmann mit seinem Mäzenatentum vielleicht das Besondere? Natürlich glaubte Max, dass sein Vater besonders sei. Aber diese Erklärung ist vielleicht doch zu weit hergeholt.

Max hat Atze noch gut gekannt. Er war ein drahtiger, quirliger alter Herr mit lebhaften Augen und einem ironischen Blick hinter kreisrunden Brillengläsern. Wenn er redete, hatte er es immer so eilig, dass er öfter ins Stottern kam. Deshalb nannte man ihn überall Atze-Atze.

Die andere Geschichte betrifft Herrn Schwengel, einen Lehrer von Mäxchen, der so alt war, dass auch sein Vater als Schulanfänger schon bei ihm gewesen war. Max mochte Herrn Schwengel nicht. Immer wenn er in die Schule ging, kam er an Kasimirs Fotoladen vorbei, wo in einem Schaufenster Fotos von bedeutenden Sachsenbacher Persönlichkeiten ausgestellt waren, darunter eins von Lehrer Schwengel, wie er in seiner Wohnung in der Poststraße sitzt und mit bedeutender Miene den Flügel traktiert. Eine Zimmerpalme steht daneben, ein leichter Vorhang bauscht sich, die Sonne scheint herein. Max hatte Gründe, Lehrer Schwengel eher kleinlich und das Foto von vorn bis hinten verlogen zu finden. Darin sah er sich bestätigt, als er hörte, dass Oma früher einmal mit Vater, als der sieben oder acht Jahre alt war, durch die ganze Stadt bis in die Wohnung von Lehrer Schwengel gegangen war, ihrem Sohn dort das Hemd ausgezogen und Schwengel mit den blutigen Striemen konfrontiert hatte, die von seinen Erziehungsmethoden zeugten. Was gesprochen wurde, weiß Max nicht, aber niemand kann ihm ausreden, dass die Waschfrau damals gegenüber der wilhelminischen Respektsperson Größe bewiesen hat. Max freute sich, als er von ihrem Beruf hörte und dass sie Atze Bergmanns Angebot abgelehnt hatte. Er war auch später noch jedes Mal froh, wenn von ihr die Rede war.

Als sie gestorben war, begleitete er sie mit seiner Verwandtschaft zum Friedhof. Alle waren in feierliches Schwarz gekleidet, auch die Pferde in ihren langen Umhängen, die Männer, die sie führten und Zweimaster trugen, auch der Wagen selbst.

4 Wallstraße und Kaiserschloss

Als die Russen sich 1945 näherten, wohnte Großvater mit im Haus. Er ging auf die achtzig zu. Weil er ein pensionierter Förster war, hatte er Anspruch auf Deputatholz, feste Buchenstämme, die auf einem Ackerwagen zu Kuhlemanns in die Werkstatt gefahren wurden. Dort kreischte die Bandsäge so laut, dass Max es noch immer hört. Ein zweiter Ackerwagen stand am Eingang vom Krötensteig unter dem Fenster der Werkstatt, und aus diesem Fenster kamen die rund fünfunddreißig Zentimeter langen zylindrischen Stücke geflogen und polterten direkt auf den Wagen. Wenn der voll war, spannte Nachbar Ambros seine Pferde davor, die Holzstücke wurden drei Häuser weiter vor Max‘ Haustür auf die Erde gekippt, und dann half er, sie durch den Hausflur und über den Hof auf den Platz zwischen Stallgebäude und Garten zu tragen.

Hier stand Großvaters Hauklotz. Hier hackte er Holz. Er wusste sich nichts Besseres, und man durfte ihn nicht dabei stören. Großvater zeigte auch Max, wie man die Axt halten muss, wie man sie in die Buchenstücke hineintrieb, sie im Ausholen umdrehte und dann mit Wucht auf den Hauklotz sausen ließ, wobei sich das Holz spaltete, sodass auf jeder Seite des Hauklotzes eine Hälfte runterfiel. Nur wenn ein Ast in dem Stück war, musste man öfter als einmal zuhauen. Mäxchen hatte das bald begriffen und teilte Großvaters Begeisterung fürs Holzhacken noch lange. Großvater wusste, dass auch Wilhem II im holländischen Exil Holz hackte.

Er hatte den Kaiser noch selbst gekannt. Als junger Forsteleve war er mit auf die Kaiserlichen Hofjagden gegangen, da hatte er zusammen mit einem anderen jungen Jäger hinter ihm auf der Kanzel gewartet, bis Wilhelm II geschossen hatte. Hatte Majestät getroffen, dann blies Großvater auf seinem Hifthorn das Signal „Hirsch tot!" Natürlich wollte Max wissen, ob das Verhältnis zwischen den beiden Männern nicht doch etwas tiefer gegangen sei, ob der Kaiser vielleicht mal was zu Großvater gesagt habe. Großvater musste lange überlegen, dann stellte sich heraus, dass es tatsächlich einmal zu einer Art Gespräch gekommen war:

Das Wild für die Hofjagd wurde immer im Voraus zusammengetrieben und in einem großen, runden Gehege eingesperrt. Dann errichtete man aus Gattern so etwas wie einen Korridor, der an diesem Gehege seinen Anfang nahm und in bequemer Schussweite unter der Kanzel vorbeiführte, auf welcher der Kaiser und mit ihm das Verderben lauerte. Durch diesen Korridor wurden nun die Tiere eins nach dem andern getrieben und von Kaiser Wilhelm II abgeschossen.

Einmal, erzählte Großvater, sei ein Keiler galoppierend des Wegs gekommen, Majestät habe angelegt, die Büchse aber gleich darauf wieder sinken lassen, denn der Keiler hinkte, was eigentlich schon am Galopp zu hören gewesen sei. Natürlich habe der Kaiser kein krankes Wild schießen können, und so wartete man, dass der Keiler vorbeilief. Der aber habe es nicht eilig gehabt, schließlich sei er ganz stehen geblieben und habe neugierig zur Kanzel und der kaiserlichen Hoheit hinübergeblinzelt und sich auch durch die Zurufe der Wildhüter nicht bewegen lassen, sich aus dem Staub zu machen. Majestät drehte sich unwirsch um, Großvater verstand, kletterte von der Kanzel, sprang über das Gatter und wollte den Keiler mit seinem Taschentuch verscheuchen, als man weiter hinten den regelmäßigen Galopp eines gesunden Keilers hörte. Großvater wusste wohl, dass ihm die größere Gefahr nicht von diesem Keiler, sondern von der kaiserlichen Büchse drohte, die schon wieder in Anschlag gebracht wurde, der gesunde Keiler aber wusste es nicht und lief schnurstracks auf den jungen Forsteleven zu. Da hallten die kaiserlichen Worte durch den deutschen Wald: „Nu machen Se mal, det Se da wechkommm!" Großvater sprang über das Gatter zurück, der Schuss krachte, und der bis dahin gesunde Keiler wälzte sich in seinem Blut.

Max wurde nicht recht damit fertig. Er dachte, dass es Unrecht sei, den kranken Keiler laufen zu lassen und den gesunden zu töten, obwohl der doch dieselben Rechte hatte. Auch dass Großvater die Worte des Kaisers, der damals für Max noch eine strahlende Lichtgestalt war, so im Berliner Dialekt wiedergab, störte ihn. Erst Jahre später erkannte er die Ironie.

Weil ich einmal dabei bin und die Russen sowieso noch auf sich warten lassen, will ich gleich noch einer anderen Verbindung zwischen Max' Familie und dem Berliner Schloss gedenken: Einer seiner Großonkel, diesmal väterlicherseits, war Chauffeur beim Kaiser gewesen und hatte dessen Vorliebe fürs Rasen geteilt. Autos waren noch neu und Autostraßen unbekannt, auch das Vieh und die Menschen in den Dörfern waren noch nicht an die unheimlichen Gefährte gewöhnt, sodass ein Mann mit einer roten Fahne vor jedem Auto herlaufen und alle warnen musste. Diesen Mann hielt mein Großonkel ganz schön auf Trab, denn er fuhr – auf Geheiß des Kaisers – wie ein Wilder; 34 Stundenkilometer soll er einmal erreicht haben. Die Rechnungen für die überfahrenen Gänse, Hühner, Hunde und Katzen, die nach solchen Ausfahrten im Schloss eingingen – auch Ferkel und Ziegenlämmer waren manchmal dabei –, wurden anstandslos aus der kaiserlichen Privatschatulle beglichen, schließlich war man in Preußen. Später ist Max oft am Marstall neben dem zerstörten Berliner Schloss vorbeigegangen und hat das stolze Bewusstsein genossen, dass hier einmal die schnellen Autos seines Großonkels gestanden hatten. Na gut, es waren des Kaisers schnelle Autos.

Aber wie alles einmal an sein Ende kommt, so musste 1918 auch der Kaiser abdanken. Er fuhr mit der Eisenbahn in das holländische Doorn, und Max' Großonkel fuhr mit der kaiserlichen Kalesche mitten durch das revolutionäre Deutschland hinterdrein. Und nicht nur das: Der Großonkel hatte auch die kaiserliche Standarte auf dem Kotflügel aufgepflanzt, obwohl er das erstens in Abwesenheit Seiner Majestät eigentlich gar nicht gedurft hätte, und zweitens war es lebensgefährlich, denn mit den Revolutionären in Deutschland war nicht gut Kirschen essen. Aber so war der Großonkel, monarchistisch und treu bis ins Mark.

Max' Vater hat als Junge selbst gesehen, wie sein Onkel den kaiserlichen Wagen durch Sachsenbach steuerte und zum Gaudi der Kinder vor dem Haus in der Wallstraße, das damals noch bescheiden und einstöckig war, parkte. Da habe er selbst die kaiserliche Standarte bewundert. Die Familie soll aber froh gewesen sein, als Max' waghalsiger Großonkel sich mitsamt der kaiserlichen Standarte wieder davonmachte.

5 Krieg

Solange die deutschen Soldaten vorrückten, begriff Max nichts von Politik; er war noch zu klein. Später war alles ganz anders. Auch als er im Herbst 1941 in die Schule kam, ging alles noch seinen ruhigen Gang. Wann Mutter das staatstragende Hitlerbild über Vaters Schreibtisch angebracht hat und wann sie dasjenige mit dem Handschlag Hitlers und Hindenburgs vor der Potsdamer Garnisonkirche im Wohnzimmer neben die Tür hängte – beide waren mit schweren, dunklen Rahmen umgeben –, wußte Max später nicht mehr. Für seine Begriffe hingen sie schon immer dort. Er hatte das Gefühl, dass Vater diese Bilder nicht mochte, weil er sich manchmal über die Frisur des Führers in einer Weise mokierte, die seine Abneigung gegen Hitler verriet. Max bekam aber beim besten Willen nicht heraus, warum er diese Abneigung hatte und trotzdem in die Nazipartei eintrat. Vater arbeitete beim Katasteramt in der Kreisstadt. Dort hatte man es ihm, wie Max später erfuhr, nahegelegt. Wahrscheinlich hat er gedacht, dass er es für seine Familie tun müsse. Wissen konnte er das ja wirklich nicht.

In der Wand draußen über der Haustürnische war ein Fahnenhalter, von dem an nationalsozialistischen Feiertagen eine Hakenkreuzfahne wehte. Und am Wochenende kam manchmal jemand, der fürs Winterhilfswerk sammelte. Ab und zu wurde auch ein Eintopfsonntag ausgerufen, dann musste Max Suppe essen. Was daran politisch sein sollte, oder dass man das alles auch ablehnen konnte – und zu welchem Preis –, wusste er nicht. Vater, der abends mit der Schmalspurbahn nach Haus kam, äußerte sich öfter skeptisch über den Fortgang des Krieges. Allmählich verstand Max, dass er nicht an den Endsieg glaubte. Er respektierte seine Meinung, fand sie aber doch unpassend.

Er konnte sich später auch nicht erinnern, wann der Krieg angefangen hatte. Allmählich machte er sich aber – zugleich mit der Politik – in seinem Leben breit. Wenn im Herbst die Schule anfing, mussten alle Schüler im Carré vor der Schultür antreten, die Hakenkreuzfahne wurde unter dem Getrommel zackiger Hitlerjungen aufgezogen, dann kam Rektor Scharnowski in Braunhemd und Reithosen, in Schaftstiefeln und mit einem Revolver am Koppel aus der Schultür. Zeremonien wurden abgewickelt, und er hielt eine markige Rede. Danach sangen die Kinder die Nationalhymne und das Horst-Wessel-Lied, alle Strophen. Dabei musste der rechte Arm zum Hitlergruß erhoben bleiben. Nur manchmal, wenn Max und seinesgleichen glaubten, dass es niemand sah, riskierten sie es, ihn mit dem linken Arm abzustützen.

Max hätte gern gewusst, warum in die Reithose von Rektor Scharnowski ein lederner Hintern eingesetzt war, als wolle er gleich in die Schlacht reiten, wo er doch in Wirklichkeit immer nur auf seinem Schreibtischsessel saß. Mutter, die er danach fragte, sagte, das verstehe er noch nicht, das habe was mit Männlichkeit zu tun. Als später die Russen kamen, wurde Rektor Scharnowski als einer der Ersten abgeholt. Er ist nicht wiedergekommen.

6 Vater wird auch Soldat

Mutter und Vater sprachen viel von „Zurückstellung"; Vater fuhr weiter ins Amt. Als Max aber eines Tages ins Wohnzimmer kam, saß Mutter mit verweinten Augen im Sessel, und Vater stand bleich am Tisch. Er hatte einen Zettel in der Hand, den Gestellungsbefehl. Mutter sagte: „Vater wird eingezogen." Was das hieß, wusste Max: Vater musste seine Familie verlassen und in den Krieg ziehen. Max setzte sich in sein Kinderstühlchen, dem er eigentlich schon entwachsen, das aber so stabil war, dass es weiter zur Einrichtung gehörte. „Vater soll Sanitäter werden", sagte Mutter ungläubig, aber Max dachte gleich ans Praktische: „Kriegst du dann einen Sanitätshund?" Er war elektrisiert, er muss wohl eine Geschichte über unsere tapferen Sanitätshunde gehört haben, wie sie die deutschen Verwundeten unter Einsatz ihres Lebens mitten im feindlichen Feuer aufspürten. Mutter lächelte unter Tränen, Vater seufzte.

Nach der Ausbildung kam die Zeit, in der Vater von Königsberg aus in einem Lazarettzug fuhr und für einen Waggon verantwortlich war. Darin musste er die Verwundeten auf ihrer Fahrt von der Ostfront zurück nach Deutschland betreuen. Auf den Fahrten an die Front schrieb er lange Briefe an Mutter, jeden Abend einen, die er dann alle mit einem zusammenfassenden Bericht nach seiner Rückkehr aus Königsberg abschickte. Mutter las den Kindern daraus vor. Allmählich machte Max sich ein Bild, das er später zu vervollkommnen suchte. Das war nicht leicht, denn Vater hat dann nichts mehr von seinen Kriegserlebnissen erzählt.

Es war immer dasselbe, wenn ein Bündel Briefe kam: Er schrieb, welcher Kamerad mit seinem Waggon auf eine Mine gelaufen und in die

Luft geflogen war, wie sie unterwegs anhalten mussten, um die Verwundeten, die gestorben waren, neben den Gleisen zu begraben, wie sie oft warten mussten, bis deutsche Pioniere die Gleise, die von sowjetischen Partisanen zerstört waren, notdürftig geflickt hatten, wie die Verwundeten vor Schmerzen schrien, die Waggons überladen waren und wie er selbst, das Gewehr im Anschlag, nächtelang auf seinem Perron hocken musste, um Partisanenangriffe abzuwehren. Später kam die russische Luftwaffe und bewarf den Zug trotz der großen roten Kreuze, die auf die Dächer gemalt waren, mit Bomben. Als er zurückkam, hatte Vater sich einen Bruch gehoben; es war in Königsberg geschehen. Er hatte helfen müssen, den ausfahrenden Lazarettzug mit Munitionskisten zu beladen, was natürlich genauso gegen die Genfer Konvention gewesen war.

Mutter kannte die toten Kameraden, von denen er schrieb; der Oberstabsarzt hatte, als der Zug einige Tage vor der Ausfahrt im Reichsbahnausbesserungswerk Delitzsch stand, erlaubt, dass die Frauen noch ein paar Tage bei ihren Männern verbrachten. Immer wenn Vaters Briefe kamen, konnte Mutter sich deshalb die Leute vorstellen, die seit der letzten Fahrt tot waren. Sie war froh, dass Vater die Fahrt überlebt hatte. Aber sie wusste auch, dass er inzwischen schon wieder in Russland unterwegs war.

Später schickte er Pakete. Mutter sandte abgelegte Sachen nach Königsberg, auch Schuhe, die Max zu klein geworden waren, und Vater erhandelte, wenn der Zug in Russland hielt, Lebensmittel dafür, denn die waren in der Heimat knapp geworden. Speck, Wurst, Schinken, Butter, sogar Eier waren in den Paketen, und einmal bekam Max geschnitztes Spielzeug: Ein fantastisches, aber liebevoll bemaltes Tier, geformt wie ein Fuchs, saß vor einem Tischchen, das ein Klavier vorstellen sollte. Seine Arme und sein langer Schwanz waren durch Schnüre mit einem bunten Holzblock verbunden, der unten, jenseits eines Brettchens, an der Figur hing. Wenn man diesen Block in eine Kreisbewegung versetzte, trommelte das Tier mit den Pfoten auf das Tischchen, wobei sich der Schwanz hob und senkte. Das faszinierte Max: Er träumte immer wieder davon, was für ein Mensch sich das bunte Tier wohl hatte einfallen lassen, das keiner Wirklichkeit entsprach. Ein Russe? Aber das waren doch Untermenschen, von denen man in der Schule nur Schlimmes hörte, und außerdem trachteten sie Vater nach dem Leben.

Mutter saß Abend für Abend und schrieb lange Briefe. Das Warten wurde immer angstvoller, vor allem, als die Ostfront näher an Sachsenbach herankam. Die Zimmer waren verdunkelt; an den Straßenecken klebten Plakate vom Kohlenklau, der mit seinen Bartstoppeln und seiner Augenklappe eigentlich lustig aussah, aber man konnte auch lesen „Licht lockt Bomben“, und das war kein Spaß. Denn Wachtmeister Lindenberg sah nicht länger darauf, wer das Unkraut auf der Straße zwischen den Pflastersteinen sprießen ließ. Er ging abends und nachts herum und spähte nach Lichtstrahlen, die aus Häusern drangen. Sein Notizbuch steckte zwar immer noch in seiner Uniformjacke zwischen dem zweiten und vierten Knopf, aber sein Schleppsäbel hätte ihn jetzt nur behindert, er trug ihn nicht mehr. Am Radio der Familie hing ein leuchtend roter Zettel, auf dem allen die Todesstrafe angedroht wurde, die Feindsender hörten.

Mutter zählte die Lebensmittelmarken, die ihr noch blieben. Auch Strümpfe wurden abends gestopft, wozu Frauen aus der Nachbarschaft kamen. Auf dem Wohnzimmertisch lag dann immer ein großer Berg davon, die gehörten Nachbarn und der Familie, und zwischen Jalousien und Fenster waren Kissen gestopft, damit Herr Lindenberg nichts zu beanstanden hatte.

7 Der Luftschutzkeller

Zuletzt hatte es immer häufiger Bombenalarm gegeben; Sachsenbach lag unter der Flugschneise von Westdeutschland nach Berlin. Wenn im Radio die Meldung verbreitet wurde, dass sich „feindliche Bomberverbände im Raum Hannover – Braunschweig zusammenziehen“, gab die schauerliche, durchdringende Sirene auf dem Elektrizitätswerk bald Voralarm, und fünfzehn Minuten später kam der Hauptalarm. Lange Zeit hindurch geschah das nur nachts, und auch nicht jede Nacht. Dann aber nahm es zu. Immer wenn der laute Heulton mit seinem Auf und Ab sie aus dem Schlaf weckte, musste Max‘ Familie aus den warmen Betten in den Luftschutzkeller.

Dabei war Max nun gar keine Hilfe, schon gar nicht, nachdem sich Mutter um Joachim kümmern musste, der im Mai 1943 geboren wurde. Im Winter, wenn hoher Schnee lag, verpackte sie das Baby nicht nur in Decken und im Kinderwagen, sondern der Wagen musste auch auf den Schlitten gebunden werden. Lena half, die Koffer standen bereit – aber Max! Er war mit viel Mühe aus dem Schlaf gerüttelt worden, dann hatten sie ihm die Sonntagssachen hingelegt – denn wenn das Haus zerstört wurde, sollten wenigstens die guten Sachen gerettet werden – und jemand machte ihm verständlich, dass alle in Eile waren. Er stand ja auch mit viel gutem Willen in seinem Bett, zog sich umständlich den Schlafanzug aus; Mutter dachte, der Anfang sei gemacht, aber nein, er griff nicht nach den Sonntagssachen, vielleicht wegen seiner instinktiven Abneigung dagegen, sondern er zog sich schlaftrunken den Schlafanzug wieder an, nicht wissend, was er nun eigentlich wollte.

So kam die Familie immer auf den letzten Drücker in den früheren bischöflichen Weinkeller auf der Burg, den man jetzt als Luftschutzkeller benutzte. Die Nachbarn waren schon versammelt und murrten, und der Luftschutzwart drohte, nächstes Mal werde er die Tür zuschließen, dann müssten sie eben draußen bleiben.

Einmal, es war im Winter, gab es einen Luftkampf, während sie noch auf dem Weg durch den Burgpark waren, und weil man sie auf dem hellen Schnee sehen konnte – es war gerade Vollmond –, kommandierte Mutter kurzentschlossen: „Ins Gebüsch!" Das Baby wurde im Kinderwagen, der auf dem Schlitten stand, so weit hineingeschoben, wie es eben ging, sie kauerten daneben und hörten voller Angst auf das Heulen der Motoren und das Knattern der Maschinengewehre. Ob sie in dieser Nacht überhaupt noch in den Luftschutzkeller kamen, wußte Max später nicht mehr.

Wie die ganze Burg, so war dieser Keller aus gewaltigen Findlingen erbaut, die, so wurde ihnen versichert, jeder Bombe standhielten. Links vom Eingang erhob sich der Bergfried, ein massiger Turm, auch er aus riesigen Findlingen, mit einer großen gemauerten Bischofsmütze obendrauf und allerlei Wappen unter dem runden Wehrgang. Auch er stehe ganz fest, sagte man. Nur im Fall eines Volltreffers könnten seine Steine vor den Kellereingang fallen, dann allerdings seien die Leute darin verschüttet. Da traf es sich gut, dass ein enger, mehrfach gewundener und nur mit äußerster Mühe auf dem Bauch zu durchkriechender Gang vom Luftschutzkeller durch das Gemäuer hindurch und auf der anderen Seite des Wirtschaftsgebäudes ins Freie führte. Ein paar von den großen Jungs gaben schaurig damit an, dass sie schon durchgekrochen seien, aber gesehen hat es keiner.

Oben auf dem Burgturm, im Wehrgang hinter den Zinnen, war während des Fliegeralarms immer eine Wache postiert; Hitlerjungen sollten Brände und sonstige Zerstörungen nach unten melden. Denn es kam vor, dass einzelne Bomber sich über Berlin nicht ganz von ihrer Last befreit hatten und ihre restlichen Bomben noch in den Feldern und Wäldern von

Sachsenbach abwarfen. Es gab auch Rüstungsbetriebe in der Umgebung, die unter Bäumen verborgen waren. Manchmal wurden Bomben gezielt in ihre Richtung geworfen, was davon zeugte, dass die Einsatzplaner im fernen England von diesen Betrieben wussten.

Die Menschen saßen unterdessen im Keller, jeder an seinem angestammten Platz. Gesprochen wurde nichts, denn alle hatten mit ihrer Angst zu tun. Nur die kleinsten Kinder, darunter Max' Bruder, torkelten zwischen den Menschen herum und brachten ein Lächeln auf manche Gesichter, sogar auf das des Luftschutzwarts, der einen Stahlhelm und eine Taschenlampe und überhaupt die Befehlsgewalt hatte. Erst wenn die Flugzeuge aus Berlin zurück waren, wenn der gleichbleibende Sirenenton die Entwarnung signalisierte und er die Tür öffnete, konnten alle der Gruft entsteigen.

Einmal, die Erde hatte ungewöhnlich oft und laut gezittert und gedröhnt, gingen sie nicht gleich nach Haus, sondern alle liefen zu einem kleinen Abhang, denn südlich hinter der Burg in „der Alten See" war ein heller, sich breit hinziehender Lichtschein zu sehen. „Det is Dessau", sagte einer, und eine Frau antwortete: „Die armen Menschen." Mehr wurde nicht gesprochen. In Dessau wurden Flugzeuge für die Luftwaffe gebaut.

8 Amerikanische Identität

Max hatte schon lange darüber nachgedacht, was für Wesen wohl in den Flugzeugen sitzen, aus denen Tod und Verderben auf die Leute niederregneten. Die Erwachsenen, die für die Kinder verantwortlich waren, wussten es nicht, so viel war deutlich. Man soll aber die Neugier der Kinder ernst nehmen, auch wenn sie nutzlos ist und stört: Sie wollen das Ausmaß der Gefahr erkennen, damit sie ihnen nicht grenzenlos vorkommt. Denn sonst wird alles so groß, dass sie jede Abwehr aufgeben. Auch Max und seine Altersgenossen löcherten die Erwachsenen; immer wollten sie Genaueres wissen, aber niemand hatte Zeit für sie. Die Großen mussten ja selbst versuchen, den Überblick zu behalten, und verstanden es nicht, wenn ihnen die Kleinen das Leben schwer machten, unnötig, glaubten sie.

Eines Tages fragte Max seine Mutter, wie die Amerikaner eigentlich aussehen. Mutter war baff, vielleicht hatte sie selbst noch nicht darüber nachgedacht, vielleicht fand sie sie von all dem feuerspeienden Metall, mit dem umgeben sie sich in die Lüfte erhoben, um andere umzubringen, hinreichend gekennzeichnet. Sie sagte jedenfalls: „Ach, ich glaube, die sehen so ähnlich aus wie wir“ und hoffte, damit die Sache hinter sich zu haben. Es lag auch an Max‘ Pedanterie, dass er einen neuen Anlauf nahm und ihr auf die Sprünge half: „Na, die Afrikaner sind schwarz, in Asien sind die Leute gelb, wir sind weiß, welche Farbe haben denn die Amerikaner; irgendeine müssen sie doch haben?“ Das wurde Mutter unbequem, sodass sie ohne rechte Überzeugung sagte: „Naja, manche sind wohl schwarz.“ Aber was war das für eine Antwort, wo der Schöpfer diese Hautfarbe doch schon einem anderen Kontinent zugeordnet hatte? Das wusste Max genau; er hatte nämlich ein Kinderbuch, das hieß *Fritz und Franz in Afrika.* Fritz und Franz waren natürlich Deutsche. Sie kämpften gegen die wilden Tiere. Die Afrikaner waren die vielen kleinen Negerlein, die ihnen treu dienten und dafür von ihnen beschützt wurden.

Max bohrte also weiter. Da wurde Mutter ungeduldig und speiste ihn mit dem ersten besten Merkmal ab, das ihr einfiel: „Amerikaner legen immer die Beine auf den Tisch.“ Das fand Max ungeheuerlich, denn zu Hause herrschten preußische Gewohnheiten. Man saß ordentlich auf seinem Stuhl, nur die Hände gehörten auf den Tisch, und Schule und Elternhaus arbeiteten einträchtig daran, den Kindern solchen Ordnungssinn zu bewahren. Max wurden die Konturen des Problems deutlich: Wer die Beine auf den Tisch legt, von dem steht auch zu erwarten, dass er Bomben wirft. Aber weil Max eine lebhafte Fantasie hatte, wollte er sich auch vorstellen können, wie man rein physisch imstande ist, die Füße auf den Tisch zu legen.

Zum Glück kam ihm da eine hilfreiche Erinnerung: Onkel Hermann und Tante Sophie wohnten in einer Försterei bei Küstrin in der Neumark, wo seine Familie schon mehrmals die Ferien verbracht hatte. Onkel Hermann, der dort Revierförster war, hatte sie mit seinem neuen Opel auf der ebenfalls neuen Autobahn abgeholt. Das war schon lange her. Berlin, etwa hundertvierzig Kilometer östlich von Sachsenbach, lag auf dem Weg, und damit die Kinder mal was anderes zu sehen kriegten, war man auf einer dieser Fahrten in den Zoologischen Garten gegangen. Da gab es übergenug zu bestaunen.

Max war, wie es seine Art war, gedankenverloren im Affenhaus stehen geblieben und hatte zugesehen, wie die Tiere gefüttert wurden. Natürlich interessierte er sich – wie alle in seinem Alter – besonders für die Menschenaffen. Die bekamen ihre Speisen auf einen niedrigen, großflächigen Tisch gestellt. Aber anstatt sich nun auf die beiden niedrigen Stühle zu setzen, die daneben standen, setzten auch sie sich auf den Tisch, mitten zwischen das Essen, und brachten damit Max‘ ganzes Weltbild durcheinander. Lange stand er da und versuchte zu begreifen, was er sah – ohne Erfolg. Schließlich wandte er sich ab und ging ganz in Gedanken verloren irgendeinen Weg entlang; er ließ sich im Menschenstrom treiben und merkte dabei nicht, dass die Erwachsenen und Lena längst in eine andere Richtung weitergegangen waren. Angst hatte er nicht, er dachte nach. Das ging so eine Weile, dann wurde sein Fortschritt jäh gebremst: Vater hatte ihn nach langer Suche entdeckt und ihm von hinten das geschwungene obere Ende seines Spazierstocks durch den Hosenträger geschoben. Daran hing er nun wie an einer Angel und konnte noch immer nicht verstehen, warum die Menschenaffen sich einfach zwischen ihr Essen setzen.

Als ihm das jetzt wieder einfiel, wusste er genug: Hatte er nicht selbst gesehen, wie Kreaturen aussehen, die ihre Beine auf dem Tisch haben? Zwischen Amerikanern und Affen gab es also keinerlei Unterschied! Mutter hatte ihm diese Ungeheuerlichkeit wahrscheinlich so lange verschwiegen, weil sie ihn vor dem Grauen bewahren wollte, das ihn befallen musste, wenn er an die Amerikaner in den Flugzeugen dachte.

Eines späten Vormittags – der Krieg beherrschte das Leben ganz, und es dauerte nicht mehr allzu lange bis zu seinem Ende – hatten sich wieder angloamerikanische Bomberverbände im Raum Hannover – Braunschweig zusammengezogen. Die Familie war im Haus geblieben; sie konnte nicht mehr jedes Mal, wenn die Flugzeuge kamen, in den Keller rennen. Es war auch kein Verlaß mehr darauf, dass die Sirene pünktlich Alarm gab. Die Lehrer schickten die Kinder einfach nach Haus, wenn sie die Gefahr nahe glaubten.

An diesem Vormittag war der Himmel blau, keine einzige Wolke war zu sehen, kein Lüftchen wehte, und doch war ein gewaltiges Dröhnen in der Luft. Die Fensterscheiben schepperten laut, und wenn man genau nach oben sah, war der ganze Himmel mit winzigen silbernen Punkten übersät. Lauter Bomber. Man machte einander auf die makellosen Formationen aufmerksam, und Max versuchte vergeblich sich vorzustellen, wie die Monstren, die er vor Jahren im Berliner Zoo gesehen hatte, sowas hinkriegen.

Da kam an einer Stelle Bewegung in das gleichmäßige Muster. Man sah, wie ein paar andere silbrige Punkte von außen in die Formation eindrangen: deutsche Abfangjäger. Sie wurden gleich wieder abgedrängt, der Versuch schien nutzlos zu sein. Doch plötzlich beschrieb einer der Bomber eine Spirale, kam den Betrachtern näher, fiel weiter herab, zog eine Rauchfahne hinter sich her, kam ins Trudeln, und dann entfalteten sich drei weiße Fallschirme, die ruhig im blauen Himmel standen und ganz sachte herabschwebten. Als sie weiter unten waren, konnte man auch die Figuren sehen, die daran hingen.

In der Schule hatte man sie auf alles vorbereitet, was sie treffen könnte, und außerdem besaß Max ein großformatiges Buch, einen *Bilderbogen vom Kriege*, eine Art comic-book mit Bildern und gereimten Versen darunter, in denen die Heldentaten der deutschen Soldaten gefeiert und die Schandtaten der Feinde angeprangert wurden. Auch ein Kapitel über die deutschen Fallschirmjäger auf Kreta war darin, und deshalb wusste Max genau, wo es mit den Fallschirmen hinaus wollte. Aus Leibeskräften rief er: „Luftlandetruppen!", ein Wort, das eigentlich zu groß für ihn, sonst aber angemessen war. Die Erwachsenen, die er genau beobachtete, hatten längst zu erkennen gegeben, dass es mit dem Krieg und der deutschen Ordnung sowieso bald vorbei war.

Mit angstgeweiteten Augen wartete er deshalb darauf, dass alle Flugzeuge ihre Schleusen öffneten und von überallher riesige Affen, statt wie im Berliner Zoo hinter Gittern auf dem Tisch zu sitzen, an Fallschirmen niederschwebten, um die Deutschen zu massakrieren. Seine Angst war groß. Doch es blieb bei den drei Fallschirmen und dem einen Flugzeug; alle andern flogen weiter nach Berlin.

Als sie zurückgekommen waren und die Sirene mit dem gleichmäßigen Heulton Entwarnung gegeben hatte, ging man auf die Straße, wo es hieß, der *Volkssturm* sei vorhin gleich ausgerückt, um die Amerikaner einzufangen. Max war nicht zu halten; unbedingt wollte er sehen, wie der *Volkssturm* mit den Affen umging. Auf der Breiten Straße angekommen, hörte er, der *Volkssturm* habe einen von ihnen erwischt und werde ihn ins Rathaus bringen. Er hin. Und richtig:

Da kam die Prozession schon vom Berliner Tor her und bog in die Breite Sraße ein, die wirklich sehr breite Hauptstraße, auf deren rechter und linker Fahrdammseite im Frieden immer ein Wochenmarkt stattfand und dabei noch eine gut bemessene Mitte für den Durchgangsverkehr frei ließ. Jetzt war aber schon lange kein Wochenmarkt mehr gewesen, und Verkehr gab es außer den paar Pferdewagen und den paar Lastautos auch nicht. Die Breite Straße war frei für den Auftritt des Affen.

Als der auf ihn zukam, konnte Max es nicht glauben: Weder war es ein Orang-Utan, noch sonst irgendein Monster, sondern ein Mann, der noch jung war, weiß wie Max, groß und schlank, gerade gewachsen, und er steckte in einer Fliegermontur. Ein paar Gurte hingen an ihm herab, wahrscheinlich die Fallschirmgurte. Er ging in der Mitte der Breiten Straße und sah genauso aus wie die garantiert arischen Männer in Mäxchens Buch *Deutsche Heldensagen*. Und dann, in einigem Abstand, folgte der lokale *Volkssturm*, das Aufgebot derer, die man auch nach großzügigster Musterung als „dienstuntauglich" hatte einstufen müssen, weil sie zu alt, zu krank oder zu verwachsen oder schon seit dem Ersten Weltkrieg verwundet waren. Sie trugen ihre Armbinden mit der Aufschrift *Volkssturm* in Frakturbuchstaben und waren mit Knüppeln, Dreschflegeln und Mistgabeln bewaffnet. Ein paar hatten Gewehre; einer schleppte sogar eine Panzerfaust, obwohl Max nicht einsehen konnte, wozu.

Sein Weltbild lag in Trümmern. Der Amerikaner beherrschte die Szene, und die meisten *Volkssturm*männer, die Max mitsamt ihren unterschiedlichen Gebrechen genau kannte, sahen nun wirklich nicht wie strahlende Sieger aus. Der junge Mensch, der gelassen einherschritt, drehte sich einmal nach ihnen um, da wies einer auf das Rathaus, und der ganze Zug verschwand darin. Max wusste nicht, was er denken sollte.

9 Einquartierung

Oft gab es Einquartierung, deutsche Einheiten, denen man eine Verschnaufpause in der Heimat gönnte. Zuerst gingen die Quartiermacher – meist waren es Feldwebel – durch die Straßen, klopften, fragten, ob man einen Soldaten aufnehmen wolle und sahen sich die angebotenen Zimmer an. Weil auch der kleine Herr Zimmermann in den Krieg gezogen war und sein Zimmer leer stand, richtete Mutter es liebevoll her, wenn die Quartiermacher unterwegs waren; nicht mal den Blumenstrauß auf dem Tisch vergaß sie. Meistens wohnten denn auch Offiziere in dem Zimmer, von Max als Männer bestaunt, die die Welt erfahren hatten.

Max erinnert sich aber auch an einen Gefreiten, der begeistert war, eine so schöne Unterkunft zu bekommen. Aber kaum war er eingezogen, als ihn zwei Feldjäger mit Karabinern und aufgepflanzten Seitengewehren auf dem Rücken und blitzenden Metallschildern auf der Brust abholten. Er hatte sich an der Front irgendwas zuschulden kommen lassen, war von einem Militärgericht zu zehn Tagen Haft verurteilt worden, und die musste er nun in einer Zelle im ehemaligen Arbeitsdienstlager an der Itzenplitzer Chaussee absitzen. Alle Welt beklagte sein Schicksal, in Sachsenbach war man sich einig, dass die Maßnahme zu grausam sei, egal, was der Mann ausgefressen hatte. Schließlich hatte man die Einheit zurückverlegt, damit die Soldaten sich erholten, nicht damit sie in einer Zelle hockten. Max fand das Ganze ehrenrührig: Den Mann von Russlands Weiten wegzuholen, um ihn an der Itzenplitzer Chaussee einzusperren!

Alle schimpften, aber Mutter tat was. Sie steckte Max Zigaretten und Geld in die Taschen, gab ihm eine Tüte mit Nahrungsmitteln und selbstgebackenem Kuchen in die Hand und schob ihm die letzten Nummern vom *Völkischen Beobachter* unter den Pullover. Max ging zur Itzenplitzer Chaussee. Aber er kam nicht weit. Die Tüte musste er auf der Wache abgeben, dann fragte man ihn, was er sonst noch habe, und nach einigem Zögern rückte er auch das andere raus. Die Wächter lachten und sagten, sie würden es dem Gefangenen geben. Immerhin wohnte der Mann dann noch ein paar Tage in der Wallstraße. Trotzdem kam Max auch mit dieser Sache nicht zurecht.

Die Kinder waren immer ganz aufgeregt, wenn Einquartierung in die Stadt kam. Sie gingen den Soldaten nicht von der Pelle, immer wollten sie in ihren Autos mitfahren. Das war zwar verboten, aber manchmal ließen die Soldaten sich erweichen. Einmal kamen Sturmgeschütze. Da war von Mitfahren keine Rede. Max blieben sie, die wie Panzer aussahen, nur hell gestrichen waren, aus einem anderen Grund im Gedächtnis:

Er entdeckte vorn an der linken Seite des einen ein mit dunkler Farbe aufgemaltes Wappen. Darin war – logisch – ein Sturmgeschütz abgebildet, das wiederum hatte seinerseits vorn an der Seite einen kleinen Fleck, wieder das aufgemalte Wappen. Damit erkannte er die Richtung, und nun stellte er sich vor, wie das immer weiter ging, in die Unendlichkeit hinein. Praktisch war natürlich das Sturmgeschütz schon innerhalb des ersten Wappens nicht mehr zu erkennen, und vom zweiten an war es nur noch ein Punkt. Der Fantasie waren solche Grenzen aber nicht gesetzt. Würden sie sich, immer kleiner werdend, jemals im Nichts auflösen? Plötzlich war ihm an diesem Kettenfahrzeug nicht mehr wichtig, dass man damit fahren und schießen konnte, sondern die Frage, bis in welche Fernen sein Abbild zu wiederholen war.

Er hatte noch andere Fragen dieser Art. Einmal hockte er neben dem Sandberg, der draußen auf dem Hof für ihn aufgeschüttet war. Sein Auge fiel auf den feuchten Sand, den er an den Fingern hatte. Er hatte von der Kugelgestalt der Erde gehört, und stellte sich nun vor, dass auch das Sandkorn an seinem Finger eine Welt sei. Warum eigentlich nicht? Warum sollte nur die menschliche Vorstellung von den Ausmaßen der Dinge richtig sein? Vielleicht hatte er ja eine Welt in der Hand mit unsichtbar kleinen wilden Tieren darauf und mit ganz kleinen Menschen, die Angst vor diesen Tieren hatten, auch mit Soldaten und einem Führer.

Dann fiel ihm ein, dass es ja auch Wesen geben könne, die so unvorstellbar groß seien, dass die Welt, deren Teil er war, wie ein Sandkorn in ihrer Hand lag, vielleicht gerade jetzt, und er mit. Das machte ihm Angst.

Und als er von U-Bahnen gehört hatte, glaubte er, dass eine von ihnen unter ihrem Haus langfuhr. Wieviel Menschen, und was für unterschiedliche Schicksale, und das in solcher Nähe! Schon fragte er sich, wo die Bahn wohl abgefahren sei und wo sie ankommen werde. Zwar wiegelte Mutter ab, aber konnte die es überhaupt wissen? Ein andermal ging sie einkaufen; er saß gerade auf dem kalten Zement im Hausflur unter der Treppe, die hinauf zu Zimmermanns führte. Er wollte nicht mit ihr gehen, er hatte anderes vor. Sie einigten sich darauf, dass sie ihn im Haus einschließen würde, bis sie zurück sei.

Unter der Treppe standen zwei große, glasierte Tonkruken mit eingelegten Gurken. In der einen waren polnische, in der andern saure Gurken. Obendrauf lagen hohe, runde Deckel, auch sie aus Ton. Sie lagen in einer kreisrunden Rille am oberen Rand der jeweiligen Kruke auf, wo immer Wasser stehen musste, damit alles schön luftdicht verschlossen war. Die Oberseite dieser Deckel, mit der sie einst verkehrt herum auf der Töpferscheibe gelegen hatten, war aus rauem Ton und mit unzähligen kleinen, kreisförmigen Rillen versehen. Darin ließ Max nun seinen Fingernagel kreisen wie die Tonnadel auf einer Schallplatte. Weil aber diese Rillen keine geschlossenen Kreise, auch keine durchgängigen Spiralen bildeten, war er immer gespannt, wie weit die jeweilige Reise seines Fingernagels gehen würde. Nach Studen kam Mutter zurück. Sie konnte sie sich nicht genug wundern, dass er immer noch unter der Treppe saß.

10 Soldatenspiele

Max hatte einen Stahlhelm aus Pappmaché, grüngrau bemalt und mit einem Sturmriemen versehen. An der rechten Seite war ein schwarz-weißrotes Wappen. Sein Kindergewehr konnte er an einem Riemen über seine Schulter hängen, aber er legte es sich lieber über die Schulter und hielt den Kolben mit der Hand fest, wie er es auf Bildern gesehen hatte; er fand das schneidiger. Sein blecherner Schleppsäbel hing an einem Gürtel, den hatte er sich über die braunmelierte Strickjacke gebunden, die sich von Jahr zu Jahr weiter dehnte und mit ihm wuchs. Die pièces de résistance waren aber zwei wirkliche Unteroffiziers-Achselstücke mit breiter silberner Litze, die um den Knopf herum eckig geschnitten waren, womit sie ihre Herkunft aus dem Ersten Weltkrieg verrieten. Eine alte Nachbarsfrau hatte sie ihm geschenkt, nachdem sie einmal seinen Aufzug bewundert, aber die Abwesenheit von Rangabzeichen bemängelt hatte. Mutter hatte sie auf seiner Strickjacke befestigt, wenn auch mit Mühe.

Marschierte nun eine Abteilung Soldaten durch die Stadt, was wegen der Einquartierung öfter vorkam, dann stand er vor dem Haus in der Wallstraße, und mit leichtem militärischem Gruß setzte er sich an die Spitze der Kolonne. Mitsingen konnte er auch, er kannte fast alle Soldatenlieder. Soldaten, die ihn schon erlebt hatten – nach drei Tagen in Sachsenbach hatten ihn alle erlebt –, zeigten aus der Marschkolonne heraus einladend nach vorn, wenn sie ihn entdeckten. Wahrscheinlich freuten sie sich über die Abwechslung; vielleicht wollten sie auch bloß ihren Offizier ärgern, der ja immer mit dabei war. Mäxchen aber genoss das Hochgefühl. Meist nahm er seinen Platz an der Spitze des Zuges ein. Bedenklich wurde es nur, wenn der begleitende Offizier selbst an der Spitze marschierte. Max hatte aber schon gesehen, dass auch zwei Offiziere nebeneinander an der Spitze ihrer Einheit marschierten, eine Anordnung, die ihm gefiel. Er marschierte dann mit wichtiger Miene neben dem Befehlshabenden der Truppe her. Manchmal war es ein Anfänger, der sah dann auf ihn herab, wunderte sich und zögerte, aus der Mitte zu gehen, um Platz für Max zu machen. Aber es half nichts; er musste zur Seite, wenn er sich nicht vor seinen Soldaten lächerlich machen wollte.

Ein Problem gab es aber doch: Wenn sie so durch die Straßen marschierten, knallten die benagelten Knobelbecher der Soldaten auf das Pflaster, und dieser Laut kam ihm oft bedrohlich nahe, denn seine Schritte waren viel kürzer als die der Soldaten. Sich umzudrehen wäre gegen seinen

Stolz gewesen. Es kam aber nie zu einem Unfall, weil einer aus der ersten Reihe ihm immer im entscheidenden Moment zurief: „Lauf!“ Dann rannte Max, Säbel und Gewehr festhaltend, ein paar Schritte voraus und war nach diesem uneigentlichen Zwischenspiel wieder Herr der Lage.

Er hatte auch Spielsoldaten, nicht viele, aber doch um die fünfunddreißig, die er neben dem Teppichrand um den Tisch marschieren ließ. Das war nicht einfach, weil sich nicht alle in die Marschformation fügen wollten. Sie mussten aber. Weil es so wenige waren, kam es auf jeden Einzelnen an.

Vorneweg ritten zwei Offiziere, das sah toll aus. Aber schon hier wurde es problematisch: Damit sie sicher auf ihren Pferden saßen, hing ihnen ein Draht zwischen den immer gespreizten und gebogenen Beinen heraus, den Max in ein Loch auf dem Pferderücken stecken musste. Das war peinlich, aber wenigstens sah man es nicht, wenn sie aufgesessen waren.

Er hatte vier Marschsoldaten aus dem Ersten Weltkrieg, die nicht nur wegen ihrer Pickelhauben größer waren als ihre Kameraden aus dem Zweiten; ihre Gestalten waren einfach von größerem Zuschnitt. Sie mussten deshalb, obwohl sie antiquiert waren, vorn marschieren. Das wäre auch ganz gut gegangen, wenn es drei gewesen wären oder sechs, denn die *Deutsche Wehrmacht* marschierte meistens in Dreierreihen. Es waren aber vier. Deshalb musste einer der kleineren Marschierer aus dem Zweiten Weltkrieg, der eine Fahne trug, ganz vorn, zwischen zwei der großen Soldaten gehen. Auch in der zweiten Reihe marschierte nun ein zeitgenössischer, kleinerer Soldat zwischen zwei der vorzeitlichen Riesen. Max‘ Symmetrie-Problem war damit einigermaßen gelöst, aber nur einigermaßen. So ganz hat er sich damit nie ausgesöhnt.

Nach diesen zwei ersten Reihen kamen mehrere normale Dreierreihen mit kleineren feldgrauen Kriegern aus dem Zweiten Weltkrieg. Die hatten ihre Tornister auf dem Rücken und ihre Karabiner waren über die Schultern gehängt. Deren Läufe schienen aus demselben Draht zu sein wie die schon erwähnten Sitzgarantien, die Roß und Reiter miteinander verbanden. Max zog bei ein paar Soldaten daran, um der Sache auf den Grund zu kommen, hatte die Drahtstücke tatsächlich sofort in der Hand und kurz darauf auch verloren. Die Kerle ohne Gewehrläufe mussten sich nun in die letzten Glieder der Marschkolonne fortstehlen, wo sie weniger auffielen. Dort waren schon einige andere Invaliden versammelt: Soldaten, denen

Teile der feldgrauen Beine abgeplatzt waren und die nun auf dem Draht auftreten mussten. Aber auch die waren noch nicht die Letzten.

Nach ihnen kam noch ein hölzerner Panzer, der war ziemlich primitiv. Wenn Max Glück hatte, drehten sich wenigstens zwei oder drei seiner sechs Räder. An Ketten war nicht zu denken. Dafür zog aber dieser Holzpanzer eine schön bemalte Kanone aus dem Ersten Weltkrieg hinter sich her. Die war ganz aus Metall, und mit ihren Speichenrädern und dem verstellbaren Rohr war sie wirklich raffiniert gearbeitet. Onkel Ludwig, der Vorbesitzer und Tante Wilhelmines Sohn, hatte mit ihr alle Kugeln sauber vom Weihnachtsbaum weggeschossen, als seine Eltern ihn vor Jahrzehnten für einige Zeit allein im Weihnachtszimmer gelassen hatten. Jetzt funktionierte sie schon lange nicht mehr, sie sah aber noch schön aus, und vor allem rollte sie.

Dann wurden noch einmal Soldaten aus dem Ersten Weltkrieg zum Problem, denn Max hatte noch fünf davon, die nicht marschierten. Drei davon knieten, das Gewehr im Anschlag; er hätte mit ihnen eine Schlacht nachstellen können, aber bei ihm mussten sie eine Reihe bilden und mitmarschieren, denn er wollte keine immobilen Schützen. Sogar die beiden, die hinter ihren Gewehren auf dem Bauch lagen, mussten hinter der Marschkolonne herkriechen.

So ging es vorwärts, um den Tisch herum. Eine solche Umrundung dauerte lange. Weil alles wirklichkeitsnah sein sollte, schob Max jeden Soldaten nur eine Handbreit vor, und erst wenn auch die beiden, die auf dem Bauch krochen, aufgeschlossen hatten, durften die beiden Reiter vorn wieder eine Handbreit vorrücken. Dazu mussten alle singen, das heißt, Max sang für sie die Soldatenlieder, die er kannte: „O welche Lust, Soldat zu sein, Ro-o-se-marie“, wobei ihn immer der Vers irritierte: „Denn wir sind ja Soldaten / Und keine Herzpiraten ...“ Er wusste ja noch nicht, was ein Herzpirat ist. Oft ertönte auch „Frühmorgens wenn die Hähne krähn“ oder das Lied, in dem die Verse vorkommen: „Denn die Liese und der Hans / Gehn des Sonntags gern zum Tanz, / Weil das Tanzen Freude macht / Und das Herz im Leibe lacht.“ Nur deshalb hatte er die beiden Pferde an der Spitze des Zugs auf die Namen Hans und Liese getauft. Diesem Text begegnete er übrigens viel später, als sein Vater in Sachsenbach Berufsschullehrer geworden war: Da hatte Erich Porz, der früher einmal in Max‘ Klasse gewesen war, in seinem Aufsatz „Was mache ich in meiner Freizeit?“ geschrieben: „Und sonntags gehe ich nach Tanz, weil das Tanzen Freude macht und das Herz im Leibe lacht.“

War die Tischumrundung beendet, musste der ganze Zug „Linksum!" machen, was wieder zeitraubend war, weil Max natürlich jedem einzelnen Soldaten dabei helfen musste. Dann kriegten sie alle von einem der Anführer, die vor die Front geritten waren, einen mächtigen Anpfiff zu hören. Er betraf das Lied „Es pfeift von allen Dächern", das sie noch immer nicht zur Zufriedenheit ihrer Oberen gesungen hatten. Max hatte diesen Anpfiff einmal in Wirklichkeit gehört, hatte ihn sich fast wörtlich gemerkt, und nun musste seine Truppe ihn immer wieder über sich ergehen lassen. Damit aber alles seine Richtigkeit hatte, sang er dieses Lied, das Teil seines Repertoires war, beim Marsch um den Wohnzimmertisch immer möglichst schlecht. Vielleicht konnte er es wirklich nicht richtig. Aber das ist nicht wahrscheinlich.

Die großen Paraden aber wurden bei Wendlands, zwei Häuser weiter zur Burg hin, abgehalten, wo Max oft zum Spielen war. Die Kinder dort hatten alle möglichen Soldaten, sogar Franzosen mit roten Ponpons auf den Mützen und bunte marrokanische Hilfstruppen, die nicht marschierten, sondern nur immer rannten. Herr Wendland, ein deutscher Besatzungssoldat in Südfrankreich, hatte sie geschickt. Aber das Rennen nützte ihnen nichts, am Ende mussten auch sie sich dem Tempo der großen Parade anpassen. Alle, Deutsche, Franzosen und deren exotische Hilfstruppen, mussten vor demselben Oberbefehlshaber paradieren. Ob sie Freund oder Feind waren, war Max und den Wendland-Kindern dabei herzlich egal, wenn nur die Marschkolonne was hermachte. Der Oberbefehlshaber aber stand im Braunhemd mit Reithosen in einem offenen Mercedes, er hatte einen kleinen dunklen Schnurrbart und eine Tolle, die auf unverkennbare Art zur Seite gekämmt war, und über die Vater schon Kommentare gemacht hatte. Die linke Hand hatte er am Koppelschloss, und den rechten Arm, an dem eine Hakenkreuzbinde prangte, konnte er mittels eines kleinen Schultergelenks aus Draht, das betätigt werden musste, entweder nach unten halten oder zum Deutschen Gruß nach oben recken. Es war der Führer.

11 Der Marsch zum Friedhof

Gegen Ende der Nazizeit, es mag im Sommer 1944 gewesen sein, gab es eine große Zeremonie auf dem Friedhof von Sachsenbach: Ein Soldatendenkmal wurde eingeweiht. In der Mitte auf einem Hügel stand ein großer Stein mit irgendeiner erhebenden Inschrift, und drum herum, in ordentlich geregelten Abständen, hatte man in einem Beet, das in Form eines riesigen Eisernen Kreuzes angelegt war, viele kleine Tafeln aufgestellt, auf denen jeweils unter einem kleinen Hakenkreuz die Namen und Dienstgrade der Gefallenen verewigt waren, die aus Sachsenbach stammten und deren sterbliche Überreste im fernen Russland oder anderswo geblieben waren.

Mehr als vom Denkmal selbst war Max aber von dessen Einweihung beeindruckt. Er wusste gar nicht, wo all die Menschen hergekommen waren, die sich nun auf der Breiten Straße und dem Anger aufstellten, um durch das Genthiner Tor zum Friedhof zu marschieren. Eine Wehrmachtseinheit war da, und auch der *Arbeitsdienst*, der draußen an der Itzenplitzer Chaussee seine Baracken gehabt hatte, war samt geschulterten Spaten und rot leuchtenden Hakenkreuz-Armbinden angetreten. Natürlich war auch die *SA* vertreten. Vor der *Hitlerjugend* marschierte der Fanfarenzug, und vor den Pimpfen der Spielmannszug mit Trommeln und Pfeifen. Die Trommler des Fanfarenzugs schlugen ihre dumpfen Pauken mit den Flammenmustern; sie bestimmten den Marschrhythmus. Max aber lief nebenher und wartete darauf, dass den Fanfaren das Zeichen gegeben wurde. Die Bläser machten dann im Gleichschritt und wie ein Mann mehrere verzwickte Bewegungen mit ihren blankgeputzten Instrumenten, an denen kleine Hakenkreuzfahnen hingen, und dann kam der Moment: Sie krähten los. Dabei reckten die Bläser ihre Instrumente mit der rechten Hand in die Höhe, während sie die linke in die Hüfte stemmten, akkurat wie Oma auf ihrem Kartoffelacker, wenn sie die mitgebrachte Bierflasche ansetzte, aus der sie ihren Muckefuck trank.

Dass es die Fanfarenzüge der *Freien Deutschen Jugend*, wenn sie wenige Jahre später sonntagsvormittags an der Marienkirche in Halle vorbeizogen, genauso machten, erstaunte Max nicht. Er glaubte sowieso nicht, dass das Regime der DDR dem der Nazis so entgegengesetzt war, wie seine Lehrer immer behaupteten. Primitiv waren die Signale allemal, gleichgültig, ob nun die *Hitlerjugend* in Sachsenbach damit durch das Genthiner Tor zog oder die *Freie Deutsche Jugend* in Halle sie im Vorbeimarsch gegen die alten Kirchenmauern schmetterte, um den Gottesdienst zu stören.

Jede Einheit, die damals zum Friedhof marschierte, war nach der Größe geordnet: Nach den Anführern kamen die Größten, und hinten gingen die Kleinsten; dieses Muster wiederholte sich bei jeder Abteilung von neuem, weshalb der ganze Zug wie ein Sägeblatt aussah. An die Reden, die gehalten wurden, erinnert Max sich nicht, denn er war ganz auf die bunten Uniformen, die Fahnen und die Kommandos fixiert, die jeder einzelnen Abteilung gegeben wurden.

Monate später wurde das Mahnmal wieder aufgehoben. Die acht russischen Soldaten, die Anfang Mai 1945 in der Nähe von Sachsenbach gefallen waren, wurden auf dem Hügel begraben. In die Mitte kam jetzt ein Naturstein mit darin eingegrabenen kyrillischen Buchstaben und einem Sowjetstern. Die Gedächtnistafeln für die deutschen Soldaten wurden von den Angehörigen stillschweigend weggenommen und bei den Familiengräbern aufgestellt. Einige kann man heute noch sehen. Das Hakenkreuz ist fast überall entfernt.

12 Auf der Zizer Chaussee

Als der Krieg nur noch ein Vierteljahr dauerte, kam die letzte Einquartierung. An der Tür zum *Preußischen Adler*, wo die Schreibstube der Einheit war, hatte Max einen Zettel mit dem Exerzierplan entdeckt und wusste deshalb, dass am kommenden Mittwoch um sechs Uhr morgens eine Geländeübung vorgesehen war. Lange hatte er seine Mutter quälen müssen, aber schließlich erlaubte sie ihm, aufzustehen und mitzugehen. Einen Wecker hatte er nicht, also rumorte er an jenem Morgen schon um vier durch die Wohnung. Mutter muss sehr müde gewesen sein, vielleicht war sie auch über die Unruhe verzweifelt, jedenfalls ließ sie ihn zu dieser frühen Stunde aus dem Haus. Nun stand er davor und wusste nicht, was er bis sechs Uhr anstellen sollte.

Im Allgemeinen sind ja zwei Stunden nicht allzu lang, aber wenn man etwas so dringend erwartet hat wie er, dann dehnen sie sich. Also ging er um das einzige Carré, das es in der Stadt gab: die Wallstraße rauf – ich sage „rauf“, weil es tatsächlich aufwärts ging, während man in der anderen Richtung, zum *Preußischen Adler,* abwärts gehen musste –, dann die Breite

Straße rechts lang, die Bäckerstraße wieder runter, und schließlich auf der Burgstraße bis zum *Preußischen Adler*, wo die Soldaten sich treffen sollten, wo es aber nach seinem ersten Rundgang noch ganz dunkel und ruhig war. Also machte er eine zweite Runde, dann eine dritte. Irgendwann knallten aber doch benagelte Stiefel auf Kopfsteinpflaster, dann kamen immer mehr Soldaten, stellten sich in einer Dreierreihe auf, es erschallte das Kommando „Kompaniiie stillgestánnn!" und pünktlich um sechs ging es im Gleichschritt, aber ohne Gesang, zum Köhlertor hinaus auf die Zizer Chaussee.

Dort war, was ganz unbegreiflich war, schon ein Mitschüler aus Max' Klasse, der am Äußeren Graben wohnte und rote Haare hatte. Eigentlich mochte Max ihn nicht. Sie blieben aber an diesem Morgen zusammen, ohne sich darüber zu verständigen, was sie in dieser Herrgottsfrühe auf der Zizer Chaussee wollten. Ein Offizier ließ die Kompanie in ein Wäldchen einbiegen, das durchquert werden musste; am rückwärtigen Waldsaum, wo sich abgeerntete Kartoffelfelder aneinanderreihten, ließ er halten und teilte den Soldaten den Zweck der frühen Übung mit.

Max konnte ihn nicht verstehen; er staunte aber nicht schlecht, als die Soldaten sich in zwei langen Reihen in großen Abständen über zwei Felder verteilten und in die Knie gingen. Dann neigten sie den Oberkörper wie die Muslims beim Beten, und versteckten ihr Gesicht zwischen den Händen; das Gewehr lag unter ihnen auf dem Boden. Da begriff er: Es sollte eine Tarnung sein. Sie sollten von fern wie die Misthaufen aussehen, die die Bauern überall auf den Feldern abluden, um sie dann zu verteilen. Unteroffiziere gingen herum und korrigierten die Haltung einzelner Soldaten. Gleich war Max voller Bewunderung für den genialen Einfall, aber es dauerte nicht lange, bis ihn der Gedanke beschlich, dass die Russen, wenn sie einmal geargwöhnt hatten, dass die Misthaufen in Wahrheit deutsche Soldaten waren, in ihnen die besten Zielscheiben hatten. Sein Zweifel an der *Deutschen Wehrmacht* wuchs.

Um acht musste er in der Schule sein. Der ungeliebte Mitschüler und er rannten zurück in die Stadt, er ergriff seine Schultasche; für das Frühstück war keine Zeit. In der Schule hatte er sich dann mit den Misthaufen wichtig.

13 Magdeburg

Im Stadtteil Sudenburg waren die Pfeifferschen Anstalten, in denen Max seine Einlagen bekam. Denn er stolperte über die großen Zehen, und Mutter machte sich Sorgen um seine Füße. Fräulein Doktor, eine ältere, einarmige Dame mit strengem Blick, nach hinten gekämmten und zu einem Dutt zusammengefassten Haaren, ließ ihn mehrmals auf dem Flur hin- und hergehen. Dann kniete sie nieder und breitete auf dem Boden ein Stück Packpapier aus, auf das er treten musste. Mit dem Blaustift fuhr sie an seinen Füßen entlang, bis alles zu ihrer Zufriedenheit aufgezeichnet war. Er musste nun neben das Packpapier treten, und sie malte an ein paar Stellen Kreuze in den Umriss. Dann blickte sie Mutter an und sagte: „Der Knabe hat Senk-, Spreiz- und Knickfuß.“ – Es klang wie eine Urteilsverkündung. ‚Du lieber Himmel‘, dachte Max, ‚wie sollst du damit durchs Leben schreiten.‘

Später mussten sie zur Anprobe wiederkommen. Die Einlagen waren aus einem Metall, das oxydierte und leicht Risse bekam. Flexibel waren sie auch nicht. Aber die Stoffschuhe, die man damals noch kaufen konnte, hatten sogar Holzsohlen und höchstens ein Gelenk in der Mitte. Es war eine Qual, darauf zu laufen. Ob es nun aber an Mutters hartnäckiger Fürsorglichkeit und Fräulein Doktors Geschick gelegen hat oder ob Max‘ Füße sich auch so hingezogen hätten: Seine Senk-, Spreiz- und Knickfüße haben ihn später kaum behelligt. Oft genug fiel ihm das ein, und jedes Mal war er dankbar dafür.

Die Fahrten nach Magdeburg waren immer ein Erlebnis. Erst ging es eine gute Stunde lang mit dem normalspurigen Triebwagen, der in jedem Dorf hielt, nach Altenow. Dort musste man vom Kleinbahnhof aus zweihundert Meter laufen, um zum Staatsbahnhof zu kommen. Der Zug nach Magdeburg fuhr aber auf dessen anderer Seite ab; man musste noch über die Gleise. War gerade Zugverkehr, dann kamen die Umsteigenden nur bis ins Bahnhofsgebäude, denn die zweiflügelige Tür mit den Milchglasfenstern war zu ihrer Sicherheit abgeschlossen. Die Spannung stieg, bis man die Umrisse des vorbeifahrenden Zuges sehen konnte. Weil in Sachsenbach nie eine richtige Lokomotive zu sehen war, ärgerte sich Max immer über die abgeschlossene Milchglastür, zumal wenn ein D-Zug vorbeidonnerte. Was für eine verpasste Gelegenheit! Kam dann der Mann mit der roten Mütze, um aufzuschließen, dann drängte er sich vor, denn er wollte möglichst schnell über die

Gleise auf die andere Seite, wo das Stellwerk war und wo die Züge in westlicher Richtung abfuhren. Der Zug stand meist schon weit hinten vor dem Bahnhof auf einem Ausweichgleis, stieß ungeheure Dampfwolken aus und wartete, dass der Stellwerker ihm die Fahrt bis zum Bahnsteig frei gab.

Viel später, in der DDR-Zeit, Max und seine Familie wohnten schon in Amerika, war dieser Stellwerker ein angeheirateter Vetter von ihm, und nach der Vereinigung kam er endlich mit Geschichten heraus, die er früher nicht erzählt hatte. Eine davon geht so: Der Schienenstrang, auf dem Max und seine Mutter während des Krieges nach Magdeburg fuhren, war zur Zeit der Deutschen Demokratischen Republik Teil der Interzonenstrecke. Darauf fuhren die Interzonenzüge zwischen Westberlin und Westdeutschland. Auch die Züge der drei westlichen Besatzungsmächte fuhren dort. Die Fluchtgefahr war hoch. Musste ein Zug aus technischen Gründen halten, dann war die Bahnpolizei der DDR so schnell wie möglich zur Stelle, riegelte den Bahnsteig ab und bewachte den Zug, damit niemand zustieg. Die DDR-Führung hatte eine panische Angst davor, dass ihr ein Staatsbürger abhanden kommen könnte. Sie fürchtete – mit einigem Recht –, dass dies der Anfang vom Ende ihres Regimes wäre.

Die Polizei war aber nicht immer verfügbar. Deshalb lobte die Reichsbahndirektion der DDR saftige Prämien für Stellwerker aus, die es schafften, westliche Züge ohne Halt durch ihren Abschnitt zu bugsieren. Max‘ Vetter und seine Kollegen hatten sich schon an diese Prämien gewöhnt, da sahen sie an einem späten Winterabend aus ihrem erhöhten Stellwerk, wie sich hinten am Wald zwei Gestalten im dichten Schneetreiben taumelnd über die Gleise quälten. Es waren betrunkene Sowjetsoldaten, deren Vormarsch jäh an ein Ende kam: Der eine stolperte über ein Gleis, fiel hin und blieb liegen. Der andere wollte ihm aufhelfen, fiel aber dabei ebenfalls in den Schnee. Die beiden schienen es nun am bequemsten zu finden, wenn sie ihren Rausch einfach da ausschliefen, wo der Zufall sie gebettet hatte. Sie wussten nicht, dass Max' Vetter der Ami-Zug schon gemeldet war, aber hätten sie es gewusst, dann hätte sie das vermutlich auch nicht um den Schlaf gebracht. Der Vetter und sein Kollege aber dachten an die Prämie und entschlossen sich umgehend: Sie stürmten aus ihrem Stellwerk hinab, hinaus zum Wald und auf die Gleise, von wo sie die beiden matten Krieger im dichtesten Schneetreiben von den Schienen in ein nahes Gebüsch zogen.

Das ging unsanft; es war wegen des Zeitdrucks nicht anders möglich, als dass ihre Köpfe sich dauernd an den Schienen stießen; aber den beiden Schläfern war auch das egal. Nie, dachte Max, ist in der DDR eine Prämie unter größerem persönlichen Einsatz verdient worden.

Doch noch sind wir bei Max' Reisen nach Magdeburg, die in einer früheren Ära unserer vaterländischen Geschichte stattfanden, nur dass es schon dasselbe Stellwerk war. Max und seine Mutter standen dort in der Nähe und waren von einer genau auf Kante geschnittenen Hecke vom Dorf Altenow getrennt. Max beobachtete den fernen Signalmast, hinter dem der Zug schon wartete. Als man im Stellwerk das Signal von der horizontalen in eine vertikale Position brachte, hüllte sich der Zug in mächtige Dampfwolken, aus denen er kurz darauf langsam und unter schwerem Ächzen wie ein schnaufendes Ungetüm auf ihn zugerollt kam. Die mächtigen Räder, die größer waren als er und deren Speichen und Gegengewichte rot angemalt waren, schoben sich schließlich, schon wieder langsamer werdend, an ihm vorbei. Das war der schönste Augenblick. Da konnte der Mann mit der roten Mütze sein „Vorsicht an der Bahnsteigkante!" rufen, sooft er wollte, und Mutter konnte sich noch so bemühen, ihn zurückzuhalten: In diesem Moment wollte er der Lokomotive nahe sein, wollte sehen, woher all der Dampf kam, der manchmal Räder und Schienen einhüllte, aber den ganzen Zug weiterschob. Er wollte auch das Lächeln im kohlenverschmierten Gesicht des Heizers sehen. Jede mögliche Gefahr konnte er abschätzen; er brauchte die lästigen Erwachsenen nicht dazu. Vor dem Halt kam das schrille, lang anhaltende Kreischen der Bremsen.

Auf dem Bahnhof in Magdeburg ging es durch den Tunnel; an der Sperre gab Muter die Fahrkarten ab, und auf dem Bahnhofsvorplatz rechts tauchte das Stadttheater auf. Das war riesig, es war hell angestrichen und mit Ornamenten und Statuen geschmückt. Man sah daran hinauf und war überwältigt. In Sachsenbach gab es auch *so*was nicht. Sie gingen über die Hasselbachstraße in die Scharnhorststraße, wo Tante Wilhelmine, die Schwester von Mutters Mutter, zwei Treppen hoch wohnte. An die Treppe kam man durch eine Art Hofeinfahrt. Unten über den Hof weg war ein Fenster, das im Sommer offen war und an dem ein Vogelbauer mit einem Papagei stand. Max lief immer gleich hin. Aber bei einem Besuch konnte der Papagei das einzige Wort, das er sonst sagte, „Lorää, Lorää" kaum noch herauskrächzen und auf dem Boden des Vogelbauers sah Max die bunte Federpracht liegen, in die er sonst gekleidet war. Es war das letzte Mal, dass er ihn besucht hatte.

Aus Tante Wilhelmines Küchenfenster war man den zwei mächtigen Domtürmen sehr nahe. Sie erzählte, dass einmal im Jahr ein Mann vom Turm hinunter zum Marktplatz schwebe, genau an ihrem Fenster vorbei. Max drang in sie, er wollte wissen, ob der Mann ein Engel sei und Flügel habe, aber Tante Wilhelmine ließ sich auf keine Einzelheiten ein und blieb beim Schweben. Das hat Max jahrelang beschäftigt, bis er hörte, der Mann trage ein Gestell um den Kopf oder auf dem Rücken, und es werde ein Seil vom Turm hinunter zum Marktplatz gespannt, an dem er hinabgelassen werde. Insgeheim hatte Max dergleichen erwartet; es dämpfte seinen Enthusiasmus nur etwas. Hob sich dieser Mensch mit seinem Mut nicht weit über alle andern hinaus?

Tante Wilhelmine war ihren Verwandten vom Land sozial weit überlegen: Sie kehrte gern ihre Verbindungen heraus, wenn sie mit Mutter sprach. Onkel Adalbert, der Bankdirektor, der nun schon lange tot war, war ihr Mann gewesen, und sie verkehrte noch mit alten Bekannten, Löfflers oder Eisenträgers, Namen, mit denen Max nie etwas anfangen konnte, mit deren Klang er aber aufwuchs. Er musste sich jedes Mal anhören, was sie zu diesem oder jenem Ereignis gesagt hatten.

Am Spätnachmittag rollte der Zug wieder aus der großen gläsernen Bahnhofshalle, die alles mächtig überspannte, sogar den Rauch der Lokomotiven. Regelmäßig wurde die Fahrt zwischen zwei bestimmten Bahnhöfen langsamer, bis der Zug schließlich ganz stehen blieb. Das Abteil war voll, die Leute waren müde, und wenn die Fahrgeräusche aufhörten, herrschte absolute Stille. Die wurde nur von einem leichten Seufzen abgelöst, wenn jemand aufwachte oder seine Position änderte. Manchmal murmelte auch einer vor sich hin: „Isset denn Halt auf freier Strecke?“ Ein anderer sah durch das Fenster und nickte schwer und wortlos oder er mutmaßte ebenso leise: „Muss doch keene Einfahrt ham.“ Und gelegentlich kam noch ein Dritter hinzu, der sich auskannte: „Wir sind aufm Abstellgleis. Müssen den Gegenzug durchlassen, fünfzehn Uhr siebenundfuffzig ab Potsdam.“ Dann nickten einige, und Max, der das längst wusste, dachte, dass er das auch hätte für sich behalten können. Nachdem der Sachkundige die unter Gähnen seine Weisheit aus gepackt hatte, rieb er sich vielleicht noch die Augen oder er schob die Mütze zurück, und die Stille senkte sich wieder über alle. Irgendwannn gab es einen leichten Ruck, der Zug setzte sich in Bewegung und hatte bald wieder seine übliche Geschwindigkeit erreicht. Wenn sich der Rhythmus, in dem die Räder von Schiene zu Schiene eilten, änderte, wenn die Abstände kürzer wurden, war es Zeit, seine Sachen aus dem Gepäcknetz zu nehmen und sich fertig zu machen, denn dann hatten sie Altenow schon fast erreicht.

Einmal kamen sie morgens in Magdeburg an. Da traute Max seinen Augen nicht. Neben dem Bahnhofsvorplatz, wo früher das Stadttheater mit seinen Statuen und Verschnörkelungen gestanden hatte, war jetzt freier Himmel. Mutter zog Max an den Trümmern vorbei, auf die er entgeistert blickte. Etwas später kam Tante Wilhelmine nach Sachsenbach, wohnte bei ihnen und bestand darauf, dass es Magdeburg nicht mehr gebe. Man werde eine Mauer um die Trümmerberge ziehen und einfach vergessen, was dahinter gewesen sei. Eisenträgers hatten das auch gesagt.

Haare hatte Max, als er in die Schule kam, schon längst, auch auf dem Hinterkopf. Aber er hatte sich beklagen müssen, weil die Kinder auf der Straße ihn wegen der paar kurzen Haare, die er über der Stirn hatte und die immer nach vorn gekämmt waren, ärgerten. Sein Vater war mit ihm zu dem kleinen Friseur gegenüber gegangen, war die eine Stufe von der Straße in den Friseurladen hinabgestiegen und hatte diesem die gewünschte Veränderung verkündet: „Nu, Willi, der Junge will jetzt auch hinten Haare haben.“ Worauf der Friseur mit unschlagbarer Logik konterte: „Na wat, ankleben kann ick se nich.“ Man fand dann den Kompromiss, der Max schon von Anfang an vorgeschwebt hatte: Der Friseur verzichtete fortan darauf, seine elektrische Haarmähmaschine kreuzweis über Max‘ Schädeldecke zu führen.

14 Das Ende der Spielsoldaten

Max‘ Spielsoldaten nahmen ein trauriges Ende. Weil der Krieg fast vorbei war, hätte er sich sowieso von ihnen trennen müssen. Die Katastrophe kam aber über sie, als er die Schlacht vom Gran Sasso in Italien nachspielte, bei der Hauptmann Skorzeny den Duce mit einem Fieseler Storch aus den Klauen des Verräters Badoglio befreit hatte. Max war es gleichgültig, ob Badoglio wirklich ein Verräter und Hauptmann Skorzeny ein Held war.

Schlimm war nur, dass er keinen Fieseler Storch hatte; deshalb war eine Modifikation des historischen Geschehens, das damals in allen Medien bejubelt wurde, notwendig:

Er hatte einen Stabilbaukasten, aus dem er die nach oben offene Kabine einer Drahtseilbahn zusammenschraubte. – Er wusste, dass einige Soldaten mit einer Drahtseilbahn auf den Gran Sasso gekommen waren. – Darüber brachte er eine Seilscheibe an. Dann spannte er eine Schnur vom Vordach des Kellers, das den Berg vorstellen musste und auf das er über die Treppe, die zur Waschküche führte, klettern konnte, hinunter zum Sandhaufen auf dem Hof. Eine Einheit deutscher Soldaten aus dem Ersten und Zweiten Weltkrieg bestieg die Seilbahn, die Max an einem zweiten Faden hinauf auf den Gran Sasso zog. Das ging großartig; die Seilscheibe drehte sich wirklich. Aber noch viel schöner war es, als die Einheit nach getaner Arbeit wieder hinuntergleiten konnte, denn nun fuhren sie ganz ohne Max' Hilfe. Alles ging wie von selbst; er war begeistert.

An diesem Nachmittag wurde der Duce immer wieder von neuem befreit. Als es anfing, dunkel zu werden, musste Max reinkommen; wahrscheinlich hatte er seine Schularbeiten noch nicht erledigt. Er erbat sich von Mutter die Erlaubnis, die Soldaten ausnahmsweise in den Unterkünften übernachten zu lassen, kleinen Höhlen, die er in den Sandberg gebuddelt hatte und die alle an einem Weg lagen, der sich spiralförmig um den Sandhaufen wand. Die Erlaubnis wurde anstandslos gegeben, was er nicht erwartet hatte; alle Soldaten traten noch einmal vor der Gondel an und marschierten dann bergauf in ihre Unterkünfte.

Am nächsten Tag war die Zerstörung perfekt: Die Sandhöhlen waren feucht gewesen, die Soldaten hatten die Feuchtigkeit aufgesogen und waren ganz aus der Form geraten; sie waren weich. Max wollte sie noch an der Sonne trocknen, aber nun zersplitterten sie. Er wandte sich von den Helden ab, ohne seiner Mutter einen Ton zu sagen. Sie hat sie sicher beseitigt, bevor die Russen da waren; er hat es nur nicht bemerkt. Vielleicht hatten sie in ihren Unterkünften nur übernachten dürfen, damit diese Art der Entsorgung möglich wurde.

15 Für Vater ist der Krieg vorbei

Es muss einen Monat vor Kriegsende gewesen sein. Lena und Max waren in der Küche, da machte Mutter die Küchentür weit auf und sagte seltsam feierlich: „Passt mal auf, wer jetzt kommt.“ Erstmal kam Onkel Paul aus Klein-Altenow, der gleich abwiegelte und sagte „ist ja nicht so schlimm“. Aber Mutter wollte ihn gar nicht zu Wort kommen lassen und fing an, laut zu weinen. Dann stand Vater in der Tür; Mutter muss die beiden Männer gesehen haben, wie sie die Wallstraße herabkamen. Vater hatte seine Wehrmachtsuniform an, ging aber auf Krücken, die ihn unter den Achseln stützten, und um den Kopf trug er einen großen Verband.

Sofort stimmte auch Max in Mutters Klagen ein. Eigentlich hätte er lieber Onkel Paul geglaubt; er wollte sich ja auch freuen, Vater wiederzusehen. Aber er erkannte, dass man hier klagen muss, schon der Kopfverband verwies auf Fürchterliches. Als aber Vater sich an den Küchentisch setzte und Onkel Paul in dessen Beruhigungsversuchen unterstützte, indem er erklärte, dass er nur einen Zeh verloren und einen Splitter in den Kopf bekommen habe und dass beides wieder heilen werde, hörten zuerst Max und dann auch Mutter mit ihren Klagen auf.

Max machte sogleich eine Bestandsaufnahme: Vater fehlte die Mütze und das Koppel, und die Krücken waren ungleich. Er glaubt, dass die Kinder dann aus der Küche gehen mussten, damit sie nicht alles hörten. Vater und Onkel Paul werden Mutter wohl schon damals begreiflich gemacht haben, was hier vordringlich war: Vater war nämlich nicht nur verwundet, er war auch desertiert. Später hat Max aus Teilinformationen, die er sich nach und nach verschaffte, das folgende Bild zusammengesetzt:

Vaters Sanitätswaggon war in Russland reparaturbedürftig geworden, und so wurde er damit wieder ins Reichsbahnausbesserungswerk Delitzsch geschickt, indem der Waggon immer an Züge angehängt wurde, die in diese Richtung fuhren. Es war keine schöne Reise, denn der Bombenkrieg und die Not der Leute waren überall sichtbar. Nach der Reparatur kam Vater aus Delitzsch nach Halle an der Saale, wo er erfuhr, dass er und sein Waggon die Nacht über auf dem Bahnhof bleiben müssten, man könne ihn erst morgen früh wieder anhängen. Am Abend ging Vater in die Stadt. Er war noch nicht weit gegangen, als es Fliegeralarm gab. Er dachte, so schlimm wird es schon nicht werden, und ging weiter. Aber da hatte er sich getäuscht, denn ausgerechnet an diesem Abend war Halle das Angriffsziel.

Als er das merkte und an einer Häuserfront hinrannte, wurde von innen ein Tor geöffnet, und jemand zog ihn am Arm in einen hohen Hausflur und von da hinab in einen Keller. Dann kamen die Einschläge immer näher, der Lärm wurde ohrenbetäubend, Putz fiel von der Decke und den Wänden. Die Menschen im Keller lagen auf der Erde und hielten sich bei den Händen. Als alles vorbei war, merkte Vater, dass sein Schuh zerrissen war und seine kleine Zehe bloß noch am Fuß baumelte. Er nahm sein Taschenmesser und schnitt sie ab. Dass er auch einen gefährlichen Splitter in der Schädeldecke stecken hatte, merkte er erst später. Man legte ihm einen notdürftigen Fußverband an, und mit den Leuten aus dem Keller stieg er dann hinauf in den Hausflur. Von dort konnten sie den Himmel sehen, denn das Haus war zerstört. Sie kletterten über Trümmer bis vor den Eingang. Auch in der Nachbarschaft standen nur noch ein paar Außenmauern. Sie hatten Glück, sie waren nicht verschüttet.

Nach der Entwarnung sammelten Lastwagen die Verletzten ein. Sie brachten Vater zu einem zentralen Verbandplatz vor dem Sankt-Elisabeth-Krankenhaus, nicht weit vom Franckeplatz. Das Krankenhaus selbst war überfüllt; er wurde auf der Grünfläche davor abgelegt.

Später, als Max in den benachbarten Franckeschen Stiftungen wohnte, ist er oft an diesem Platz vorbeigekommen und hat versucht, sich alles vorzustellen. Auf dem zur Straße hin abschüssigen Platz hatte Vater mit vielen anderen gelegen, notdürftig versorgt und ohne sich helfen zu können. Am Vormittag kam ein Arzt vorbei, der dafür sorgte, dass er ins Krankenhaus hineinkam, damit der Splitter, der die Schädeldecke fast durchdrungen hatte, entfernt wurde. Als Vater, der nach der Operation seinen Kopfverband bekommen hatte, wieder zu sich kam, eröffnete ihm der operierende Arzt, dass der Krieg für ihn aus sei, dass er ihm aber keinen Entlassungsschein geben dürfe. Spätestens an dieser Stelle passte Max genau auf und konnte mir deshalb das Gespräch mit dem Arzt so wiedergeben, wie sein Vater es erzählt hatte. „Wohnt Ihre Familie in der Nähe?“ fragte er, und als Vater, nur weil er sich an russische Entfernungen gewöhnt hatte, das bejahte, sagte er: „Wenn ich Sie wäre, ich wüsste, was ich täte.“ Damit suchte er ihm ein Paar Krücken und entschuldigte sich noch, weil sie ungleich waren. Vater in seiner naiven Gewissenhaftigkeit erklärte ihm, dass er zu seinem Waggon auf den Bahnhof müsse. Da wurde der Arzt deutlich: Der Waggon sei wahrscheinlich vollkommen zertrümmert, und zwischen all dem Schutt und den verbogenen Schienen mit seinem Loch im Kopf auf dem Bahnhofsgelände herumzuhumpeln, daran könne

Vater nicht im Traum denken. Denn mit diesem Loch sei nicht zu spaßen. Dann hatte er zu tun.

Vater ging auf seinen Krücken zum Franckeplatz. Wie er von dort über Magdeburg nach Klein-Altenow gekommen ist, weiß Max nicht. Es muss eine wahre Odyssee gewesen sein und eine lebensgefährliche dazu, denn überall machten *SS*-Kommandos Jagd auf Deserteure, die sie an Chausseebäumen aufhängten. Vater schaffte es aber, kam über Magdeburg zu seiner Schwester nach Klein-Altenow, wo sein Schwager Paul, der nur noch volkssturmtauglich war, einen Bauern überredete, die Pferde anzuspannen und Vater und ihn mit dem Leiterwagen die paar Kilometer nach Sachsenbach zu bringen. Dass Vater desertiert war, durchschaute Max erst viel später, als er stolz darauf sein konnte.

Vater selbst hat das Wort nie in den Mund genommen. Aber immer ist er damals im Haus geblieben, damit ihn niemand sah. Mutter hatte Mühe, seine Uniform zu beseitigen. Max kriegte mit, dass sie sie in die Sickergrube im Garten warf, dann wieder herausangelte, um sie ins Plumpsklo zu werfen. Nur das Parteiabzeichen blieb in der Sickergrube. In diesem Frühjahr wurde der Garten nicht umgegraben.

Max sieht Vater noch, wie er hinter der Gardine im Wohnzimmer stand, wenige Tage bevor die Russen kamen, und wie er zornig wurde, weil an die zwanzig Hitlerjungs, die Sachsenbach verteidigen wollten, mit forschem Gleichschritt und lautem Gesang, Karabiner auf dem Rücken, Handgranaten im Koppel, durch die Straßen zogen. Wie Vaters Wehrmachts-, so war auch Max' Kinderuniform verschwunden. Nach Vaters Zornesausbruch hatte er auch keine Lust mehr zum Soldatenspielen.

An den *Bilderbogen vom Kriege*, der damals ebenfalls verschwand, erinnert er sich aber noch. Das hat entfernt mit seiner Suche nach der amerikanischen Identität zu tun: Es wurde darin beschrieben, wie todesmutig die *Deutsche Wehrmacht* den Versuch der Alliierten abgeschlagen hatte, bei Dieppe zu landen, und wie die fremden Soldaten deutsche Kriegsgefangene wurden:

> Briten, Kanadier entkommen dem Feuer,
> Verfluchen das sinnlose Abenteuer.

Über diesem Vers waren bunte Bilder abgedruckt, in denen Max immer wieder vergebens versuchte, Briten von Kanadiern zu unterscheiden. Von letzteren hörte er zum ersten Mal, und wieder fing er an, sich zu fragen, was das wohl für Leute sein mögen. Als er viel später selbst einer wurde, wusste er noch immer nicht, worin sich ein Kanadier von einem Engländer oder von einem Deutschen unterscheidet. Groß kann der Unterschied jedenfalls nicht sein, sagt er.

Es war schon in den siebziger Jahren, als Max einmal aus Amerika zu Besuch kam. Da vertraute Vater ihm auf einem der seltenen gemeinsamen Spaziergänge an, er habe 1933 nicht für Hitler gestimmt, im Gegensatz zu Mutter. Sie hätten sich vorher nicht abgestimmt. Und noch etwas erzählte er ihm, sichtlich beschämt: Er sei damals Mitglied des Wahlkomitees gewesen und habe zusammen mit anderen Sachsenbacher Bürgern die Stimmen ausgezählt. Der Wahlleiter, ein strammer Nazi, habe jedes Mal, wenn eine Nein-Stimme gemeldet wurde, den Stimmzettel verlangt und ihn mit Bemerkungen wie dieser hoch gehalten: „Meine Herren, Sie sehen, das Kreuz ist an der falschen Stelle. Der Wähler hatte seine Brille nicht dabei." Und indem er in die Runde blickte, fragte er: „Oder ist jemand anderer Meinung?" Natürlich war niemand anderer Meinung, und Vater glaubte, er habe zugelassen, dass seine eigene Nein- als Ja-Stimme gezählt wurde.

Er erzählte Max bei diesem Spaziergang auch einiges von den Anfängen der Bewegung in Sachsenbach und wie lächerlich es dabei zugegangen war: Einige Braunhemden seien die Wallstraße heruntergekommen, und da der Torweg zum *Preußischen Adler* offen war und sie auf dem Hof eine Fuhre Mist sahen, die dort abgestellt war, zogen sie den Ackerwagen samt Inhalt quer über die Wallstraße. Die war damit blockiert. Etwas später kamen sie noch einmal auf einem Lastwagen in Begleitung vieler anderer Nazis die Straße herab, und unter laut gegrölten Losungen wie: „Kein Hindernis ist uns zu groß!" – „Ein Volk, ein Reich, ein Führer!" schoben sie die Mistfuhre wieder auf den Hof vom *Preußischen Adler*. Dann sprangen sie wieder auf ihren Lastwagen, um der nächsten Heldentat entgegenzufahren. Vater hatte seinen Freund erkannt, der ihn mehrmals aufgefordert hatte, auch in die *SA* einzutreten und eine Pistole zu tragen, damit er „seine Familie verteidigen" könne. Jetzt wisse dieser Freund, wie kindisch das alles gewesen sei und wie furchtbare Ausmaße es angenommen habe. Aber warum erst jetzt?

16 Ein werdender Pimpf

In Sachsenbach musste Max mit seinen neun Jahren noch in den Vorbereitungsdienst des *Jungvolks* eintreten. Am zwanzigsten April 1945, zu Führers Geburtstag, sollte aus ihm ein richtiger Pimpf werden. Er traf sich ein paarmal mit andern, machte Geländespiele und musste üben, wie man militärische Kommandos befolgt. Er sieht sich in einer Reihe mit ein paar Gleichaltrigen auf dem Sportplatz stehen, vor der Front ein Junge, der vielleicht zwei Klassen über ihm, aber im Besitz einer Uniform mit einer rotweißen Fangschnur war, die „Affenschaukel" genannt wurde. Da musste er üben, wie man auf das Kommando „Stíllgestánnn!" reagiert, das der zwei Jahre Ältere immer wieder von neuem ausstieß. „Rührt euch!" sagte er nur, damit er gleich wieder „Stíllgestánnn!" rufen konnte. Viel wurde eigentlich nicht verlangt. Sie mussten bei „Rührt euch!" den rechten Fuß etwas nach vorn setzen und irgendwie einen gelockerten Eindruck machen. Bei „Stíllgestánnn!" musste der Hacken des rechten Fußes an den linken herangezogen werden, möglichst so, dass die Hacken etwas knallten; es sollte sich zackig anhören. Weil es aber nichts mehr zu kaufen gab, auch keine Eisen, mit denen man Hacken hätte beschlagen können, waren Dekadenz und Defätismus vorprogrammiert. Die Anführer mussten froh sein, wenn Max und seine Altersgenossen überhaupt noch in Schuhen auf dem Sportplatz erschienen.

Man hatte ihnen Merkblätter gegeben, die ihnen erklärten, was auf die einzelnen Kommandos hin zu geschehen habe. Dass die Füße bei „Stillgestanden!" einen rechten Winkel bilden und die Hände an der Hosennaht anliegen sollten, überraschte Max nicht. Aber über den letzten Satz in diesem Abschnitt kam er ins Grübeln. Er lautete: „In der Ferne suche ich mir einen Blickpunkt." Er verstand, hier sollte der Heldenblick eingeübt werden, wie er der germanischen Rasse gemäß war, und Max tat ja auch sein Bestes. Aber was soll man denn machen, wenn der Sportplatz neben dem Friedhof liegt, nur durch die Itzenplitzer Chaussee davon getrennt ist, und man in der Ferne nichts als Gräber sieht?

Als es so weit war und die Russen erwartet wurden, änderte sich in der Wallstraße mancherlei: Bücher mit nationalsozialistischem Inhalt verschwanden in einem Karton, der in der kurzen Zeit, als die Wehrmacht weg und die Russen noch nicht einmarschiert waren, im Garten vergraben wurde. Es traf auch ein kleines Hitler-Bild, ein buntes Zigarettenbild, das seit Jahr und Tag im Wohnzimmer im Rahmen eines großen Landschaftsbildes mit Königssee und Watzmann gesteckt hatte. In den letzten Tagen, die Wehrmacht war noch da, lag es plötzlich vor dem Haus in der Gosse. Max konnte es nicht fassen; seine Mutter war doch sonst immer so eigen. Sie schien auch gar nicht erbaut, als er es ihr freudestrahlend zurückbrachte. Sie müsse es wohl aus Versehen mit dem Staubtuch aus dem Rahmen gerissen und dann mit ausgeschüttelt haben, sagte sie. Max konnte sich das nicht vorstellen. Sie steckte es in den Rahmen zurück; aber bald darauf war es wieder verschwunden.

Einmal erzählte Mutter am Mittagstisch, dass eine Nachbarin beim Kaufmann gestöhnt hatte. Sie und ihre Familie hätten die ganze Nacht hindurch im Garten vergraben, was die Russen nicht finden sollten. Aber noch war die *Wehrmacht* in Sachsenbach, sodass sie ganz defätistisch gehandelt hatten. Nachmittags sprach Max ihren Sohn darauf an; er wollte ihm keine Angst machen, er wollte nur zeigen, dass ihm nichts entgeht. Aber schon gegen Abend stand die Frau bei Mutter in der Küche. Die rief ihn und langte ihm eine, nur, um die Frau zu beruhigen. Denn in der Nacht hörte er, wie sie Vater gegenüber die Ansicht vertrat, dass doch eigentlich die Frau mit ihrer Wichtigtuerei schuld gewesen sei.

In einem Fenster im Rathaus wurde nun täglich ein Zettel angebracht, der über den Verlauf der Front unterrichtete. Max wundert sich noch immer, wie detailliert das geschah, denn auch das schien ihm defätistisch zu sein. Flüchtlingstrecks aus den deutschen Ostgebieten kamen damals durch die Stadt. Sie hielten immer in der Straßenkurve vor dem *Preußischen Adler*. Es waren von Ackerpferden gezogene Wagen, hoch bepackt mit Hausrat, obendrüber Teppiche, unter denen Kinder und alte Leute Schutz suchten. Oft ging Max mit Mutter hin; sie brachte den Leuten etwas Heißes zu trinken oder eine Suppe und nahm dann immer Fotos von Onkel Hermann und Tante Sophie mit, weil die ja wahrscheinlich mit ihren Kindern auch auf der Flucht waren. Aber niemand kannte sie.

Inzwischen gingen die Luftangriffe weiter; die Flugzeuge kamen jetzt am helllichten Tag; kein deutscher Abfangjäger war zu sehen. Am ersten Mai kündigte der Rundfunk „eine traurige Nachricht für das deutsche Volk“ an. Die ganze Familie ging zum Nachbarn Giese, weil ihr Radio nicht mehr funktionierte. Da hörten sie, dass der Führer „an der Spitze seiner Truppen gefallen“ sei. Jemand, es war vielleicht Dönitz, rief aus: „Die Chance des Sieges liegt vor uns.“ Die Erwachsenen schüttelten den Kopf, und die Geschütze der Ostfront grummelten durch die Abendstille. „Das muss doch schon westlich von Berlin sein“, sagte Vater.

17 Das Ende der *Deutschen Wehrmacht*

Schließlich zogen die Reste der *Deutschen Wehrmacht* an Max vorbei; es war ein Jammer. Die Soldaten liefen in kleinen Gruppen immer die Landstraße entlang, kamen durch das Johannistor und das Berliner Tor herein und zogen durch das Köhlertor und auf der Itzenplitzer Chaussee weiter nach Westen, Richtung Magdeburg.

Zwei Soldaten kamen vor dem *Preußischen Adler* auf Max zu. Sie fragten, ob er wüsste, wo sie sich waschen und ausruhen und vielleicht auch was zu essen kriegen könnten. Er sagte, er würde zu Hause fragen, aber als er hinlief und auf dem Tritt stand, um zu klingeln, standen sie schon hinter ihm. Sie trugen Mutter ihre Bitte vor; die ließ sie herein. Max musste zur Quelle, Wasser holen, und Mutter machte eine Pfanne Bratkartoffeln, die beiden wuschen und kämmten sich und aßen, dann setzten sie sich in die Küche und schliefen. Sie hatten gesagt, wann sie geweckt werden wollten, denn sie mussten weg, ehe die Russen kamen. Als sie losgingen, sagten sie, ihr nächster Sammelpunkt sei Altenow. Max wusste nicht, woher die beiden kamen und wohin sie noch gehen würden. Aber weil sie schon so viel gesehen hatten und noch mehr sehen würden, beneidete er sie.

Max sah, wie ein deutscher Panzer durch die Burgstraße kam und beim *Preußischen Adler* in die Kurve zum Köhlertor einbiegen wollte, als ein Offizier ihn mit Handzeichen anhielt. Drei Soldaten kamen aus dem Turm herab und traten neben ihrem Panzer an. Aber der vierte, der Fahrer, hätte aus einer tiefer gelegenen Klappe vor dem Turm kommen müssen. Das schaffte er nicht. Zwar war die Klappe schon offen, aber er versuchte, den Panzer mit den Beinen zuerst zu verlassen und geriet dabei in ein hilfloses Strampeln. Seine Beine ragten aus der Klappe hoch in die Luft und suchten Halt, wo keiner war, während Oberkörper und Kopf noch im Panzer hingen. Allmählich geriet Max in Angst: Der Mensch konnte ja nicht ewig in dieser Situation bleiben, aber wenn er es noch schaffte, sich neben seine Kameraden zu stellen, was würde ihm dann passieren?

Alles lief überraschend menschlich ab: Er kam auf die Füße, stellte sich mit hochrotem Kopf in die Reihe, und der Offizier, nachdem er nach dem Woher und Wohin und nach der Einheit gefragt hatte, warnte die vier nur vor dem nahen Froschbach, der die Burg umfloss. Die Brücke trage nur drei Tonnen. Er sagte ihnen, wie sie zu umfahren sei. Vermutlich wusste er, dass die Leute nicht mehr richtig ausgebildet wurden.

Niemand konnte sagen, ob man Sachsenbach verteidigen würde. Wilde Gerüchte machten die Runde. Von einer *SS*-Einheit war die Rede, deren Anführer im Rathaus sei, den Bürgermeister abgesetzt und selbst das Kommando übernommen habe. Andere hatten gehört, dass die *Deutsche Wehrmacht* schon eine Verteidigung vorbereitete. Tatsächlich wurden in aller Eile Panzersperren errichtet, eine direkt hinter dem Froschbach im Köhlertor. Dann wieder wollte man wissen, die Amerikaner würden eher hier sein als die Russen.

Tante Wilhelmine war im Frühjahr 1945 auch in der Wallstraße und hatte Angst, dass die Verteidigung von Sachsenbach ihr Unannehmlichkeiten bereiten könnte. Sie wollte den Russen entgehen. Deshalb kam sie Ende April mit einem Wehrmachtsoffizier, der mit einem Lastwagen und einem Fahrer für ein paar Stunden am Berliner Tor hielt, überein, dass er sie die zweiundzwanzig Kilometer nach Klein-Altenow mitnehmen würde. Sie saß in ihrem viel zu warmen Wintermantel und mit umgehängter Gasmaske im Führerhaus. Ihr Koffer, der schon seit Wochen gepackt war, lag auf der Ladefläche. Sie wollte sich bei Tante Mascha und Onkel Paul in Klein-Altenow einquartieren und sich dort von den Russen überrollen lassen. Leider spielten die Russen nicht mit, weil die *Deutsche Wehrmacht* in letzter Minute den Plan, Sachsenbach zu verteidigen, aufgab und sich bis Altenow zurückzog, sodass Stalinorgeln und Granaten immer zwischen den Russen in Ummersburg, das östlich von Klein-Altenow lag, und den Deutschen in Altenow, das westlich davon lag, hin und her flogen, immer über Klein-Altenow und Tante Wilhelmine hinweg. Sie hatte sich mit einigen Dorfbewohnern im Wald versteckt und muss eine Schlacht von epischen Ausmaßen erlebt haben, wenn man sie später reden hörte.

Überraschend wurde die *Hitlerjugend* mitsamt dem Vorbereitungsdienst zum Anger befohlen, einem Platz zwischen der Breiten Straße und seiner Verlängerung, der Poststraße, in den von Norden her das Berliner Tor und von Süden die Bäckerstraße mündete. Max wollte gerade aus dem Haus gehen, er ging jetzt oft ein und aus, um nichts zu versäumen, da kam Mutter und fragte ihn, wohin er wolle. Sie musste etwas ahnen, denn sie hörte nicht auf zu fragen, bis er es gesagt hatte. Daraufhin verbot sie ihm mit ungekanntem Nachdruck, zum Anger zu gehen. Max fürchtete sich, denn nun war er ein Feigling und Verräter am deutschen Volk, aber als er alles genau abwog, hatte er doch mehr Angst vor Mutters Drohung als vor dem Befehl des Fähnleinführers, und er überließ das Vaterland sich selbst.

18 Marie und die Russen

Max‘ Mutter hatte noch im März 1945 eine junge Russin ins Haus geholt. Die hatte eines Tages mit einer Gruppe von elf anderen Russinnen vor einem Magdeburger Betrieb auf der Straße gestanden. Man hatte sie zur Zwangsarbeit dorthin verschleppt, aber nun war der Betrieb zerstört. Wohl wissend, dass der Ruf, den die Gegend bei der *Roten Armee* haben würde, auch von ihnen abhängen würde, hatte der Magdeburger Bürgermeister sie in das vergleichsweise ruhige Sachsenbach bringen lassen. Hier aber konnte man nichts anderes für sie tun, als dass der Stadtausrufer mit seiner großen Handglocke loszog, an den dafür vorgesehenen Stellen stehen blieb und den Einwohnern kund und zu wissen tat, dass man kommen und sich junge Russinnen abholen könne.

Mutter erkannte ihre Chance. Sie ging zum Rathaus und kam mit Marie zurück, einer jungen Frau, die in Moskau Deutsch studiert hatte und sich deshalb mit Max‘ Familie verständigen konnte. Alle begriffen schnell, dass Marie ihnen nicht das traurige Schicksal vorwarf, das sie ihrer Familie entrissen hatte, und dass sie überhaupt freundlich war. Mutter behandelte sie gut, und auch die Kinder bekamen den Auftrag, ihr höflich zu begegnen. Das Bett für Marie stand in der Waschküche im Stallgebäude. Mutter machte Anstalten, ihr ein Zimmer im Wohnhaus zu geben, aber Marie mag geahnt haben, dass die Zeiten dafür noch zu gefährlich waren; sie blieb lieber in der Waschküche.

Als die *Rote Armee* auf die Stadt zukam, tröstete sie Max‘ Mutter: „Musst nicht weinen, kommt russisch Soldat, ist guter Soldat. Werde ich sagen, Menschen in diesem Haus sind gute Menschen.“ Dann wandte sie sich den praktischen Notwendigkeiten zu. Unter ihrer Anleitung mussten die Fahrräder vergraben werden, aber nicht einfach so. Vielmehr wurde eine von Großvaters Holzmieten zerstört, die er kunstvoll aus ofengroßen Buchenscheiten errichtet hatte, damit der Wind hindurchgehen und sie trocknen konnte. Dann wurden die Fahrräder vergraben, und Großvater baute die Miete mit Max‘ Hilfe wieder über die Stelle. Marie überzeugte die Familie auch, dass Alkohol, wenn welcher vorhanden sei, weggeschüttet werden müsse. Großvater unterzog sich auch dieser Aufgabe. Dann half Marie, einen großen Tontopf zu vergraben, in dem sich Mutters Zuckervorrat befand. Auch die Silberbestecke kamen an die Reihe, und so ging es weiter. Wertgegenstände und Großvaters restliche Zigarren wanderten hinauf auf den Boden, wo ein Hohlraum war.

Im Stall stand unterdessen Omas Handwagen hochbepackt mit Decken, Kleidung und Betten. Mit diesen Vorkehrungen war in aller Eile begonnen worden, nachdem *SS* und *Wehrmacht* sich abgesetzt hatten. Man hätte mit dem Handwagen auf die Flucht gehen können, aber Mutter wollte abwarten, denn noch immer liefen einzelne deutsche Soldaten durch die Stadt und über die Landstraßen.

Die warfen weg, was ihnen zu schwer wurde. Einmal kam Max zum Entsetzen seiner Mutter mit einem richtigen großen Stahlhelm nach Hause. Er dachte, dass er nun alt genug sei; er wollte nicht mehr mit seinem Pappmaché-Helm herumlaufen, von dem er sowieso nicht wusste, wo er hingekommen war. Aber auch den neuen Helm musste er sofort Mutter geben, die erst gar nicht wusste, wohin damit. Schließlich landete er in einem Loch, das sie mit Maries Hilfe unter einer Wassertonne grub.

Am nächsten Morgen gab es auf der Straße Lärm. Es kamen nur noch wenige deutsche Soldaten, aber einer hatte einen Farbeimer und einen großen Pinsel und schmierte mit weißer Farbe Durchhalteparolen auf die freien Wände in der Stadt, zum Beispiel: „Kein Fußbreit deutschen Boden mehr unseren Feinden!“ Die Leute hatten sich inzwischen schon auf die Russen eingestellt und fürchteten, sie mit so dummen Sprüchen zu erzürnen. Der Mann, der wahrscheinlich zur Nachhut einer Propagandakompanie gehörte, wurde vertrieben, dann wurden Bettlaken als Kapitulationsflaggen aus den Fenstern gehängt, und aus jedem Haus kamen Frauen und Kinder mit Wasser und Bürsten auf die Straße gerannt, um die Parolen zu beseitigen. Die Eltern ließen Max mitgehen.

Die Leute wirkten gelöst. Witze wurden gemacht, während sie mit ihren Wurzelbürsten versuchten, die lange Parole „Kein Fußbreit ...“ von der grob verputzten grauen Mauer zu waschen, die an der Durchgangsstraße zum Köhlertor stand, da, wo diese Straße einen scharfen Knick nach rechts macht, während eine breite Sackgasse weiter geradeaus durch den Park auf die Burg führt. Jeder zweite Wehrmachtswagen hatte sich hier verfahren, weil der Wegweiser, der rechts nach Altenow wies, abgebrochen war. Man schrubbte so vor sich hin. Flüche wurden laut, weil der Propagandasoldat noch richtige Ölfarbe in seinem Eimer gehabt hatte. Wahrscheinlich Friedensqualität. Die Schrift ging jedenfalls nicht ab, allenfalls verblasste der Spruch ein wenig.

Aber man fühlte sich wohl. Der Himmel war von einem klaren Blau, es war ein windstiller, warmer Frühlingstag, die großen Bombenangriffe hatten seit Tagen aufgehört, nur hier und da ratterte ein kleines Russenflugzeug durch die Gegend, vermutlich Feindaufklärung. Diese Flieger taten niemandem etwas. Die Leute schrubbten und lachten. Sie hatten auch keine Angst mehr vor den *SS*-Kommandos und der *Deutschen Wehrmacht*, denn die hatten sich davongemacht.

Da ratterte plötzlich ein Lastwagen heran, fuhr ein paar Schritte zur Burg hinauf und stoppte; Max drehte sich um, wies mit seiner Bürste in Richtung Köhlertor und rief „da lang!" Aber wahrscheinlich hatte der Fahrer den Fehler schon bemerkt und den Rückwärtsgang eingelegt; und indem Max genau hinsah, erkannte er die fremden Uniformen. Max schrie ganz außer sich „Russen! Russen!", und die Frauen stoben samt Eimern und Bürsten kreischend auseinander. Im Nu waren sie in ihren Häusern verschwunden. Max sah noch, wie die sowjetischen Soldaten, die in vier dicht gedrängten Reihen auf der Ladefläche saßen, lachten, dann fuhr das Auto weiter durchs Köhlertor. Bald kamen noch mehr Lastwagen. Aber da war er auch schon auf dem Weg nach Haus.

Die Tür wurde hinter ihm wieder verschlossen, alle standen hinter der Gardine, Marie auch, und warteten. Lange Zeit geschah nichts. Sie hätten das Fenster öffnen oder sich draußen auf den Tritt stellen und die Straße hinabsehen müssen, um zu sehen, was sich da aus der Burgstraße, am *Preußischen Adler* und an der beschmierten Mauer vorbei ins Köhlertor bewegte. Das trauten sie sich aber nicht, obwohl ihre Neugier groß war. Stundenlang blieb die Wallstraße wie ausgestorben, dann kamen von der Breiten Straße herab ein paar Russen zu Fuß, und als sie in der Burgstraße waren, verbreitete sich hinten durch die Gärten die Nachricht, sie hätten „keinem was getan".

Am 11. Mai war Max' zehnter Geburtstag, zu dem es natürlich keine Geschenke gab. Mutter hatte aber aus Melasse, einer Art Rückstand, der anfiel, wenn aus Zuckerrüben Sirup gemacht wurde, eine Kruste gekocht, die süß schmeckte und ihn vollkommen für den entgangenen Kindergeburtstag entschädigte. Wieder war es ein warmer Frühlingstag, die Blumen blühten, die Sonne strahlte vom Himmel, und die *Rote Armee* verfolgte die *Deutsche Wehrmacht*, ohne dass die Familie das alles noch sonderlich betraf. Max bat um die Erlaubnis, rauszugehen. Vielleicht wollte Mutter ihm die Bitte an seinem Geburtstag nicht abschlagen, auch hatte er ja von allen am wenigsten zu fürchten, abgesehen vielleicht von Großvater. Sie ließ ihn laufen.

Weil es wirklich sehr warm war, erlaubte sie ihm auch, barfuß zu gehen, was jedes andere potentielle Geschenk in den Schatten stellte.

Selbst wenn Max und Lena lange Listen von anderen Kindern aufsagen konnten, die barfuß gehen durften, hatte das nichts geändert. Jetzt aber hatte Max seine Stoffschuhe mit den Holzsohlen, zwischen deren Gelenken immer die Haut eingeklemmt wurde, lange genug mit sich rumgeschleppt. Am *Preußischen Adler* lief er vorbei und über die Straße zur Mauer mit der noch gut lesbaren Parole. Es war vollkommen still. Die Leute blieben in ihren Häusern, niemand war zu sehen, auch kein Russe. Er fühlte die Wärme von den Pflastersteinen durch seine Fußsohlen dringen, sah das frische Grün im Burgpark, und plötzlich hatte er das Gefühl einer großen, nie gekannten Freiheit: Er brauchte sich nicht mehr vorzusehen, kein Fliegeralarm würde mehr seinen Schlaf zerreißen, und die Schule war auch geschlossen. Vor Freude machte er einen Hopser – er hat mir Jahrzehnte später noch die Stelle gezeigt – und rannte los, in den Burgpark, dann durchs Köhlertor und am Sportplatz und Friedhof vorbei. Er trieb sich rum, wie es sonst missbilligend hieß. Nach ein paar Stunden kam er von der Breiten Straße her wieder die Wallstraße herab.

Doch in den kommenden Tagen war es in der Stadt gar nicht mehr schön. Russenjungs, junge Kerle ohne Uniform, die hinter der *Roten Armee* herzogen, machten die Straßen unsicher. Wenn sie auf der Straße nicht fanden, was sie gebrauchen konnten, gingen sie in die Häuser. Bald wurden angsterfüllte Berichte von Selbstmorden hinten durch die Gärten weitergegeben. Fast immer waren es Mädchen und junge Frauen, die von Russen vergewaltigt worden waren und nicht mit der Schande leben wollten. Max mit seinen zehn Jahren hat das erst später verstanden. Die Nazipropaganda, von dem verzweifelten Verlangen besessen, den Widerstandswillen der Deutschen zu stärken, hatte sich deren kleinbürgerliche Moral zunutze gemacht und Maßstäbe gesetzt, nach denen die Leute ihre Entscheidungen fällten. Besondere Angst hatte man vor den Mongolen; man erwartete wilde Tiere, die aus irgendeiner innerasiatischen Wildnis auf die Deutschen losgelassen wurden. Jahrelang war Rassismus gepredigt worden; das verschwand nicht über Nacht.

Die Russen waren nicht so schlimm wie erwartet, aber schlimm waren sie. Max konnte damals noch kein großes Leid von kleinem Unrecht unterscheiden. Einmal stand er mit dem Nachbarn, Herrn Giese, in dessen Gärtnerei; sie sahen zu, wie ein paar Russenjungs Steine und Knüppel in seinen Apfelbaum warfen, um die grasgrünen Äpfel herunterzuschlagen. Max konnte es nicht fassen: Die Täter standen neben ihnen, warfen und lachten, und es gab niemanden, dessen Amt es gewesen wäre, Herrn

Gieses Äpfel zu schützen; Herr Lindenberg mit seinem Helm, dem Schleppsäbel und dem Notizbuch ließ sich einfach nicht sehen. Wenn es dann hieß, Frau Schröder vom Äußeren Graben habe sich in ihrem Ziegenstall erhängt, fand Max das auch erschütternd, er hatte ja Frau Schröder gekannt, aber es kam nicht ganz so an ihn heran, denn der Äußere Graben war im Norden, auf der anderen Seite der Breiten Straße, und solche Neuigkeiten hörte man jetzt oft.

Im Frühsommer 1945 fürchteten sich alle vor den Lastwagen, die nachts durch die Stadt fuhren und Leute wie Rektor Scharnowski abholten. Eigentlich sollten nur Nazis abgeholt werden; sie sollten die Quittung für ihre Taten bekommen. Aber jemand musste den Russen ja sagen, wo sie wohnten, und allmählich wurde deutlich, dass Leute, die sich als Altkommunisten ausgaben ohne es zu sein, den Russen auch die Namen ihrer persönlichen Feinde nannten, manchmal waren es harmlose Mitbürger. Schon in der Nazizeit war von denen, die einmal „abgeholt" waren, kaum einer wiedergekommen, und jetzt war es nicht anders. Deshalb standen die Leute hinter ihren geschlossenen Fensterläden, wenn ein Lastwagen abends im Dunkeln durch ihre Straße rumpelte, und hofften, dass er beim Nachbarn hielt statt vor der eigenen Tür.

Der Tod war damals allen sehr nahe. Viele, die sich umbrachten, hatten einfach die Nerven verloren. Max hing aber am Leben und fand, dass es für viele zu bedeutungslos geworden war. Einmal kam er dazu, wie die Nachbarin durch die Gärten kam und sich am Küchenfenster mit Mutter darüber unterhielt, ob man sich umbringen sollte. Sie erzählte, dass sie ihren älteren Sohn – er war etwas jünger als Max – gefragt habe, ob er wisse, was es bedeute, wenn man tot sei. Er habe darauf geantwortet, ja, das wisse er. Dann könne man nicht mehr sehen, hören und riechen, und auch gehen könne man dann nicht mehr. Auf die Frage, ob er denn in diesen Zustand versetzt werden wolle, habe er gesagt, es sei ihm egal. Die Frau klang, als sei sie nun der Lösung einer mathematischen Aufgabe näher gekommen, während Max sich über ihren Sohn wunderte und nicht verstand, wie der Junge in diesem Alter so einfach aufgeben konnte. Die Nachbarsfrau musste ihm Suggestivfragen gestellt haben.

Großvater hatte den Schluss ihres Gesprächs mit Mutter noch gehört. Er war beim Holzhacken durstig geworden und ans Fenster gekommen, um einen Schluck Wasser zu trinken. Als die Nachbarin weg war und Mutter klagte, man wisse gar nicht, was man noch machen solle, wurde es ihm zu bunt. Er sagte in aller Ruhe: „Denn hängt euch doch uff!", schulterte sein Beil und ging wieder zu seinem Holzstoß. Mutter erwiderte: "Ach Vater, wenn der bloß Holz hacken kann, dann kann ruhig die Welt untergehen." Max hielt sich mit seiner Meinung zurück, aber innerlich stimmte er Großvater zu. Es war die Zeit, als er ihm das Holzhacken beibrachte, und die Welt ging noch lange nicht unter. Übrigens ist auch die Nachbarsfamilie am Leben geblieben; sie wird es wohl nicht bereut haben.

Bei alledem ging es Max' Familie viel besser als den meisten anderen Leuten. Denn wenn es bei ihnen klingelte, ging manchmal Großvater aufmachen, meistens aber Marie. Sie schloss dann, nachdem sie eine kurze Unterhaltung auf Russisch geführt hatte, die Tür wieder von innen zu.

Einmal brachte sie doch einen Offizier mit bärbeißigem Gesicht und breiten, mostrichgelben Achselstücken mit herein; er muss wohl darauf bestanden haben. Zuerst kam er in die Küche, wo alle versammelt waren. Vater saß auf einem Küchenstuhl, vor sich eine große Schüssel mit Wasser, und wusch seine Wunde. Der Offizier blieb in der Küchentür stehen und sah ihn lange an. Was in ihm vorgegangen sein muss, ist Max erst später klar geworden: Vater war in diensttauglichem Alter und verwundet, also lag es nahe, dass er Soldat gewesen war. Ehemalige deutsche Soldaten, die Zivilkleider angezogen hatten, wurden von den Siegern als Kriegsgefangene in Lager gesteckt, von wo sie nach Russland verschleppt wurden. Den Eltern war die Gefahr bewusst; das merkte Max an ihrem gedrückten Benehmen. Erst nach quälend langer Zeit drehte der Offizier sich um und ging über den Korridor ins Wohnzimmer, Marie mit. Wieder dauerte es lange. Endlich entschloß sich Mutter hineinzugehen. Sie tat so, als ob sie etwas suche, und sagte, als sie zurückkam, er sitze in Vaters Schreibtischsessel und Marie am Wohnzimmertisch. Sie unterhielten sich. Von dem, was da auf Russisch gesprochen wurde, hatte sie keine Ahnung.

Als sich die Tür endlich wieder öffnete, hörte man, wie der Offizier durch den Korridor in den Hausflur ging. Marie drehte den Haustürschlüssel von innen um und kam in die Küche. Sie war rot angelaufen. Auf Mutters vorsichtige Frage sagte sie, sie hätten über Moskau gesprochen, nicht über Vater. Dann fragte Mutter noch, ob der Soldat etwas mitgenommen habe, worauf Marie „nein" sagte. Erst Tage später fiel ihnen auf, dass Lenas Akkordeon fehlte, das immer an der Stirnseite der Chaiselongue gestanden hatte. Sie wussten, dass den Russen Akkordeons am Herzen lagen, aber niemand hatte daran gedacht, das Instrument zu verstecken. Jetzt stellt Max sich vor, dass der Offizier es vielleicht auf Vater abgesehen und Marie ihm stattdessen das Akkordeon untergejubelt hatte. So gesehen, war es nur gut, dass es noch da stand. Auf jeden Fall hatte Marie recht, als sie einmal zu Mutter sagte: „Wenn ich werde fort sein, ihr werdet sagen: ‚Danke schön, Marie.'" Dazu hatten sie allen Grund.

Marie bestand darauf, weiter im Haushalt zu helfen. In ihrer Freizeit traf sie sich jetzt auch öfter mit den anderen jungen Russinnen, mit denen sie nach Sachsenbach gebracht worden war. Und bald beobachtete Mutter, dass ihre Waschküche zum Treffpunkt wurde. Man kam ins Haus – die jungen Frauen hatten Schlüssel –, ging durch den Flur und über den Hof in die Waschküche, wo dann geredet wurde. Alarmiert war Mutter, als Kleidungsstücke in die Waschküche gebracht wurden. Nur Marie trug nichts zu dem Kleidervorrat bei. Eines Tages kam die Aufforderung, die jungen Frauen sollten sich zu einem bestimmten Zeitpunkt auf dem zwanzig Kilometer entfernten Bahnhof von Zetternitz einfinden, um in die Heimat zu fahren. Als sie ein paar Koffer auf einen unserer beiden Rollwagen geladen hatten und die Familie sich herzlich von Marie verabschiedet hatte, meinte Mutter, dass der Rollwagen nicht bis Zetternitz halten würde. Das gab Max einen Stich, denn er wollte, dass die Herzlichkeit echt war, und dazu gehörte, dass der Rollwagen wenigstens bis Zetternitz hielt.

Die Familie übernahm die Waschküche wieder und fand dort unter anderem einen braunen Wollmantel von bester Qualität. Mutter wusste nicht, wem er gehört hatte, und sah darin keinen Grund, ihn wegzuwerfen. Max bekam eine Jacke und eine kurze Hose daraus, einen Anzug, den er lange getragen hat.

Das letzte Mal taucht er vier Jahre später in seiner Erinnerung auf. Es war kurz vor seiner Abreise nach Halle. Er saß auf dem Hof in der Kinderschubkarre und sprach irgendetwas mit Joachim, der damals sechs Jahre alt war. Max stand auf, blieb hängen, spürte und hörte einen Riss und erblasste; er war mit seiner Hose an einem hervorstehenden Nagel hängen geblieben und hatte ein klassisches Dreieck hineingerissen. Die Jungs versuchten, es ihrer Mutter schonend beizubringen, es half aber nicht. Damals griff sie noch einmal um die Ecke hinter dem Eingang zur Speisekammer. Es ist Max' letzte Erinnerung an den Rohrstock. Er war 14 Jahre alt und wurde noch im selben Jahr für sich selbst verantwortlich.

19 Annäherungen

Natürlich spielten die Kinder seit dem Einzug der Russen nicht mehr Soldat. Die Erwachsenen hätten ganz schön dazwischen gefunkt, wenn sie noch mit Uniformteilen der *Deutschen Wehrmacht* herumgelaufen wären. Das war sehr schade, denn die Kinder wussten genau, wo überall in Wald und Flur noch echte Ausrüstungsstücke zu finden waren, die die fliehenden deutschen Soldaten weggeworfen hatten.

Mit den Russen hatten sie zunächst keinen Umgang, nicht nur, weil die Erwachsenen Angst vor ihnen hatten, sondern auch, weil sie als plündernde, kulturlose Gewaltmenschen galten, denen man besser aus dem Weg ging. Allenfalls Witze konnte man über sie machen, die bei aller Ohnmacht die eigene kulturelle Überlegenheit betonen sollten. Etwa so: Ein Russe will von einem Deutschen wissen, warum die Deutschen immer übers Essen sprechen und die Russen immer von Kultur. Darauf der Deutsche: „Man spricht eben immer über das, was man nicht hat." Die Indoktrinierung durch die Nazipropaganda zeigte noch lange Wirkung.

Schließlich machten die Kinder sich Stirnbänder aus Papier oder dünner Pappe, schnitten Schlitze hinein, durch die sie Hühnerfedern zogen, und schon waren sie Indianer. Wie man Flitzbogen macht, hatte Max von Großvater gelernt; dieses Wissen gab er jetzt weiter. Und wer irgendwo ein größeres, halbwegs starkes Stück Pappe fand, machte sich daraus einen Schild. Dass darauf viel Platz für Verzierungen ist, wusste man schon im Altertum. Nun machten die Kinder ihren ersten zaghaften Annäherungsversuch: Sie malten sich Sowjetsterne darauf. Das war gar nicht einfach. Zwar wussten sie, dass ein Sowjetstern fünf Zacken hat, aber die in eine gleiche Größe und in gleiche Abstände zu bringen, schien ihnen unmöglich. Es blieben armselige Versuche, die keinen gegnerischen Indianerstamm verängstigt hätten, auch wenn es einen gegeben hätte. Wehmütig erinnerten sie sich daran, wie einfach und genau sie Hakenkreuze gemalt hatten.

Einmal schlich Max in voller Kriegsbemalung an der Schreibstube der Russen in der ehemaligen Gaststube des *Preußischen Adler* vorbei, wo nicht lange zuvor eine Einheit der *Deutschen Wehrmacht* ihren Schreibkram erledigt hatte. Da entdeckte Nikolai, der Diensthabende, ihn und rief ihn zu sich. Die Kinder wussten, dass Nikolai ein lustiger Vogel war und immer Flausen im Kopf hatte. Jetzt zeigte er auf Max' mickrigen Sowjetstern, machte ein betrübtes Gesicht, griff in seine Schreibtischschublade und holte einen funkelnagelneuen Zirkelkasten hervor. Wo er den her hatte, weiß der Kuckuck; aus Russlands Weiten bestimmt nicht. Beide radierten nun in gewissenhafter Kleinarbeit den windschiefen Sowjetstern aus, dann zog Nikolai noch ein Lineal heraus, leckte umständlich die Spitze seines Bleistifts an, wobei er Max ansah, ob er auch lachte, und nun begann er, einen eleganten Stern genau in die Mitte des Schilds zu zeichnen, sogar mit einem Kreis darum, der die Spitzen der Zacken miteinander verband. Zu Hause opferte Max den letzten Rest seines roten Malstifts, um ihn auszumalen.

Am nächsten Tag beim großen Pow-Wow hinten am Nonnenpfad wurde das Kunstwerk ausgiebig bewundert. Ein Mann kam vorbei, blieb stehen und sagte: „Früher habt ihr Hakenkreuze gemalt, heute malt ihr Sowjetsterne." Er sagte das wie eine Feststellung, aber Max hat die Kritik herausgehört und sie einfach abgeschüttelt. Nikolai kriegte immer mehr Kundschaft; immer wieder musste er den Zirkelkasten vorholen.

Im Burgpark war eine Wiese. Die Russen hatten einen grünen, hüfthohen Zaun darum gezogen, hatten lange Bretter zu Tischen und Bänken zusammengenagelt – letztere ohne Lehnen – und die Beine dieses Mobiliars tief in den Wiesenboden getrieben. Das war der Essensplatz für die Soldaten. Hierher wurden sie in Marschformationen geführt. In ihren großen Stiefeln und fleckigen Uniformen traten sie nacheinander respektvoll durch die Eingangspforte, setzten sich auf die Bänke, nahmen ihre Käppis ab und legten sie neben sich auf die Bank. Die Essensträger schleppten große Kübel durch die Reihen, jeder hielt ihnen seinen Napf hin, dann waren alle geschorenen Köpfe über einen Brei und über die großen, nassen Brotstücke gebeugt, die sie dazu kriegten. Außerhalb des Zauns aber stand ein barfüßiger Indianerstamm und sah mit ein wenig Sehnsucht auf Brei und Brot.

Eigentlich war der Hunger den Kindern nicht so wichtig, denn sie glaubten, dass sie halbwegs genug zu essen hätten. Sie fanden den Mangel normal, sie hatten ja, seit sie denken konnten, nur Kartoffeln und dazu Gartenfrüchte wie Bohnen oder Mohrrüben gegessen. Bevor Vater in den Krieg gezogen war, hatte er Mutter manchmal im Beisein der Kinder daran erinnert, wie Kaufmann Meisel immer sieben bis acht Tafeln Schokolade zur Wahl auf dem Ladentisch ausgebreitet hatte, wenn man nur eine einzige verlangte. Aber den Kindern bedeutete Meisels Schokolade so viel wie die Diamanten am Turban des Sultans.

Zwar baten Max und Lena ihre Mutter manchmal um ein Stück Brot. Sie musste ihnen nur selten sagen, dass sie keins mehr hatte. Aber wenn sie es ihnen gesagt hatte, nahmen sie es einfach hin. Sie hat dann manchmal ihr Gesicht verborgen und geweint. Der Hunger war nie so groß und so dauerhaft, dass er den Kindern bewusst geworden wäre. Das lag natürlich an Mutters Fürsorge, mit der sie immer noch etwas heranschaffte.

Wenn die Russen ihr Essen bekamen, liefen die Kinder vor allem hin, weil ihr Anmarsch sie faszinierte; erst wenn die Soldaten aßen, haben sie vielleicht unbewusst und vorübergehend ihren eigenen Hunger gespürt. Manchmal lachten die Sowjetsoldaten, wenn auch die Indianer in geschlossener Formation herbeimarschierten und einer den Marschtritt vorgab mit „adjín, dwa, tri, tschetürij“. An ein russisches Marschlied wagten sie sich aber zuerst nur selten. Zwar waren ihnen die Melodien vertraut, der Klang der Wörter auch, aber sie wussten nie, was sie da eigentlich sangen, und außerdem fehlte ihnen ein beherzter Vorsänger, wie die Russen immer einen hatten.

Trotz allem machten die Kinder Eindruck, vor allem auf das soldatische Küchenpersonal. Wenn sie am Zaun standen und den Russen beim Essen zusahen, waren ihnen Brennessel, Hühner- und Entendreck an den bloßen Füßen egal. Sie warteten, dass die Soldaten wieder abmarschierten. Dann kamen die Küchenbullen und reinigten die Tische vom Gröbsten, besonders von den liegengebliebenen Brotresten, indem sie mit ihren Ärmeln in weiten Bewegungen über die Tische wischten. Sie nahmen die Brotreste in beide Hände und brachten sie den Kindern zum Zaun, die mit einem „spassibo“ dankten. Sie brachten dann die Ausbeute ihren Müttern, die alle erkennbaren Bissstellen sorgfältig herausschnitten und aus dem Brot irgendwas kochten. Die Kinder brauchten sich übrigens nicht zu streiten. Die Soldaten kannten die menschliche Natur; sie verteilten ihre Schätze gleichmäßig in die aufgehaltenen Hände.

20 Asis Kirakosian

Es muss im Sommer 1945 gewesen sein, als ein Russe ins Haus zog, ein Offizier der *Roten Armee*. Das heißt, er war gar kein Russe. Er war Armenier. Mutter, die solche feinen Unterschiede nicht gelten ließ und sich nach der Art der Uniform richtete, sprach anfangs wiederholt, auch in seiner Gegenwart, von Asis Kirakosian als von einem Russen. Er aber wurde nicht müde, ihr den Unterschied zu erklären. Dabei hätte er mit der Faust auf den Tisch hauen können, und die Angelegenheit wäre ein für allemal geregelt gewesen. Aber so war Asis Kirakosian nicht. Er sprach Deutsch, wenn auch etwas gebrochen, warum sollte er da nicht versuchen, mit diesen Deutschen vernünftig zu reden?

Allmählich hatte er damit auch bei Mutter Erfolg. Allerdings ist sie vielleicht auch zu der Einsicht gekommen, dass er wirklich kein Russe sein könne, weil seine Uniform und seine Stiefel immer tadellos gebürstet waren; seine schwarzen Haare quollen in gepflegten Wogen unter seiner Uniformmütze hervor, er war groß und schlank und im Umgang mit Deutschen von ausgesuchter Höflichkeit. Er war wirklich anders als die meisten Sowjetsoldaten, die in schweißfleckigen, erdbraunen Russenkitteln herumliefen und Käppis auf den Schädeln hatten, die zum Schutz gegen Läuse geschoren waren. Sie konnten nur im Kommandoton mit den Deutschen sprechen; man nahm sich vor ihnen in Acht. Aber an Herrn Kirakosian denkt Max, seit er alt genug ist, mit Dankbarkeit.

Asis Kirakosian saß öfter im Garten auf einer der langen, weißen Bänke, die im Winter immer in Omas Scheune standen, und las Zeitung. Max spielte auf dem Hof oder im Garten; er hatte ja keine Schule. Einmal spürte er, wie Herrn Kirakosians Augen eine Weile auf ihm ruhten, dann faltete der Armenier seine Zeitung zusammen und legte sie beiseite. Er rief ihn zu sich, zog ein Notizbuch aus der Uniformtasche und schrieb zwei Wörter auf, die Max nicht lesen konnte. Dann erklärte er: „Dein Name, auf Russisch“, wobei er das „r“ rollte.

Max sah sich das an, er sollte dasselbe darunter schreiben. Das Resultat erheiterte Herrn Kirakosian. Er schrieb noch ein paar Wörter in kyrillischer Schrift, erklärte Max ihre Bedeutung und sagte ihm, worauf er beim Abschreiben achten müsse. Und bevor Max es sich versah, hatte er Hausaufgaben für den nächsten Tag: Er musste jedes Wort mehrmals abschreiben. Ein paar Tage später war sein Russisch-Unterricht schon fast zur Routine geworden, und irgendwann fing Herr Kirakosian an, ihm die ersten englischen Wörter beizubringen, denn auch diese Sprache beherrschte er. Leider blieb er nicht allzu lange.

Mutter konnte sich nicht genug über die russischen Soldatinnen wundern, die Asis Kirakosian ebenfalls kommandierte. Diese Frauen, die Baskenmützen und blaue Röcke trugen und von den Deutschen abschätzig „Flintenweiber" genannt wurden, marschierten immer in den letzten Reihen. Auch Max fand die weiblichen Soldaten ja merkwürdig und ehrlich gesagt, kam ihre Gegenwart ihm etwas unpassend vor. Aber wenn sie schon da waren, dachte er, sollte Herr Kirakosian sie nicht immer hinten marschieren lassen, weil es dann aussah, als sei auch ihm ihre Gegenwart peinlich.

Aber Asis Kirakosian lachte nur, als er das hörte. Das brachte Mutter und Max zu dem Glauben, dass er nichts daran ändern könne und dass schließlich doch alles von den Russen geregelt werde. Abends ertönten im Russenlager am Hauptbahnhof russische Lieder, die Max besonders hinten im Garten gut hören konnte, wie „Moskwa maiskaja" oder „Kalinka". Bald sang er sie auch, nur dass er den Text nicht verstand.

21 Onkel Hermann

Einmal klingelte es, Großvater schloss die Tür auf, da stand ein hoch gewachsener, verdreckter und vom Hunger gezeichneter Mensch vor ihm und sah ihn stumm an. Großvater fragte: „Was wünschen Sie?" Darauf sagte der Mann: „Aber Vater, kennst du mich nicht?" Es war Onkel Hermann, Mutters Bruder. Später erzählte Mutter, dass Großvater ihn umarmt habe, mit ihm auch in die Wohnung gekommen, dann aber in ein anderes Zimmer gegangen sei, wo er bitterlich geweint habe. Inzwischen war auch Max von draußen hereingekommen und hatte seinen Onkel, der auch ihm ganz fremd erschien, begrüßt. Mutter machte etwas zu essen, alle saßen im Wohnzimmer, und dann erzählte Onkel Hermann.

Er hatte den Dienst in seiner Försterei in der Hoffnung versehen, dass man ihn nicht mehr einziehen würde, denn er hatte ja schon im Ersten Weltkrieg gekämpft. Aber zu guter Letzt hatte man ihn doch aufgerufen; er musste Zugführer im *Volkssturm* werden. Es dauerte nicht lange, dann nahmen ihn die Russen gefangen und sperrten ihn in ein Lager bei Schwiebus. Von dort floh er. Er schlug sich durch in seine Försterei. Als er dort ankam, erzählten ihm die Leute im Dorf, dass Tante Sophie zusammen mit der Tochter Dora geflohen sei. Sie hatten ihren Opel an den Anhänger eines Treckers gehängt und sich abschleppen lassen, wohin, wusste niemand.

Onkel Hermann hatte einen französischen Kriegsgefangenen gefunden, der ihm versprochen hatte, während seiner Abwesenheit die Wirtschaft zu führen und die Familie zu schützen. Jetzt lag er mit gespaltenem Schädel auf der Schwelle zum Stall. An dieser Stelle unterbrach Onkel Hermann sich und, indem er sich nach Max umsah, fragte er: „Kann der Junge mal rausgehen?" Er ging. Sein Onkel ist dann den weiten Weg nach Sachsenbach, den er früher öfter mit dem Auto gefahren war, zu Fuß gelaufen. Wo er übernachtet hat und wo er zu essen bekam, weiß Max nicht. Nun wäre auch Onkel Hermann Teil der Familie gewesen, wenn er in Sachsenbach sicher gewesen wäre. Es war aber unter schwere Strafe gestellt, Menschen zu beherbergen, die sich nicht im Rathaus gemeldet hatten. Max wusste nicht, ob sein Onkel es selbst wollte oder die Eltern, jedenfalls ging er hin. Alle warteten ängstlich darauf, dass er zurückkam; vergebens. Schließlich erfuhr Mutter, dass er im Keller der Gaststätte am Westbahnhof saß, wo die Russen und die deutschen Kommunisten ein Gefängnis unterhielten.

Mutter und Max gingen hin; Mutter nahm gleich Nahrungsmittel und Kleidung mit. Max sah später immer noch das Gesicht seines Onkels hinter dem Gitter des kleinen Kellerfensters. Auf einer Bank, nicht weit vom Gefängnis entfernt, sass Herr Weigel, der bei der Schmalspurbahn gearbeitet hatte und Max sofort auffiel, weil er eine rote Armbinde trug. Er war schmächtig, freundlich und überall beliebt. Erst jetzt war bekannt geworden, dass er schon vor der Nazizeit Kommunist gewesen war. Mutter fragte ihn, was denn ihrem Bruder zur Last gelegt werde, er habe doch nichts getan. Herr Weigel war betroffen. Es tue ihm leid, aber er könne nichts machen. Mutter redete weiter auf ihn ein, bis er versprach, darauf hinzuwirken, dass man die Untersuchung wenigstens beschleunige. Dann gingen Max und sie nach Haus, nicht mehr ganz mutlos.

Max weiß nicht mehr, wie lange es dauerte, jedenfalls wurde Onkel Hermann eines Tages entlassen. Er musste sich aber jeden Morgen im Rathaus melden. Dort wurde er mit anderen zu allen möglichen Arbeiten eingeteilt: Sie mussten zerstörte oder verdreckte Anwesen reinigen, darunter auch ein Lager, in dem Deutsche die russischen Kriegsgefangenen bewacht hatten. Jeden Abend, wenn er in die Wallstraße kam, wusch er sich gründlich und zog sich dann für den Rest des Abends saubere Sachen an. Am nächsten Morgen ging er, in Lumpen gehüllt, wieder los.

Er hielt das ein paar Wochen aus, dann floh er, denn er hatte gehört, dass Tante Sophie und Dora – sein Sohn Markus war in westlicher Gefangenschaft – in Nauen bei Berlin seien. Oft genug hatte er vor sich hin gesagt: „Ich muss Sophie finden." Nun wusste er, wo er sie suchen konnte.

Die Eltern erzählten später, dass er vor Nauen die Reste seines Opels im Straßengraben liegen gesehen und sich deshalb gesagt habe, dass er auf dem rchtigen Weg sei. Tante Sophie und Dora waren inzwischen aber wieder mit einem Handwagen, den sie gemeinsam zogen, in das Forsthaus zurückgegangen, weil sie hofften, ihn dort zu finden. Als da alles zerstört war, kehrten sie nach Nauen zurück. Dort haben sie ihn dann gefunden. Er hat eine Försterei in der Altmark übernommen.

Nachdem er mit seiner Familie wieder angefangen hatte, in dem leeren Forsthaus einen neuen Hausstand zu gründen, verkündete Großvater eines Tages, er habe Schlüters Dach, das dem Haus in der Wallstraße gegenüber aufragte, lange genug angesehen; er wolle nun zu Hermann und Sophie.

Max hat damals das Elend der Nachkriegszeit kennengelernt und sich umsonst gefragt, warum es so ungleich verteilt gewesen ist.

22 Kaninchen

Allmählich kehrte wieder Normalität ins Sachsenbacher Leben. Die Kinder gingen in die Schule, wo als neues Unterrichtsfach Russisch auf dem Lehrplan stand. Das war jetzt die erste Fremdsprache; es gab aber kaum Lehrer dafür. Ein paar Junglehrer hatten Schnellkurse besucht, aber niemand konnte wirklich Russisch. Da besann man sich auf die Damen, die intensiven Umgang mit russischen Offizieren gehabt und sich dabei auch ein wenig an deren Sprache gewöhnt hatten. Man steckte sie als Russisch-Lehrerinnen in die Schulen, aber während einige die Sprache wenigstens etwas konnten, war ihr Vokabular auf eine Weise einseitig, die dem Respekt der Kinder vor der großen Sowjetunion abträglich war. Als dann auch noch die Ehefrauen der Offiziere nachgekommen waren und resolut für Ordnung gesorgt hatten, waren die Damen wieder arbeitslos.

Großvaters Deputatholz kam auch nach 1945 noch. Max freute sich darüber, denn bevor er die Klötze zerhackte, in die Kuhlemanns Säge die Stücke zerschnitten hatte, hat er sie öfter zweckentfremdet. Er baute auf dem Hof große Rechtecke aus aufrecht stehenden Buchenholzzylindern auf, wobei er auf die untere Reihe noch eine zweite setzte, damit die Kaninchen, die er aus ihren Buchten nahm und darin herumsausen ließ, nicht Darüber hinwegspringen und in den Garten entkommen konnten. In diese Einfriedungen baute er dann halbhohe Reihen aus je einem Zylinder. darüber setzten sie sehr elegant hinweg. Wenn er sie springen sah, teilte er die Lebensfreude der Tiere.

Eigentlich fütterte er ja die Kaninchen, weil die Familie sie essen wollte, aber das verdrängte er. Von Zeit zu Zeit musste Max ihre engen Buchten ausmisten; er nahm dann das durchnässte Stroh in großen Fladen mit der Mistgabel aus den Ställen; dabei stank es penetrant. Aber wenn er die Tiere wieder im Genick packte und sie in ihre trockenen, weich gepolsterten Buchten setzte, teilte er auch ihr Wohlgefühl.

Sie fraßen Küchenabfälle, von denen es nicht viele gab, weil die Familie alles Verwertbare selbst aß. Weil es immer wieder Pellkartoffeln mit Beamtenstippe gab, war wenigstens an Kartoffelpelle kein Mangel. Die Tiere mussten aber auch Grünzeug kriegen. Oft schlich Max mit Kartoffelkorb und Küchenmesser durch Chausseegräben und über Wiesen und suchte Löwenzahn, den sie besonders gern mochten. Er durfte sich nur nicht erwischen lassen, denn jedes Stück Grün gehörte jemandem, und oft kamen die Eigentümer und vertrieben ihn, weil sie meinten, dass auf ihren Wiesen „so schon nischt druff" war. Kamen keine Eigentümer, dann musste Max sich mit Kontrahenten rumschlagen, die meistens in seinem Alter und ebenfalls mit Kartoffelkorb und Küchenmesser bewaffnet waren.

Immer noch blutet ihm in jedem Frühjahr das Herz, wenn er den Löwenzahn vom Rasen um sein Haus in Amerika entfernen muss, weil die Nachbarn sich sonst aufregen. Kaninchen hat er seit damals nie wieder gehabt, aber überall Löwenzahn so üppig wachsen zu sehen und ihn vernichten zu müssen, fällt ihm schwer. Noch sieht er vor sich, wie die langen, gezackten Löwenzahnblätter zwischen den mümmelnden Lippen der Kaninchen kürzer wurden, bis sie verschwunden waren.

Zum Schlachten holte Frau Vierling die Tiere. Sie griff sich das jeweilige Kaninchen und steckte es in einen Kartoffelkorb. Max blieb dann im Bett und zog sich die Decke über den Kopf, bis sie endlich durch den Hausflur und auf der Straße war. Denn die ganze Zeit über schrie das Kaninchen, wie nur ein Tier in Todesangst schreien kann.

Einmal, es war im Winter, ging Mutter nach dem Abendessen hinaus, um den Tieren die Kartoffelpelle zu bringen. Da waren sie weg. Stadtbekannte Diebe, die am oberen Ende der Wallstraße wohnten, Mutter, Töchter und deren Liebhaber, waren vom Krötensteig her durch die Gärten auf den Hof gekommen und hatten sie in Säcke gesteckt. Im Haus wohnte damals wieder ein Polizist, einer, der dem neuen Regime diente. Zusammen mit dessen Frau hatte die Mutter der Diebe oben in der Küche Gebäck für ein öffentliches Fest vorbereitet und dabei unten im Hof die Kaninchen entdeckt, sich bei der Polizistenfrau gleich nach den Gärten erkundigt und wie man von einem in den andern käme. Als die Tiere dann einen oder zwei Tage später geklaut worden waren, klopfte Vater den Polizisten heraus, man ging in die betreffende Wohnung und fand die Kaninchen schon abgezogen, aber noch warm, unterm Bett.

Einer der Liebhaber musste sie zurückbringen. Max sieht sich noch entgeistert im Flur stehen, er hatte schon seinen Schlafanzug an und blickte bald auf die toten Kaninchen, die er ja alle mit Namen gekannt hatte, bald auf den Dieb. Schließlich entrang sich ihm der Schrei: „Ein Verbrecher!" Vater mahnte ihn zur Ruhe. Der Mann wurde nochmal losgeschickt, um die Felle zu holen, denn wenn man die im Rathaus abgab, bekam man pro Fell eine bestimmte Anzahl Zuckermarken. Nie konnte Max begreifen, was Kaninchenfelle mit Zucker zu tun haben, aber es war so. Vater hat trotz der flehentlichen Bitten der Damen Anzeige erstattet; doch dann hatte Stalin Geburtstag, es gab eine allgemeine Amnestie, und die Sache verlief im Sande. Mutter hat eine neue Kaninchenzucht gestartet; aber Max hat sich nur noch widerwillig um das Ausmisten und das Futter für die Tiere gekümmert. Sein Interesse war erloschen.

23 Minka

Es gab eine Lehrerin, die noch lange nach 1945 in Sachsenbach war, bis sie hochbetagt starb: Fräulein Meyer. Alle hatten Respekt vor ihr. Die Schüler nannten sie Minka, natürlich nur unter sich. Weil sie auch die English-Miss war – sie unterrichtete vor allem Englisch –, war einzusehen, warum sie hoffte, dass von allen Alliierten die Engländer zuerst nach Sachsenbach kommen würden. Später, als sie einmal den Begriff des Gentleman erklären wollte, gestand sie, dass sie sich eine Art Begrüßungssatz für den Fall zurechtgelegt hatte, dass englische Soldaten über die Schwelle ihrer Wohnung treten. Der Satz lautete: „I hope you are gentlemen." Mit dem strengen Blick und dem energischen Kopfnicken, womit sie ihn begleitete, hätte sie gewiss noch den letzten Hillbilly in Schrecken versetzt, und wer weiß, vielleicht hat sie die Soldaten der Roten Armee, da sie Russisch nun mal nicht konnte, mit demselben Spruch empfangen. Jedenfalls trat sie, eine zierliche ältere Dame, bald an die Stelle des Rektors Scharnowski. Dass Fräulein Meyer Kompromisse eingegangen war, um sich bei den neuen Machthabern beliebt zu machen, war ausgeschlossen. Sie war tüchtig und begabt, und alle waren froh, dass sie da war.

Max hat einmal einen unverhofften Beweis für ihren Abscheu vor politischem Opportunismus erhalten: Er hatte einen Lehrer, der früher katholischer Priester gewesen war, aber dann mit Ende vierzig geheiratet hatte. Während Max das Heiraten gut fand, hielt er den Mann sonst für schleimig. Bald nach Kriegsende musste er in Anwesenheit einer auswärtigen Kommission unterrichten; die Herren trugen die ovalen Abzeichen der *Sozialistischen Einheitspartei Deutschlands*. Minka – ohne Abzeichen – war auch dabei, sie saß direkt hinter Max.

Wahrscheinlich musste der Ex-Priester seine Linientreue beweisen, jedenfalls sprach er vom Frieden, den die große Sowjet-Union sichere, und der beste Beweis dafür sei, dass es nun ruhig sei; überall schwiegen die Waffen. Just in diesem Augenblick fing eine Staffel sowjetischer Militärflugzeuge an, über Sachsenbach ohrenbetäubende Übungen zu veranstalten, und schon hatte Max seine Hand erhoben und Auskunft begehrt, wie dieser Krach sich mit der Friedensruhe vertrage, von der eben gesprochen worden sei. Während der Ex-Priester versuchte, sich aus der Affäre zu ziehen, bohrte sich eine kleine Faust in Max' Rücken, und Minka zischte ganz leise: „Gut, sehr gut!"

Jetzt würde Max sagen, dass sie damals alle unter ihrem Niveau geblieben sind: Minka, Max und der Ex-Priester. Leider waren die Verhältnisse so. Dennoch erstaunte ihn, dass Minka ihre Meinung nicht laut äußerte; ihr Ansehen schien ihm etwas von seinem Glanz zu verlieren. Der ehemalige Priester aber trug ihm die Sache nach, und solange Max an der Schule war, versetzte er ihm Stiche, wo er nur konnte. Mit seiner billigen Zivilcourage musste Max nun lernen, dass auch die Aufrichtigkeit, auf die er ohne Gefahr für sich selbst pochen wollte, ihren Preis hat.

24 Hamstern

Nachgerade machten sich die Leute aus Sachsenbach, vom Hunger getrieben, mit Rucksäcken in die umliegenden Dörfer auf, um zu hamstern. So hieß das. Bei Max ging es so: Er klopfte an die Tür einer Bäuerin – meistens in einem der Dörfer, die Sachsenbach umgaben. Wenn möglich, war es eine Bauersfrau, die Mutter irgendwoher kannte, es konnte ruhig eine weitläufige Bekanntschaft sein. Ging die Tür auf, dann musste er möglichst schnell sagen, wer er war, damit sie gar nicht erst so weit kam, ihren Satz „wi hemm alleene nischt" aufzusagen und ihm die Tür vor der Nase zuzuschlagen.

Sein Nachname machte die Leute manchmal nachdenklich. Schließlich war seine Familie alteingesessen, und die Bauern wollten sich nicht nachsagen lassen, einem davon etwas verweigert zu haben. Max musste nun, bevor ihre Nachdenklichkeit wieder abebbte, schnell von seinem kleinen Bruder erzählen und wie nötig er Milch brauche. Kam noch immer keine eindeutig negative Reaktion, dann musste er blitzschnell entscheiden, ob er seinen Katalog jetzt gleich um Eier, Wurst oder Speck erweitern oder damit lieber warten sollte, bis er die Milch im Eimer hatte. Oft kriegte er gar nichts. Entweder er hatte nicht schnell genug überlegt, denn er war nie einer der Schlagfertigsten, oder es war eine zu weite Bekanntschaft oder Mutter, die gesagt hatte, wohin er gehen solle, wusste nicht, wie störrisch manche Leute sind. Manchmal hatten sie auch wirklich nichts. Auch dann musste er ins nächste Haus weitergehen. Er musste zäh sein. Sagte die Bäuerin zum Beispiel, dass sie selbst nichts haben, und er hörte hinterm Haus ein Huhn gackern, dann wies er sie erfreut auf die Ankunft des Hühnereis hin; so schnell war er nachgerade doch.

Einmal ging er in Sachsenbach hamstern, es war einer der leichteren Gänge, denn Mutter hatte mit Lehmanns in der Bäckerstraße vereinbart, dass er kommen würde, um Milch zu holen. Also machte er sich auf. Ein bisschen komisch fand er es schon, weil sie sonst mit Schneider Lehmanns gar nichts zu tun hatten. Aber Mutter hatte das ja ausgehandelt.

Er kletterte über zwei Gartenzäune und gelangte in den Krötensteig, statt die Wallstraße entlangzugehen, wo alle ihn sehen konnten. Aber schon da verließ ihn das Glück. Denn als er den kleinen Eimer, den er während seiner Kletterpartie über einen Zaunpfahl gehängt hatte, wieder abnehmen wollte, stand da ein Erwachsener und quatschte blöd: „Na, du zeigst wohl den Russen, wie man ‘s machen muss.“ Dabei war weit und breit kein Russe zu sehen.

Max also zu Schneider Lehmann. Frau Lehmann macht auf, er sagt frohgemut, dass er die Milch für seinen kleinen Bruder abholen soll. Sie weiß nicht, wovon er redet; er erinnert sie, sie habe das doch mit seiner Mutter ausgemacht. Sie findet, das sei gar nicht möglich, erstens habe sie seine Mutter in der letzten Zeit gar nicht gesehen, und zweitens hätten sie ja nur die eine Ziege. So ging das hin und her. Max muss sich über das kurze Gedächtnis der Frau wundern; sie aber bleibt bei ihrer Version. Natürlich bleibt auch Max bei seiner; nicht umsonst hat er alle Spielarten der Hartnäckigkeit gelernt. Endlich begreift sie, dass er nicht ohne Milch aus dem Haus geht, und gibt ihm etwas Ziegenmilch, aber enttäuschend wenig, findet er, denn sein kleiner Emaille-Eimer, der zwei Liter fasst, ist nicht mal halb voll.

Er nach Haus, diesmal muss er den Eimer etwas vorsichtiger am Zaunpfahl aufhängen – wegen der Milch –, dann klettert er hinterher, geht ins Haus, in die Küche, wo er Mutter findet und ihr von seinem seltsamen Erlebnis erzählt. Er kommt nicht weit, da fragt sie schon: „Bei welchen Lehmanns warst du denn?“ Und dann muss er den Weg nochmal machen, diesmal zu Frieda Lehmann, einer alten Bekannten seiner Mutter, die den Eimer anstandslos vollgießt und sich nur wundert, dass er keine richtige Milchkanne hat, weil ja aus dem kleinen Eimer, auf dem nur ein Deckel mit schmalem Rand liegt, beim Gehen alles rausschwappt.

Sie sprach Max aus der Seele. Er musste den Eimer immer

ganz vorsichtig tragen, damit er nicht in Schwingungen geriet. Dass Mutter nur solchen neckischen Eimer und keine der handlichen zylindrischen Milchkannen hatte, deren Deckel mit seinem breiten Rand den oberen Rand der Kanne zuverlässig verschlossen hätte, war eine wirkliche Plage. Max wurde den Verdacht nie los, dass solche schlichten Kannen in der Zeit, als man sie noch kaufen konnte, unter dem sozialen Niveau gelegen hätte, das in der Familie angepeilt wurde und dass er sich deshalb mit dem weißen, blau abgesetzten kleinen Emailleeimer herumplagen musste.

Das schlimmste Erlebnis damit hatte er einmal im Winter. Er kam abends auf der Altmühlener Chaussee von einer eigentlich erfolgreichen Hamsterfahrt zurück. Der Eimer voll Milch aber stand in einer zu weiten Einkaufstasche, in der er hin- und herkippte, und die Tasche hing am Lenker des Fahrrads, der sich dauernd bewegte, weil Max nur im Stehen fahren konnte; er reichte noch nicht vom Sattel in die Pedale. Die Chaussee war zu allem Überfluß mit Glatteis überzogen; immer wieder rutschte das Rad unter ihm weg. Dabei gelang es ihm anfangs immer noch, rechtzeitig mit einem Bein auf die Erde zu kommen und die Einkaufstasche hoch zu halten, damit sie nicht mit in die Schleuderbewegung geriet. Aber dann wurde es so glatt, dass ihm zusammen mit dem Fahrrad auch das Bein wegglitt. Er fing an zu heulen, denn jedes Mal rutschte der Deckel vom Eimer, und es tropfte immer mehr Milch aus der Einkaufstasche. Als er zu Haus ankam, war fast nichts mehr im Eimer. Mutter sagte nichts dazu, aber bei einer anderen Gelegenheit machte sie ihm vor, wie man die Tasche hält, wenn der Eimer mit Milch darin steht. Sie hielt die Tasche an den Henkeln hoch und sagte: „So, so hältst du sie, dann kann gar nichts passieren." Aber diese Demonstration fand in der Küche statt, nicht am Fahrrad auf der Altmühlener Chaussee und nicht bei Glatteis, und es war keine Milch im Eimer, nicht mal Wasser. Bei Frau Schneider Lehmann entschuldigte sie sich, allerdings nahm sie diese Gelegenheit auch wahr, zu versuchen, uns eine neue Hamsterquelle zu erschließen. Frau Lehmann blieb aber hart.

Womit Mutter die mühsam eingehandelten Lebensmittel bezahlte, wusste Max nicht. Weil Sachsenbach und die Dörfer in der Umgebung keine direkte Verbindung nach Berlin hatten, war die Konkurrenz der Berliner, von denen es hieß, sie brächten den Bauern antike Blumenvasen, goldene Ringe und silberne Bestecke, nicht sehr zu fürchten. Erzählungen, dass manche Bauern ihre Pferdeställe mit Perserteppichen auslegten und ihre Kühe aus marmornen Trögen fressen ließen, zeigten nur, wie weit der Neid ging. Max hatte sowieso nur seinen kleinen Eimer.

25 In Klein-Altenow

Die Eisenbahnverbindungen waren so weit wieder hergestellt, dass Max mit dem Triebwagen nach Klein-Altenow zu Tante Mascha und Onkel Paul fahren konnte. Es war ein sonniger Nachmittag, Max pflückte im Garten in Klein-Altenow Beeren. Leute kamen vom Bahnhof; sie waren aus dem Triebwagen gestiegen und gingen ins Dorf, vorbei am Gartenzaun, auf dessen anderer Seite Max und die Obststräucher waren. Ein älterer Mann mit einer roten Armbinde war in der Schar. Da durchfuhr Max Angst: Solche Leute, Deutsche, die unter den Nazis gelitten hatten, standen nicht nur unter dem besonderen Schutz der Russen; sie konnten durch ihre Zuträgerei die brutale Gewalt der Besatzer auf Menschen ihrer Wahl lenken. Max kannte den Mann nicht; er wusste aber, was er von einer roten Armbinde zu halten hatte.

Er rannte überstürzt den Gartenweg hinab ins Haus, fand Tante Mascha in der Küche und rief ihr zu: „Ein Mann mit roter Armbinde! Er kommt ins Dorf!" Tante Mascha drehte sich nicht mal um, als sie in aller Ruhe sagte: „Och, det is Onkel Aujust." Max konnte sich die Gelassenheit nicht erklären, mit der sie weiter am Herd hantierte, und die Verwandtschaftsbezeichnung noch weniger. Indem ging die Haustür auf, und Onkel August trat ein. Er war auf dem Sandweg um den Garten herum bis zur Eingangstür gegangen. Offenbar war er ein häufiger Gast; nicht mal der Hund hatte angeschlagen. Nun stand er in Tante Maschas Küche. Nachdem sie sich begrüßt hatten, wurde auch Max vorgestellt. Onkel August war ein freundlicher Mensch, nichts von einem Halsabschneider. Max beruhigte sich.

Später erfuhr er, dass Onkel August noch vor der Nazizeit in Gerow eine Firma besessen hatte, die Backöfen herstellte und sie bei den Bäckern in der Umgebung einbaute. Er hatte sich politische Gedanken gemacht und war darüber, obwohl er selbst ein kleiner Unternehmer war, Kommunist geworden. In diesem Fall hatte das Sein das Bewusstsein doch nicht bestimmt.

Als die Nazis an die Macht kamen, sperrten sie ihn in ein Konzentrationslager. Er überlebte. Was er gelitten hat, weiß Max nicht. Jedenfalls kehrte er 1945 nach Gerow zurück, wo er seinen Betrieb wieder aufbaute. Eines Tages kam Tante Maschas und Onkel Pauls Sohn Herbert, der als junger *SS*-Mann Besatzungssoldat in Frankreich gewesen war, aus der Gefangenschaft. Bei seinen Eltern konnte er nicht bleiben, denn er war im Dorf bekannt. Die Russen hätten ihn abgeholt. Er ging nach Gerow zu Onkel August, der ihn einstellte und ihm riet, sich die Mütze tief ins Gesicht zu ziehen, wenn er Lieferungen machte, es könnten ja mal Leute aus Klein-Altenow auf der Straße sein, die ihn kennen. Wessen Onkel dieser August war, hat Max nie erfahren, aber er erkannte verwundert, dass nicht alles auf der Welt schwarz oder weiß ist.

Klein-Altenow ist ihm noch aus einem anderen Grund rätselhaft geblieben: Er fühlte sich immer zu Onkel Paul, der Zimmermann war, hingezogen und saß manchmal bei ihm in der Werkstatt, wo er ihm half, Rechen für die Heuernte zu reparieren. Onkel Paul war immer ruhig und freundlich, und oft blitzte in seinen kurzen Bemerkungen ein warmherziger Humor auf. Als Max ihn zum letzten Mal sah, es war während des Kalten Krieges und Max war vielleicht aus Frankreich, vielleicht auch schon aus Amerika zu Besuch gekommen, saß Onkel Paul wieder vor seinem Schraubstock und hobelte. Er war alt und krank geworden. Sie sprachen über die politischen Verhältnisse. Er stellte Fragen, und wie nebenbei sagte er: „Ich bin ja ein alter Sozialdemokrat." Das war mutig. Öffentlich hätte er es nicht sagen dürfen, denn das DDR-Regime sah in jedem, der sich noch zu dieser Partei bekannte, einen gefährlichen Gegner. Umso mehr freute sich Max, dass er es ihm sagte.

Später, als ihm dieses letzte Treffen mit Onkel Paul wieder ins Gedächtnis kam, stieg noch eine andere Erinnerung mit auf. Sie blieb verschwommen, und Max hat sich die Sache nie erklären können. Trotzdem will ich versuchen, sie aufzuschreiben, denn er hat sie mir als etwas Bedeutendes erzählt. Es war noch in der Nazizeit und fing damit an, dass Tante Mascha und Onkel Paul sich in Max' Gegenwart stritten. Undeutlich erinnert er sich, dass Onkel Paul ins Dorf gehen und ihn mitnehmen wollte, dass Tante Mascha aber dagegen war. Max sei noch zu jung, sagte sie. Onkel Paul meinte dagegen, es schade nichts, wenn der Junge das mitkriege. Sie gingen dann in eine Gastwirtschaft rechts am Ende der Dorfstraße, da, wo sie auf die Magdeburger Chaussee trifft. Dort traten sie in einen abgedunkelten Raum, in dem schon Dorfbewohner saßen.

Ein Film wurde gezeigt, der mit einem alten, ratternden Projektor auf eine Leinwand geworfen wurde. Ausgemergelte Gestalten hinter Stacheldraht waren zu sehen, auch an elende Kindergesichter, aus denen der Hunger sah, erinnert sich Max. Das alles, seinen Gang mit Onkel Paul in die Gaststätte, die Heimlichkeit und den Streit, der damit verbunden war, auch den schwarz-weißen Film selbst, habe er nie einordnen können, sagt er. Wahrscheinlich sei es ein Konzentrationslager gewesen. Auf der anderen Seite war es in dieser Zeit gar nicht möglich, dass Leute zusammenkamen, um etwas über Konzentrationslager zu erfahren, oder dass solche Filme heimlich in Umlauf waren. Die Schutzmaßnahmen hätten enorm sein müssen, und wäre es nicht schon deshalb viel zu gefährlich gewesen, ein Kind mitzunehmen? So steht seine Erinnerung gegen alle Wahrscheinlichkeit. Onkel Paul und Tante Mascha waren schon tot, als er sich an die Sache erinnerte. Er hat seine Cousine Hanna gefragt, aber die konnte ihm auch nicht weiterhelfen.

26 Über die Bosheit

Vater war zu Haus, Marie wieder in Moskau und die Rote Armee in Ostdeutschland, als die Frauen in der Wallstraße große Wäsche hatten. Oma aus der Ahornstraße kam und half. Max musste mehrmals mit dem Fass im Handwagen zur Quelle fahren, dort das Wasser Eimer für Eimer oben in die trichterförmige Öffnung gießen und es dann vor dem Haus wieder in andere Eimer sprudeln lassen, die er durch den Flur und über die Waschküchentreppe hinauf in die Waschfässer schleppte, erst zum Einweichen, dann zum Waschen und später zum Spülen. Oma und Mutter standen vor einem der Waschfässer; sie waren vor Wasserdampf kaum zu sehen. Als die Wäsche fertig war, wurde die Wäscheleine im Hof hin und her gezogen, die Wäschestützen wurden in Stellung gebracht; dann musste Max Mutter die Wäschestücke anreichen, die sie aufhängte. Nun war zu hoffen, dass es nicht regnete, denn die Arbeit mit der Wäsche war immer gewaltig. Omas Nachbarin in der Ahornstraße hatte eine große Statue im Wohnzimmer, einen segnenden

Christus. Den stellte sie nach draußen, wenn er ihr die Wäsche verregnen ließ, damit er am eigenen Leib spürte, was er angerichtet hatte.

Wenn die Wäsche auf dem Hof hing, durften die Kinder dort nicht spielen, damit sie sie nicht wieder schmutzig machten. Max hatte aber damals einen alten, verbeulten Ball wiedergefunden, den er lange vermisst hatte, und rannte damit so begeistert auf den Hof, dass er über eine Wäschestütze stolperte. Die fiel um, die Leine senkte sich, und er sah, wie ein paar Bettbezüge über den Sandboden schurrten. Schlimmer konnte es nicht kommen. Er nahm seinen Ball, schlich durch den Garten, dann durch die Gärten zweier Nachbarn, kletterte über einen Zaun und war auf dem Krötensteig. Es war das erste Mal, dass er nicht Bescheid sagte und heimlich durch die Nachbargärten davonschlich. Vom Krötensteig ging er in die Bäckerstraße, die ihm ganz fremd vorkam, als er so allein und ohne Mutters Wissen da hinauf zum Anger ging.

Am Anger war plötzlich wieder der rothaarige Schulkamerad vom Äußeren Graben. Sie hatten sich vor noch gar nicht langer Zeit gesehen, denn am Anger hatten sie immer zum Vorbereitungsdienst für das *Jungvolk* antreten müssen, bevor sie zum Sportplatz abmarschierten. Jetzt kreuzte er Max' ungewissen Pfad ganz zufällig. Max blieb auf der Südseite und sah ihn über den Anger hinweg an; der Junge beobachtete ihn von der Nordseite her. Max bolzte seinen verbeulten Ball zu ihm hinüber, er drosch ihn zurück. Das war der Anfang. Von da an ging es immer hinüber und herüber. Sie sprachen kein Wort miteinander, aber sie müssen den Ball stundenlang hin und her getreten haben.

Max wusste, dass der Rothaarige Asthma hatte. Er hatte ihn in der Kleinbahn in Oberwiesenthal getroffen. Max kam gerade von Schuster Ganzert, einem weitläufigen Verwandten, den Mutter ausgegraben hatte, und hatte ein Einkaufsnetz geflickter Schuhe bei sich. Der Rothaarige fing gleich an, über die Lehrer herzuziehen, die sie beide in Sachsenbach hatten, und jedes Mal, wenn er Luft holte, war das mit einem pfeifenden Geräusch verbunden.

Als der Zug sich in Altmühlen nach kurzem Halt langsam wieder in Bewegung setzte, nahm er einem Jungen, der am Gleis stand, die Mütze vom Kopf. Der fing an zu weinen und zu klagen, bis der Rothaarige die Mütze fallen ließ; aber da war der Zug schon weit gefahren. Max verstand nicht, wie jemand nur aus Daffke so gemein sein konnte. Er verstand es so wenig wie er die Gänse am Dorfteich von Oberwiesenthal verstand, die ihn jedes Mal, wenn er vom Bahnhof her ins Dorf kam oder es wieder verließ, mit gestrecktem Hals und geballter Animosität anzischten, wobei sie seinen Hacken so nahekamen, als ob sie es bezahlt kriegten. Vielleicht war die Boshaftigkeit jeder Kreatur angeboren, dachte er.

Als jetzt das Dunkel anfing, sich über den Anger zu senken; fühlte Max sich noch frei, aber die unausweichliche Heimkehr und die beschmutzten Bettbezüge lauerten dahinter wie eine schwarze Wolkenwand. Aber zum ersten Mal konnte Mutter ihn nicht herbeirufen, er tat, was *er* wollte. Als es zu dunkel zum Ballspielen wurde, drehte sich der rothaarige Schulkamerad um und verschwand. Sie hatten kein Wort miteinander gesprochen. Max war nun ganz allein, und seine Angst wuchs. Er nahm seinen Ball, ging durch die Breite Straße zur Wallstraße, ging diese hinab und klingelte an der Haustür.

Mutter öffnete. Es geschah noch ein Wunder: Sie sagte nichts. Sie tat, als habe alles seine Richtigkeit. Am Abendbrottisch wurde über Belangloses gesprochen; die Bettbezüge und Max‘ Flucht in die Freiheit wurden mit keinem Wort erwähnt. Wahrscheinlich war Mutter voller Angst um ihn gewesen, denn es waren unsichere Zeiten. Den rothaarigen Schulkameraden erwähnte Max nicht, auch nicht die Gänse von Oberwiesenthal.

In der Försterei Dohlenkrug erfuhr er bald Ähnliches. Er musste im Sommer den Schafbock öfter an- und umpflocken. Das Tier war ungemein stark. Es wurde mit einer Kette an einem langen, eisernen Pflock festgemacht, aber wenn der Schafbock nicht dahin wollte, wo er angepflockt werden sollte, hatte es Max schwer, denn das Tier konnte ihn an der Kette auch in die entgegengesetzte Richtung ziehen. Max musste abwarten, bis der Schafbock mal gleichgültig oder unaufmerksam war. Dann trieb er den Pflock mit einem Feldstein, der so schwer war, dass er ihn gerade noch tragen konnte, ganz in die Erde, möglichst schnell, bevor der Schafbock begriff, dass sich Max durchgesetzt hatte. Natürlich musste er sich dazu bücken. Einmal wusste er dabei nicht, wie ihm wurde, denn er spürte plötzlich einen heftigen Stoß an der Stirn, der ihn rückwärts ins Gras warf. Vor und fast schon über ihm stand in Siegerpose der Schafbock.

Der Fuchs machte ihm in Dohlenkrug auf eine andere Weise zu schaffen. Onkel Hermann sagte, er solle öfter mal hinter dem Holzschuppen langgehen, der zwischen wilden Büschen schon halb im Wald stand, jenseits des Weges, der an der Försterei vorbeiführt. Dort nämlich säße öfter ein Fuchs und warte darauf, dass die Hühner und der Hahn, auch die Enten und Gänse aus der Försterei, ein Loch im Zaun fänden und sich vom Hof in den Wald verkrümelten, teils, weil in der Nähe ein kleiner Tümpel sei, teils auch, weil sich im Wald viel besser scharren lasse als auf dem Hof. Also ging Max manchmal durchs Gebüsch hinter dem Schuppen, aber weil er dabei jedes Mal allein und abseits der Försterei war, war ihm immer etwas gruselig. Er machte lieber keinen Lärm und war froh, wenn er seinen Gang hinter sich hatte und wieder in den Garten trat.

Einmal schlich er wieder ganz vorsichtig hinter dem Schuppen entlang, immer in der Hoffnung, dass der Fuchs ihn nicht sieht, aber da hatte er ihn plötzlich doch! Er war von hinten an ihm hochgesprungen; es war ein dumpfer Schmerz an der rechten Schulter. Max kribbelte es vor Schreck unter den Haaren. Schreien konnte er nicht, weil ihm buchstäblich der Atem stockte. Aber er musste sich auch sagen, dass ein Fuchs ihn nicht angreifen kann, weil er dazu viel zu klein ist. Er drehte sich um. Da sah er, dass er auf die Zinken einer alten Harke getreten war, deren Stiel nach oben geschnellt war und ihn an der Schulter getroffen hatte. Er hatte seitdem nur noch Verachtung für Füchse.

27 Im Kirchturm

Lena und Max gingen jeden Morgen zwanzig Minuten früher zur Schule, weil sie auf dem Weg dorthin an den Kurzandachten im Gemeindehaus teilnehmen wollten. Denn allmählich wurde die Schule politisch gleichgeschaltet. Die Kurzandachten wirkten dem entgegen. Im Winter war es noch dunkel, und der Magistrat hatte verlangt, dass die Ersten, die am Morgen durch den schwachen Lichtkreis der einzigen Straßenlampe in der Wallstraße gingen, diese ausknipsten, damit die Stadt Strom sparte, so schlecht waren die Zeiten. Wenn der Schnee hoch lag, konnte auch Mäxchen den großen Knebelschalter erreichen, der behelfsmäßig an Schlossermeister Fleischhauers Haus angebracht war. Diese Hauswand neigte sich nach hinten, aber von oben, vom zweiten Stock, hing schon immer an einem schmiedeeisernen Gerüst ein riesiger, reich verschnörkelter Schlüssel, das Innungszeichen, das Max Respekt einflößte.

Max hatte zwei Freunde, die er bei den Andachten traf. Gemeinsam führten die drei das Feierabendläuten und das Grabgeläute – beides hatte es vor dem Krieg gegeben – wieder ein. Der Superintendent gab ihnen die Erlaubnis. Es wurde vereinbart, dass einer von ihnen an jedem Werktag fünfzehn Minuten vor sechs, sonst auch vor Beerdigungen, den Schlüssel bei seiner Haushälterin abholen sollte, der dann nach getaner Arbeit wieder abzuliefern war.

Lange Zeit hindurch wurde das treu und brav gemacht. Zum Grabgeläute kamen immer alle drei, weil der Friedhof weit von der Kirche entfernt war. Einer postierte sich mit einem großen, weißen Taschentuch dicht am Friedhofstor. Wenn der Pastor den Friedhof betrat, kam er aus dem Schatten der Bäume, lief über die Straße in das angrenzende Feld, wo er vom Turm aus zu sehen war, und schwenkte sein Taschentuch. Ein zweiter Posten saß in einem der hohen romanischen Fenster, durch die der Schall hinausdrang und die in einer Reihe unter dem Giebeldach des dickwandigen Kirchturms verliefen, und rief dem dritten, der im getrockneten Taubendreck am Glockenstuhl stand und das Seil der einzigen Glocke in der Hand hielt, zu, dass er mit dem Läuten anfangen solle. War der Pastor dann in der Aussegnungskapelle verschwunden, rannte der Signalposten wieder aufs Feld, schwenkte sein Taschentuch, und die Glocke verstummte. Jetzt hatten die beiden im Turm eine Verschnaufpause, die so lange dauerte wie die Predigt. Wenn aber die Friedhofswärter den Sarg, hinter dem der Pastor ging, aus der Kapelle und zum offenen Grab trugen, wurde die Glocke auf dieselbe komplizierte Weise noch einmal in Betrieb genommen. Das führte manchmal zu Verzögerungen; der Posten, der zum Feldrain laufen musste, war einfach nicht schneller. Aber die Leute waren dankbar, dass es wieder ein Grabgeläute gab.

Beim Feierabendläuten ist es jedoch leider zu Unregelmäßigkeiten gekommen. Abends hatten die drei den Turm immer für sich. Durch das sonst unbenutzte Hauptportal gingen sie Abend für Abend in das untere Westwerk, von wo eine Treppe und eine Tür auf die Orgelempore innerhalb des Kirchenschiffs führten. Sie gingen um die Orgel herum; hinter der führte eine zweite Tür von der Empore zurück, diesmal in das *obere* Westwerk, das von ganz oben im Turm bis auf die Höhe der Orgelempore reichte. Die Kirche war wie der Burgturm aus großen Findlingen erbaut, nur dass der Burgturm einen runden und der Kirchturm einen rechteckigen Grundriss hatte. Von ganz oben hatten die drei einen Blick über die Dächer ihrer kleinen Stadt und auf die Felder ringsum, bis hinaus zum

Horizont. In die Höfe konnte man genauer hineinsehen, denn anders als der Burgturm stand der Kirchturm mitten in der Stadt.

Die Leute mussten sich erst ans Feierabendläuten gewöhnen, aber das war nicht schwer. Die Kirchenglocken hatten die Alten, die auf ihren Feldern arbeiteten, ja schon früher wissen lassen, wann der Arbeitstag zu Ende war. Jetzt gab es zwar nur noch die eine Glocke – die andern hatte man im Krieg eingeschmolzen, weil man dem Endsieg näherkommen wollte –, aber sie war laut genug. Lange Zeit wurden sie auch hier gelobt; es hieß, das Läuten sei immer so pünktlich, dass man die Uhr danach stellen könne. Später waren die drei nicht mehr so zuverlässig, denn sie fingen an, Allotria zu treiben.

Einmal hatte Max Papier in lauter Streifen geschnitten, diese nach hinten zusammengebogen und durch Schnitte, die er in die Streifen machte, jeweils das eine Ende ins andere gesteckt: lauter kleine Zeppeline. Wenn man sie in die Luft warf, drehten sie sich schnell um ihre Längsachse und sanken dabei ganz allmählich zu Boden. Die drei ließen ganze Wolken von ihnen los und beobachteten die Reaktionen der Leute, wenn ihnen welche über den Weg flatterten. Einmal lief eine Schar Hühner herbei, als ein paar Papierzeppeline mitten in ihrem Hof niedergingen, als wären sie lauter Manna. Auf einem anderen Hof stand ein Mann und hackte Holz. Er stand breitbeinig vor dem Hauklotz, hatte gerade ein riesiges Stück Holz an der Axt, und indem er es mit Schwung über den Kopf hob und drehte, weil er die Axt rückwärts auf den Klotz hauen wollte, flog ihm ein kleiner Zeppelin von hinten zwischen den Beinen durch und schaffte es gerade noch in sein Blickfeld. Die Gewaltaktion wurde jäh gestoppt, er ließ die Axt hinter sich sinken, musste sich dabei umdrehen und machte eine klägliche Figur. Er nahm den Streifen Papier auf und drehte sich wutentbrannt in alle Richtungen, sah aber nicht hinauf zum Turm, wo er die drei sowieso nicht gesehen hätte, denn sie waren schnell hinter einer Fensteröffnung in Deckung gegangen.

Bevor sie hinaus in die Welt zogen, hatte einer von ihnen sich eine Freundin aus einer Parallelklasse angelacht. Eines Tages überraschte er die beiden anderen mit der Nachricht, er würde sie am Abend mitbringen. Die beiden wollten nun eine Art Happening daraus machen, vielleicht war auch Neid im Spiel, jedenfalls überredeten sie an dem Abend Frieda, die Haushälterin des Superintendenten, von der sie immer den Schlüssel holten, sie im Kirchturm einzuschließen. Dem Dritten, der noch kommen würde, sollte sie den Schlüssel geben, so, als sei er der Erste. Frieda machte mit.

Nachdem sie die beiden eingeschlossen hatte, gab sie dem Pärchen den Schlüssel. Das schloss auf und ging über die Empore in den finsteren Turm in der Hoffnung, vorerst noch allein zu sein.

Die beiden anderen waren aber schon emsig ans Werk gegangen: Auf der Empore hatten sie im Vorbeigehn ein Seitenbrett der Orgel geöffnet und sich bei den Orgelpfeifen bedient, die lose in einem Brett steckten. Durch dessen Öffnungen wurde ihnen von unten her Luft eingeblasen, wenn der Blasebalg betätigt und das entsprechende Ventil durch das Spiel der Organistin geöffnet wurde. Jeder von beiden nahm sich zwei der größten Orgelpfeifen unter den Arm. Dann stiegen sie im Turm drei Treppen aufwärts, wo eine nach oben offene Holzkiste stand, der die mächtigen Uhrgewichte, die an langen Drahtseilen hingen, von oben her zustrebten und in der sie auch zur Ruhe gekommen wären, hätte man die Uhr jemals ablaufen lassen.

In dieser Kiste saßen sie einander gegenüber, die riesigen Gewichte über sich, und in jedem Mundwinkel eine Orgelpfeife. Sie hörten das Pärchen vorsichtig durch die Dunkelheit, die gerade an dieser Stelle besonders groß war, heraufttappen. Als es auf der Etage ankam, wo die Missetäter in ihrer Kiste saßen, fingen diese an, in dumpfen, schweren Tönen zu tuten. Natürlich lösten sie den erhofften Angstschrei aus, der so schrill war, dass er sehr zu ihren Kellertönen kontrastierte. Aber der Dritte gewann schnell die Fassung wieder, trat an die Kiste, löste das Rätsel und tröstete seine Freundin.

Am nächsten Sonntag im Gottesdienst plagte sie das Gewissen, weil ihnen eingefallen war, dass sie vielleicht nicht sorgfältig genug gewesen waren und die Pfeifen nach getaner Arbeit falsch eingesetzt hatten; tatsächlich klang das Orgelspiel ihren Ohren nicht ganz geheuer. Deshalb drangen sie noch einmal in die Orgel, um die Größe der Pfeifen zu vergleichen und die Justierung nachzuholen. Aber als sich auch am danach folgenden Sonntag das Orgelspiel wieder seltsam anhörte, haben sie es so gelassen. Einer von ihnen meinte, die Organistin spiele nicht richtig, der andere glaubte, das Orgelspiel habe nie anders geklungen. Wahrscheinlich stimmte beides.

Von einem weiteren Geschehen im Kirchturm ist hier noch zu berichten, obwohl es mir schwer fällt, denn diesmal war es wirklich gefährlich. Entsetzlicher Leichtsinn war im Spiel, und leider hatte Max auch diesen Plan ausgeheckt. Er und sein Komplize hatten im Turm ein kompaktes Stück Metall entdeckt, das wohl zur Halterung einer der Glocken gehört hatte, die eingeschmolzen waren. Damit wollten sie das Pärchen noch einmal erschrecken. Diesmal mussten sie aber mit ihrem Freund und dessen Freundin zusammen die Treppen hinaufsteigen, denn nach der Sache mit den Orgelpfeifen wollten sie bei ihnen sein, um nicht hinter dem Lärm vermutet zu werden.

Die beiden gingen einen Tag früher als gewöhnlich und ohne den Dritten im Bunde zum Feierabendläuten, bei dem sie den Spaß erstmal vorbereiten wollten: Die Treppen, eigentlich nur bessere Leitern, waren alle in der nördlichen Hälfte des Turms untergebracht, aber ab und zu reichte ein langer, schwerer Balken von dort hinüber zur südlichen Innenwand. So bekam das nördliche Treppenhaus die nötige Stabilität. Abgesehen von diesen Balken war die Südhälfte des Turms leer. Der Plan war, das Metallstück in der südlichen Turmhälfte herabsausen zu lassen. Wenn es dabei auf die vereinzelten Balken prallte, sollte es jedes Mal ein teuflisches Gepolter geben, bis es auf dem Bertterfußboden des oberen Westwerks zu liegen kam.

Schon weit oben ging ein Balken vom Treppenhaus hinüber zur Südwand. Auf diesen Balken wurde das Metallstück gelegt. Max setzte sich rittlings dahinter und schob den Donnerkeil vor sich her; unter ihm gähnte der südliche Turmschacht. Dabei wischte er den trockenen Taubendreck von Dezennien, wenn nicht von Jahrhunderten, mit seiner Hose vom Balken, was ihn aber nicht störte. Ihn überwältigte vielmehr das Gewaltige seines Tuns, so sehr, dass er dem unten wartenden Mitverschwörer seine Begeisterung zu vermitteln suchte.

Dann band er das eine Ende der gestückelten Papierstrippe, die er in der Hosentasche hatte, um das Metallteil, das er so auf dem Balken positionierte, dass es auf der Kippe lag. Das andere Ende ließ er, mit einem kleinen Holzstück beschwert, in die Tiefe sausen. Als das getan war, rutschte er rückwärts bis zum Treppenhaus und lief hinunter. Sein Komplize hatte sich schon das Ende des Bindfadens mit dem Holzstück geangelt. Sie verknoteten es am Geländer der untersten Treppe, und nun waren die Vorbereitungen eigentlich abgeschlossen: Morgen würden sie unbemerkt an der Papierstrippe ziehen und den Lärm und Staub auslösen.

Ihnen fiel aber ein, dass sie eine Art Generalprobe veranstalten sollten. Vorfreude und Ungeduld trieben sie, und Max hatte auch im Stillen etwas Sorge, weil das oben auf dem Balken liegende Metallstück wirklich schwer war und er es, wenn es erstmal fiel, nicht mehr lenken konnte. Deshalb riß einer von ihnen am Bindfaden, und tatsächlich sauste das Metallstück mit riesigem Gepolter und einer mächtigen Staubwolke in den Abgrund.

Das wäre nun über alles Erwarten schön gewesen, wenn Max sich die Frage, ob es denn wirklich im oberen Westwerk zur Ruhe gekommen sei, nicht noch drängender gestellt hätte. Er rannte hin und sah da, wo es auf dem Fußboden im Dreck liegen sollte, durch den Staub hindurch einen hellen Fleck: Tageslicht aus dem unteren Westwerk, wo ein Fenster war.

Er kam nicht ganz an das Licht heran, weil der Fußboden – vom unten gelegenen Kircheneingang aus gesehen war es die Decke – des nicht benutzten Teils des oberen Westwerks umzäunt war. Er bestand nur aus dünnen Brettern und man hatte vermeiden wollen, dass jemand darauf trat und einbrach. Ein apokalyptisches Gefühl stieg in Max auf, während sein Kumpan, der gar nichts begriff, immer noch in lauten Rufen seiner Begeisterung Ausdruck gab. „Es ist hell!" rief Max ihm zu.

Er sauste die Treppe hinab. Dort, in dem Licht, das durch ein bescheidenes Bogenfenster von außen in das untere Westwerk drang und das er von oben schon gesehen hatte, erblickten sie die Bescherung: Das Stück Metall hatte die dünnen Bretter durchschlagen und lag auf dem steinernen Fußboden. Das Loch, das es gerissen hatte, war nicht groß, aber zwei der dünnen Bretter waren zersplittert. Und blass wurden sie, als sie sich vorstellten, dass Frieda oder der Superintendent nach ihnen sehen wollten und dabei das Eisenstück auf den Kopf kriegten.

Unten im Eingangsraum machten sie sich daran, die Bretterteile, auch die Splitter, aufzusammeln und zusammenzusetzen, die bemalte Seite nach unten, wie es gewesen war. An drei Stellen umwickelten sie das Ganze mit Enden ihrer Papierstrippe. Dann setzten sie es wieder ein. Der Bindfaden war nur von unten zu sehen, und nur, wenn man Ausschau danach hielt.

Wenn Max aus Halle oder – später – aus Berlin kam und die Kirche durch das Westwerk betrat, hat er immer verstohlen einen Blick hinaufgeworfen, um zu sehen, ob die Spuren seines frühen Nonkonformismus endlich beseitigt waren. Erstaunlich, wie viele Jahre die miese Strippe halten musste. Frei fühlte er sich erst, als er einmal sah, dass die Decke in der Eingangshalle neu gestrichen war und dass man die zerbrochenen Bretter bei dieser Gelegenheit fachmännisch ersetzt hatte. Später hat er sich gewundert, welchen Gefahren man sich und andere aussetzt, um erwachsen zu werden.

28 Anfänge in Halle

Um Förster werden zu können, was ja in der Familie lag und zu Max' längst gehegten Wünschen gehörte, hätte er erst Waldfacharbeiterlehrling werden müssen, wie das in der Amtssprache der DDR hieß. War man dazu bereit, dann wusste man trotzdem nicht, ob man später auf eine Forstschule „delegiert" wurde. Die Plätze waren rar, der Andrang groß; Arbeiter- und Bauernsöhne hatten Vortritt. Max sah kaum Chancen, jemals mehr als Waldarbeiter zu werden. Deshalb wollte er lieber eine Oberschule besuchen. Dazu musste er Anfang September 1949 fort, denn in Sachsenbach gab es keine.

Er musste in ein Internat, nach damaliger Sprachregelung eine Heimoberschule, was aber voraussetzte, dass er ein Stipendium bekam, denn viel Geld hatten seine Eltern nicht. Die Franckeschen Stiftungen in Halle an der Saale, dem ein Schülerheim, das frühere Waisenhaus, angeschlossen war, machten eine Ausnahme: Man konnte entweder im Heim oder in der Stadt wohnen. Max und seine Schwester hatten einmal eine Pfarrerstochter aus Halle kennengelernt, als sie auf einer Reise nach Dohlenkrug waren. Pfarrers boten nun an, Max aufzunehmen. Er wäre dann „Stadtschüler" geworden.

Das Schülerheim nahm ihn aber ebenfalls auf. Wider Erwarten hatte er sogar einen Freiplatz bekommen, und eines Tages, kurz vor Beginn der Schulzeit, machten Mutter und er sich auf den Weg. Max hatte einen großen Pappkoffer mit seinen Siebensachen bei sich, aber ob er im Heim oder bei Pfarrers bleiben würde, wollten sie erst vor Ort klären. Es ging über Altenow und Magdeburg; jedes Mal mussten sie umsteigen, dann kamen sie nach Halle.

Dort zog Max den zweiten Rollwagen, den sie noch aus der Luftschutzzeit hatten, vom Bahnhof in die Stiftungen, vorbei am Leipziger Turm. Auf den Rollwagen war sein Pappkoffer gebunden. Die hölzernen Räder klapperten auf dem unebenen Trottoir. Neben der Waisenhausapotheke traten sie in das von einer hohen Mauer umschlossene Gelände der Stiftungen und gingen an Blumenbeeten und idyllischen alten Häusern vorbei zum Haus 13, das gleich neben dem Francke-Denkmal stand.

Hier stiegen sie eine enge, dunkle Treppe hinauf und trafen im Zimmer 7, wo Max wohnen sollte, Frau Baumgarten, die sich als Reinemachefrau vorstellte. Sie war natürlich mehr als das. „Das sind doch alles meine Jungs", sagte sie mal. Sie hatte weiße Haare, einen Dutt, ein gutmütiges Gesicht und erklärte ihnen, dass die Ferien erst in ein paar Tagen zu Ende seien. Weder die drei anderen Jungs, die in der Stube wohnten, noch der Erzieher seien schon hier.

In dem Zimmer standen vier Pulte mit hohen Aufsätzen, für jeden Bewohner eins. Sie waren dunkelgrün gestrichen. Die Farbe war zum Teil abgeblättert, und frühere Schüler hatten Spuren ihrer Schnitzkünste im Holz hinterlassen. Die beiden unteren Schubfächer waren für Wäsche und Persönliches bestimmt. In der Mitte war ein Pult; man brauchte nur den Deckel herunterzuklappen, dann öffnete sich der Arbeitsplatz. Darüber, in den Aufsätzen, war eine Art Schrank mit zwei Flügeltüren und Regalen dahinter, wo man seine Schulsachen hinlegen konnte. Vor jedem Pult stand ein Stuhl. Dann gab es noch einen Kleiderschrank für alle vier und in der Mitte einen Tisch mit einer hellen, geblümten Igelit-Decke. An einer Wand hing der schon etwas wellige Druck eines van-Gogh-Bildes: Sonnenblumen in einer Glasvase.

Von diesem Zimmer kam man in den Schlafraum, wo auf jeder Seite, dicht hintereinander, je zwei alte, eiserne Bettgestelle standen. Der Gang dazwischen war schmal. An der einen Stirnseite des Schlafzimmers war ein Fenster, an der anderen vier neue Waschbecken. Frau Baumgarten versicherte Mutter, dass sie sich keine Sorgen zu machen brauche. Die Jungs in Stube 7 seien freundlich; auch über den Erzieher, der mit seiner Frau auf derselben Etage eine kleine Wohnung hatte, sagte sie Beruhigendes. Als Mutter ihr erklärte, dass über den Verbleib ihres Max noch nicht entschieden sei, weil auch Pfarrers ihn eingeladen hätten, kam man überein, dass der Koffer erstmal dableiben solle. Sie könnten ihn ja noch holen, falls er zu Pfarrers zog.

Sie müssen dann die lange, baumbestandene Straße hinab bis zur Rückseite des Hauptgebäudes und durch dieses hindurch zum Franckeplatz gegangen sein. Wahrscheinlich hat sich Max, während sie dort auf die Straßenbahn warteten, nach der Vorderseite des großen Hauptgebäudes umgesehen, denn die Fassade war eindrucksvoll. Er muss das Dreiecksfeld hoch über dem Portal mit den zwei mächtigen Adlern und dem Spruch aus dem Propheten Jesaja gesehen haben: „Die auf den Herrn harren, kriegen neue Kraft, dass sie auffahren mit Flügeln wie Adler." Das mit dem „auffahren" und den „Adlern" wird ihm gefallen haben. Die übrige Fassade war wahrscheinlich mit roten Transparenten bedeckt, auf denen große Worte des weisen Stalin oder sozialistische Parolen standen. Das war in der ganzen Zeit so, als er dort wohnte. Max interessierten diese Parolen nicht.

Sie sind dann mit der Straßenbahn-Linie 3 bis zum Reileck gefahren und von dort in die Robert-Blum-Straße gegangen, wo Pfarrers in einem gut erhaltenen Haus wohnten. Von vornherein war Max von der bürgerlichen Atmosphäre bedrückt. Frau Pfarrer kam zur Tür und empfing die beiden mit viel Herzlichkeit, zuviel Herzlichkeit, dachte er.

Der Herr Pfarrer kam aus seinem Studierzimmer, dessen Tür mit dicken Polstern versehen war, wie Max sie von Doktor Veldekes Sprechzimmer in Sachsenbach kannte. Nur konnte er bei Doktor Veldeke den Sinn der Sache erkennen; er dachte sich, dass das Geschrei der Patienten, denen der Arzt wehtun musste, nur gedämpft ins Wartezimmer dringen sollte. Bei Herrn Pfarrer, der übrigens wie früher Kaufmann Meisel in Sachsenbach im Gehrock auf sie zutrat, war das anders.

Max hat es damals vielleicht nicht wirklich gewusst, aber gespürt hat er, dass in allem ein Anspruch lag, dessen Berechtigung er nicht erkennen konnte. Die Einrichtung war kostbar und das Geschirr auf dem Abendbrottisch war es auch. Denn das war nun das Nächste: Sie aßen mit Pfarrers zu Abend. Das begann mit einer kleinen Zeremonie: Der Herr Pfarrer sprach ein Gebet. Weil Max sich denken konnte, dass es sich nicht gehöre, wenn man dabei in der Gegend herumblickte, öffnete er nur mal kurz die Augen. Da sah er Frau Pfarrer ergeben in die Höhe blicken. Aber sie blickte gar nicht, sie hielt die nach oben gerichteten Augen geschlossen. Sie muss wirklich an Gott geglaubt haben, denn sie konnte ja nicht damit rechnen, dass irgendjemand sonst diese schöne Ergebenheit wahrnahm. Max dachte aber, dass ein Gott, der sich von einer solchen Veranstaltung beeindrucken lässt, nicht ganz auf dem qui vive sein kann und dass er selbst sich besser aus dem allen raushält.

Es muss noch an diesem Abend gewesen sein, dass er mit Herrn Pfarrer in dessen Studierzimmer gehen musste, wo ihm einige Fragen gestellt wurden. Worüber sie geredet haben, weiß er nicht mehr. Er kann aber nicht ganz aufrichtig gewesen sein, weil am nächsten Tag die Einladung an ihn erneuert wurde. Mutter sagte mehrmals, dass er nun ganz allein entscheiden müsse, ob er bei Pfarrers oder in den Stiftungen wohnen wolle, und Pfarrers pflichteten ihr jedes Mal bei. Er jedoch hatte sich schon in der Nacht bei Pfarrers entschieden. Als er im Bett lag, hatte er nochmal an das Zimmer in den Stiftungen und an Frau Baumgarten gedacht und wie sie über die anderen Jungs und den Erzieher gesprochen hatte. Er gab sich am folgenden Tag zwar noch den Anschein, als fiele ihm die Entscheidung schwer, fasste sich dann aber ein Herz und sagte, er wolle lieber in die Stiftungen gehen.

Er war froh, als niemand versuchte, ihn umzustimmen, so schüchtern war er noch. Dann fuhr er in die Stiftungen. Am Tag darauf holte er Mutter ab, um sie zum Bahnhof zu bringen. Sie fuhr zurück nach Sachsenbach. Als sie schon an der Sperre war und er wieder dem Bahnhofsvorplatz zustrebte, rief sie ihn noch einmal zurück. Sie hatte Tränen in den Augen und sagte: „Vergiss das Beten nicht." Sie hatte ihm wahrscheinlich nachgesehen, wie er da zwischen all den Leuten verschwand. Da hatte die Rührung sie überwältigt. Er war ja erst vierzehn Jahre alt.

In den Stiftungen waren inzwischen zwei seiner drei Stubengenossen angekommen. Der Stubenälteste kam auf ihn zu, gab ihm die Hand und sagte: „Es wird dir schon bei uns gefallen." Auch der andere kam und begrüßte ihn. Der dritte war noch bei seinen Eltern im Dorf Schiepzig bei Halle, nach dem er kurzerhand genannt wurde. Er hieß aber Fritz und war aus Graz. Seine Eltern waren Kommunisten, er auch, obwohl er nichts daraus machte. Zuerst sah Max in ihm eine Art Gegner. Aber bald merkte er, dass man sich auf ihn verlassen konnte und dass er ihn eigentlich mochte. Jetzt befürchtet er, dass ihm diese Zuneigung nur so allmählich bewusst geworden ist, dass Schiepzig sie vielleicht gar nicht wahrgenommen hat. Auch das Erzieher-Ehepaar war inzwischen da; Max hatte gleich Zutrauen zu ihnen, obwohl er Autoritäten nicht leicht traute.

Er packte seinen Koffer aus, und nachdem die erste Nacht überstanden war, ging die Routine los. Draußen läutete eine Glocke; es war dreiviertel sieben. Er und seine Zimmergenossen wuschen sich, zogen sich an, und als die Glocke eine Viertelstunde später nochmal läutete, stolperten sie die Treppen hinunter, dann die lange Straße hinab bis fast zum Hauptgebäude. An einer Doppeltür links davon war der Eingang zum Speisesaal, von manchen auch „Refektorium" genannt. Aber das war entschieden zu hoch gegriffen. Sie warteten zusammen mit all den andern, die auch aus ihren Häusern gekommen waren. Die Tür wurde geöffnet. Max hatte seinen Platz bei den Zimmergenossen. Eine Kaffeekanne stand auf jedem Tisch und auf jedem Platz war ein Teller, auf dem zwei Scheiben schwarzes, nasses Brot lagen, daneben ein Klecks Marmelade. Ob auch eine Ecke Butter oder Margarine dabei war, weiß er nicht mehr. Der Kaffee war natürlich Muckefuck, und die Tische waren schon am Abend zuvor gedeckt worden. Das blieb auch in Zukunft so; der Kaffee war immer kalt; später, im Winter, mussten sie die Eisdecke in den Kannen manchmal mit dem Messergriff einschlagen. Mit diesem Frühstück wurden sie schnell fertig; sie liefen wieder in ihre Stuben, und um zehn vor acht läutete es zur Schule. Die Glocke war weit oben an einer Hauswand unter einem kleinen Dach angebracht. Die Bewohner der nächstgelegenen Stube mussten zur festgelegten Zeit das Fenster aufmachen, nach dem Strick greifen und läuten.

Bis halb zwei dauerte der Unterricht. Dann brachten die Schüler ihre Schultaschen auf die Zimmer und gingen wieder hinab in den Speisesaal. Auch das Mittagessen war dürftig. Öfter gab es eine wässerige Kohlsuppe, in der noch Raupen schwammen, die Fleischeinlage.

Von zwei bis vier Uhr musste jeder an seinem Pult sitzen und Schularbeiten machen; manchmal kam der Erzieher und kontrollierte. Von vier bis sechs war Freistunde, in der sie in die Stadt gehen durften. Wie sie die Abende verbrachten, weiß Max nicht mehr. Sie mussten aber auf ihren Stuben sein. Er gewöhnte sich schnell an diese Routine. Ganz selten leisteten die vier sich etwas. Sie sind in ein Restaurant gegangen und haben sich Graupen- oder Haferflockensuppe bestellt. Die Zucker- und Mehlmarken und das Geld schickten ihnen ihre Eltern. Alles wurde genau geteilt.

Max hätte es nun ganz gut ausgehalten, wenn nicht nach ungefähr zwei Wochen ältere Zöglinge – so lautete die offizielle Bezeichnung – aus anderen Zimmern gekommen wären, die sich einen Spaß daraus machten, abends durch die Stuben zu ziehen und die Neuankömmlinge „in die Tradition des Hauses“ einzuführen. Bald hatte sich die Nachricht verbreitet, dass Max sich „stoisch“ gebärdete: Man konnte ihn nicht zum Heulen bringen. Das stachelte den Ehrgeiz der Älteren an; er kriegte nun öfter Besuch. Dann wurde er aufs Bett geworfen, Decken und Kissen wurden auf ihn gestapelt und fest an ihn gepresst; er sollte Todesangst spüren und um Gnade betteln. Dazu kam es aber nie, denn die Decken und Kissen waren hinreichend luftdurchlässig, ganz abgesehen davon, dass Max sich vorgenommen hatte, eher zu sterben als um Gnade zu bitten oder zu heulen.

Anderes wurde versucht: Es gab Box- und Ringkämpfe, bei denen Max als der Jüngste immer unterlag. Einmal banden sie ihm Hände und Füße zusammen, leerten den Kleiderschrank und hängten ihn hinein, den Kopf nach unten. Sie schlossen die Tür, ließen ihn hängen, unterhielten sich und warteten. Er blieb still, nun grade. Als ihnen die Geduld ausging, kam einer auf die Idee, mit dem Schrank zu kippeln. Schließlich standen auf jeder Seite zwei der Übeltäter und schubsten den Schrank einander zu. Max' Kopf wurde mal an die Tür, mal an die Rückwand geschleudert; er aber blieb still. Da schlug ihnen wohl das Gewissen, sie öffneten die Tür, und nachdem sie sich überzeugt hatten, dass sein Gesicht gefährlich gerötet war, nahmen sie ihn aus dem Schrank und banden ihn los.

Er würde lügen, würde er behaupten, dass seine Haltung sein inneres Befinden widerspiegelte. Er war verzweifelt und fühlte sich verraten und verkauft. Niemand half ihm. Seine Stubengenossen machten zwar bei diesen Gewalttätigkeiten nicht mit, aber sie griffen auch nicht ein. Vielleicht hatten sie Angst. An Schiepzig konnte er, wenn der Besuch wieder weg war, eine Art schlechtes Gewissen erkennen, aber geholfen hat auch er ihm nicht. Einmal hat Max nach einer solchen „Erziehungsbeihilfe", wie seine Peiniger voller Sarkasmus sagten, an der hinteren Haustür gestanden, wo er ungesehen weinen konnte, und in den Sternenhimmel gesehen, als ob ihm von da Hilfe kommen könne.

29 Bei Neuendorfs

Allmählich ließ der Terror nach, und schließlich hörte er ganz auf. Max war froh, kein Außenseiter mehr zu sein. Manchmal nahm er nun seinerseits an Gewaltakten teil, allerdings nicht, wenn es brutal wurde. Einmal plante Stube 7 eine Strafaktion gegen einen Zögling, der im Haus wohnte und sie irgendwie beleidigt hatte, jedenfalls sahen sie das so. Ihr Stubenältester hatte eine Idee: Direkt unter ihnen war eine private Wohnung, in der damals Professor Rudolf Neuendorf, der bekannte Altphilologe, wohnte. Sie wussten, dass er Lärm verabscheute: Wenn der Geräuschpegel eine bestimmte Höhe überschritt, kam er aus seiner Wohnung gestürmt, und wer ihm als Erster über den Weg lief, kriegte rechts und links eine geknallt. Dann verschwand er so schnell er gekommen war.

Sie griffen sich also den Zögling und banden ihn an einem Treppenpfeiler gegenüber von Professor Neuendorfs Wohnungstür fest. Dann gingen sie in ihre Stube, wo ihr schweres, teils noch holzbesohltes Schuhwerk bereitstand. Der Stubenälteste kommandierte: „Im Gleichschritt, marsch!" und schon marschierten sie um den Tisch, mit jedem Schritt aufstampfend, wie bei einer Parade. Es dauerte nicht lange, da hörten sie die Tür unten klappen. Sofort blieben sie stehen, damit ihnen das Klatschen nicht entging, dann klappte die Tür wieder, und sie gingen hinaus und banden das Opfer los.

Leider passierte auch Unerwartetes. Zum Beispiel lief das Wasser nicht immer. Einmal war Max dabei, seine private Marmeladenschraubdose aus Igelit – das war eine Vorstufe der „Plaste“, wie man in der DDR sagte – auszuwaschen, indem er sie im Schlafraum in seinem Waschbecken unter den scharfen Strahl hielt, als das Wasser plötzlich wegblieb. Er musste aber irgendwohin, es war zu Anfang der Freistunde. Als er zwei Stunden später wiederkam und im Souterrain, drei Etagen unter Stube 7, das Klo besuchte, tropfte es von der Decke, was er seltsam fand, denn das hatte es noch nie gegeben.

Drei Stockwerke höher trat er ahnungslos über die Schwelle, da sah er Schiepzig mit Lappen und Eimer hantieren, die ihm das Erzieherehepaar gegeben hatte. Er wischte auf. Im Schlafraum stand das Wasser hoch, es war sogar über die Schwelle in den Wohnraum geschwappt. „Du hast vielleicht was gemacht“, sagte Schiepzig, und so, wie er es sagte, klang es nicht verheißungsvoll. Als das Wasser abgestellt worden war, hatte Max vergessen, den Hahn zuzudrehen, und als es wiedergekommen war, hatte seine Marmeladendose den Abfluss blockiert. Auch wenn er nicht mit fließendem Wasser vertraut war, hätte er wissen können, dass man den Hahn abstellen muss.

Er wollte auch gleich das Aufwischen übernehmen, aber der Erzieher kam und sagte, dass die Angelegenheit größere Ausmaße angenommen habe; das Wasser sei durch die privaten Wohnungen unter der Stube 7 gelaufen und habe dort Schaden angerichtet. Max müsse wenigstens hingehen und sich entschuldigen. Gesenkten Hauptes ging er los, zuerst klopfte er bei Neuendorfs; das vor allem wollte er hinter sich bringen.

Eine Frau öffnete, und als er seinen Spruch gesagt hatte, nahm sie ihn mit ins Schlafzimmer, wo sie ihm zeigte, wie das Wasser hinter dem Schrank heruntergelaufen war und die Tapete sich zum Teil gewellt und gelöst hatte. Er stand da, ließ den Kopf hängen und wusste nichts zu sagen. Da sah sie ihn von der Seite an und sagte plötzlich: „Ach Gott, Sie sind ja noch so jung. Sowas kann einem mal passieren, Sie haben es ja sicher nicht absichtlich gemacht“, und fing an, ihn zu bedauern. Max kam aus der Wohnung, ohne den Professor gesehen zu haben, und auch die Inhaber der anderen Wohnungen, die weniger gelitten hatten, waren verständnisvoll. Seine Leichtfertigkeit hat ihn aber lange beschäftigt.

Ein Offizier der Hallischen Feuerwehr kam und hielt den Zöglingen einen Vortrag über die Feuergefahr in den Stiftungen. Die Häuser stammten aus dem achtzehnten Jahrhundert, es waren die ersten Gebäude, die in Halle in solcher Höhe gebaut wurden. Der Lehm war, wenn Max sich richtig erinnert, auf Schilfmatten aufgetragen, die man dann in das hölzerne Fachwerk eingefügt hatte. Jedenfalls würden die Häuser „brennen wie Zunder", wenn sie mit Feuer in Berührung kämen. Der Mann wollte alle Schüler vor der Gefahr warnen. Er wollte sie aber auch beruhigen, als er sagte, dass sofort alle Löschzüge der Hallischen Feuerwehr ausrückten, wenn aus den Stiftungen Brandalarm käme. Jemand in Haus 11 machte die Probe aufs Exempel und betätigte den Feuermelder. Es kamen aber nur sechs der acht Löschzüge.

In der Schule wurde viel verlangt. Der Unterricht in Sachsenbach war mehr als lückenhaft gewesen; nun sollte Max mit den Bürgerkindern aus Halle konkurrieren. Das war nicht leicht. Er machte alle Hausaufgaben und hielt sich einigermaßen über Wasser. Zu Anfang gab es noch ein paar Lehrer von früher, aber bald wurde die Schule auf Parteilinie getrimmt. Anstelle des früheren Direktors hielt eine Schulleiterin Einzug, der die pietistischen Traditionen nichts und die Direktiven der Partei alles waren.

30 Eine Schulfeier

Max erinnert sich an die Eröffnungsfeier zum neuen Schuljahr, bei der ein alter Deutschlehrer, Dr. Ahlers, den Festvortrag hielt. Die Schulleiterin saß in der ersten Reihe. Dr. Ahlers wand sich, er hatte es nicht leicht, sogar Max konnte das erkennen. Er hatte einen Schmiss im Gesicht, Max wusste es damals noch nicht, ahnte aber, dass dieser Schmiss ihn als Reaktionär entlarvte. Damals machte sich die DDR noch für die Wiedervereinigung Deutschlands stark, sie hoffte, die Bundesrepublik in Stalins Ostblock hineinziehen zu können. An einer Stelle sagte Ahlers deshalb, dass die Unterschiede in der deutschen Sprache, wie sie im Osten und im Westen des Landes gesprochen werde, schon so groß seien, dass sie – und hier geriet er ins Tremolieren – „einen Sprachforscher nachdenklich stimmen" könnten. Ach, dachte Max, armer Kerl. Denn das mit den Unterschieden glaubte er ihm nicht, und mit dem „nachdenklich stimmen" verriet er seine ganze Unsicherheit, denn seit wann war Nachdenklichkeit eine Stimmung?

Da stand er in seinem guten Anzug hinter dem Podium und war ein Gefangener, der mit seinen gestrigen Allüren Festtagsstimmung für die heutigen Gewalthaber verbreiten und Bedeutsames absondern musste, es konnte ruhig Talmi sein.

In der Eingangshalle der Oberschule stand eine Büste von August Hermann Francke. Die war eines Morgens verschwunden. Auf den Sockel hatte in der ersten Pause jemand eine Karte gestellt: „Hier stand August Hermann Francke". In der zweiten Pause war auch sie weg. Das Francke-Denkmal neben dem Eingang des Hauses 13 stammte von Christoph Daniel Rauch und zeigte, wie der Begründer der Stiftungen zwei Kinder auf den Himmel verweist. Dieses Denkmal, in dem Max insgeheim seinen eigentlichen Bezugspunkt sah, blieb immerhin unangetastet. Ihn quälte nur die Frage, ob es nicht doch etwas zu süßlich sei.

31 Gänge durch Halle

Im Herbst, besonders an Sonntagen, lief er viel durch die Gegend, gewöhnlich allein. Er war erst gut einen Monat in Halle, als er vor dem Hauptpostamt stand und im Geist einer Feierstunde beiwohnte, die in Ostberlin stattfand und durch scheppernde Lautsprecher übertragen wurde. Die waren flächendeckend in der ganzen Stadt angebracht, um alle Teile der Bevölkerung in die Gründungsfeier der Deutschen Demokratischen Republik einzubeziehen. Was die verschiedenen Redner sagten, war aber kaum zu verstehen, es war ihm auch egal. Die Musik quäkte, und Max blieb nur solange stehen, bis er begriffen hatte, dass man wieder mal über ihn verfügt hatte: Ohne dass ihn jemand gefragt hätte, war er zum Einwohner des neuen Staates geworden. Dieser Staat interessierte ihn nicht. Er sah darin nur die Fortsetzung einer Diktatur, in der die Deutschen schon seit 1933 gelebt hatten.

In den Freistunden sah er sich auf dem Markt um, wo das Händeldenkmal steht, ging zum Hallmarkt mit seinen geschlossenen Häuserfronten, in den Zoo, zur Burg Giebichenstein und an der Saale entlang, ging durch die Grünflächen der Franckeschen Stiftungen, kam dort in einen verwilderten, kleinen Park und stand plötzlich vor der stark beschädigten Graburne August Hermann Franckes.

An einem Sonntag fuhr er mit der Straßenbahn bis zur Endstation im Norden der Stadt, von wo er weiter zum Petersberg wanderte, weil ihm jemand gesagt hatte, es sei die höchste Erhebung zwischen dem Ural und dem Harz. Natürlich konnte er nicht so dicht bei einem so bedeutenden Berg wohnen, ohne ihn zu besteigen. Von der Straßenbahnhaltestelle bis zum Berg waren es zehn Kilometer. Er ging allein.

Aber dann konnte er das alles gar nicht so überwältigend finden. Er kam hinauf, ohne klettern zu müssen, und als er oben war, konnte er nicht mal den Harz sehen, vom Ural ganz zu schweigen. Dann lief er zwischen den Gehöften auf dem Petersberg herum. Er war enttäuscht, hier oben ein Dorf zu finden, das so ähnlich war wie die weiter unten. An der Landstraße sollte der Bus halten, mit dem er nach Halle zurückfahren wollte. Bei der Haltestelle war ein Gasthof; er ging hinein und trank ein Glas Tee, denn es wurde schon Abend und er fror. Die Wirtsleute fragten ihn, wie er hierherkäme, und als er ihnen sagte, dass er in den Franckeschen Stiftungen in Halle wohne, bedauerten sie ihn. Das geschah oft. Den Leuten in und um Halle fiel immer gleich das Waisenhaus ein, wenn die Stiftungen erwähnt wurden. Sie waren dann voller Mitgefühl, obwohl es das Waisenhaus gar nicht mehr gab. Er erklärte den Wirtsleuten den Irrtum, aber seinen Tee durfte er trotzdem nicht bezahlen.

Die Blätter fielen schon von den Bäumen, da lief er einmal durch die Straßen südlich der Stiftungen. Es war ein ruhiger Abend. Windig war es nicht, kalt auch nicht, nur dunkel wurde es allmählich. Er war noch nie in dieser Gegend gewesen. Die Stille, die gut erhaltenen Straßen mit ihren warmen Lichtinseln unter den Laternenmasten, das glatte Steinpflaster, das den Krieg überdauert hatte, die mehrstöckigen Mietshäuser, der Fassadenschmuck und die Gardinen, hinter denen Licht brannte, alles strahlte das wohlige Gefühl einer harmonischen Welt aus. Eine Weile wirbelte Max mit jedem Schritt das trockene Laub auf, das sich in den Gossen angesammelt hatte. Niemand war auf der Straße. Nach einiger Zeit nahm er die Taschenlampe heraus, die er durch Tausch an sich gebracht hatte, und schaltete mehrmals gedankenverloren das Licht ein und aus. Die Straße, in der er gerade war, mündete in eine Querstraße, auf deren Häuserfront er zuging.

Einmal sah er auf, da entdeckte er in einem Fenster im dritten Stock einen eng begrenzten Lichtschein, der ebenfalls an- und ausging. Er beobachtete ihn, dann erinnerte er sich an seine Taschenlampe, die er noch in der Hand hielt. Er schaltete sie ein und aus. Das Licht dort oben ging in demselben Rhythmus an und aus. Er versuchte einen anderen Rhythmus, das Licht wiederholte ihn. Da durchzuckte ihn eine unbekannte Freude. Jetzt wurden unaufhaltsam schnelle Signale gewechselt. Nach einer Weile ließ er eine längere Pause eintreten. Auch die verstand der Mensch im dritten Stock: Auch er machte eine Pause. Sein Licht – es kam wahrscheinlich auch von einer Taschenlampe – gab dann einen Rhythmus vor, den Max wiederholte. So ging das hin. Die beiden waren unerschöpflich. Die Signale wurden komplizierter und schneller. Immer wieder erfanden sie neue Sequenzen, die sie einander zuspielten. Es muss lange gedauert haben, bis Max mit einer Serie von schnellen Blitzen, die den anderen gar nicht mehr zu Wort kommen ließ, Abschied nahm. Seine Freistunde war vorbei. Als er aufhörte und im Aufhören auf das Haus zuging, um nach rechts in die Querstraße einzubiegen, kamen noch einmal drei ungewöhnlich lange Signale von hinter dem Fenster. Dann war Schluss. Er sah hinauf, konnte aber niemanden erkennen.

32 Musik

Ein Schulkamerad sagte, dass man umsonst zu den Proben des Landessymphonieorchesters Sachsen-Anhalt gehen könne. Das tat er, und nun ließ die Musik ihn nicht mehr los. Er ging immer wieder, er schwänzte sogar Teile der Arbeitsstunde und versäumte das Abendessen. Er hörte ja alles zum ersten Mal: Beethovens Symphonien, Mozarts Klavierkonzerte, Brahms, Richard Strauß und so weiter. Wenn er später in den Ferien nach Haus fuhr und auf der Chaiselongue im Wohnzimmer schlief, schaltete er spätabends das Radio ein und hielt das Uhrpendel an, damit ihn das Ticken nicht störte, und wenn er dann Schuberts Unvollendete hörte oder Schumanns Klavierkonzert, flossen die Tränen.

Bei den Proben traf er immer dieselben Mitschüler, sie wurden eine verschworene Gemeinschaft. Irgendwann machten die paar anderen Leute aber dort so viel Unruhe, dass der Generalmusikdirektor den Saal räumen ließ und hinfort die Proben für das Publikum sperrte. Max brach eine Welt zusammen. Aber einer in der Gruppe wusste, auf welchen Umwegen man auf die Empore kam. Da hockten sie still und unbeweglich hinter der Brüstung, sahen nichts, konnten auch nicht gesehen werden, aber hören taten sie alles.

Max besuchte auch Aufführungen. Er kaufte die billigsten Karten, und trotzdem reichte sein Geld nur selten. Seine Zimmergenossen verstanden ihn nicht. Sie hörten im Radio die wöchentliche Schlagerparade und schlossen Wetten darüber ab, welchen das Publikum zum „Schlager der Woche" wählen würde.

Max war so begeistert von der Musik, dass er dringend nach einer Möglichkeit suchte, selbst ein Instrument zu spielen. Irgendwo hörte er von der *Schüler-Musik-Capelle* der Franckeschen Stiftungen. Es gab sie noch immer, wenn sie auch nicht besonders aktiv war. Jedenfalls kam er an ein Waldhorn und übte nun in der Freistunde fleißig darauf. Um niemanden zu stören, ging er dazu in einen freien Raum im Souterrain des Hauses 13, wo auch ein Klavier stand.

Es war die Zeit, in der das Schülerheim einen Musiklehrer einstellte, einen alten, hinfälligen Mann, der aus Hohenthurm bei Halle stammte und sein Leben damit zugebracht hatte, auf einem Dampfer der *HAPAG-Lloyd* zwischen Hamburg und New York die Bordkapelle zu dirigieren. Jetzt gab er den paar Schülern Unterricht. Sie verstanden ihn aber kaum, denn er hatte einen Schlaganfall gehabt. Also blieben sie weitgehend Autodidakten.

Der Traum des alten Mannes war, einmal mit ihnen in Hohenthurm aufzutreten. Das machten sie möglich. Weil es keine Fahrverbindung gab, wurde ihm ein Taxi gemietet, und die meisten anderen, vielleicht fünfzehn an der Zahl, wanderten. Unterwegs in der Landschaft machten sie Halt, packten ihre Instrumente aus und spielten sich was. Der Saal, den sie in Hohenthurm gemietet hatten, war voll, der alte Mann sagte ein paar Worte, bis ihn die Rührung überkam, dann spielten sie ihre Stücke und freuten sich über den ehrlich gemeinten Beifall der Leute. Leider hatten sie diesen Lehrer nicht lange. Sie brachten ihm umschichtig das Essen aus dem Speisesaal, bis einer der Posaunisten ihn eines Morgens tot im Bett fand.

Die *Schüler-Musik-Capelle* hatte seit Menschengedenken jeden Sonntagmorgen vor dem Francke-Denkmal am Haus 13 gespielt, meistens Choräle. Das setzten sie fort, bis es ihnen verboten wurde, denn auch die Internatsleitung war linientreu geworden. In den Stiftungen, weiter unten an der langen Straße, die zum Hauptgebäude führte, war aber das Sprachenkonvikt der Martin-Luther-Universität Halle-Wittenberg untergebracht. Dessen Räume wurden von der Theologischen Fakultät der Universität verwaltet. Die Studenten boten ihnen an, in Zukunft ihre Choräle dort zu spielen. In der obersten Etage, über den Baumkronen, wurde nun an jedem Sonntagmorgen eine Fensterreihe geöffnet; an jedem Fenster standen zwei Bläser. Gegenüber, auf der anderen Straßenseite, brauchte nur ein Fenster geöffnet zu werden; dort stand der Dirigent. Die sonntäglichen Choräle schallten wieder über die Stiftungen hin.

Max war das nicht genug. Irgendwie fand er die Verbindung zur Stadtmission, die einen großen Posaunenchor hatte. Der spielte am liebsten Choräle in den vierstimmigen Sätzen Johann Sebastian Bachs. Weil dazu aber Bläser fehlten, die den Tenorpart übernahmen, war er mit seinem Waldhorn willkommen. In der Adventszeit spielten sie auf dem Markt, auch auf den beiden Türmen der Marienkirche und auf der Brücke, die sie verbindet. Sie spielten auch auf den Fluren von Krankenhäusern und Altersheimen. Anschließend gingen sie zu zweit in die Zimmer, um den Kranken und Alten Weihnachtskarten und Gebäck zu bringen. Max trat später mit seinem Waldhorn noch in die *Partisanen des Friedens* ein, aber das war schon gegen Ende seines Aufenthalts in Halle.

33 Wieder in Sachsenbach

Am ersten Ferientag, es ging auf Weihnachten zu, ging er mit seinem Rucksack und seinem Waldhorn zum Bahnhof. Das Abteil wurde voll; auch wer wie er nur einen Stehplatz hatte, wurde immer mehr gequetscht. Nach einer Stunde Fahrt wurde ihm schlecht. Mit Mühe ging er zwischen all den Menschen in die Hocke. Da zog ihn jemand am Kragen, bis er auf der Kante der Bank saß. Die Leute rückten zusammen, und ein Mann sagte: „Wenn einer eine Reise tut, dann müssen junge Beine sich auch mal ausruhn." Max rührte sich nicht, aber er war dem Menschen sehr dankbar, auch wenn er den schönen Spruch verhunzt hatte.

In Magdeburg, wo er umstieg, bedauerte er, dass es die große, gläserne Bogenhalle, wo früher die Züge, in Dampf gehüllt, ein und aus gefahren waren, nicht mehr gab. Stattdessen war jeder einzelne Bahnsteig mit einem behelfsmäßigen Bretterdach versehen, damit die Wartenden nicht nass wurden. Denn warten musste man. Die Züge fuhren so selten und so langsam, sie hatten so viel Verspätung, und so viele Menschen waren mit ihren Rucksäcken auf Hamsterfahrt, dass die Weiterfahrt ungewiss war und man immer Angst vor der dichten Menschenwand hatte, die die Bahnsteige säumte. Max ging dahin, wo sein Zug in Richtung Potsdam abfahren sollte, und stellte sich in die Wand der Leute. Als der Zug endlich kam, langsamer fuhr und dann hielt, sah er die Menschen mit den Rücken an die Fenster gedrängt stehen. Aber viele stiegen aus, und er drängte sich in den Zug. Sein Waldhorn steckte in einer bloßen Stoffhülle und war dabei ein Hindernis, aber es musste mit. An einen Sitzplatz war natürlich nicht zu denken; nur mitkommen wollte er. Durchs Fenster ist er nie eingestiegen. Viele taten das, doch er traute sich nicht. Als der Zug dann anfuhr, hatte er oft nur einen Fuß auf der Erde, aber es war ein schönes Gefühl, mitgekommen zu sein, und allmählich fand sich auch noch Platz für den zweiten Fuß.

Jedes Mal war es dasselbe: Wenn der Zug auf dem nächsten Bahnhof ankam und auch dort immer langsamer an der dichten Menschenwand vorbeifuhr, wurden alle still vor Angst, bis einer sagte, was alle dachten: „Die vielen Menschen! Die gehen doch gar nicht mehr mit rein." Aber noch bevor der Zug hielt, flog die Tür auf, die Zusteigenden stritten sich miteinander und mit den Aussteigenden, aber weil man damals nicht nur an sich dachte, halfen diejenigen, die es geschafft hatten, den Nachkommenden dann doch; alle rückten zusammen, und wenn der Zug wieder abfuhr, stand niemand mehr auf dem Bahnsteig. Es war immer wie ein Wunder.

Als er zum ersten Mal Weihnachten zu Haus war, und alles war wieder vertraut, wollte er nicht zurück nach Halle, denn er war noch voll von den bösen Erinnerungen an die Quälereien, die ihm die älteren Schüler in den vergangenen Wochen und Monaten bereitet hatten. Die Eltern redeten auf ihn ein, er hätte doch nun in der Oberschule angefangen und müsse auch wieder hinfahren und weitermachen. Aber er wollte nicht und hörte sich so kläglich an, dass Vater beim Forstamt in Lüttchenellenhausen fragte, ob er dort noch als Waldfacharbeiterlehrling anfangen könne. Sie fuhren hin, und Max war bereit, die schlechten Berufsaussichten und die Arbeit im Wald auf sich zu nehmen, nur um nicht wieder nach Halle zu müssen.

Der Förster, an den sie kamen, sah ihn an und sagte: „Klein is er ja man." Das nahm Max nicht für ihn ein. Dann sagte der Mann aber noch, dass Max als Waldfacharbeiterlehrling anfangen könne. Eine Bedingung nannte er allerdings: „ ... wenn er willig ist ...". Das wars. Max und „willig"! Sollte er etwa auf seine Würde verzichten, um Waldarbeiter zu werden? Schon als er mit Vater wieder aus dem Zimmer trat, wusste er, dass er wieder nach Halle musste. Er verkündete seinen Entschluss nicht gleich, damit er nicht in den Ruf kam, nicht zu wissen, was er wollte. Er glaubt, dass auch die Eltern froh waren, als alles beim Alten blieb.

In Halle wurde seine Klasse nun in lange Filme über den Untergang Nazideutschlands geführt. Einer hieß *Der Fall von Berlin*, er war in zwei Teilen, und Max erinnerte sich später noch an die Szene, in der Stalin in blütenweißer Uniformjacke, mit breiten roten Biesen an den dunkelblauen Breeches, mit blankgeputzten Stiefeln und qualmender Pfeife im Rosengarten des Kreml mit einem kleinen Spaten zugange war. Eine Ordonnanz kam und meldete ihm den Fall von Berlin, worüber Stalin sich zufrieden zeigte. Beeindruckt hat Max dagegen eine andere Szene: Deutsche Zivilisten sind in einem Berliner U-Bahnhof; das Wasser der nahen Spree, von den Nazis aus irgendeinem egoistischen Grund umgeleitet, rauscht herein; es steigt immer höher, bis die Leute ertrinken. Ein Mann, das Gesicht dicht an der Decke, verflucht das Naziregime laut. Max wusste damals noch nicht, dass die Szene eine historische Grundlage hatte; in der Fantasie hat er sie oft durchlebt.

34 Gegenwartskunde

In der Schule gab es das Fach „Gegenwartskunde". Einmal mussten die Schüler einen Aufsatz schreiben, der hieß „Was ich im letzten Gegenwartskundeunterricht gelernt habe". Die Lehrererin, eine erfahrene Pädagogin, hatte ihnen zu erklären versucht, warum der Sitz in den UN, den die Nationalchinesen von Formosa damals noch innehatten, den Rotchinesen zustand. Max aber war überzeugt, dass alle politische Indoktrinierung, der sie ausgesetzt waren, verlogen war, und dass immer das Gegenteil von dem, was man sagte, stimmte. Er begriff nicht, warum die vielen Menschen in seiner Umgebung, von denen er wusste, dass auch sie seiner Meinung waren, das nicht sagten. Er selbst ignorierte jede Gefahr, vermutlich weil er sie nicht einschätzen konnte. Nun wollte er sich und der Lehrerin gegenüber den Mut beweisen, den auch sie nach seiner Meinung hätte an den Tag legen müssen. Dass sie die Sache mit den National- und Rotchinesen glaubte, konnte er sich nicht denken.

Er referierte also kurz, was sie gesagt hatte, schrieb dann, er sei da ganz anderer Meinung, formulierte diese Ansicht und stützte sie durch

Argumente. Als er den Aufsatz zurückbekam, war jede Seite mit Rotstift durchgestrichen, und am Ende stand, seine Arbeit beweise, dass er die Probleme vollkommen falsch sehe und die Lehrerin am besten zu einer Aussprache in ihrer Wohnung besuchen solle. „Wir setzen die Zeit noch gemeinsam fest." Als die Stunde zu Ende war, packte die Lehrerin ihre Sachen; sie dachte nicht daran, sich mit ihm zu verabreden. Da ging er zu ihr und zeigte ihr den Satz unter seiner Arbeit. Sie tat, als erinnere sie sich erst jetzt wieder, dann nannte sie ihm einen Tag und eine Zeit für das Treffen.

Er klingelte pünktlich an ihrer Wohnungstür. Sie öffnete, schon im Mantel, und ließ ihn wissen, sie müsse jetzt eine Freundin im Krankenhaus besuchen. Die Aussprache fand nicht statt. Max wollte nicht weiter in sie dringen. Sie meinte es gut und war auch nach diesem Ereignis freundlich zu ihm. Ob sie ihn beneidet hat, weil er sich seinen jugendlichen Widerspruchsgeist bewahrte, oder ob er ihr auf die Nerven ging, weil er nicht begriff, dass er sie gefährdete, hat er nie erfahren. Vielleicht war es beides.

35 Quedlinburg

Im Frühjahr 1950 schrieb Mutter ihm, sie werde mit Vater, der inzwischen Berufsschullehrer in Marchow war, und dessen Schülern eine Busreise in den Harz machen. Sie schrieb ihm auch, wann der Bus am Ortseingang von Quedlinburg eintreffen werde und dass er mitfahren und den Tag, es war ein Sonntag, mit ihnen verbringen könne. Er war von dem Gedanken an die Fahrt elektrisiert und fragte in einem Brief, ob er seinen Freund mitbringen könne. Das wurde gestattet, und am Sonnabend vor dem Treffen machten sich die beiden gleich nach der Schule auf den Weg. Sie fuhren mit dem Zug zu Lena, die damals als Kindergärtnerin in einem Heim dicht am Harz arbeitete. Dort übernachteten sie, und am nächsten Morgen machten sie sich auf nach Quedlinburg. Stunden vor der vereinbarten Zeit warteten sie am Ortseingang.

Es kam kein Bus aus Marchow, auch keiner aus der Umgebung. Sie ließen Kieselsteine über die Chaussee springen und warteten noch viele Stunden, auch nachdem die vereinbarte Zeit längst vergangen war. Erst am späten Nachmittag liefen sie auf einen Hügel, um wenigstens etwas vom

Harz zu sehen. Als es dunkel wurde, fuhren sie im Zug wieder nach Halle. Dort kamen sie so übermüdet an, dass Max am Montag im Lateinunterricht einschlief. Der Lehrer ließ ihn schlafen, eine Rücksicht, die Max ihm gar nicht zugetraut hatte. Er schrieb den Eltern, sein Freund und er seien zur richtigen Zeit am vereinbarten Ort gewesen. Seine Mutter schrieb ihm wieder, antwortete aber nicht darauf. Als er im Sommer zu Haus war, brachte er das Gespräch noch einmal auf die verpasste Reise. Mutter meinte beiläufig, der Fahrer habe wohl unterwegs die Route geändert. Diese Beiläufigkeit traf ihn. Er konnte nicht verstehen, warum die Eltern ihn einen ganzen Tag warten ließen, ohne seine Enttäuschung zu teilen oder auch nur zu erkennen. Daran trug er lange. Dann dachte er, dass er nun auf eigenen Füßen stehen müsse.

Der Sommer ging hin, und als er im Spätsommer aus den Ferien, die er in Sachsenbach und in Dohlenkrug verbracht hatte, zurück war, kam er in die zehnte Klasse; er war fünfzehn Jahre alt. An einem verregneten Sonntag stand er am Fenster von Stube 7, die drei Mitbewohner waren nicht da. Zwischen den Platanen hindurch und über die Waisenhausmauer hinweg sah er, wie der schräg fallende Regen auf das Pflaster des Waisenhausrings spritzte. Am Eingang des Kinos gegenüber war alles ausgestorben. Verkehr gab es so gut wie keinen. Es war 1950, die Mitte des Jahrhunderts, und er rechnete sich aus, dass er mindestens ein Fünftel seines Lebens schon hinter sich hatte und noch immer nicht wusste, wo das alles hinaus wollte.

Alle glaubten, dass das Leben in der DDR nicht das eigentliche Leben sei und dass man im Westen besser und freier leben könne. Die ihm die Freiheit beschnitten, hasste Max. Zwar wusste er, dass die Misere in Ostberlin und Moskau ihren Ursprung hatte, aber die Leute vor Ort gaben dem Unrecht ihre Gesichter. Die Ruinen in den Städten und den Mangel, mit dem er leben musste, hielt er dagegen für normal. Er sah hinaus in den Regen und dachte, dass am Leben nicht viel sein könne, wenn schon ein Sonntagnachmittag in der Jahrhundertmitte so öde sei.

36 Das Bad in der Saale

Es war aber nicht immer so. Die Tage waren noch warm, und einer in der Stube kam auf den Gedanken, dass es Spaß machen müsste, wenn sie nachts in der Saale baden gingen. Die anderen drei fanden das großartig, und schon waren alle beim Planen. Die Saale war ziemlich weit weg, aber was machte das. Sie hatten zwei verbeulte Igelit-Bälle und liehen sich noch zwei in den Nachbarstuben aus. Die sollten in der fraglichen Nacht in den Betten Köpfe vortäuschen, falls der Erzieher nach seiner üblichen Runde, die er bei ihrem Aufbruch schon hinter sich haben würde, nochmal nachgucken käme. Er könnte ja durch irgendetwas misstrauisch werden. Warum sie aber glaubten, dass er dann kein Licht machen und die Bälle wunschgemäß für Köpfe halten würde, weiß Max nicht mehr. Dann schüttelten sie ihre Decken auf, damit es aussah, als lägen sie darunter. Leise öffneten sie die Zimmertür. Als Max sie hinter sich schloss, war ein quietschendes Geräusch zu hören, das woanders herzukommen schien. In der DDR fehlt es eben auch an Öl, dachte er. Unten angekommen, beobachteten sie eine Weile das Gelände zwischen der Hintertür ihres Hauses und den innen an die Waisenhausmauer angebauten Schuppen, denn man konnte nie wissen, wo der Wachmann, der mit seinem Hund nachts im Gelände patrouillierte, sich gerade rumtrieb. Der Haupteingang unten am Franckeplatz war zwar noch offen, aber der war tabu, denn dort saß immer sein Kollege, der bestimmt Fragen gestellt hätte.

Als sie sahen, dass niemand zwischen den Hintertüren und den Schuppen herumschlich, kletterten sie an einer Stelle, die sie vorher ausbaldowert hatten – sie war vom Fenster des Erziehers aus wegen der hohen Platanen nicht zu sehen –, auf ein Schuppendach, liefen darauf geduckt bis zur Waisenhausmauer und kletterten an ihr hinauf. Auf der Straßenseite, wo die Mauer beängstigend hoch war, sprangen sie herab. Sie liefen durch Straßen, bis sie an eine Wiese kamen, durch die die Saale floss.

Sie badeten. Das war nun nicht das große Vergnügen, das sie erwartet hatten. Sie mussten über rutschige Steine mit scharfen Kanten balancieren; es roch nach Tang, und als sie endlich im Wasser waren, fanden sie, dass es schon recht kühl war. Aber das Bad selbst war ja nicht die Hauptsache. Sie wollten das Verbotssystem unterlaufen, und das war ihnen gelungen. Auf dem Rückweg überwanden sie die Waisenhausmauer mit Ach und Krach; der Stubenälteste blieb auf der Straße stehen, um den Jüngeren hinaufzuhelfen. Dann waren sie alle auf dem Schuppendach. Der

Mond war zu zwei Dritteln voll; sie blieben im Schatten der Platanen, während sie die Lage peilten, und als sie den Wächter nicht sehen konnten, kletterten sie an einer Schuppentür hinab, schlichen ins Haus, die Treppen rauf und ins Zimmer. Sie hatten es geschafft und fühlten sich ganz obenauf.

Umso tiefer war der Absturz. Die Tür ging auf, das Licht ging an, der Erzieher stand im Türrahmen und fragte: „Wo seid ihr gewesen?“ Der Stubenälteste sagte ihm die Wahrheit, und sogleich wurde die Strafe festgesetzt: Eine Woche lang sofort nach dem Abendessen ins Bett. Schiepzig fragte noch: „Können wir Licht machen?“ Er gab seiner Frage einen möglichst harmlosen Klang, sodass sie sich angesichts der Schwere der Situation etwas naiv anhörte und auch der Erzieher lächeln musste. Es war aber die reinste Geistesgegenwart. Wie wichtig die Frage war, zeigte sich am kommenden Tag. An diesem Nachmittag kratzten sie nämlich ihre restlichen Zucker- und Weißbrotmarken und ihr Geld zusammen und zogen in die Stadt.

Im Schaufenster einer Konditorei sahen sie eine Creme-Torte stehen, die ihren Anforderungen entsprach; sie nahm sich mit ihrer rosaroten Dekoration vornehm und zugleich üppig aus. Diese Torte erstanden sie, denn auf beide Eigenschaften kam es ihnen an. Als sie vom Abendessen kamen, brachten sie einen Stuhl vom Wohn- ins Schlafzimmer, stellten die Torte darauf, ihre vier Zahnputzbecher, eine Saftflasche und eine brennende Kerze kamen auf einen zweiten Stuhl; sie legten sich mit ihren Büchern ins Bett – Max hatte einen Karl May –, und als der Erzieher kurz nach der Uhrzeit, auf die er den Beginn ihrer Bettruhe festgelegt hatte, inspizieren kam, war die Torten-Orgie schon in vollem Gang. Er staunte nicht schlecht, sagte aber nur, sie sollten auf die Kerze achten. Dass die Torte schon einen merkbaren Stich ins Säuerliche hatte, gestanden sie ihm natürlich nicht. Sie hat ihnen ja auch trotzdem geschmeckt.

37 Elias Krakauer

In Max‘ Klasse war ein jüdischer Schüler, Elias Krakauer, der die Nazizeit mit seiner Familie im Exil in Moskau zugebracht hatte. Max mochte ihn. Der Russisch-Lehrer, dessen Russisch nicht allzu weit reichte, übertrug den Unterricht mehr und mehr auf Elias, der dann auf einem der vorderen

Tische saß und, der Klasse zugewandt, die russische Grammatik erklärte. Man konnte ihm gut folgen. Auf dem Pausenhof drehte Max seine Runden mit ihm, wobei Elias ab und zu und nicht ohne Erfolg versuchte, ihn politisch zu beeinflussen. Er war der Erste, der Max die Zahl von sechs Millionen jüdischen Opfern des Nazi-Regimes nannte. Einmal erkundigte er sich, ob sein Vater Mitglied der Nazi-Partei gewesen sei, und als Max bejahte, sagte er, dass diese Partei schuld an den Verbrechen sei. Er kannte deren Mitgliederzahl, rund sieben Millionen, und er glaubte, dass die Nazis für den Tod von fünfzig Millionen Menschen verantwortlich waren. Daraus folgerte er, dass jedes Parteimitglied, auch Max' Vater, ein siebenfacher Mörder sei. Max glaubte ihm nun nicht mehr. Er kannte seinen Vater und wusste, wie unsinnig das war. Sie gingen weiterhin zusammen über den Pausenhof, aber Max folgte Elias' politischen Ansichten nicht. Später hat er bedauert, oft ablehnend gewesen zu sein. Denn es vergingen viele Jahre, bis er das Ausmaß der moralischen Verwüstung begriff, die in Deutschland um sich gegriffen hatte. Weder seine Lehrer in der DDR noch später die in Westberlin haben es ihm gesagt, nur Elias. Bei Max' Immatrikulationsfeier an der Freien Universität Berlin bekamen zwar alle Studienanfänger ein Fischer-Taschenbuch überreicht, *Die weiße Rose.* Die Studenten sollten über die Opfer junger Deutscher informiert werden. Das fand er richtig. Aber warum sagte man ihnen nicht die volle Wahrheit?

Dass er – es wird wohl Anfang 1951 gewesen sein – Mitglied der *Partisanen des Friedens* wurde und bei gemeinsamen Auftritten das Abzeichen der *Partisanen* trug, die aufgehende Sonne der *FDJ*, in die das rote Dreieck der *Vereinigung der Verfolgten des Naziregimes* von oben hineinragte, hatte einen Grund: Immer suchte er Gelegenheiten zum gemeinsamen Musizieren, und die *Partisanen* brauchten dringend Orchestermusiker. Dennoch waren seine politischen Ansichten denen, die man von Mitgliedern der *FDJ* erwartete, in den meisten Punkten entgegengesetzt. Er war auch nicht Mitglied dieser Organisation. Das war durchaus opportunistisch; er war einfach glücklich, bei den *Partisanen* mitzuspielen.

38 Die *VVN* in Lützen

Einmal wurde Max zusammen mit einem Mitschüler zu einer Feier der *Vereinigung der Verfolgten des Naziregimes* delegiert, die in Lützen stattfand. Sie kamen abends mit dem Bus aus Halle; Leute aus allen Teilen der DDR waren da, Menschen, die das Naziregime überlebt hatten, auch Angehörige der Toten. In einem Gasthaus wurden an langen Tischen Reden gehalten, dann kam ein Funktionär auf die zwei zu und fragte sie, ob sie morgen bei dem Umzug die Fahnen der *Vereinigung* durch die Stadt tragen würden. Sie sagten zu. Am nächsten Morgen nach dem Frühstück hatten sie noch Zeit, die Gustav-Adolf-Gedenkstätte zu besuchen, den Baum, unter dem er gefallen sein soll, dann gingen sie zur Sammelstelle, bekamen die *VVN*-Fahnen und trugen sie vor dem Zug der Opfer durch Lützen. Eine Musikkapelle ging hinter ihnen und spielte Lieder, die sie mochten, etwa das Moorsoldatenlied oder die Marseillaise. Wenn sie nicht ohnehin verstanden hätten, wie ernst die ganze Veranstaltung war, dann hätten sie es an der Haltung der Menschen erkannt. Nur eines störte sie: Die *VVN* stand den Behörden der DDR auf eine Weise nahe, die sie nicht durchschauten.

Richtig enttäuscht aber waren sie von dem „Bunten Abend", zu dem die Delegierten eingeladen waren. Da wurde getrunken und gelacht, und es gab allerlei Unterhaltung. Max erinnert sich an einen „Dichter", der sich aus dem Publikum Wörter zurufen ließ, sie im Gedächtnis behielt und dann ein lustiges, langes Gedicht aufsagte, in dem alle diese Wörter als Reimwörter vorkamen. Das Publikum lachte und freute sich; auch Max staunte, was der Mann konnte, aber er kam nicht über den Gegensatz zwischen dem Umzug am Vormittag und dieser spießigen Veranstaltung hinweg.

39 Die Fahrt in den Westen

Seit Ostern 1951 waren Max' Gedanken wieder auf den kommenden Sommer gerichtet. In den Ferien wollte er diesmal aber nicht nach Dohlenkrug fahren; er hatte sich mehr vorgenommen. Davon zu reden war gefährlich, denn er wollte in den Westen.

Die Ferien kamen. Arno, der mit ihm fahren wollte, besuchte erst seine Mutter im Harz. Max wollte ein paar Tage später aus Halle nachkommen. Dann würden sie zu einer Wanderschaft aufbrechen und dabei auf eine Gruppe aus Max‘ Klasse treffen, die mit dem Sportlehrer auf dem Weg durch den Harz war. Sie wollten ein Stück zusammen fahren und dann schwarz über die Grenze gehen.

Der Zug hatte die Ausläufer des Harz schon erreicht, als Max ausstieg und in Richtung auf den Ort lief, den ihm Arno angegeben hatte. Es war heiß, und er bekam großen Durst, wie er so in den Abend hinein auf einem Feldweg dahinschritt. Wasser mitzunehmen war ihm nicht in den Sinn gekommen. Sein Durst wurde aber so quälend, dass er über einer Wasserpfütze auf dem Weg in den Liegestütz ging und das modrige Wasser wie ein Hund schlürfte. Die Sonne stand schon tief, als er oben an einem Waldrand ein Zeltlager entdeckte. Als er hinging und fragte, ob er hier übernachten dürfe, sagte man, dass die Gruppe, die erwartet werde, erst morgen käme. Man gab ihm ein ganzes Zelt für sich allein. Ein Feldbett war darin, auch Decken; etwas zu essen hatte er noch bei sich, es fehlte an nichts. Sogar sauberes Wasser gab es.

Am nächsten Morgen dankte er und ging weiter, bis er in den Ort kam, wo Arno und seine Mutter, eine freundliche Kriegerwitwe, wohnten. Nach einem oder zwei Tagen verabschiedeten sich die zwei und gingen los. In Schierke trafen sie die Gruppe aus Max‘ Klasse. Die meisten wussten, dass sie kommen würden. Der Turnlehrer bot ihnen an, auf dem Lastwagen, den er gemietet hatte, mit auf den Brocken zu kommen. Sie gingen mit den anderen auf dem Berg herum und fuhren nach ein paar Stunden wieder mit hinab nach Schierke, wo sie vom Lastwagen sprangen und sich verabschiedeten. Es war auch Zeit, denn inzwischen wussten schon viel zu viele von ihrem Vorhaben.

Jetzt kam der wirklich gefährliche Teil der Fahrt. Noch am selben Nachmittag wollten sie die Grenze überschreiten und nach Braunlage gehen, dem nächsten Ort im Westen. Hätte man sie dabei erwischt, dann wäre es ihnen dreckig gegangen. Statt in Westdeutschland wären sie in einem DDR-Gefängnis gelandet, wenn die Vopos sie nicht gar den Russen überstellt hätten. Und bei denen war alles möglich; man konnte auch in das Räderwerk des Gulag geraten.

Als sie am Nachmittag durch den Wald bergab gingen, wussten sie nicht mehr, wo sie eigentlich waren. Weil aber die Bäume so ruhig im Sonnenschein standen und nur ein Eichhörnchen in den Zweigen herumsprang, kam ihnen alles so harmlos vor, dass sie übermütig und albern wurden. Arno beklagte laut, dass kein roter Strich ihnen ankündigte, wo die DDR endlich aufhöre. Da glänzte von weiter unten ein Bach durch die Baumstämme, und an dem Bach, auf ihrer Seite, verlief ein Waldweg, auf dem zwei DDR-Grenzsoldaten mit Gewehren auf den Rücken gingen. Der Weg führte bergan und dicht an ihnen vorbei. Sie waren sofort ernüchtert; gerade konnten sie noch hinter zwei Baumstämmen Schutz suchen. Die Vopos unterhielten sich, während die beiden Republikflüchtlinge, wie sie im Amtsdeutsch der DDR nun hießen, so um die Bäume herumgehen mussten, dass sie nicht gesehen wurden. Es war eine Angstpartie, bei der ihnen die dummen Witze vergingen. Schließlich verschwanden die Grenzer hinter der nächsten Kurve, und Arno gab Max ein Zeichen. Der wollte noch warten, aber am Ende gingen sie vorsichtig bergab, sahen nach beiden Seiten, und als sich auf dem Weg, so weit sie sehen konnten, nichts bewegte, rannten sie hinüber, wateten durch den Bach, gingen auf der anderen Seite weiter, und als sie wenig später auf wohlgekleidete Spaziergänger trafen, fragten sie, ob dies der Westen sei. So kamen sie nach Braunlage, wo sie die Jugendherberge suchten.

Am nächsten Morgen fühlten sie sich wie in einer anderen Welt. Die Wirklichkeit hätte sie auch enttäuscht: Das Wetter war grau wie in der DDR, und der Wald war auch im Osten grün gewesen. Nur sahen die Menschen und die Straßen in Braunlage gepflegter aus. In einer Bank tauschten sie ihre paar Ostmark um; sie bekamen bitter wenig Westgeld dafür. Dann fuhren sie per Anhalter weiter. In Hamm in Westfalen gingen sie aufs Arbeitsamt. Sie traten ins Amtszimmer eines verdutzten Sachbearbeiters, sagten, dass sie vorübergehend Arbeit suchten, und tatsächlich rief der Mann einen Bauern in einem nahegelegenen Ort an und sagte, er habe hier zwei Jungs, die aus dem Osten kämen, aber manierlich aussähen und arbeiten wollten. Besonders schien ihm zu gefallen, wie ordentlich sie ihre Decken auf die Rucksäcke gebunden hatten.

Als sie herauskamen, hielten sie wieder ein Auto an, das sie die paar Kilometer in das Dorf mitnahm. Sie meldeten sich bei dem Bauern, der sagte, was er von ihnen erwarte und was er ihnen geben würde. Sie willigten ein und wurden über dem Pferdestall untergebracht, wo schon zwei Knechte wohnten, älter als sie, wohl auch, nach ihren Reden zu urteilen, weniger gesetzestreu. Sie nahmen die beiden aber freundlich auf.

Nun arbeiteten sie auf den Feldern. Sie fuhren morgens und nachmittags mit den Pferdewagen hinaus und kamen mittags und abends zu den Mahlzeiten wieder herein. Die Arbeit war hart. Ob die Bezahlung angemessen war, wussten sie nicht; sie machten sich auch keine Gedanken darüber. Zu essen bekamen sie immer genug. Es hat ihnen geschmeckt; sie waren ja nicht verwöhnt. Dass der Bauer mit ihnen ein Geschäft gemacht hat, ist eher unwahrscheinlich, denn sie waren nicht kräftig.

An einem Wochenende waren sie zu viert mit den Tieren allein; die Bauersleute waren weggefahren. Da führten sie die Ackerpferde aus dem Stall, suchten passendes Zaumzeug, stiegen auf die Pferde und ritten aus, erst die Landstraße, dann zwischen Feldern und Wäldern entlang. Als sie genug hatten, kamen sie zurück auf den Hof. Max hatte schon längst ausgiebig reiten wollen; er hatte sich das immer erhebend vorgestellt. Das war es auch, aber er hatte es sich doch anders gedacht: Alles, die ganze Realität wollte er dabei hinter sich lassen. Aber das ging mit den Ackergäulen nicht. Die vier machten mit der alten Agfa-Box, die Vater Max mal gegeben hatte, Aufnahmen. Eine davon zeigt Max im Profil, wie er auf einem schweren Ackerpferd sitzt. Sie steckte später jahrelang in Mutters Küche hinter der Schlüsselleiste.

Am Abend saßen sie auf dem Hof und redeten irgendwas, auf der Landstraße fuhr hin und wieder ein Auto vorbei. Mit einem Mal krachte und schepperte es laut, alle vier liefen auf die Straße und sahen, dass ein Auto in der Kurve im Straßengraben lag. Es musste einen Chausseebaum gerammt haben; der Unfall sah schlimm aus. Ein Mann war über dem Steuer zusammengesackt, eine Frau lag in der offenen Tür halb im Gras. Sofort lief einer ins Haus und telefonierte, der Rettungswagen und die Polizei kamen; die vier sahen, wie ein Polizist im Gras eine kostbare Armbanduhr fand und einsteckte. Da sagte einer der beiden, die schon vorher auf dem Hof gewesen waren: „So ‘n Pech, da war‘n wir nich auf Zack.“

Arno und Max hatten vor, in den nächsten Tagen weiterzufahren, aber sie hatten Skrupel, schon so bald wieder aufzubrechen. Tatsächlich war der Bauer enttäuscht; wenigstens wussten sie nun, dass er mit ihnen zufrieden gewesen war. Die Autobahn war ganz in der Nähe. Sie gingen hin, Autos hielten an und Fahrer nahmen sie mit. So kamen sie über Köln und Frankfurt bis nach Freiburg im Breisgau. Weil sie nun Geld hatten, konnten sie unterwegs in Jugendherbergen übernachten. In Freiburg blieben sie zwei Tage. Als Max rund vierzig Jahre später einige Monate in einer Freiburger Bibliothek arbeitete, ist er jeden Tag an der Herberge vorbeigekommen. Da hat er sich an etwas Dummes erinnert:

Es wurde allmählich dunkel, als sie am Hang eines Hügels, der hinter der Herberge aufstieg, spazieren gingen. Dort sahen sie auf einer Bank ein Pärchen sitzen. Eigentlich waren sie aus dem Alter heraus, aber sie beschlossen trotzdem, es zu belauschen. Als sie sich aber anschlichen, kam einer von ihnen hörbar ins Rutschen. Der andere ermahnte ihn, zuerst noch leise, aber die Widerworte waren schon lauter, und ehe sie sichs versahen, war ihr Streit so weit eskaliert, dass das Pärchen sich erstaunt umsah und Max und Arno den Weg etwas bedeppert wieder hinabgingen.

Ihre Ansichten hatten schon lange zu unterschiedlichen Extremen geneigt. Als sie bei Baden-Baden auf der Schwarzwaldhochstraße gewandert waren und zwei große Tannen vor sich hatten, eine majestätisch, rund und schön, die andere schief, vom Wind zerzaust und mit toten Ästen, hatte Arno für den Heroismus der letzteren Partei ergriffen, Max dagegen fand die runde, gesunde, ästhetischer. Wahrscheinlich hatten sie sich auf diese Ansichten festgelegt, damit sie entgegengesetzter Meinung sein konnten; aber ihre jeweiligen Vorlieben traten dabei auch zutage. Die waren nun nicht so ausgeprägt, dass sie sich gleich ein „das habe ich mir gedacht" oder „so bist du immer" hätten um die Ohren hauen müssen. Tatsache ist wohl, dass sie einander etwas überdrüssig geworden waren.

Als sie wieder vor der Jugendherberge angekommen waren, einigten sie sich einsilbig, dass sie sich für den Rest der Fahrt trennen wollten. Am nächsten Morgen bat Arno noch einmal um die Schuhbürste, und Max freute sich, dass er seine Großmut ein letztes Mal beweisen konnte. Dann schulterte er seinen Rucksack und ging auf die Straße in Richtung Konstanz. Schon das erste Auto hielt an. Doch es ging nicht so weiter; schließlich kam er nur noch mühsam voran.

Oft saß er an der Straße und sah in die Landschaft hinein. Er fühlte sich ganz anders als zuvor, freier, aber auch einsamer und etwas ängstlich. So ging das weiter durch den Nachmittag und auf den Abend zu. Über Singen kam er fast bis nach Konstanz. Aber als der Fahrer, der ihn mitgenommen hatte, in einem Dorf etwas besorgen musste und ihm in seiner fremden Mundart Mut machte, sie seien nun bald in Konstanz, wartete Max, bis er aus seinem Gesichtskreis verschwunden war, stieg aus dem Auto, kehrte um und ging auf der Straße, auf der sie eben ins Dorf gekommen waren, wieder hinaus. Er wollte jetzt auf dem kürzesten Weg zurück nach Halle. Ein Lieferauto hielt, er stieg ein, sie fuhren ein paar Kilometer, da stand plötzlich Arno auf der anderen Seite der Straße und wollte noch nach Konstanz. Max sagte, da stehe sein Freund. Der Fahrer hielt, Max stieg aus und rannte zu Arno. Er brauchte nichts zu erklären; Arno kam ganz selbstverständlich mit zu dem Auto hinüber. „Jetzt aber keiner mehr!" sagte der Fahrer. Das konnten sie versprechen, und nun ging es um den Überlinger See herum. Der Tag ging zu Ende, als sie in Überlingen ankamen. Sie waren beide froh und haben sich nie mit Erklärungen für die Trennung und für die Freude, als sie sich wiederfanden, geplagt. Nur dass sie sich den ganzen Tag in ihrer Einsamkeit seltsam fühlten, haben sie sich später mal eingestanden.

In Überlingen sahen sie einen Wegweiser zu einem christlichen Jugendheim. Sie kamen mit dem Heimleiter ins Gespräch und sagten ihm, woher sie waren. Da durften sie erstmal bleiben. Man wusste im Westen, wie schlecht es denen im Osten ging; manche erkannten die Ungerechtigkeit und wollten ihr Gewissen erleichtern, andere waren von Natur aus freundlich. Weil Max und Arno mit ihren sechzehn Jahren auch Beschützerinstinkte wachriefen, trafen sie immer wieder Erwachsene, die es gut mit ihnen meinten. Damals kam fast niemand vom Osten in den Westen; deshalb mussten sie oft erzählen, wie es drüben so ist und wie sie es über die Grenze geschafft hatten.

Weil der Heimleiter sie nicht als Gäste aufnehmen konnte, bat er, dass sie dem Hausmeister bei seinen Arbeiten helfen. Max und Arno erkannten aber bald, dass es nicht viel für sie zu tun gab. Max sah einen Stapel Holz liegen und bot sich zum Holzhacken an, was freudig akzeptiert wurde. Sonst fegten sie den Hof und räumten auf. Sie aßen zusammen mit den anderen Jugendlichen, die im Heim wohnten, und wenn Ausflüge gemacht wurden, fuhren sie mit. Auf diese Weise kamen sie nach Meersburg, nach Lindau und auf die Insel Mainau. Sie blieben rund zwei Wochen, dann zogen sie weiter.

Eines Abends kamen sie nach München. Es war schon spät. Sie wollten das Geld für die Jugendherberge sparen, denn was sie in Westfalen verdient hatten, war aufgebraucht. Deshalb setzten sie sich auf dem Hauptbahnhof in den Wartesaal. Indem die Stunden vergingen, kamen sie mit einem Mann ins Gespräch, einem Diakon. Sie erzählten ihm, dass sie von hier aus schnurstracks auf der Berliner Autobahn in ihre heimatliche DDR trampen wollten. Da bat er sie, bis morgen früh zu warten. Er fahre jetzt nach Haus, komme aber wieder hier vorbei. Dann werde er ihnen eine Tüte mit gemachten Broten und mit Obst für die Reise bringen.

Im vollen Wartesaal saßen sie nicht gerade bequem, schlafen konnten sie auch nicht; aber erstens hatten sie die Tüte in Aussicht, und zweitens hätten sie sowieso nicht gewusst, wohin im Dunkeln. Plötzlich, es muss gegen drei Uhr morgens gewesen sein, kamen Polizisten herein und begannen, Ausweise zu kontrollieren und Fragen zu stellen. Als einer davon zu Arno und Max kam, gaben sie ihm ihre DDR-Ausweise. Ungläubiges Staunen, dann wurde ein Kamerad um Hilfe ersucht. Nun sollten sie ihre Interzonenpässe zeigen. Das erstaunte *sie* wiederum, weil man nur in den größten Ausnahmefällen oder wenn man ein hoher Funktionär des Regimes war, an einen solchen Pass kam, und ganz sicher brauchte man dann nicht in einem Wartesaal zu übernachten. Sie seien ohne gültige Papiere betroffen worden und müssten mitkommen, entgegnete ihnen der nun herbeigerufene Offizier. Sie beriefen sich auf den Diakon und wie sehr sie auf seine Tüte angewiesen seien, aber es half nichts; sie wurden in eine Grüne Minna mit vergitterten Fenstern zu anderen Festgenommenen gesperrt. Eine Gruppe von Schmugglern war da, die gewöhnlich zwischen München und der Schweiz unterwegs zu sein schienen, und einige Damen, die auf dem Bahnhof Kundschaft gesucht hatten.

Die Grüne Minna fuhr durch das nächtliche München bis auf einen Hof. Das Tor wurde hinter ihnen geschlossen, dann wurden sie in ein großes Haus gebracht, das Münchner Polizeigefängnis. Dort wurden Arno und Max mehrmals verhört, mal einzeln, mal zusammen. Zwischendurch mussten sie mit den anderen Arretierten in unterschiedlichen Zimmern und in verschiedenen Zusammensetzungen warten, sodass sie die Schmuggler und die Damen immer mal wiedersahen. Fragebogen wurden ausgefüllt, Fingerabdrücke und Fotos gemacht. Max und Arno baten dringend, die DDR-Behörden nicht wissen zu lassen, dass sie im Westen seien. Das wurde versprochen; man habe ja keinerlei Verbindung dorthin.

Einmal klagte Max in einem Warteraum, er sei hungrig, er wolle hier raus. Ein älterer Polizist hörte das, ging hinaus und kam mit seinem eingepackten Butterbrot zurück, das er ihm anbot. Max lehnte ab, wahrscheinlich aus Stolz. Jedenfalls lenkte das die Aufmerksamkeit der anderen Anwesenden auf ihn. Als der Polizist mit seinem Butterbrot achselzuckend wieder abgezogen war, öffnete eine der Damen ihr Handtäschchen, nahm ihrerseits ein Butterbrot heraus, reichte es ihm und sagte teilnahmsvoll: „Aber von mir nimmst du es doch.“ Er nahm es.

Nun wurde den beiden eröffnet, dass man sie morgen früh dem Haftrichter vorführen werde; mindestens so lange müssten sie im Gefängnis bleiben. Durch Gänge und über Treppen wurden sie in den Gefängnistrakt geführt, ein Polizist vor und einer hinter ihnen. Dort gab es eine neue Aufnahmeprozedur, bei der ihnen ihre Rucksäcke abgenommen wurden und sie auch ihre Taschen leeren mussten. Dann wurden sie in eine Zelle gesperrt, in der schon ein Jugendlicher saß, der aber älter war. Hinter der

Tür stand ein Kübel, an den Wänden waren vier hölzerne Pritschen befestigt, die man herunterklappen konnte, in einer Ecke hoch oben unter der Zellendecke war ein vergittertes Fenster. Ihre Lage begriffen sie erst richtig, als der Schlüssel von außen umgedreht wurde.

Sie spürten den Drang, irgendwas zu tun, aber nichts fiel ihnen ein. Nach einiger Zeit bekam Arno einen Koller. Er trat gegen die Tür, schrie und weinte. Der Ältere sah ihn verdutzt an. Ein Polizist kam und ermahnte ihn. Später wurde ihnen etwas zu essen gebracht. Max versuchte, den Zellengefährten in ein Gespräch zu verwickeln, aber es ging nicht; er sprach nur oberbairisch. Erst allmählich begriff Max, dass er in eine Metzgerei eingebrochen, dabei von einem Polizisten gestellt worden war und ihn niedergeschlagen hatte. Was hätte er denn machen sollen? Er habe nur diese Möglichkeit gehabt, sagte er. Das eröffnete den beiden eine ganz neue Perspektive.

Allmählich verstand man sich besser, und als sie in einer der Pritschen ein Dame-Brett eingeritzt fanden und am Kübel ein Buch entdeckten, das zwar eine andere Bestimmung hatte, aus dessen weißen, bedruckten Seiten man aber ebenso Schnipsel machen konnte wie aus seinem gelben Deckel, spielten der Oberbayer und Max einige Zeit Dame. Dann wurde ein Mann zu ihnen in die Zelle gelassen, ein Fürsorger, wie er sagte. Der stellte den beiden Fragen, sagte etwas von einem schwierigen Fall, sie seien ja nicht mal volljährig, und ausgefressen hätten sie auch nichts, andererseits hätten sie keine gültigen Personalpapiere. Er machte ihnen Hoffnung, dass sie bald rauskämen, dann ging er. Als er mit einem Polizisten wiederkam, sagte er, dass man sie sofort auf freien Fuss setzen wolle, wenn sie versprächen, Bayern unverzüglich zu verlassen. Das hatten sie ohnehin vor. Nun kamen sie noch einmal in die Aufnahme, erhielten ihre Sachen zurück, dann begleitete ein Polizist sie zum Tor und ließ sie hinaus. Er wollte das Tor schon wieder schließen, da fiel ihnen noch die Tüte ein, und sie fragten ihn nach dem Weg zum Bahnhof. Unwillig und oberflächlich gab er Auskunft.

Auf dem Bahnhof gingen sie im Wartesaal an den Tresen und fragten nach dem Diakon. Als sie ihre Namen gesagt hatten, erhielten sie eine große, prall gefüllte Tüte mit Broten, gekochten Eiern und Obst. Der Diakon hatte sie abgegeben, und weil er am Abend wieder vorbeikommen wollte, ließen sie einen Brief da.

Sie wollten so schnell wie möglich aus München weg, fanden auch den Weg durch die Innenstadt; dann dehnte sich die Ludwigstraße vor ihnen. Lange hatten sie das stark beschädigte Siegestor vor sich. Dann gingen sie die Leopoldstraße entlang; auch die war lang. Ohne es zu wissen, durchquerten sie Schwabing, aber wenn sie es gewußt hätten, wäre es ihnen auch egal gewesen; sie wollten nur weg. Als sie endlich die Autobahn gefunden hatten, fing es schon an, dunkel zu werden. Sie gingen aber weiter, kamen in Wiesen und Felder, sahen links von der Autobahn eine Scheune, an der ein Holunderstrauch wuchs, und beschlossen, dort zu bleiben. Sie gingen über das Feld und um die Scheune herum, fanden die beiden Tore verschlossen, entdeckten aber eine Luke weiter oben; sie mussten nur an dem Strauch hinaufklettern. Innen war das Heu bis fast an die Luke gestapelt; sie konnten gleich oben liegen bleiben und banden sich zur Sicherheit ihre Rucksäcke an die Füße. Dann aßen sie noch etwas aus ihrer Wundertüte.

Es war schon hell, als Max aufwachte; an seinem rechten Fuß wurde unangenehm gezogen. Erst dachte er, dass ihm jemand sein bisschen Gepäck wegnehmen wollte; von unten her waren auch Stimmen zu hören, aber als seine Augen sich an die Dämmerung gewöhnt hatten, sah er, dass sein Rucksack nur über die Kante gerutscht war. Er zog ihn zurück, dann blickte er vorsichtig in der Scheune nach unten, wo eine Frau, ein Mädchen und ein Mann standen, die miteinander redeten und dabei manchmal hinaufsahen. Sie hatten wohl Max und Arno gehört. Die beiden sprangen auf einen niedrigeren Heuhaufen, von dort auf den Boden und stellten sich vor. Die Frau und ihre Tochter hatten Nachricht vom Tod in ihrer Familie bekommen und mussten deshalb zu ihren Verwandten. Der Mann gehörte nicht zu ihnen. Die drei waren vor Arno und Max in die Scheune gekommen. Nachdem alle vom Frühstück der beiden aus der Tüte gegessen hatten, gingen sie in unterschiedliche Richtungen los.

Diesmal kamen Max und Arno nur langsam voran. Als sie an Nürnberg vorbei waren, hielt auf ihr Winken ein großes amerikanisches Auto mit einem Soldaten darin. Sie stiegen ein und fühlten sich großartig. Das leise Summen und die weiche Federung bescherten ihnen ein ungewohntes Gefühl des Luxus.

Wie sie so auf der Autobahn dahinsurrten, nahm die Geschwindigkeit aber ab, und das Summen hörte auf. Der Amerikaner versuchte dies und jenes, aber nichts half. Er musste das Gefährt an den Rand steuern. Dort blieb es stehen, obwohl er lange versuchte, es wieder in Gang zu bringen. Gegenüber, in Richtung Nürnberg, kam ein anderes amerikanisches Auto vorbei. Er winkte, das Auto hielt an. Er ging hinüber, und gemeinsam mit dessen Fahrer kam er wieder. Was sie redeten, konnten Max und Arno nicht verstehen, denn ihr Englisch war nicht besonders entwickelt; sie waren ja erst im zehnten Schuljahr, und Englisch war nur ihre zweite Fremdsprache. Sie begriffen aber, dass der andere ihren Soldaten in das nahe Pegnitz mitnehmen wollte. Dort wollten sie einen deutschen Mechaniker suchen und mit dem zurückkommen.

Die beiden warteten eine Stunde, zwei Stunden, und als auch die dritte Stunde schon fast vorüber war, kam ein Streifenwagen mit zwei amerikanischen Militärpolizisten. Die stiegen aus, zogen sich die Uniformjacken glatt und kamen zu ihnen. Was sie denn da an dem amerikanischen Wagen machen, wollten sie wissen. „Wir warten“, antworteten sie und erzählten ihnen die Geschichte holpernd, aber auf Englisch. Das dauerte etwas. Die Polizisten wollten noch einmal wissen, ob die beiden wirklich Pegnitz gesagt hatten, dann sagte der eine zum andern, dass sie dort hinfahren wollten, „we‘ll get him there.“

Nun waren die beiden in Druck. Das „we‘ll get him“ hatte ominös geklungen. Waren die Polizisten hinter dem freundlichen Menschen her, der sie mitgenommen hatte? Hätte er sie nicht mitnehmen, hätte er das Auto nicht stehen lassen sollen? Hatte er was anderes auf dem Kerbholz? Oder wollten sie ihm helfen? Und dann: Was sollte aus *ihnen* werden? Würden sie, wenn die Polizisten zuückkamen, noch einmal verhaftet werden? Sie kriegten Angst, denn die amerikanische Polizei kam ihnen wie eine Steigerung der deutschen vor. Je länger sie überlegten, um so weniger glaubten sie, zur Wache bei dem immobilen Dinosaurier, der vor ihnen im Gras stand, verpflichtet zu sein. Eine Weile kämpften sie mit sich, dann liefen sie weg, kamen auf eine Landstraße und hielten nach einiger Zeit einen alten Lieferwagen an. In dem Dorf, in das er fuhr, gingen sie in eine Gastwirtschaft und fragten den Wirt, ob er vielleicht eine Unterkunft für sie wisse. Er nahm sich eine Zigarette aus der Tasche, bat um Feuer, Max zeigte auf Arno, der kramte die gemeinsame Streichholzschachtel hervor und reichte sie dem Wirt. „Habt ihr vielleicht ein Feuerzeug oder noch mehr Streichhölzer?“ wollte der wissen. Sie bedauerten. „Die hier kriegt ihr morgen wieder. Hier ist eine Taschenlampe, die Scheune ist über den Hof,“ sagte er.

Am nächsten Morgen ging es weiter, Richtung Hof. Bei Töpen war die Grenze zur DDR; dort wurde die Autobahn zur Interzonenstraße. Die beiden saßen in einem Lastzug, der nach Westberlin fuhr. Weil sie aber wieder nach Halle mussten, baten sie den Fahrer, sie schon vor der Kontrollstation aussteigen zu lassen, denn die mussten sie umgehen; noch einmal mussten sie schwarz über die Grenze.

Weil sie sich nicht schon zuvor von westlichen Grenzwächtern aufbringen lassen wollten, gingen sie gleich selbst in die bayrische Polizeibaracke. Sie hatten den Münchner Behörden versprochen, Bayern sofort zu verlassen und glaubten deshalb, ein Recht darauf zu haben, dass man ihnen den Weg wies: Sie baten um Auskunft, wie sie unbemerkt von den Vopos wieder in ihr Land kämen. Der bayrische Polizist hörte sie an, er verstand nur ganz allmählich. Als aber der Groschen ins Rutschen gekommen war, nahm er ihre DDR-Ausweise an sich, bat sie in einen hinteren Raum, ging hinaus und verschloss die Tür.

Dann hörten sie ihn telefonieren. Er rief München an, um zu fragen, ob er die beiden gehen lassen solle. Es dauerte lange, aber es war interessant. Sie konnten genau hören, was er sagte. Vermutlich gab es in München keine Aktenspur von ihnen, denn man hatte sie, ratlos wegen ihrer Unbescholtenheit und Jugend und weil man sie wegen des Kalten Kriegs nicht der DDR-Polizei, den Vopos, übergeben konnte, einfach auf die Straße gesetzt. Alle, die der Mann von der Grenzstation erreichte, schienen sich aus der Verantwortung zu winden; auf seine wiederholte Frage, ob er sie laufen lassen könne, folgten immer längere Pausen. In seiner Ratlosigkeit schien er sich zu erinnern, dass sie etwas von Pegnitz gesagt hatten. Nun rief er da an. Inzwischen war die Geschichte, die er erzählte, wirklich nicht mehr zu verstehen. Auch in Pegnitz wusste man natürlich nichts. Vielleicht hat man an der geistigen Gesundheit des Grenzkollegen gezweifelt. Später begriff Max, dass die Amtsträger und Ordnungshüter aller Länder immer nur an die üblichen Verhaltensmuster gewöhnt sind. *Da*rauf sind sie festgelegt, und nur *da*mit können sie umgehen. Weil die beiden nicht in dieses Muster passten, hatten die Amtspersonen Angst, das Falsche zu tun.

Der Grenzwächter wusste jedenfalls nach seinen langen Telefonaten nichts Besseres, als den Schlüssel wieder umzudrehen und die beiden rauszulassen. Sein phlegmatischer Unverstand hatte sie einige Stunden gekostet. Als sie ihn nochmal fragten, wo denn nun die Grenze sei und wie sie am besten hinüberkämen, wies er nur unbestimmt in eine Richtung. Dahin gingen sie, kamen in ein Dickicht und mussten eine Schneise überqueren, in deren Mitte bemalte Pflöcke standen. Das musste die Grenze sein. Sie sprangen hinüber und blieben eine Weile im jenseitigen Dickicht liegen, um zu horchen, ob jemand sie beobachtet hatte. Dann setzten sie ihre Rucksäcke wieder auf und krochen weiter. Nach einer Weile hatten sie den Waldrand erreicht.

Sachte schoben sie sich vor. Direkt vor ihnen war ein Feld. Das war Teil eines weiten Tals, das nach links hin enger und höher wurde. In der Mitte dieses Tals war ein kleines, von Feldern umgebenes Wäldchen, durch das ein Weg führte, der von rechts unten kam und durch das Wäldchen bergan führte. Sie erkannten, dass sie das Tal durchqueren, dabei durch das Wäldchen und über den Weg laufen und jenseits wieder den Abhang hinauf in ein Dorf mussten, das sie gegenüber liegen sahen.

Max zählte, bei „drei" sprangen sie auf und liefen los. Im Laufen sah er nach links. Da wurde ihm ganz anders, denn er sah eine große Baracke, auf der eine DDR-Fahne wehte. Die Baracke war durch die vorspringende Ecke des Waldsaums, von dem sie losgelaufen waren, verdeckt gewesen. Auf der einen Seite waren große Fenster; vor denen liefen sie gerade entlang. Auf der anderen Seite schob sich ein Lastzug vorbei: Sie waren nur gut hundert Meter von der Baracke entfernt. Max rief Arno, zeigte auf die darauf, und sie rannten weiter in der richtigen Erkenntnis, dass sie ihre Chance nutzen mussten, auch wenn die sich gerade gewaltig verkleinert hatte. Mit fliegendem Atem kamen sie im Wäldchen an und sahen sich um. Es war licht, man konnte von einem Ende zum andern zwischen den Baumstämmen hindurchsehen. Nur in der Mitte, wo der Weg hindurchging, war etwas Gebüsch. Dort liefen sie hin, nahmen schnell ihre dunkelgrauen Decken von den Rucksäcken und hängten sie sich als Tarnung um. Dann warteten sie. Kein Hundegebell, keine Stimmen. Die Vopos hatten offenbar nicht aus dem Fenster gesehen, als sie vorbeiliefen; vielleicht waren sie auch der Ansicht, dass in *diese* Richtung, vom Westen in die DDR, nur Verrückte laufen. Die beiden warteten; dann sah Max vorsichtig unter seiner Decke hervor. Der Weg, den sie überqueren mussten, aber an dem sie nun festsaßen, kam aus einem unten im Tal gelegenen Dorf und endete oben in der Grenzstation. Noch immer rührte sich nichts.

Den Wald auf der anderen Seite zu verlassen und weiter über die Felder auf das Dorf oben am Rand des Tals zuzulaufen, war nicht möglich, denn die ganze Zeit über wären sie von der Grenzstation her zu sehen gewesen. Zurück in Richtung Grenze konnten sie aus demselben Grund nicht. Sie wären dann aus der DDR hinausgelaufen. Da hätten sie den Vopos sonstwas erzählen können. Nach unten ins Tal konnten sie auch nicht, weil ihnen von dort jederzeit jemand entgegenkommen konnte.

Während sie noch betrübt ihre Lage bedachten, kam wirklich jemand: Zwei Vopos, hoch zu Ross, ritten auf dem Weg vom Dorf unten im Tal her auf sie zu. Offensichtlich wollten sie hinauf in die Grenzstation. Noch waren sie weit weg, aber wo sollten die beiden hin? Am Rand des Wäldchens wären sie auch nicht sicherer gewesen als dicht am Weg in ihrem Gebüsch. Schon beim Hinkommen konnten sie gesehen werden. Also verkrochen sie sich so weit ins Gebüsch wie möglich und zogen sich die Decken wieder über die Köpfe. Sie warteten. Dann hörten sie eine Stimme und bald darauf Pferdegetrappel. Die Stimme setzte aus, als die Vopos noch nicht an ihnen vorbei waren. Schon stellte Max sich vor, dass der eine sie gesehen hatte und den anderen mit ausgestrecktem Arm auf sie aufmerksam machte. Dann aber schoss ihm durch den Kopf, dass sie dazu wahrscheinlich angehalten hätten. Das Pferdegetrappel ging aber weiter. Es kam näher und näher. Da war auch die Stimme wieder. Diesmal sang einer:

Herr Schmidt, Herr Schmidt,
was kriegt die Jule mit?

Nun war er ihnen so nahe, dass Max die Pferdebeine sah und fast nach ihnen hätte greifen können. Die Stimme sang unbekümmert weiter:

‘n Schleier und ‘n Federhut,
die stehn der Jule gar zu gut ...

Max hat diesen Vers nie vergessen. Wie konnte einer so unbekümmert durch die Gegend reiten und einen banalen Gassenhauer singen, während direkt neben ihm zwei um ihre Freiheit und ihre Zukunft zitterten! Natürlich wusste der Vopo das nicht, wahrscheinlich hätte er sich aber auch nichts dabei gedacht, sie festzunehmen. Wer aber lässt ein Regime zu, bei dem sich die einen unter ihren Decken zu Tode ängstigen, während die andern hoch zu Ross mit ihren blöden Liedchen vorbeiträllern? Harmlos war der Reiter natürlich trotz aller sympathischen Unbekümmertheit nicht. Immerhin war er bereit, Leute wie die beiden mit Gewalt um ihr Recht und hinter Gitter zu bringen. Hätte er nicht von ehrlicher Arbeit leben können?

Den Rest des Nachmittags blieben sie unter ihren Decken, bis zum Einbruch der Dunkelheit. Es waren Stunden, die Max so wenig vergaß wie den dummen Gesang. Niemand kam mehr den Weg entlang, auch die Reiter ritten nicht zurück zum Dorf. Erst kurz bevor der Mond aufging, standen die beiden auf und gingen los. Es war sternenklar. Im Dorf auf der Höhe gegenüber waren noch Lichter zu sehen; an die hielten sie sich. Sie gingen durch die verlassene Dorfstraße und kamen am andern Ende wieder heraus, ohne einem Menschen begegnet zu sein. Auf einer Landstraße gingen sie ein paar Kilometer, dann kamen sie in ein zweites Dorf. Ein Mann ging über die Straße. Sie fragten ihn, in welche Richtung sie gehen müssten, um nach Schleiz zu kommen, dem nächsten größeren Ort in der DDR. Er sah sie überrascht von oben bis unten an, wie sie aus dem Dunkel auftauchten, dann wies er stumm in die Richtung, in die sie sowieso gingen, und verschwand.

An den kommenden Kreuzungen war Schleiz nicht angezeigt, nur immer die nächsten Dörfer; die kannten sie nicht. Sie richteten sich, so gut es ging, nach dem Stand der Sterne. Es war eine schöne, mondbeschienene Nacht. Blumen neigten sich über die Zäune der Vorgärten, manchmal waren die Gärten mit Hecken eingefasst. Gelegentlich kläfften Hunde, dann wieder liefen die beiden unter Birken oder Apfelbäumen auf einer ausgestorbenen Landstraße entlang und hatten nur den Himmel über sich und den Sand oder Asphalt unter den Füßen, und hinten am Horizont war Wald. Jedes Mal, wenn sie da hindurchmussten, wurde es dunkel, und sie orientierten sich an dem hellen Himmelsstreifen, der von den Baumkronen begrenzt wurde und ihnen den Verlauf der Straße anzeigte. Im Freien half der Mondschein ihnen, die Straßengräben zu vermeiden. Sie wurden müde.

Nachgerade wussten sie nicht mehr, wo sie waren. Einmal blieben sie in einem Dorf stehen. Da sagte Arno: „Hier waren wir schon." Sie waren im Kreis gegangen. Max blickte sich um und erkannte, dass es das erste Dorf nach dem Wäldchen war und dass sie wieder in Richtung DDR-Grenze gingen. Sie kehrten schnell um, liefen noch eine Weile, aber nicht mehr lange. Sie wollten von der Grenze wegkommen, aber dann konnten sie nicht mehr. Schon öfter hatten sie mit dem Gedanken gespielt, sich in eine der Kornmandeln zu legen, die die Bauern auf den Stoppelfeldern errichtet hatten. „Da", sagte Max, schon schlaftrunken, als sie an einem abgeernteten Roggenfeld vorbeikamen. Er taumelte durch den Straßengraben über die Stoppeln und kroch in eine Mandel. Er muss gleich eingeschlafen sein.

Als er am nächsten Morgen wach wurde, dauerte es etwas, bis er begriff, wo er war. Dann rappelte er sich auf und sah sich um. Die Natur war noch frisch vom Tau, aber die Sonne leuchtete schon, nur von Arno sah er keine Spur. Ein Stück weiter oben auf dem Feld war eine Mandel zusammengefallen. Er ging hin, nahm ein paar Bunde auf, da lag Arno darunter und schlief. Er hatte wohl unruhig geschlafen und die Mandel dabei mit den Füßen umgestoßen. Sie richteten sie wieder auf, fanden einen Bach, an dem sie sich wuschen, und gingen weiter. Sie wollten nach Schleiz gehen. Aber noch vor der Autobahn hielten sie einen Lastwagen an. Der Fahrer fragte: „Wohin?“ – „Nach Halle“, antworteten sie. „Da fahre ich hin, kommt rein.“

Am Nachmittag waren sie in den Stiftungen. Weil noch alle in den Ferien und die Stuben verschlossen waren, gingen sie hinüber zu Frau Baumgarten und klingelten an ihrer Wohnungstür. Sie staunte nicht schlecht, die beiden müssen ungewöhnlich ausgesehen haben, denn sie zeigte ihnen zuerst, wo die Dusche war. Inzwischen wollte sie etwas zu essen machen. Als sie frisch gewaschen wieder in die Küche traten, nahm sie die Bratkartoffeln gerade vom Feuer. Es war eine große Pfanne voll, sie hatte auch ein paar Eier darüber geschlagen. Niemals, weder vorher noch nachher, hat Max der bloße Anblick von Bratkartoffeln dermaßen begeistert.

Am Tag darauf fuhr Arno zu seiner Mutter und Max zu seinen Eltern. Sie waren froh, heil zurückgekommen zu sein, aber an die Begrüßung hatten sie mit gemischten Gefühlen gedacht. Ihre Eltern konnten ja noch immer nicht wissen, wo sie gewesen waren. Sie hatten aus dem Westen nicht geschrieben, weil sie Angst vor der Postzensur der DDR hatten. Nun stand die Beichte bevor. Nur dass es gleich so schlimm werden würde, hatte Max nicht erwartet:

Er klingelte; Vater kam und machte auf. Kein Zeichen der Freude. Noch auf dem Weg ins Wohnzimmer fragte er: „Woher kommst du?“ Max wohlgemut: „Aus dem Westen“, denn er war ja auch ein bisschen stolz. Vater weiter mit hohler Stimme: „Was hast du in München gemacht?“ – „Ich bin da langgekommen.“ – „Wo hast du in München gewohnt?“ Max lachte: „Im Gefängnis.“ Das war dumm von ihm, weil er Vaters Credo kannte: Wer erstmal mit der Polizei zu tun hatte, ist schon halb verloren. Nun stellte er die unumgängliche Frage: „Warum warst du im Gefängnis?“ So kamen sie ins Wohnzimmer. Mutter war da, und Max erzählte die Münchner Episode der Reihe nach, von vielen Zwischenfragen unterbrochen. Als er fertig war, seufzte Vater erleichtert: „So, und morgen setzt du dich aufs Rad und drehst mehrere Runden durch die Stadt, damit die Leute sehen, dass du hier bist und nicht in München im Gefängnis.“ Max verstand nicht, sagte aber sofort zu, weil er gern Fahrrad fuhr. Hier konnte er das Notwendige mit dem Angenehmen verbinden. Während er aß, was Mutter ihm zubereitete, erfuhr er, was los war:

Am Tag davor hatte auf dem Schreibtisch des Bürgermeisters oben an der Breiten Straße ein Amtsschreiben gelegen, mit dem die Münchner Polizeidirektion um nähere Auskunft über den dann und dann „angeblich in Sachsenbach geborenen, hier inhaftierten Max Bärenreiter" bat. Frau Pietsch, die im Rathaus sauber machte, hatte den Schrieb gelesen, und noch am Abend wusste die halbe Stadt, dass „Bärenreiters Mittelster" in München im Gefängnis saß. Die zweite Hälfte würde es tags darauf erfahren. Plötzlich war er nun anwesend, als Vater noch ganz in seinen Gram versunken war: Sein Sohn in München im Gefängnis! Mutter sagte vollkommen richtig, dass die Sache ja die Pietschen gar nichts angehe und die Leute auch nicht, aber was half das schon. Nun war unsere Weste rein geblieben, und morgen würden die Leute davon Kenntnis nehmen müssen. Vater atmete auf, hörbar. In ihrer Not hatten die Eltern sich ausgemalt, was ja nahe lag: Max hatte nichts mehr zu essen und hatte aus Hunger gestohlen. Aber damit unterschätzten sie, wie sehr er ihr Sohn war, und sie überschätzten die Münchner Polizei.

Die Versicherung seiner dortigen Vernehmer, man werde die Volkspolizei nicht kontaktieren, man habe ja gar keine Verbindung zu Dienststellen der DDR, klingt ihm noch in den Ohren, und bis heute weiß er nicht, ob man ihn aus bloßer Dummheit oder aus miserabler Nachlässigkeit so in Gefahr gebracht hat; beides ist unverzeihlich. Max hatte aber Glück: Weder der Bürgermeister von Sachsenbach noch die Pietschen meldeten die Sache weiter. Er wußte, dass die Behörden der DDR sich strafbar machten, indem sie ihnen – und mit ihnen Millionen anderer DDR-Büger – die Reise in den Westen mit Waffengewalt verwehrten. Dass aber auch die Münchner Polizei im Unrecht war, als sie die DDR um Amtshilfe bat und dem Unrechtsstaat dabei Informationen über ihn zukommen ließ, hat er dieser Polizei nie verziehen.

Die Sache hatte ein Nachspiel, das nur Max kennt: Als er zehn Jahre später Lecteur d'Allemand an der *Faculté des Lettres et Sciences Humaines* der Universität Lille war, wurde er einmal zu einem Abendessen gebeten. München und Lille waren Partnerstädte und der Münchner Polizeipräsident kam zu Besuch. Der Bürgermeister von Lille und sein Polizeichef wollten ihn mit allen Ehren empfangen und brauchten einen Übersetzer. Max sagte ab. Niemand fragte ihn nach dem Grund. Man wird jemanden anders gefunden haben. Er glaubte, er sei sich das schuldig.

40 Max und die Partisanen des Friedens

Als Max wieder in Halle war und das 11. Schuljahr für ihn angefangen hatte, sah er oft, wenn er morgens nach dem mageren Frühstück in die Schule gehen wollte, die Omnibusse stehen, welche das Kulturensemble *Partisanen des Friedens*, zu dem er gehörte, irgendwohin fahren sollten, meist zu einer Parteiveranstaltung oder zu einer Gewerkschaftsfeier, die es künstlerisch zu umrahmen galt. Manchmal gaben die *Partisanen* auch der Rede irgendeines staatstragenden Funktionärs oder eines bedeutenden Künstlers die nötige Weihe, wie im VEB Leuna, wo sie das Podium mit Anna Seghers teilten. Wenn Max die Busse vor der Schule sah, wusste er, dass er an diesem Tag schulfrei hatte. Er drehte um, ging wieder auf seine Stube, legte die Schulsachen in den Schreibtisch und holte das Waldhorn, das oben auf dem Schrank lag, herunter. Im Bus traf er dann Schüler aus unterschiedlichen Klassen.

Alle waren gegen das Regime, sodass das *Partisanen*-Ensemble zu einem Nest des Widerstands geworden war. Sie entwickelten auch Künstler-Allüren; sie waren nicht mehr zufrieden, wenn man ihnen den nötigen Respekt versagte. Einmal hatten sie einen Auftritt absolviert und sollten in einem rückwärtigen, ziemlich dunklen Zimmer auf das Ende einer Rede und auf ihren zweiten musikalischen Auftritt warten. Die Bühne hatten sie inzwischen für irgendwelche Delegationen räumen müssen, aber in ihrem Hinterzimmer reichten die Stühle nicht. Da kam aus dem Dunkel der Vorschlag, das schöne Lied „Guter Mond, du gehst so stille ...“ zu spielen und zu singen. Ein zweiter Vorschlag ging dahin, dass sich jeder die Tonart nach eigenem Geschmack aussuchen, dabei aber c-moll meiden solle, damit aus dem Spiel kein ödes Unisono werde. Gesagt, getan. Jemand sagte „zwei, drei“, dann hob das Spiel wie das Jaulen einer Katze an, der jemand auf dem Schwanz steht. Das machte Spaß. Als man ans Ende kam, sagte eine andere Stimme: „Nicht ganz so piano, wenn ich bitten darf, wer soll uns sonst hören?“

Sie waren aber schon gehört worden. Einer der Bonzen erschien und bat um Ruhe, aber aus dem Dunkel heraus zog man ihn in eine Diskussion über die angemessene Behandlung von Künstlern. Danach wurden ein paar Verhöre angestellt, in denen jeder Orchestermusiker seine Unschuld beteuerte; manche drohten, sie würden aus dem Ensemble austreten, wenn man ihnen nicht traue. Das war den Funktionären nicht lieb, denn die Zahl an geeigneten Musikern war begrenzt; die Sache verlief im Sande.

Max war einer von denen, die am schwersten zu ersetzen waren, weil es keinen weiteren Hornisten gab, und schon wenn ein Stück zwei Hörner verlangte, musste Waldemar mit seiner Posaune den anderen Part übernehmen. Das tat er, denn Waldemar war ein gutmütiger und zuverlässiger Mensch. Es gab nun ein Stück, das Glanzstück des ganzen Repertoires, das eine soche Besetzung unabweislich verlangte: die Stalinkantate.

Im Herbst 1951 war man noch gut anderthalb Jahre vom Hinscheiden des weisen Führers entfernt; und man kann allen Ernstes sagen, dass dessen pseudo-religiöse Verehrung damals ihren Zenith erreicht hatte. In den Kindergärten sagten die Kleinsten morgens vor dem Stalin-Altar, der in einer Ecke ihres Spielzimmers stand:

Händchen falten, Köpfchen senken,
Immer an Väterchen Stalin denken.

Die Fassaden aller öffentlichen Gebäude waren von knallroten Transparenten bedeckt, die von den Taten oder den Ideen des genialen Weltverbesserers kündeten, und Johannes R. Becher ging mit der poetischen Vision von einem gütigen Stalin schwanger, der durch den verschneiten Schwarzwald wandert und einem scheuen Reh winkt. Max weiß noch, wie rührend schön sich dabei „Bodensee" auf „scheues Reh" reimte. Kein Wunder, dass Becher dann 1954 Kultusminister der DDR wurde und eine schöne Villa am Majakowskiring in Berlin-Pankow erhielt. Max lernte sie fünf Jahre nach der deutschen Vereinigung kennen. Denn dort war inzwischen eine Literaturwerkstatt eingezogen, die Kongresse veranstaltete und ihn dazu einlud.

Die Stalinkantate ging nun weit über die üblichen Verherrlichungen des Diktators hinaus; fußte sie doch auf dem Schlusssatz von Beethovens Neunter. Sie begann mit einer leisen, elegischen Melodie in moll, einem Hornsolo, das Max hinreißend zu spielen wusste. Nach einer Weile gesellte sich Waldemar mit seiner Posaune dazu, die – wie das Horn fragend und suchend – die Anfangsmelodie umspielte. Bald irrten beide klagend durch die Welt der Töne, nicht wissend, was sie spielen sollten, aber da kam schon der Bariton, auch er ein Solist, ganz wie bei Beethoven, und fragte, warum denn ihr Lied so kummervoll sei. Doch unbeirrt bliesen Max und Waldemar ihr trauriges Duett weiter. Da hatte der Bariton einen Vorschlag: „Lasst uns singen ein Lied!", als ob Max und Waldemar nicht schon immerzu versucht hätten, den Einstieg dazu zu finden.

Doch siehe: Nun nahm der große Chor den Vorschlag auf und intonierte, zunächst leise, neugierig und fragend: „Singen ein Lied?“ Der Bariton aber wusste genau, was er wollte: „Singen ein Lied von Stalin!“ Das wollten nun alle. Mit Freuden nahmen Chor und Orchester die Anregung auf und stimmten ein: „Singen ein Lied von Stalin!“ Natürlich wussten sie auch gleich, um wen es dabei ging: „Von Stalin dem Kämpfer, von Stalin dem Weisen, von Stalin dem Großen!“ So stieg es in hellem Jubel und, wie man sich denken kann, in kräftigem Crescendo auf. Waldemar und Max hatten nichts mehr zu melden; die beiden Trauerklöße hatten Pause. Aber bald wurden sie wieder gebraucht, denn nun mussten sie dem Freudenchor bläserischen Glanz verleihen, bis sie vor Anstrengung rot anliefen.

Diese Stalinkantate, wie gesagt, das Juwel des Repertoires, musste schließlich überall getutet und geschmettert, von satten Streicherklängen getragen und von freudig erregten Sängerinnen und Sängern gejubelt werden. Es war schon seltsam: Alle hatten Freude an der Musik, die mitreißend war. Auch Max‘ Solo und das dann folgende Duett mit Waldemar waren einmalig schön, wenn auch stellenweise nicht ganz original. Beide gaben sich große Mühe. Dagegen verabscheuten sie, wie alle intelligenten Menschen, den Text. Aber das durften sie um Himmels Willen niemanden merken lassen; sie standen buchstäblich im Rampenlicht.

Es passierte aber, dass Max einmal keinen Ansatz hatte. Das geschieht Hornisten. Es gibt Tage, an denen die Töne, die man hervorbringen will, einfach verquer herauskommen. Peinlich ist das, wenn es Töne sind, auf die alle warten, also Einsätze oder besonders hohe Töne, oder wenn, wie in seinem Fall, das ganze Stück mit einem lyrischen Hornsolo beginnt – oder beginnen sollte. Den Berliner Philharmonikern haben Kritiker schon ganze Konzerte verrissen, weil ein Hornist keinen Ansatz hatte, und im Schülerheim hatte Max eine Platte, auf der zu hören war, wie Bruno Walter mit dem Columbia Symphony Orchestra eine Mozart-Symphonie einübt und dabei den ersten Hornisten, der es ihm nicht recht machen kann, wie eine Mimose behandelt.

„Mista Blum,” sagt er dort mit schwerem Akzent, „I vill tell you what you vill do, Mista Blum.” Jeder halbwegs erfahrene Dirigent weiß, wie vorsichtig man mit Hornisten umgehen muss, weil in ihrem Kopf dauernd ein übermäßiger Blutandrang herrscht. Deshalb ist Mr. Blum auch der einzige Musiker, den Bruno Walter auf Max‘ Platte mit Namen anredet.

Nun hatte es also auch ihn erwischt. Kein Ansatz. Eine leichte

Unruhe, für das Publikum kaum merkbar, kam auf, vor allem bei den Sängerinnen, die in ihren weißen Blusen in weitem Bogen hinter dem Orchester standen wie eine riesige Mondsichel. Max glaubte aber auch etwas Heiterkeit herauszuhören. Es war ja nicht zu leugnen: Das Abrutschen des Tons, das ihm unterlaufen war, hatte etwas seltsam, man könnte fast sagen: etwas obszön geklungen, wie ein trockener Furz.

Die Sache wurde vergessen, das nächste Konzert kam, die Stalinkantate war das erste Programmstück, da dachte Max, als er das Horn ansetzte, an die kleine Unruhe vom letzten Mal, und schon hatte er wieder keinen Ansatz. Der abgerutschte Ton klang, wenn man es überhaupt „klingen" nennen kann, wieder obszön. Umso deutlicher war die Heiterkeit. Diesmal musste er sich nach der Feier beim Dirigenten verantworten. Das fiel ihm nicht schwer. Jeder wusste ja, wie es Hornisten gehen kann. Und die Unruhe unter den Sängern, was konnte er denn *da*für?

Er hielt sich nun eine Weile zurück, aber auf Dauer konnte er es nicht ändern: Wenn die Mädchen im Chor erwartungsvoll dem Beginn der Stalinkantate lauschten, bereit, über Max' Ansatz – oder über dessen Fehlen – zu kichern, hatte er ihn schon verloren. Außerdem stand mit dem schnellen Crescendo, das zu „Stalin dem Großen" anstieg, auch nicht mehr alles zum Besten. Denn auf der ersten Silbe von „Großen", dem vorläufigen Gipfel der Kantate, den Chor und Orchester im Fortissimo und mit vollem Einsatz vorzutragen hatten, machten sich Störungen bemerkbar, erst Unreinheiten, dann deutlich falsche Töne. Die wurden von Auftritt zu Auftritt lauter, und sie wuchsen an Zahl.

Einige Sängerinnen und Sänger, dazu auch Max, wurden nun von den zuständigen Kulturfunktionären der *FDJ*, auch von der Schulleiterin, befragt. Zwar konnten sie sich herausreden: Die Sänger sagten einfach, sie hätten ganz richtig gesungen, was aber bei dem Fortissimo nicht zu hören gewesen sei, und Max bemühte seine Geschichte vom nicht vorhandenen Ansatz. Aber es war längst kein Geheimnis mehr, dass die Erwartung der Sängerinnen ihn zu – künstlerischen – Höchstleistungen angespornt hatte. Dass ihm nichts nachzuweisen sei, stimmte zwar, aber allmählich scherten sich die Amtsträger um solche Formalien nicht mehr. Die Lage wurde brenzlig; Stalin und seine Lobpreisung waren im Spiel, das war keine Kleinigkeit.

Nur, warum Stalins Schergen auf einen, der ihrer Meinung nach versuchte, humorvoll zu sein, immer gleich losgingen, als hätte er die ganze Welt in Gefahr gebracht, ging nicht in Max' Kopf.

41 Von Halle nach Westberlin

Arno und Max mit ihrer Westerfahrung glaubten über der Routine in den Franckeschen Stiftungen zu stehen; sie hatten keine Lust mehr zum alten Trott. Max wurde einer anderen Stube zugeteilt, wo das Mobiliar neu und modern war. Dafür mussten die Bewohner den Schlafraum, der doppelt so groß war wie sonst, mit der Nachbarstube teilen. Die Eingänge beider Zimmer lagen im Treppenhaus nebeneinander. Wenn man durch einen Raum hindurchging, gelangte man in den gemeinsamen Schlafsaal. Hier waren die Bettgestelle noch die alten; sie hatten metallene Kopf- und Fußenden und schmale, harte Kanten.

Oft tobte in diesem Schlafsaal ein Kampf zwischen beiden Stuben. Max merkte dabei, wie schwer es war, auf den Kanten zu stehen. Man musste sich oben an der Decke festhalten, aber auch dann schnitt einem das Eisen in die Fußsohlen. Es gab natürlich keinen Grund, darauf zu stehen, aber die Zöglinge fanden einen: Zwei Scheiben Brot wurden demjenigen versprochen, der es fertigbrachte, die Nacht stehend dort zuzubringen. Max meldete sich, denn er hatte einen Plan. Stoisch stand er auf der Kante am Kopfende seines Betts und wartete, bis alle sieben Mitschläfer schnarchten. Dann wartete er noch eine Weile, stieg lautlos von seinem Gestell herab und legte sich auch erleichtert ins Bett. Er muss gehofft haben, dass er vor den andern wach werden und dann wieder das Bettgestell erklimmen könne. Aber die Hoffnung trog. Das laute Gelächter der sieben anderen weckte ihn, als es draußen noch dunkel war.

Bis zum Abitur waren es noch zwei Jahre, das schien ihm unerträglich lang. Die Langeweile wuchs, der politische Druck nahm zu. Wer nicht in der *FDJ* war, hatte sowieso keine Aussicht auf einen Studienplatz; er wusste kaum, wofür er arbeitete. Nur wenige hatten die Mitgliedschaft verweigert. Max gehörte noch immer dazu. Seine politische Abseitsstellung wurde deutlicher, er verhehlte sie kaum noch.

In den Monaten, die nun folgten, muss er die Schule vernachlässigt haben. Er hat das nicht gleich gemerkt, aber als sein Klassenlehrer ihn nach den Weihnachtsferien beiseite nahm und ihm eröffnete, dass seine Versetzung gefährdet sei und er mit seinem Vater sprechen müsse, kriegte Max einen Schreck. Er hatte sich wohl immer mehr seinem Waldhorn überlassen. Von der *Schüler-Musik-Capelle* über die *Stadtmission* bis hin zu den *Partisanen des Friedens* war er dauernd im Einsatz. Nun dachte er intensiv darüber nach, für immer in den Westen zu gehen. Seit dem Sommer war ihm der Gedanke ohnehin nie aus dem Sinn gekommen; jetzt schien es nötig zu werden. Ein paar andere Gründe waren hinzugekommen: Der eine war, wie gesagt, die Drohung, dass er das Schuljahr wiederholen müsse, ein anderer die drastische Kürzung seines Stipendiums wegen fehlenden politischen Engagements im Sinne des Regimes – „im positiven Sinne" stand in dem Brief, den Vater von der Heimleitung erhielt. Als er Weihnachten zu Haus war, sagte Max noch nichts von seiner bevorstehenden Flucht, aber im Januar 1952 machte er zwei Reisen von Halle nach Westberlin, um seine Übersiedlung vorzubereiten. Wie immer fuhr er per Anhalter.

Die Grenze zwischen der DDR und Westberlin war damals noch durchlässig. Wer den Vopos von der DDR-Grenzsicherung nicht auffiel, kam durch; bis zum Bau der Mauer vergingen noch fast zehn Jahre. Als Max am ersten Abend in Westberlin am Bahnhof Zoo war und nach einer Bleibe suchte, hoffte er auf einen Wartesaal wie in München. Aber ein Fürsorger schickte ihn in eine Auffangstelle für obdachlose Jugendliche in der Martin-Luther-Straße in Schöneberg. Es war eine lange Wanderung. Max stieg hinauf in die angegebene Etage, klingelte, ein Schnarrer öffnete die Tür, er trat ein, die Tür fiel ins Schloss. Sogleich fühlte er sich eingesperrt. Er versuchte, die Tür wieder zu öffnen. Es ging nicht. Ein Mann trat ihm entgegen, der blies ihm ein weißes Desinfektionspulver in die Hose und wies ihm den Weg in einen Schlafsaal. Am nächsten Morgen bekamen alle ein Frühstück, dann konnten sie gehen.

Max ging zu einer Familie, die er kannte. Sie verwies ihn an den Direktor der Steglitzer Treitschkeschule. Dieser, ein Dr. Altmann, war freundlich und hilfsbereit. Er wollte Max aufnehmen und fand auch in einer Villa, die amerikanische Quäker in Steglitz unterhielten, eine Bleibe, in der Max während der paar Berliner Tage übernachten konnte. Es waren noch Fragen des Unterhalts und der langfristigen Unterkunft zu klären.

War es Dr. Altmann oder waren es die Quäker: Irgendjemand schickte ihn zur Familie Braun in Wilmersdorf, die junge Männer aus der DDR beherbergte und ihnen Frühstück und Abendbrot gab. Das bezahlte die *Evangelische Kirche*. Mittagessen würde Max in seiner Schule bekommen, wo der Hausmeister aus großen Kübeln Suppe in die Näpfe bedürftiger Schüler füllte. Max, der wusste, dass seine Eltern seinen Aufenthalt in Halle kaum mehr bezahlen konnten, weil ihm das Stipendium gekürzt worden war, wusste auch, dass sie ihm für Westberlin gar kein Geld geben konnten, denn der Wechselkurs pendelte zwischen vier und sechs Ostmark für eine Westmark.

Als er nach seiner ersten Erkundungsfahrt auf der Autobahn nach Halle zurückfahren wollte und schon kurz vor der Grenze zwischen Westberlin und der DDR war, merkte er, dass ihm sein Ostausweis fehlte. Man hatte ihn an jenem Abend in der Obdachlosenstelle verlangt, und er hatte am folgenden Morgen vergessen, ihn zurückzufordern. Also ging er im Westen in den Wald und um die DDR-Kontrollstelle herum. Innerhalb der DDR kam er wieder auf die Interzonenautobahn, aber es war schon spät, der Abend kam, kein Auto hielt mehr an. Seine Hoffnung belebte sich mit jedem Scheinwerferpaar, das aus Richtung Berlin kam und den immer dichter fallenden Schnee durchdrang. Jedes Mal hoffte er, dass es keine Streife der Volkspolizei sei; die Hoffnung erfüllte sich, aber immer fuhren auch andere Autos an ihm vorbei. Er sah nur die Schlusslichter.

Indem er weiterging, wurde es dunkel und kalt. Da sah er Lichter weit hinten, über eine Wiese hinweg. Es waren so viele, dass dort ein Dorf sein musste. Er stolperte über Felder, Wiesen, auch über Maulwurfshaufen und kroch durch Stacheldrahtzäune auf das Dorf zu. Ein Mann war mit Wassereimern auf der Straße, Max fragte ihn nach dem Pfarrhaus. Er klopfte dort, eine Frau machte auf, er erzählte ihr sein Missgeschick und fragte, wo er im Dorf übernachten könne.

Sie wies ihn in ein Zimmer und bat ihn zu warten, ihr Mann käme bald zurück. Nach einiger Zeit ging die Haustür, er hörte die Stimme der Frau, eine Männerstimme antwortete, dann gingen sie in ein anderes Zimmer. Sie wird ihn wohl auf den unerwarteten Besuch vorbereitet haben. Als der Pfarrer hereinkam, sich zu Max an den Tisch setzte und Fragen stellte, tat er jedenfalls nicht so, als ob er noch gar nichts über ihn wisse. Max erzählte, dass er in Westberlin seine Republikflucht vorbereitet habe und dass er ohne Personalausweis sei – ein heikler Punkt, nicht nur, weil es in der DDR strafbar war, ohne Ausweis aus dem Haus zu gehen, sondern weil er dem Pfarrer nun nicht zeigen konnte, dass seine Geschichte stimmte. Er hatte aber die Benachrichtigung an seinen Vater mit dem Briefkopf der Franckeschen Stiftungen bei sich, dass ihm sein Stipendium aus politischen Gründen gekürzt worden war. Die hatte er in Westberlin irgendwo vorgelegt. Nachdem der Pfarrer sie sich angesehen hatte, sagte er, Max könne in seinem Haus übernachten. Zum Abendessen saß er mit am Familientisch. Er erinnert sich, dass es außer dem Ehepaar noch eine Tochter gab, die etwa in seinem Alter war. Die Unterhaltung war lebhaft, bis der Pfarrer sagte, dass nun Schlafenszeit sei.

Am nächsten Morgen wurde Max zum Frühstück eingeladen.

Dann nahm der Pfarrer ihn wieder mit in sein Zimmer und sagte, dass auch an der Autobahnraststätte in Michendorf Polizeiposten stehen. Er täte gut daran, auch um Michendorf herumzugehen und erst dann sein Glück beim Trampen zu versuchen. Max dankte für den Rat, und der Pfarrer machte ihm eine Skizze von den Wegen, auf denen er gehen sollte.

Es hat ihm in den vielen Jahren, die seitdem vergangen sind, auf der Seele gelegen, dass er dort so einfach hingegangen ist. Denn er hat nicht nur die Gastfreundschaft der Familie angenommen – das war noch das Geringere. Er hat sie auch in Gefahr gebracht, indem er sie zum Mitwisser seiner Pläne machte. Hätte ihn zwischen Friedersdorf – so hieß der Ort – und Halle ein Volkspolizist angehalten und die Wahrheit aus ihm herausgefragt, dann wäre auch der Pfarrer in Schwierigkeiten gekommen. Keiner konnte die Gefahr abschätzen, Max am wenigsten. Damals ist ihm das nicht in den Sinn gekommen. Später, als er offiziell aus dem Westen nach Sachsenbach zu Besuch kam, hat er öfter daran gedacht, noch einmal nach Friedersdorf zu fahren; er hat es aber gelassen. Es war wohl besser so, denn schließlich wäre auch das nur aus Eigennutz geschehen. Er hätte sich nur eine Art Absolution verschafft. Und als gut dreißig Jahre nach jenem Winterabend die DDR aufhörte zu bestehen, hätte sich niemand mehr erinnert.

Die Sache mit dem vergessenen Ausweis führte dazu, dass Max in Halle in die Polizeidienststelle am Hallmarkt ging und meldete, dass er seinen Ausweis in Berlin verloren habe. Es war den Bürgern der DDR damals noch nicht verboten, nach Westberlin zu fahren. Man durfte nur nicht dort bleiben wollen, denn die DDR verlor dadurch viele ihrer Einwohner, auch solche, die eine gute Ausbildung hatten. Viele gingen nach Berlin, weil sie wegen ihrer politischen Ansichten in Gefahr waren. Nach der Notaufnahme in Westberlin wurden sie nach Westdeutschland geflogen, wo sie ein gutes Auskommen fanden. Weil man nicht mehr an diese Flüchtlinge herankam, wenn sie Westberlin erreicht hatten, wehrten sich die Behörden der DDR, indem sie Polizeistreifen durch die Züge nach Berlin schickten, die verdächtige Passagiere festnahmen. Die Republikflüchtlinge sollten eingeschüchtert werden.

Im August 1961 hatte die Abwanderung trotzdem solche Ausmaße angenommen, dass die Regierung der DDR die Mauer quer durch Berlin bauen ließ und Todesstreifen auch entlang ihrer Grenze zur Bundesrepublik anlegte. Die paar Grenzübergänge ließ sie streng bewachen. Bis dahin waren schon um die drei ihrer gut zwanzig Millionen Einwohner in den Westen gegangen. Nicht alle gingen durch das Auffanglager Marienfelde; nicht alle ließen sich als Flüchtlinge registrieren. Das hatte den Vorteil, dass man dann seinen Ost-Ausweis behielt, mit dem man weiterhin in die DDR reisen konnte, auch wenn das nun gefährlich geworden war. Von Nachteil war, dass man damit auf die finanzielle Unterstützung verzichtete, die registrierte DDR-Flüchtlinge von der Bundesrepublik bekamen. Nur wenige verzichteten.

Max hat mir gesagt, dass er damals, also in Halle und dann auch in den ersten Jahren in Berlin, eine oder sagen wir, mehrere Freundinnen hatte, nacheinander natürlich. Aber erstens sah er darin nichts Besonderes; jeder habe in diesem Alter seine ersten Freundinnen. Und zweitens sei aus diesen Verhältnissen nie etwas Dauerhaftes geworden, sonst hätte er ja jetzt andere Kinder und Enkelkinder oder gar keine; nicht auszudenken. Er habe damals auch Misserfolge verkraften müssen, aber er wollte die Sackgassen, in die er geraten war, lieber mit Schweigen übergehen. Immerhin so viel: Im Keller in seinem Haus in Kanada steht ein alter, brauner Koffer. Der ist mit breiten Tesafilmbändern verklebt, und so steht er dort bestimmt schon seit dreißig Jahren. Max und seine Frau werden sich den Inhalt wohl zuletzt zur Zeit ihrer Silberhochzeit, also vor gut dreißig Jahren, angesehen haben. Es sind Erinnerungsstücke aus längst vergangenen Jahrzehnten, aber *was* für Erinnerungsstücke, wissen sie nicht mehr. Wer sich für die Galerie seiner Freundinnen interessiert, kann da nachsehen. Weil die beiden aber den Koffer bald öffnen wollen, um sich selbst ein Bild zu machen, wird bestimmt manches aussortiert, sodass man auch Glück haben muss. Ich lasse also dieses heikle Thema und kehre zu den DDR-Verhältnissen zurück. Die sind zwar auch nur mit Mühe zu verstehen, aber sie haben Max geprägt. Wer wissen will, wie aus ihm der geworden ist, der er dann war, muss sich *da*mit auseinandersetzen.

42 Dumme Geschichten und Abfahrt

Nach den beiden Berlin-Fahrten – von der zweiten hat er mir nichts gesagt, sie war offenbar wenig bedeutend – war Max nur noch kurz in Halle, aber in dieser kurzen Zeit ist ihm in der Schule zweierlei widerfahren, das hässlich war:

Alle wussten, dass der Musiklehrer es mit der Anwesenheit der Schüler nicht so genau nahm. Man ging hinauf in die Aula und saß jedes Mal woanders, sodass ihm nicht auffallen konnte, wenn jemand fehlte. Max nutzte das aus, um zum Hallmarkt in die Polizeistation zu gehen und einen behelfsmäßigen Ersatz-Ausweis zu beantragen, denn ohne Ausweis war man in der DDR, wie gesagt, kein Mensch. Zur nächsten Stunde war er rechtzeitig zurück.

Als sein Klassenlehrer Wollmer hereinkam, klagte eine Klassenkameradin, ihr fehlten zehn Mark, die sie unter dem Tisch an ihrem Platz gelassen habe, während sie im Musikunterricht gewesen sei. Wollmer stellte Fragen. Er wollte wissen, ob jemand aus der Klasse nicht in der Aula beim Musikunterricht gewesen sei. Max meldete sich und wurde damit zur Zielscheibe von Wollmers Verdacht. Ob er Geld bei sich habe. Hatte er, es waren aber keine zehn Mark. Dann werde man in seinem Schreibtisch im Schülerheim nachsehen, was aber nur mit seinem Einverständnis gehe. Das gab er und sagte, dass man dort zwei Zehn-Mark-Scheine finden werde, die er kürzlich von seinen Eltern geschickt bekommen habe. Der Lehrer, zwei Schüler und er gingen hinüber ins Heim, und Max holte die beiden Scheine heraus. Dann wurde weiter gesucht, vergeblich. Max sah keine Logik in dieser Suche, aber er sagte nichts.

Zurück in der Klasse sagte Wollmer, dass man ihm nichts nachweisen, aber auch den Verdacht nicht fallen lassen könne. Daraus machte sich Max nicht viel, denn er hatte ja ein ruhiges Gewissen. Allmählich ärgerte ihn die Geschichte aber doch, und er fing an, Wollmers Verdacht degradierend zu finden. Sein gutes Gewissen genügte ihm nicht mehr; er wollte, dass seine Ehrlichkeit auch zu erkennen sei. Aber wie sollte das gehen?

Dann gab es den Zwischenfall im Treppenhaus des Hauses 13, der zeigte, dass Max seinen Jähzorn noch nicht unter Kontrolle hatte. Er war allein im Zimmer und hatte sich den Mantel angezogen, weil er irgendwohin wollte. Die vier Bewohner des Nachbarzimmers waren da, und weil die Kleiderschränke im gemeinsamen Schlafsaal standen, kriegten sie mit, dass er weg wollte. Die vier gingen ins Treppenhaus und hielten von außen die Tür von Max' Zimmer zu. Er redete mit ihnen, versuchte auch, die Tür aufzukriegen, es gelang aber nicht. Da kam ihm die Idee, durch den Schlafsaal in das nun verlassene Zimmer der vier zu gehen und das Treppenhaus durch dessen Eingangstür zu erreichen. Das hatten sie natürlich vorausgesehen, und nun hielten sie auch diese Tür von außen zu. Er rannte wieder zurück, aber während die beiden Türen im Treppenhaus nebeneinander lagen, musste Max immer erst durch die beiden Zimmer und den Schlafsaal rennen. Sein Frust wuchs, und als er einsah, dass er ihnen ausgeliefert und eingesperrt war, kochte die Wut in ihm so hoch, dass er von innen gegen eine Tür trat. Zu seinem Entsetzen zerbrach das untere Brett der Türfüllung; man konnte vom Zimmer in das Treppenhaus sehen. Bei diesem Anblick wurden auch die vier von einer Angst erfasst, die sie verstummen ließ. Betreten standen sie zu fünft eine Weile vor der Tür, dann ging Max.

Am Abend saß er an seinem Schreibtisch und machte Schularbeiten. Da kam der Erzieher mit dem Heimleiter herein. Der Heimleiter, ein großer, ruhiger Mensch, war beliebt, obwohl er immer das ovale Abzeichen der *Sozialsitischen Einheitspartei Deutschlands* am Revers trug. Dass er jetzt mitkam, gab der Sache eine unerwartete Bedeutung. Die beiden redeten ernsthaft auf Max ein: Er solle seine Schuld erkennen und versprechen, die Reparatur zu bezahlen. Dazu wollte er sich nicht bereit finden, jedenfalls nicht sofort. Er muss durch seine Formulierungen aber angedeutet haben, dass er erst einen Denkprozess durchlaufen müsse; jedenfalls setzte ihm der Heimleiter eine – großzügig bemessene – Frist, bevor er wieder ging. Max sollte im Büro der Heimleitung einen Brief abgeben und darin das Ergebnis seiner Überlegungen mitteilen. Inzwischen sollte die Tür behelfsmäßig repariert werden.

Der Tag seiner Flucht kam heran. Seinen Stubenkameraden, die am Morgen in die Schule gingen, sagte er, dass in seinem Schreibtisch ein Brief an den Heimleiter liege. Sie könnten so tun, als hätten sie ihn zufällig gefunden. In diesem Brief dankte Max ihm für alles, teilte ihm seine neue Adresse in Berlin-Wilmersdorf mit und bat ihn, die Rechnung für die Tür dorthin zu schicken. Dass sie den Brief abgegeben haben, weiß er. Die Rechnung ist aber nie in Berlin angekommen.

Max verabschiedete sich von allen im Heim und in der Schule. Nur den *FDJ*-Sekretär in seiner Klasse ließ er aus. Er ging aber zu seinem Klassenlehrer Wollmer in die Wohnung, weil er ihm zeigen wollte, dass ihn das gestohlene Geld kalt ließ und weil er sich von ihm verabschieden wollte. Das hätte er lieber lassen sollen, denn als er davon sprach, dass er morgen nach Westberlin fahre, sagte Wollmer, dass er ihm keinen Knüppel zwischen die Beine werfen wolle. Dass er überhaupt auf den Gedanken kam, erschreckte Max. Wollmer fragte auch, ob er sich noch von andern verabschiedet hätte. Max antwortete, ja, von allen, bis auf den *FDJ*-Sekretär. Es war vielleicht unvorsichtig, diese Frage zu beantworten, aber Max wollte, dass Wollmer seinen Schülern keine politische Überzeugungstreue mehr vorzuspielen brauchte.

Leider leistete er sich dann doch etwas, das Max zutiefst enttäuschte: Als Max weg war, stellte er sich vor die Klasse, teilte Max' Flucht mit und schloss daran die Bemerkung: „Nun wird ja wohl kein Geld mehr wegkommen." Ein Mitschüler, der Max in Westberlin besuchte, hat es ihm erzählt. Damit hat Wollmer sich doch noch bei denen angebiedert, für die eine Republikflucht etwas moralisch Minderwertiges war. Jetzt ist er tot. Max hat seine ursprünglich gute Meinung über ihn nicht zurückgewonnen. Schließlich hat Wollmer nur seinen Verdacht gehabt. Der Wahrheit wäre er gerecht geworden, wenn er geschwiegen hätte. Es wäre nicht schwer gewesen.

Die anderen waren längst in der Schule, da stand Max am Tisch und schmierte sich Brote. Er wusste ja nicht, wann und wo er in Westberlin etwas zu essen kriegen würde. Er hatte am Abend zuvor im Speisesaal noch ein paar Scheiben Brot an Land gezogen, und von seinen letzten Fleischmarken hatte er Wurst gekauft. Da trat Mutter Baumgarten ins Zimmer. Den Koffer, mit dem er zweieinhalb Jahre zuvor in Halle angekommen war, hatte er wieder gepackt. „Junge, was machst du denn hier? Du musst doch längst in der Schule sein", sagte sie. „Ich gehe nicht mehr in die Schule, Frau Baumgarten, ich fahre nach Westberlin", erwiderte er, worauf sie so zu klagen begann, dass er ihr alles erklären musste. Vor allem wollte sie wissen, wer denn in Westberlin für ihn sorge und ob er auch da in die Schule gehe. Er beruhigte sie, so gut es ging. „Was sagen denn deine Eltern dazu?" wollte sie noch wissen. Sie kam nicht darüber hinweg, dass sie nichts Genaues wussten, sodass sich das nun doch auf sein Gewissen legte.

Dann aber fiel ihm ein, dass er zu Haus durchaus Andeutungen gemacht hatte. Nur über den Zeitpunkt seiner Flucht hatte er sie im Ungewissen gelassen. Seine Eltern hatten nicht nachgefragt. Er würde ja in Berlin näher bei ihnen wohnen, und weil er sich vorgenommen hatte, seinen DDR-Ausweis zu behalten, würde er sie auch öfter besuchen können. Das leuchtete auch Mutter Baumgarten ein. Sie ging nun zum Praktischen über und fragte, wann denn sein Zug fahre. Er sagte es ihr, und ein Blick auf die Uhr überzeugte sie, dass er sich beeilen müsse. Sie half ihm, das letzte Brot zu schmieren. Er verabschiedete sich von ihr, und als er aus der Tür ging, warf er noch einen Blick zurück zum Schrank, auf dem sein Waldhorn lag. Seine Karriere als Musiker hatte nun ein Ende.

43 In Westberlin

Am Anhalter Bahnhof regnete es. Der Zug hielt weit vor der stark beschädigten Bahnhofshalle. Max war Teil einer Menschenmenge und musste seinen Pappkoffer über Pfützen, durch Matsch und über aufgerissenen Asphalt tragen. Es war Anfang Februar 1952. Schon unterwegs war winterlich graues Nieselwetter gewesen. Die Fahrt war ohne Zwischenfälle verlaufen, obwohl eine Streife der Volkspolizei durch den Zug gegangen war. Sie hatten Passagiere nach dem Zweck ihrer Berlinreise gefragt. Max hätte darauf nichts zu sagen gewusst, auch hätte ihn der Inhalt seines Koffers verraten. Aber sie hatten ihn nicht gefragt.

Jetzt fuhr er zu Brauns, die in Wilmersdorf eine große Wohnung hatten. Sie war dunkel und voll schwerer, alter Möbel. Dazwischen fand sich auch Behelfsmäßiges, wie die Möbel in dem Zimmer, das Max mit Philipp teilte. Herr Braun war ein kauziger Mann mit einem seltsamen Humor. Max durfte nicht ohne seine Zustimmung aus dem Haus gehen, und im Übrigen erwartete er, dass alle seine Untermieter, wie er sie nannte, seine Meinungen teilten. Außer an Philipp, einen freundlichen Menschen, der drei oder vier Jahre älter sein mochte als Max und eine fortbildende Schule besuchte, erinnerte sich Max später noch an Martin, einen Handwerksgesellen, der war *noch* älter. Dann war da Frau Braun, die etwas abgehärmt aussah und im Übrigen immer still war, und ein vielleicht achtjähriges Mädchen, eine Verwandte.

Herr Braun verkündete seine Meinungen, wenn abends alle um den Tisch saßen und er präsidierte. Seine jeweilige Laune verhehlte er nicht; die anderen hatten sich danach zu richten. Bald nach Max‘ Ankunft sang er der Tischgemeinschaft einen dummen Vers vor, den Max zuerst nicht verstand, der ihn dann aber abstieß:

Es schwimmt eine Leiche im Landwehrkanal.
Reicht se mir mal her,
aber knautscht se nich so sehr.

Braun fand das urkomisch. Die Leiche Rosa Luxemburgs sei gemeint, sagte er, einer jüdischen Kommunistin, die zudem ein Polackenweib gewesen sei. Deutsche Freischärler hätten den Vers erfunden. Er wird gemerkt haben, dass Max nicht lachte. Ein andermal erzählte er Ehrfurchtgebietendes über den Kaiser und wie Deutschland seit 1918 so ganz auf den Hund gekommen sei. Genauer unterhielt er sich darüber mit einem Freund, der ihn manchmal besuchte und einen Schmiss im Gesicht hatte. Max fragte Philipp, was Herr Braun eigentlich von Beruf sei. Der wusste es nicht, aber Martin lachte, er habe mit einem Möbelgeschäft Pleite gemacht.

Max hatte noch nicht recht begriffen, wohin er geraten war. Er erinnert sich aber, dass seine Zweifel an Herrn Braun wuchsen. Einmal musste er irgendwohin mit der S-Bahn fahren, und Herr Braun wollte, dass er unterwegs lese. Max antwortete, dass er lieber aus dem Fenster sehe, um die Stadt kennenzulernen. Es werde ja aber früh dunkel, wenigstens dann könne er lesen, meinte Herr Braun. Max konterte, nein, wenn er nicht mehr raussehen könne, dann interessierten ihn die anderen Fahrgäste. Das war nun schon recht weit hergeholt, und eigentlich trat hier vor allem sein alter Widerspruchsgeist zutage.

Ein andermal fuhr er in den Ostsektor, wo er sich etwas kaufen wollte, das er für die Schule brauchte. Im Osten war es wegen des Umtauschkurses billiger als im Westen, wo die Qualität besser, die Preise aber unerschwinglich waren. Die Fahrt dauerte länger als gedacht; Max kam erst nach der Frist zurück, die Herr Braun ihm gesetzt hatte. Der wollte den Grund wissen. Max sagte, wie es war, die Fahrt und die Besorgung hätten alles in allem so lange gedauert. Da fuhr Herr Braun ihn an, das sei nicht wahr, er habe zu der von ihm bestimmten Zeit zurück zu sein. Max habe sich rumgetrieben. „Det passt mir nich!“ Damit ließ er ihn stehen, schritt aus dem Zimmer und schlug die Tür hinter sich zu.

Er hatte Max aber ein altes Fahrrad gegeben, mit dem er zunächst in die Schule fahren sollte, bis er sich mit dem Busverkehr vertraut gemacht hatte. Es war weit von der Dürerstraße in Wilmersdorf bis in die Treitschkestraße in Steglitz, wo die Schule war. Auch die war ihm erst noch fremd. Von dem antisemitischen Namenspatron wusste er gar nichts, er hätte sich wohl sonst eine andere Schule gesucht.

Weil ihn der Schulleiter aufgenommen hatte, dachte er, dass damit alles erledigt sei, und er brauche nun bloß noch zum Unterricht zu gehen. Als er das zum ersten Mal versuchte, traf er am Eingang auf den Hausmeister. Dem erklärte er, wer er sei und dass er in die zehnte Klasse käme. In Westberlin wurde man zu Ostern eingeschult und versetzt, nicht im September wie in der DDR. Dr. Altmann hatte es besser gefunden, dass er ein halbes Jahr zurückgehe und nicht versuche, ein halbes Schuljahr einzusparen. Max hatte an seine miesen Leistungen in Halle gedacht und ihm Recht gegeben.

„Komm, ich bringe dich hin", sagte der Hausmeister. Im eindrucksvollen Treppenhaus gingen sie hinauf in die zweite Etage, dann einen langen, breiten Flur entlang, der mit braunem Linoleum ausgelegt war und nach Reinigungsmitteln roch. Er klopfte an eine Tür, öffnete sie und schob Max hinein mit den Worten: „Ich bringe Ihnen einen neuen Schüler." Da saßen sie, ungefähr zwanzig Gleichaltrige, und sahen ihn interessiert an. Sie saßen an Tischen, die in Hufeisenform an den Wänden und an den Fenstern entlang aufgestellt waren, einige auch in der Mitte. Vor ihnen, an einem Pult, saß der Lehrer. Er hatte aufgehört zu reden. Alle sahen Max an, der lange an der Tür stand. Weil er aber nicht ewig stehen bleiben und sich mustern lassen konnte und außerdem am Fenster einen freien Platz entdeckt hatte, ging er schließlich festen Schrittes hinter dem Lehrer vorbei und setzte sich.

Da löste sich die Starre: „Wer bist du, wo kommst du eigentlich her?" fragte der Lehrer. Max erhob sich und verkündete, zur Klasse gewandt: „Max Bärenreiter aus Halle", womit er die Frage genau beantwortet hatte. Der Lehrer war aber noch immer perplex: „Du kannst doch nicht einfach von der Straße hier reinkommen; der Hausmeister kann dich doch nicht einschulen!" Max wollte die Peinlichkeit nicht länger hinziehen und sagte, dass Dr. Altmann ihn schon vor einiger Zeit aufgenommen habe. Das genügte erstmal; man werde alles andere später regeln, sagte Dr. Ziegler. Denn er war es. Er blieb die drei Jahre, die Max an der Treitschkeschule war, sein Deutschlehrer. Er verdankt ihm viel und weiß nicht, ob er überhaupt Germanist geworden wäre, wenn Dr. Ziegler die Schüler nicht auf seine Art an die deutsche Literatur herangeführt hätte.

Zu Anfang verfuhr er sich einmal auf dem Weg von Wilmersdorf nach Steglitz. Plötzlich wusste er nicht mehr, wo er war. Überall waren Häuserfluchten mit kahlen Bäumen davor; alle sahen sie ähnlich aus. Ein Polizist mit Tschako und dickem Wintermantel stand am Straßenrand. Vor dem bremste Max mit seinem Fahrrad, dass der Schnee knirschte. Als er ihn nach dem Weg fragte, sagte der Polizist: „Klingeln Sie doch mal kräftig." Dabei sah er genau, dass der obere Teil der Klingel fehlte, der Mechanismus lag in der unteren Hälfte offen zutage. Max murmelte, er sei aus dem Osten, das Fahrrad gehöre ihm nicht, er müsse in die Schule. Die Amtsperson sah ihn verständnislos an, erklärte ihm aber den Weg. In der Schule setzte er dem Mathe-Lehrer, Herrn Eichhorn, auseinander, warum er zu spät kam. Eichhorn nickte.

Max fühlte sich wohl in der neuen Schule. Die Atmosphäre war vom Wohlstand seiner neuen Mitschüler, von dem Wissen, das sie aus den unteren Klassen eines intakten Schulsystems mitbrachten, und von einer unangestrengten Ordnung geprägt. Die Lehrer waren gelassen; sie brauchten sich nicht dauernd zu irgendeiner Parteilinie zu bekennen, sie brauchten auch ihren Schülern nichts vorzumachen. Die Mitschüler fragten Max, was sie wissen wollten, und danach war er Teil ihrer Gemeinschaft. Die Umgebung der Schule war, wie auch die Gegend um die Dürerstraße in Wilmersdorf, wo er nun wohnte, im Bombenkrieg heil geblieben. Es kam ihm wie eine ganz neue Welt vor. Max ahnte, dass er es mit dem Vorankommen nicht leicht haben würde, aber er fühlte sich frei und war zufrieden.

Allmählich begriff er, wieviel Wissen ihm fehlte. Er musste arbeiten, und das tat er. In Englisch, das nun seine erste Fremdsprache war, musste er einiges aufholen, auch in Latein. Gerade als er ankam, wurde in der Treitschkeschule neben Französisch auch Russisch als zweite Fremdsprache eingeführt. Dass er nie Französisch gehabt hatte, spielte nun keine Rolle mehr. Einmal wurde er vom Pausenhof, wo er unter hohen Ahornbäumen mit einem Mitschüler seine Runden drehte, zum Direktor gerufen. Ein Mann war da, der wurde ihm als Reporter des *Tagesspiegel* vorgestellt, der Westberliner Tageszeitung. Es waren noch mehr Schüler aus der DDR, die man damals „Ostzone" nannte, in Westberlin aufgetaucht, und der Reporter wollte darüber berichten. Als der Artikel dann erschien, trug er den pathetischen Titel „Die Freiheitsglocke rief sie zur Schule". Die Freiheitsglocke, ein Geschenk der amerikanischen Regierung, hing im Schöneberger Rathausturm und sollte ein Symbol für die Freiheit des Stadtstaats sein, der mitten in der DDR lag. Der Reporter hatte offenbar mit Dr. Altmann gesprochen, als Max noch nicht im Raum war, und der muss ihm gesagt haben, er habe in Halle so viel versäumt, dass er ein halbes Schuljahr zurückgegangen sei und trotzdem noch viele Nachhilfestunden bekommen habe. Das mit den Nachhilfestunden stimmte natürlich nicht; wer hätte die denn bezahlen sollen? Aber Max glaubte nun umso eher, dass er im Hintertreffen sei und sich anstrengen müsse.

Inzwischen spitzte sich die Lage bei Brauns zu. Max wollte sich den Befehlen nicht fügen; er sah darin einen Angriff auf seine Würde. Der Patriarch aber bestand auf dem, was er sagte. Eines Tages, Max hatte noch keine drei Monate in der Dürerstraße in Wilmersdorf gewohnt, druckste Philipp ein bisschen herum und eröffnete ihm dann, Braun habe gesagt, er solle Max mitteilen, er, Braun, möchte, dass er ausziehe. Auf die naheliegende Frage: „Warum sagt er mir das nicht selbst?" antwortete Philipp: „Ja, das verstehe ich auch nicht." Zu der Zeit war Max schon mit einem Schulkameraden im Gespräch, zu dem er ziehen wollte. Er ging zu dessen Mutter, sie legten die Einzelheiten fest, er sagte Braun, dass er dann und dann ausziehe, und das wars.

Nun kam er wieder in eine neue Umgebung: Er bezog das ehemalige Dienstmädchenzimmer gleich links am Eingang der Wohnung, die auch in Wilmersdorf lag und in der Frau Hartnagel mit ihrem Sohn Hans wohnte. Der Vater war vor einiger Zeit gestorben. Möglich wurde der Umzug, weil die Stadt Berlin jetzt anfing, den „verdrängten Oberschülern", wie man sie offiziell nannte, eine Währungsbeihilfe zu zahlen, monatlich sechzig D-Mark, wofür sie sechzig Ost-Mark bezahlen mussten. Die kriegte er von den Eltern. Von der kirchlichen Stelle, die Herrn Braun das Geld für ihn bisher überwiesen hatte, erhielt Max fünfundzwanzig D-Mark dazu, die er jeden Monat in Zehlendorf abholen musste. „Sie sind Herrn Braun immer weggelaufen", sagte die Frau, die das entscheiden musste, und er wusste nicht, sollte es eine Frage oder ein Vorwurf sein. Er sagte ihr, wie es gewesen war, und erhielt die Beihilfe.

Von seinen nun fünfundachtzig D-Mark zahlte er fünfundzwanzig für die Miete. Es war ein geringer Betrag, auch wenn die Möbel in seinem Zimmer alt und klobig waren. Frau Hartnagel wärmte ihm auch seine Schulspeisung auf, die er immer in einem Kochgeschirr aus der Schule mitbrachte. Er aß mit ihr und Hans in der Küche zu Mittag, und im Winter heizte sie den Kachelofen in seinem Zimmer. Er fühlte sich wohl und hätte sich noch wohler gefühlt, wenn ihm nicht allmählich aufgegangen wäre, dass ihm noch eine andere Rolle zugedacht war. Davon später.

Er musste sich im Polizeirevier anmelden. Das konnte er mit seinem Ost-Ausweis. Bald fuhr er von Westberlin wieder nach Sachsenbach. Das erste Mal nahm er noch den Zug: Er fuhr mit der S-Bahn bis Potsdam, wo Vopos auf dem Bahnsteig standen und einzelne Fahrgäste zur Kontrolle mitnahmen, dann mit dem Personenzug nach Zetternitz, und schließlich mit der normalspurigen Kleinbahn nach Sachsenbach. Das war zeitraubend, und weil er diesmal keine Schülerrückfahrkarte beantragen konnte, war es auch teuer.

Die Eltern waren beim ersten Mal überrascht, als er ihnen sagte, er käme nun aus Berlin. Sie hatten wohl den Gedanken an seine Republikflucht von sich geschoben, weil sie Max sowieso nicht mehr beeinflussen konnten. Mutter forderte Vater zwar auf, ihm den Umzug zu verbieten, aber dazu war es nun zu spät. Vater mag ohnehin eingesehen haben, dass Max im Westen besser aufgehoben sei. Natürlich freuten sie sich über die Aussicht, dass er nun öfter kommen würde.

Danach fuhr er meistens mit dem Fahrrad. Die Familie hatte von einer alten Tante in Westberlin ein Klavier geerbt. Das hätten sie nie über die Grenze gekriegt oder wenn, dann nur mit vielen Behördengängen und hohen Kosten. Außerdem stand seit dem Krieg im Wohnzimmer in Sachsenbach schon ein Klavier, das Nachbarn dort untergestellt hatten und auf dem Max mit mäßigem Erfolg Unterricht gehabt hatte, als er noch zu Haus wohnte. Die Eltern verzichteten auf das Berliner Klavier und schrieben dem Testamentsvollstrecker, er solle es verkaufen und Max das Geld geben. Der kaufte sich ein gebrauchtes Fahrrad dafür, das noch aus der Vorkriegszeit stammte, eins mit Rennlenker und verchromten Bremstrommeln. Damit fuhr er nun immer nach Haus. Vater meinte, sie seien vielleicht übervorteilt worden, aber Max machte sich darüber keine Gedanken.

Der Weg nach Sachsenbach führte durch den Hohenzollerndamm und den Grunewald, vorbei am Jagdschloss, und dann sauste er ungehindert auf dem Kronprinzessinnenweg nach Wannsee, wo er auf die Königsstraße kam, die alte Reichsstraße 1. Nun ging es leicht, aber lange bergauf, und endlich kam er wieder hinab an die Glienicker Brücke, die Grenze zur DDR. Beim Westberliner Zoll kam er immer glatt durch, bei der DDR-Kontrollstelle, die auf der Brücke war, gewöhnlich auch. Sicher war das aber nie. Das flaue Gefühl in der Magengegend kennt er gut. In seinem Ausweis stand noch Halle als Wohnort, und wenn man ihn erwischt und zugleich auch entdeckt hätte, dass er von dort geflohen war und jetzt in

Westberlin wohnte, wäre es ihm schlecht ergangen. *Wie* schlecht, wusste niemand, denn in der DDR gab es keine Rechtssicherheit.

In Potsdam, wohin er zuerst kam, fiel der graue Putz von den Häusern, die Stellen wurden von den allgegenwärtigen roten Transparenten mit den markigen Parolen verdeckt. Dann fuhr er durch Feld und Wald – über Werder, Groß Kreutz und Jeserig. Von Jeserig waren es noch gut vierzig Kilometer. Auf den Straßen war damals wenig Verkehr. Im Koffer auf seinem Gepäckständer und in den beiden Gepäcktaschen hatte er auf dem Hinweg schmutzige, auf dem Rückweg saubere Wäsche und einige Lebensmittel. Alle drei, vier Wochen machte er diese Fahrt. Er konnte immer nur kurz in Sachsenbach bleiben, weil er ja am Montag um acht wieder in der Schule sein musste.

Vater war inzwischen Berufsschullehrer, er unterrichtete zuerst in Sachsenbach, ging dann zu einem Lehrgang nach Berlin und fuhr danach täglich von Sachsenbach nach Marchow, keine einfache Sache, denn der Bus fuhr nur einmal am Tag hin und einmal zurück.

Leider waren Max' Fahrten nach Sachsenbach und seine Aufenthalte dort nie frei von Angst, denn immer blieb ungewiss, ob die Behörden in Halle denen in Sachsenbach seine Flucht gemeldet hatten oder noch melden würden. Die in Sachsenbach oder in Marchow, wo das Volkspolizeikreisamt war, würden dann reagieren müssen. Deshalb hatte er sich zu Haus eine Fluchtroute ausgedacht, die er einmal benutzen musste:

Mutter hatte von einem Wohnzimmerfenster aus gesehen, wie auf der Straße ein Vopo auf das Haus zukam. Er ging den Tritt hinauf und klingelte. Bevor sie ihm aufschloss, kam sie zu ihm in die Küche und flüsterte ihm zu „Polizei!" Er lief ins Schlafzimmer, sprang hinten aus dem Fenster, lief durch den Garten in Gieses Gärtnerei und versteckte sich in den Gewächshäusern. Es dauerte lange. Dann hörte er Mutter aus dem Garten irgendwas rufen; sie hatten leider nicht daran gedacht, ein Signal für die Entwarnung zu vereinbaren. Er schlich vorsichtig zurück ins Haus. Es war der Ortspolizist gewesen, ein umgänglicher Mensch. Der hatte den Eltern gesagt, er habe Nachricht erhalten, dass Max noch Lebensmittelmarken in Sachsenbach beziehe. Ob das wahr sei. Die Eltern verneinten guten Gewissens. Dann redeten sie noch dies und das, wobei sein neuer Wohnort nicht erwähnt wurde, und er ging wieder. Keiner wusste, warum er wirklich gekommen war, denn dass seine Information falsch war, hätte ihm auch ein Blick in die Kartei der Lebensmittelmarkenausgabestelle gesagt. Wusste der Polizist vielleicht, dass Max gerade in Sachsenbach war und wollte er ihn mit seinem Besuch warnen? Es blieb ein Rätsel, das niemand mehr löst. Denn ein paar Wochen später floh der Polizist selbst in den Westen.

Max kam weiterhin, aber besonders im Winter waren die Fahrten oft beschwerlich. Einmal fuhr er am Sonntagnachmittag wieder aus Sachsenbach ab. Es hatte geregnet. Dann kam ein Kältesturz, und die Straßen wurden an vielen Stellen spiegelglatt. Teilweise kam er nur zu Fuß vorwärts. Schließlich rutschte er im hellen Mondschein um Mitternacht in der Nähe vom Jagdschloss Grunewald mehrmals nacheinander aus und fiel hin. Es machte ihm aber wenig, denn er war wieder in Sicherheit.

44 Nochmal nach Halle

Es muss im April 1952 gewesen sein, als Max mit seinem Rad nach Halle fuhr. Das war ein ganz irrer Einfall, aber er hatte Sehnsucht. Diese Sehnsucht hatte mit dem schon erwähnten Koffer und der Fotogalerie zu tun, und nun mach einer was dagegen. Von Halle wollte er dann über Sachsenbach zurück nach Berlin fahren. Er hatte mehrere Tage Zeit. Also packte er einen mittelgroßen Koffer, den er sich inzwischen in Ostberlin gekauft hatte, band ihn auf den Gepäckträger und fuhr in Richtung Glienicker Brücke. Dort fragte er den Westberliner Zöllner, der mit dem Fernglas die DDR-Kontrollstelle beobachtete, ob denn drüben was los sei. Nicht direkt, meinte der, aber die drüben hätten schon den ganzen Tag gründlicher kontrolliert als sonst. Max hatte Schokolade, Zigaretten und einiges andere bei sich, teils für seine ehemaligen Kameraden in Halle, teils für seine Eltern. Außerdem hatte er seine Kleidung im Koffer, die man als westlich erkennen konnte. Damit war dessen Inhalt nicht mehr mit seinem DDR-Ausweis und dem darin eingetragenen Wohnort zu vereinbaren.

Er fragte den Zöllner, was er ihm raten würde. Der wollte sich nicht festlegen. Er meinte, Max könne ja in den Wald fahren und die westlichen Sachen unter die östlichen ziehen, aber das schien ihm zu riskant. Lieber fuhr er die ganze Strecke zurück zum Bahnhof Wannsee, nahm seinen Koffer, schloss das Fahrrad an und stieg in die S-Bahn nach Potsdam, weil er hoffte, dass er dort mit seinem Koffer leichter durch die Kontrolle käme. Sein Herz klopfte, als er dort auf dem S-Bahnsteig zwischen zwei Polizisten hindurchging, die nach möglichen Opfern Ausschau hielten. Aber er hatte Glück. Er brachte den Koffer zur Gepäckaufbewahrung und ging nun unbeschwert zurück zum S-Bahnsteig und fuhr wieder nach Wannsee. Dort schloss er sein Fahrrad los und fuhr noch einmal über den langgestreckten Hügel zur Glienicker Brücke und dann zum Bahnhof in Potsdam, wo er seinen Koffer von der Gepäckaufbewahrung abholte.

Er hatte viel Zeit verloren, es war schon Mittag, also fuhr er so schnell er konnte. Aber dann fing es bei Treuenbrietzen an zu nieseln, und hinter Wittenberg setzte ein Dauerregen ein, der immer mehr zunahm, bis es richtig goss. Der neue Koffer hielt stand, aber Max war schnell durchgeweicht. In Bitterfeld war es schon stockdunkel, und das Wasser lief ihm übers Gesicht. Auf den letzten Kilometern hörte der Regen zwar auf, aber nun blies ihm ein kalter Wind von Westen entgegen. Durchgeweicht wie er war, fror er jämmerlich, aber er fuhr weiter. Es war lange nach Mitternacht, als er am Franckeplatz vor dem Hauptgebäude stand, das verschlossen war wie alle Zugänge zu den Stiftungen. Er wusste nicht, wohin.

Da fasste er sich ein Herz, trug sein Fahrrad die Stufen zum Portal hinauf und klingelte. Die Klingel schallte laut durch die Eingangshalle, ein Schlüssel drehte sich im Schloss, der Spuz steckte den Kopf heraus, und als er ihn sah, öffnete er das Portal, sodass Max mit seinem Rad ins Hauptgebäude gehen konnte. Er muss geglaubt haben, dass Max, der ihm bekannt war, noch in den Stiftungen wohnte. Auch der grüßte freundlich und trug sein Rad bis zur hinteren Tür des Gebäudes, um den mit großen, rötlichen Fliesen belegten Fußboden nicht zu beschmutzen. Dann schob er es die Straße hinauf bis fast zum Denkmal, ging links in das Haus 13 und schloss es im Souterrain an. Den Koffer trug er die düsteren Treppen hinauf. Die Tür zu Stube 7, die ihm vertrauter war als Stube 5, wo er zuletzt gewohnt hatte, war nicht verschlossen. Er trat ein; kaum hatte sich etwas verändert. Max ging in den Schlafraum, er fand sein Bett noch immer leer, die drei Kameraden schliefen, er zog sich aus, legte sich in sein ehemaliges Bett und schlief ein.

Wann sie ihn fanden, weiß er nicht mehr, auch nicht, was dann gesprochen wurde. Seine Rückkehr hatte etwas gespenstisch Selbstverständliches. Seine drei Mitbewohner gingen zum Frühstück in den Speisesaal; dahin traute Max sich doch nicht. Es war auch nicht nötig, denn sie brachten ihm Brot und Marmelade mit. Dann ging er durch die Stuben, um die andern zu begrüßen. Als sie in der Schule waren, nahm er sein Rad und fuhr in ein Dorf, wo er die Verabredung hatte, deretwegen er gekommen war. Er musste aber erst einen wachsamen Großvater und dessen

Deutschen Schäferhund umgehen, dann klingelte er mit seiner Fahrradklingel, und das Gesicht, das ihm auf der Reise vorgeschwebt hatte, erschien über einer Gartenmauer, um ihm schnell den Weg zum nahen Steinbruch zu beschreiben. Dorthin kam sie bald nach. Was sie sprachen, muss zum Abbruch der Beziehungen geführt haben. Denn als Max am Abend wieder in den Stiftungen war, wusste er, dass er nicht wiederkommen würde.

Er öffnete die Tür zu seiner früheren Stube, einige Heimbewohner saßen in einer Ecke und sahen sich ein Buch an. Zwischen ihnen war plötzlich ein blaues *FDJ*-Hemd zu sehen, dessen Träger ebenfalls in das Buch vertieft war. Aber hinter ihm richtete sich Schiepzig auf; er hatte dem *FDJ*-Sekretär des Schülerheims, den Max nun erkannte, über die Schulter gesehen, und zeigte von oben auf ihn. Max begriff und schloss die Tür von außen.

Als er später wiederkam, war der Sekretär weg. Wie in alten Zeiten saß Max mit den andern drei von Stube 7 zusammen. Man sprach über den Westen und den Osten, da ging die Tür auf, jemand trat ein und sagte, der Erzieher sei auf dem Weg hierher. Max wollte ihn nicht treffen, aber er konnte nicht mehr weg, außer in den Schlafraum. Dort saß er und hörte, wie er ins Wohnzimmer kam und mit den anderen drei sprach. Schon glaubte er, der Erzieher sei gar nicht seinetwegen gekommen, da hörte er feste Schritte, die auf den Schlafraum zukamen, die Tür wurde geöffnet, und er fragte, ohne Max zu begrüßen, ob er sich darüber klar sei, in welche Gefahr er sie alle brächte. Daran hatte Max nicht gedacht. Er hatte ja die weitaus größere Gefahr auf sich genommen, war auch dabei, sich in Westberlin durchzuschlagen, während sie sich hier gemeinsam unter die Knute der Partei und der *FDJ* duckten. Dass er trotzdem kein Recht hatte, sie in seine Abenteuer hineinzuziehen, schoss ihm erst jetzt durch den Kopf. Der Erzieher gab ihm dann doch die Hand und ging wieder. Max zog noch diesen Abend zu Waldemar, der kein Schüler mehr war und sich in den Stiftungen eine Privatwohnung gemietet hatte, in die er ihn einlud. Dort sei er sicherer, sagte Waldemar.

Am nächsten Tag wollte Max noch einen Schulkameraden aufsuchen. Das hatte mit seiner Fahrt in das Dorf zu tun; der Mensch war Max' Nebenbuhler gewesen. Er suchte das Gespräch mit ihm. Seine Adresse hatte er nicht, aber er wusste, dass sein Vater ein Textilgeschäft am Hallmarkt betrieb. Als er dort eintrat, kam der Vater, den er noch nie gesehen hatte, ihm entgegen. Max nannte seinen Namen und fragte nach dem

Sohn. Da erlebte er, wie dieser Mann, der Max' Namen ungläubig wiederholte, ängstlich wurde, wie er ihn abwehrte und ihm sagte, dass er seinen Sohn nicht sprechen könne. Max ging. Kurz darauf, vielleicht noch am selben Tag, sagte ihm jemand, der Mann sei Jude. Da verstand er: Die Furcht, sich mit jemandem einzulassen, der gegen die Obrigkeit aufbegehrt, hatte vielleicht mit früheren Erfahrungen zu tun, vielleicht war sie Teil seiner Natur geworden.

Tags darauf war er auf dem Weg nach Sachsenbach. Er überquerte die Elbe auf einer Fähre bei Akorn. Zuerst kam er aber am Petersberg vorbei. Es ging sehr bergauf und er hatte Gegenwind, also schob er sein Rad und sah hinab in die Ebene. Der Himmel war grau. Weit und breit war kein Mensch zu sehen; es waren nur Obstbäume da, die noch keine Blätter hatten. Max sah nach links, sah auch nach rechts, aber der Ural war auch diesmal nicht zu sehen, nicht mal der Harz. In dieser tristen Einsamkeit kam ihm schließlich eine Frau auf der anderen Straßenseite entgegen, auch sie zu Fuß. Es dauerte lange, bis sie so dicht herangekommen war, dass sie aneinander vorbeigehen mussten. Da sah er auf. Die Frau kam ihm bekannt vor, aber bevor er wusste, wer sie war, sagte sie: „Das sind Sie doch." Das war nun nicht zu leugnen; trotzdem dauerte es noch eine Weile, bis er begriff: Es war Arnos Mutter.

Da ging Max erfreut über die Straße auf sie zu, er hatte sie ja vor fast einem Jahr im Harz kennengelernt, als er Arno bei ihr abgeholt hatte. Aber bevor sich diese Zusammenhänge in seinem Gedächtnis ausbreiteten, erinnerte *sie* ihn daran, indem sie ihn unumwunden anklagte: „Die Fahrt in den Westen damals, das waren Sie, das war Ihre Idee." ‚Mein Gott', dachte er, ‚das ist doch schon so unendlich lange her, wie kann man sich jetzt noch darüber aufregen'. Und dann war Arno ja aus freien Stücken mitgekommen. Max wusste nicht, warum er sich da jetzt verteidigen sollte. So standen sie auf dieser windigen, menschenleeren Landstraße mit ihren Chausseebäumen, und unten dehnte sich das Land. Ihr war offenbar gleich eingefallen, was sie gegen ihn hatte. Er dagegen wollte sich über das unverhoffte Wiedersehen freuen und fiel aus allen Wolken, als sie die alten Geschichten aufwärmte. War denn irgendwas passiert? Waren die beiden nicht wohlbehalten wieder in die DDR gekommen? Was er ihr antwortete und wie sie sich getrennt haben, weiß Max nicht. Er weiß nur noch, dass sich die Erinnerung an dieses Treffen in ihm erhalten hat und dass er die Frau jedes Mal, wenn er an sie dachte, etwas besser verstanden hat, bis ihm klar wurde, wie unüberlegt er gehandelt hatte. Sie starb dann an Krebs.

Arno kam nach ihrem Tod ebenfalls nach Westberlin; Max traf ihn im Henry-Ford-Bau der Freien Universität.

Er konnte damals wohl nicht begreifen, was er tat, er hat auch nicht richtig gewusst, was er in Halle wollte. Vor allem hat er nicht gemerkt, wie vergangen das Vergangene schon war. Vielleicht wollte er es festhalten, weil er sich in seinem Drang nach Unabhängigkeit einsam fühlte. Dieser Drang war so stark gewesen, dass er über die Menschen in seiner Umgebung kaum nachgedacht hatte. Dass das Gesicht über der Gartenmauer nur erschienen war und das Treffen im Steinbruch nur stattgefunden hatte, damit er begriff, dass ein anderer an seine Stelle getreten war, erstaunte ihn. Dabei war er drei Monate weg gewesen; dass er auf Dauer zurückkam, war nicht zu erwarten. Er bot auch keinerlei Zukunftsperspektive; es hätte ihm klar sein müssen, dass seine Angebetete keine Lust hatte, ihre kleine Welt zu verlassen und ihm in eine ganz ungewisse Zukunft zu folgen. Sie hatte, als er weg war, ihr Leben neu geordnet. Dass er jetzt wieder auftauchte, störte.

Er hatte das Gefühl als gehöre er noch immer dazu, als der Spuz im Hauptgebäude sich an sein Gesicht erinnert und ihn hereingelassen hatte und als auch sein Bett in seinem alten Zimmer noch frei war. Aber beides war reiner Zufall gewesen. Die andern lebten ihr Leben ohne ihn; vielleicht kam der *FDJ*-Sekretär öfter, vielleicht fand er sogar etwas mehr Anklang, wenn er für die Ideologie der *FDJ* warb. Der Erzieher hatte gesagt, was er von Max‘ Erscheinen hielt. Woher hatte er eigentlich gewusst, dass Max da war und sich im Schlafzimmer versteckte? Hatte der nicht direkt Glück, dass ihn niemand aus Angst ans Messer lieferte?

Hätte er damals über das alles nachgedacht, dann hätte er seine früheren Gefährten wahrscheinlich für kleinlich und feige gehalten. Nur bei dem Vater seines Nebenbuhlers und bei Arnos Mutter war das anders. Allmählich fing Max an, sich zu fragen, ob er nicht allzu unbekümmert in Leben eingedrungen war, die so schon belastet genug waren. Manchmal kam ihm der eigene Erlebnis- und Lebensdrang jetzt läppisch vor. Arno war ja der Einzige, den seine Mutter noch hatte.

45 Die Fahrt nach Paris

Im Winter 1952-53 hörte er, dass eine Klasse einer benachbarten Schule ins Ausland gefahren war. Er war elektrisiert. Ins Ausland! Die Sache wurde beredet, teils auf dem Pausenhof, teils zwischen seinen Freunden Michael und Tobias und ihm selbst. Informationen wurden eingeholt, und bald stand fest: Wir fahren nach Paris! Geld wurde gesammelt, Formalitäten erledigt, ein Jugendklub gegründet, damit es Zuschüsse gebe, und ein Reiseunternehmen gesucht, das alle transportieren würde. Michael und Max bereiteten alles vor. Es war ein heilloses Durcheinander, in dem sie sich unglaublich wohl fühlten. Der Klassenlehrer, Dr. Weiss, wurde überredet mitzukommen, und der Zeichenlehrer auch. In der „Maison de France“ konnten Michael und Max sich einen Reisezuschuss abholen.

Schließlich hatten sie alles auf der Reihe, ein Bus wurde gechartert und eine Elternversammlung einberufen, auf der auch gesagt wurde, dass die Jungs in Paris nicht in Lederhosen rumlaufen sollten. Max tat das dann doch; er hatte keine anderen kurzen Hosen. Es wurden auch Flugkarten für Dieter Holzmann und ihn gekauft, weil die beiden noch einen Ost-Ausweis hatten und wegen ihrer DDR-Vergangenheit nicht auf den Transitwegen fahren durften. In der Allierten Kommandantur am Kleistpark besorgten sie sich Reisedokumente, mit denen sie von Westdeutschland nach Frankreich fahren konnten.

Max weiß noch heute, wie sonor das Propellerflugzeug der PanAm brummte, als es von der Startbahn in Tempelhof abhob und gleich über die Miethäuser hinweg nach Westen flog. Es war sein erster Flug. Er hatte das Gesicht ans Fenster gepresst und konnte nicht glauben, wie alles, Wälder, Seen und Felder, Orte und Straßen von hier oben so anders, so ordentlich aussah. Die DDR-Misere steckte, wie er eigentlich wusste, im Detail, sie war von so weit oben nicht zu erkennen. In Hannover, auf der Rückseite des Bahnhofs, trafen sie die andern, die durch die DDR gefahren waren. Dann fuhren sie alle auf der Autobahn weiter, übernachteten in Köln und standen schließlich am Schlagbam auf einer engen Landstraße. Wahrscheinlich war niemand so begeistert wie Max, als sie herauskamen aus Deutschland. Hier fing Frankreich an, das ganz andere. Alles hat er genau beobachtet, jeden Ort, durch den sie kamen, die Menschen, die auf den Straßen gingen. Die Welt war so bunt und vielfältig, und er war erst siebzehn Jahre alt.

Paris überwältigte sie. Sie stiegen auf die Türme von Notre Dame, lange blieben sie vor der Rosette stehen, sie gingen zur Parade zum 8. Mai, waren am Triumphbogen und fuhren nach Chartres. Gewohnt haben sie in der „Maison de la Jeunesse et de la Culture“ in Courbevoie; es war eine heruntergekommene Herberge, aber sie hatte eine Terrasse, wo sie ihr Weißbrot im hellen Sonnenlicht aßen und ihre Milch schlürften. Als sie zwei Wochen später zurückfuhren, waren sie selig, sie hatten so viel erlebt. Hans und Max machten noch eine kleine Rundfahrt per Anhalter durch Westdeutschland: Nach Stuttgart und München, dann zurück nach Hannover. Unterwegs hatten sie nichts mehr zu essen, außer einer Schlackwurst und einem Glas Marmelade. Dieter schnitt mit Max‘ Fahrtenmesser immer mal eine Scheibe Wurst ab, schmierte Marmelade darauf und präsentierte ihm jede zweite Scheibe mit ausgesuchter Höflichkeit: „Darf ich dir noch ein Delikatessschnittchen reichen?“

46 Der Aufstand

Dann kam der 17. Juni 1953. Im März war Stalin im fernen Moskau gestorben. Ihm und Walter Ulbricht, seinem deutschen Statthalter, über den Stalin seine Hand gehalten hatte, galt Max‘ ganze Abneigung, weil sie bestimmen wollten, was ihre Untertanen zu denken und zu sagen hatten und weil sie ihnen das Recht nahmen, über die engen Grenzen der DDR hinauszureisen. Die Arbeiter der DDR hatten darauf gehofft, dass nach Stalins Tod auch materiell alles leichter würde. Als aber die DDR-Regierung die Arbeitsnormen erhöhte, streikten sie. Am 16. Juni hörte Max im Radio, dass an manchen Orten, besonders in Ostberlin, demonstriert und die Arbeit niedergelegt worden sei.

Ein Arbeiteraufstand im Arbeiter- und Bauernstaat! Am 17. Juni morgens hatten sich die Unruhen zu einer riesigen Rebellion gesteigert. Am Vormittag saß Max noch in der Schule, aber in Gedanken war er längst an der Sektorengrenze, die West- von Ostberlin trennte. Am Potsdamer Platz, hart an dieser Grenze, war der Mittelpunkt des Aufstands. Gleich nach der Schule fuhr er mit seinem Fahrrad hin. Er blieb auf der westlichen Seite, kam aber dicht genug an den Potsdamer Platz heran, um die DDR-Polizisten zu sehen, die oben auf dem Flachdach des Konsumgebäudes aufgereiht lagen und ihre Gewehre auf die Menschenmenge gerichtet hielten, die – ebenfalls im Osten – vor einem *SED*-Büro direkt an der Grenze versammelt war. Papierbündel und Möbel flogen aus dem Haus, das Splittern von Fensterglas und Holz war zu hören. Die Menge johlte, und plötzlich knallten da hinein Schüsse. Alles stob auseinander, auch die Menschen auf der westlichen Seite. Eine Frau in Max‘ Nähe fiel aufs Pflaster und wurde in Sicherheit gebracht.

Er blieb lange am Potsdamer Platz, sah, wie das ehemalige Columbushaus brannte, ein Warenhaus, das jetzt der staatlichen Handelsorganisation gehörte, und wie auch dort Demonstranten eindrangen und Akten und Möbel hinunter auf den Platz warfen. In der Leipziger Straße waren sowjetische Panzer aufgefahren. Sie wurden von Demonstranten mit Steinen beworfen.

Er hat an diesem Nachmittag Augen und Ohren aufgesperrt und gestaunt, wie ernste Auswirkungen politische Ansichten haben können. Immer hat er dabei gedacht, dass er eigentlich mitmachen müsste, wusste aber nicht, wobei. Er war nur Teil der Masse, die auf den Potsdamer Platz strömte und dort von West nach Ost und von Ost nach West getrieben wurde, bis die Vopos den Platz sperrten. Später ging er zum Brandenburger Tor und zum Sowjetischen Ehrenmal, das von der englischen Militärpolizei geschützt wurde, weil es im britischen Sektor stand. Er fing an zu verstehen, dass nicht allein der Kalte Krieg das Verhalten der Besatzungsmächte zueinander bestimmte, sondern dass der vergangene Krieg auch eine Solidarität zwischen den Alliierten erzeugt hatte, von der die Deutschen ausgeschlossen waren. Niemand hatte ihm erklärt, warum das so sei. Acht Jahre waren seit dem Kriegsende vergangen, die Hälfte seines bisherigen Lebens; das war für ihn eine lange Zeit, und noch hatte ihm niemand gesagt, warum die Nazizeit den Deutschen so anhing.

Bald darauf, am Wochenende, fuhr er nach Sachsenbach. Er wollte wissen, wie es dort aussah. Vater, der während seines Lehrgangs ein Zimmer dicht bei der Schönhauser Allee in Ostberlin gemietet hatte, war ebenfalls zu Haus. Die Sektorengrenze war nun gesperrt, doch Max kam wie gewohnt mit dem Fahrrad über die Glienicker Brücke in die DDR. Vater fuhr am Sonntag wieder ab. Max wollte am Montag in Potsdam in die S-Bahn steigen, die noch beide Teile Berlins miteinander verband, bekam aber plötzlich keine Fahrkarte nach Berlin. Denn am Montag früh wurden alle Übergänge aus der DDR nach Berlin gesperrt. Zwar kam man mit der Bahn noch in die Stadt, aber an allen Bahnschaltern der Republik wurde nur denen eine Fahrkarte nach Ostberlin verkauft, die nachweisen konnten, dass sie dort dringende Geschäfte hatten.

Max musste sich ein dringendes Geschäft in Ostberlin einfallen lassen. Dazu eignete sich die Hautkrankheit, die er damals hatte. Ihm fiel an manchen Stellen das Kopfhaar aus, und zwar kreisförmig. Er war deshalb schon bei einigen Ärzten gewesen, die ihm gesagt hatten, dass es sich um eine Erkrankung des vegetativen Nervensystems handle, die nach einiger Zeit wieder zurückgehe. Er müsse sich nur an eine ruhigere, weniger spannungsreiche Lebensweise gewöhnen. Wie er das aber machen sollte, sagten sie nicht. Das Haar ist dann später wirklich nachgewachsen, vermutlich aber, weil ein Arzt ihm eine Salbe gegeben hat, die er auf die kahlen Stellen auftragen musste. Sie brannte mörderisch, was Max‘ Optimismus gleich belebte. Im Sommer 1953, als er in Sachsenbach in der Klemme saß und überlegte, wie er wieder nach Westberlin käme, waren die ersten Krankheitssymptome deutlich sichtbar, sie bedrückten ihn sehr. Sein Wunsch, etwas dagegen zu tun, musste jedem einleuchten.

Er ging zu Dr. Veldeke, der ihn schon in die Welt gebracht hatte, und bat ihn um eine Überweisung in die Charité in Ostberlin. Dr. Veldeke wunderte sich über diese Zielstrebigkeit. „Wo gehst du jetzt eigentlich zur Schule?“ wollte er wissen. Max antwortete: „Offiziell in Halle an der Saale, in Wirklichkeit in Westberlin.“ Er verstand. „Und nun kommst du nicht wieder hin, dabei ist heute schon Montag,“ sagte er, schüttelte den Kopf, nahm ein Formular und schrieb ihm eine Überweisung. Später hat Max gemerkt, dass darauf das Datum fehlte. Er hätte sie mehrmals benutzen können.

Auf dem Bahnhof legte er sie vor und bekam anstandslos eine Fahrkarte nach Berlin-Stadtbahn, mit der er auf jedem S-Bahnhof in Westberlin aussteigen konnte. Auch eine Fahrradkarte kaufte er, denn wegen der Sperren musste sein Rad diesmal als Zugbegleitgut fahren. Am Dienstag früh fuhr er ab. Mutter verabschiedete ihn ängstlich. Er aber hatte keine Sorgen; die Geschichte, die er sich zurechtgelegt hatte, kam ihm umwerfend harmlos vor: Er war aus Halle, dem Wohnort, der in seinem Ostausweis eingetragen war, am Wochenende nach Sachsenbach gekommen, um seine Eltern zu besuchen. Nun fuhr er, überwiesen vom Hausarzt, in die Charité, und von dort würde er auf dem schnellsten Weg wieder nach Halle fahren.

In Zetternitz holte er sein Fahrrad aus dem Gepäckwagen und stieg in die Staatsbahn. Zuerst ging alles gut. Keine Kontrolle; die Mitreisenden wirkten gelassen. Aber dann kamen sie, Vopos mit Hunden. Die Fahrkarten wollten sie sehen und die Dokumente, die Auskunft gaben, warum man gerade jetzt nach Ostberlin müsse. Max saß dicht an der Tür, holte seine Karte und seine Überweisung in die Charité hervor, der Polizist sah sich beides an, gab es ihm zurück und fragte nach seinem Gepäck. Max erwiderte, dass er Gepäcktaschen am Fahrrad habe, das im Packwagen sei. Der Polizist ging weiter und kontrollierte andere. Als aber der Zug in Groß Kreutz hielt, kam er zurück und sagte beiläufig zu ihm: „So, und Sie komm‘ mal mit."

Max folgte ihm, er musste mit ihm in ein extra Abteil steigen, das für die Polizei reserviert war, und nun ging ein Verhör los, wie er es weder davor noch danach erlebt hat. Drei, oft auch vier Volkspolizisten waren beteiligt. Sie stellten ihm die selbstverständlichsten und die entlegensten Fragen und kamen dabei immer wieder auf Antworten zurück, die Max ihnen schon früher gegeben hatte. Vieles betraf seine Eltern und die weitere Familie, dann die Franckeschen Stiftungen; er musste die Straßen zwischen Halle und Sachsenbach beschreiben, was er vom letzten Sommer her bestens konnte, und sagen, wo er am 17. Juni war. Er blieb bei seiner Geschichte. Kein Wort darüber, dass er schon seit anderthalb Jahren in Westberlin wohnte und dass er am 17. Juni am Potsdamer Platz gewesen war. In welcher Gefahr er schwebte, ahnte er nicht: Walter Ulbricht und das Politbüro der *Sozialsitischen Einheitspartei Deutschlands* hatten inzwischen behauptet, der Aufstand sei das Werk Westberliner Provokateure und hatten, damit man das glaubte, schon am 17. Juni einige Westberliner in Ostberlin erschießen lassen. Als Republikflüchtling wäre Max ein gefundenes Fressen für diese Art Propaganda gewesen. So aber fuhren sie nach Werder, wo der Zug eine Weile stehen blieb. Das Verhör ging weiter, es kam ihm wie eine Ewigkeit vor. Bevor sie in Potsdam-Wildpark ankamen, verlangte ein Vopo Max‘ Gepäckschein mit dem Bemerken, er werde im Gepäckwagen prüfen, ob seine Angaben zum Gepäck stimmen. Sei dies so, dann könne er in Potsdam Hauptbahnhof gehen.

Zum ersten Mal hatte Max wegen der prekären Lage alles Westliche gewissenhaft aus seinem Gepäck entfernt; selbst das Einwickelpapier für seine Habseligkeiten hatte er in Sachsenbach ausgetauscht: Westzeitungen gegen Erzeugnisse der DDR-Presse. Er wusste, dass der Vopo von den beiden Packtaschen, die auch aus Ostberlin stammten, und ihrem Inhalt nicht enttäuscht sein würde: Die frisch gewaschene und gebügelte Wäsche, ein paar ortsübliche Lebensmittel und geschmierte Brote, alles würde er so finden, wie Max es mehrmals beschrieben hatte. Sorge machte ihm nur das Fahrrad selbst, denn möglich war, dass der Volkspolizist die Vorkriegsqualität für westdeutsch hielt. Aber er muss ihn unterschätzt haben, denn als sie in Potsdam Hauptbahnhof eingelaufen waren, erschien er, nickte den andern zu, gab Max den Gepäckschein und sagte, er könne gehen. Er ist dann mit seinem Fahrrad in die S-Bahn gestiegen, und als er am Bahnhof Wilmersdorf wieder ausstieg, holte er tief Luft. Die Starre löste sich, und ihm war, als wäre ihm sein Leben wiedergegeben. Zwar war er stolz darauf, dass er die Vopos hinters Licht geführt und seine Haut gerettet hatte, aber ihm war auch klar, dass ihm das nur mit Hilfe eines Lügengewebes gelungen war, und dabei hatte er fest geglaubt, dass Lügen kurze Beine haben.

47 Die Glienicker Brücke

Der Sommer 1953 war aber noch nicht vorbei, die Ferien kamen erst. Max hatte seine Reise nach Oberitalien geplant, ohne viel darüber zu reden. Diesmal wollte er mit dem Fahrrad fahren. Sein Drang, in die Welt zu reisen, war groß; er hatte aber kaum Geld. Weil er wieder nicht über die innerdeutsche Grenze gekommen wäre, musste er das Fahrrad als Frachtgut mit der Eisenbahn schicken und selbst bis Hannover-Langenhagen fliegen, dem westdeutschen Flughafen, der am dichtesten hinter der Zonengrenze lag. Die Hälfte seiner Reisekasse ging für den Flug drauf. Einen weiteren Teil würde er für die Jugendherbergen zahlen müssen, die fünfzig Pfennig pro Übernachtung kosteten, und dann kam noch das Essen. Da allerdings wollte er vorsorgen; nach Italien wollte er unbedingt, und das ging nicht ohne Planung: Er wollte sich im Osten eine Dauerwurst kaufen, für Ostgeld.

Die Sektorengrenze war seit dem 17. Juni noch immer gesperrt, er kam nicht nach Ostberlin. Also fuhr er eines Tages nach der

Schule über die Glienicker Brücke nach Potsdam. Die Kontrolle war nicht besonders scharf; er kam ja aus Westberlin und fuhr in die DDR hinein, kaum eine Richtung, in die Feinde der DDR radelten. In Potsdam kaufte er eine Dauerwurst, ein hufeisenförmiges Prachtexemplar. Sie wurde der Grundstock seiner Ernährung auf der Italienreise, er aß immer nur so viel davon, dass noch genug für die restlichen Tage seiner Fahrt übrigblieb. Und dann kaufte er in Potsdam noch eine Dose Schuhcreme. Es war ein merkwürdiges Verlangen, aber damals hing sein Herz daran. Er hatte die Besorgungen ziemlich schnell erledigt, Wurst und Schucreme waren in Vaters alter Aktentasche verstaut, die auf dem Gepäckständer lag. Es war vielleicht vier Uhr am Nachmittag, und nun wollte er wieder über die Glienicker Brücke nach Westberlin.

Arbeiter standen an der Abfertigungsbaracke. Max stieg vom Fahrrad und stellte sich dazu. Sie mussten warten. Da kam von der anderen Straßenseite ein Volkspolizist mit seinem Schäferhund auf sie zugeschritten, der Hund schnüffelte an der Aktentasche und wollte nicht davon lassen, obwohl Max vorsichtig ein Stückchen weiterging. Da zeigte der Vopo auf ihn und sagte: „Der bleibt hier!“ Nun lag der 17. Juni noch nicht lange zurück, und in den Arbeitern steckte noch genug Widerspruchsgeist. Mit Fragen wie „wer sagt das denn?“ und „warum wollt ihr den Jungen nicht rüberlassen? Ihr lasst doch alle rüber“, wurden sie aufsässig. Der Vopo wiederholte: „Der bleibt hier!“, allerdings schon etwas zurückhaltender. Aber auch die Proteste der Arbeiter nahmen ab, sodass Max dachte, dass es besser sei abzuziehen, denn die Arbeiter würden sowieso nach Berlin fahren, und dann wäre er dem Hundeführer allein ausgeliefert, und ihm stand der Sinn wahrhaftig nicht nach Kontrollen und Verhören, die diesmal durch den Hund und seine Entdeckung eingeleitet worden wären. Deshalb setzte er sich kurzentschlossen auf sein Rad und fuhr zurück, wieder nach Potsdam hinein.

Der Töle war er entgangen, aber was sollte nun werden? Er wusste, dass noch immer der Ausnahmezustand herrschte und dass nach einer bestimmten Zeit niemand mehr auf der Straße sein durfte. Also versuchte er, über mehrere Ausfallstraßen – die nach Süden und nach Westen kannte er inzwischen – aus Potsdam und in die Natur zu kommen, um im Wald zu übernachten. Aber Künstlerpech: Jedes Mal, wenn er die Stadtgrenze erreichte, standen da Vopos, hatten ihr Gewehr über der Schulter und versperrten die Straße.

Max also zurück in die Stadt. Allmählich kriegte er Angst, denn bald musste er von der Straße sein, weil die Ausgangssperre anfing. Wohin bloß? Als es anfing dunkel zu werden, fuhr er vorsichtig zur Glienicker Brücke zurück, ging in einen Seitenweg und legte sich an die Böschung der Havel, an eine Stelle, wo er nicht zu sehen war, von wo er die Brücke aber im Blick hatte. Allmählich gewöhnten sich seine Augen an das Kommen und Gehen, auch den Hundeführer und seinen Köter sah er an der Seite stehen. Er war unruhig. Wenn die Ausgangssperre einsetzte, kam niemand mehr über die Brücke, und vielleicht würden sie sogar die Ufer der Havel absuchen.

Endlich fuhr ein Mannschaftswagen vor. Vopos stiegen aus; diejenigen, die vorher auf der Brücke gewesen waren, stiegen ein. Der Wagen versperrte ihm den Blick, aber als er wieder abgefahren war, beobachtete er die Lage, bis sich sein erster Eindruck bestätigte: Der Hund war weg. Er kroch aus seinem Versteck, klopfte seine Sachen ab, ging zur Brücke, näherte sich der Kontrollbaracke, als wäre es das Selbstverständlichste von der Welt, wurde abgefertigt, schwang sich aufs Fahrrad und fuhr samt Dauerwurst und Schuhcreme nach Westberlin, durch den Kronprinzessinenweg und vorbei am Jagdschloss Grunewald und an der Königin-Luise-Straße und dann über den Hohenzollerndamm, alles Erinnerungen an die preußische Geschichte.

48 Oberitalien

Seiner Reise stand nun nichts mehr im Weg. Als es Ferien gab, brachte er sein Fahrrad zum Bahnhof Charlottenburg, und wenige Tage später fuhr er zum Flughafen Tempelhof. In Hannover übernachtete er in der Jugendherberge hinter dem Ägidientorplatz. Am nächsten Morgen holte er sein Fahrrad vom Bahnhof und fuhr los. Es war eine lange Fahrt, die zunächst bis in den äußersten Südwesten Deutschlands führte. An seinem Rad flatterte seitlich der Vorderachse ein Berlin-Wimpel, am Rahmen war eine Trinkflasche angebracht, wie er sie bei Rennfahrern gesehen hatte. Über dem Hinterrad hingen die beiden Packtaschen – in einer war die Dauerwurst –, und auf dem Gepäckständer lag sein Rucksack, darin ein Margarinekarton, in dem seine Kleidung glatt bleiben sollte. Damals waren die Straßen voller Radfahrer. Oft hatte er Gesellschaft.

Durch Hessen fuhr er mit einem Jungen in seinem Alter, der zu einer Musikfreizeit wollte. Einmal saßen sie an einem Abhang und sahen weit über ein Tal hinweg. Da nahm der andere seine Trompete und blies einen Choral in die sonnige Landschaft hinein, und dann noch einen; es war erhebend. Sie aßen von ihrem Proviant. Plötzlich leuchtete auch noch Geld im Gras, Münzen. Sie sahen genauer hin, fanden noch mehr, es war eine ansehnliche Summe, die sie sich teilten. Einen Kilometer weiter kam ihnen aber ein Mann auf einem Fahrrad entgegen. Der hielt sie an und fragte, ob sie vielleicht Geld am Straßenrand gefunden hätten, er habe welches verloren, als er vorhin Rast gemacht habe. Er sagte auch, wieviel. Es war genau die Summe. Er war erleichtert.

In Stuttgart freute sich Max auf die Jugendherberge, die er bei seiner Reise mit Dieter Holzmann als eine der schönsten kennengelernt hatte. Sie lag an einem Berg, und von ihrer Galerie hatte man einen großartigen Blick über die Stadt. Dass die noch ganz zerstört war, merkte Max kaum. Alle deutschen Großstädte bestanden aus Ruinen, und er dachte, das müsse so sein. Es hatte auch einen Vorteil: Man konnte weit zwischen den Ruinen hindurchsehen; der Blick war längst nicht so eingeschränkt wie früher oder jetzt. Über Calw fuhr er die Nagold aufwärts, die Berge schlossen den kleinen Fluss immer dichter zwischen sich ein, dann ging es hinüber ins Neckartal, und schließlich zur schweizerischen Grenze.

Bei der Einfahrt nach Zürich fragte er ein Pärchen, das mit seinem Motorrad an der Straße hielt, nach der Jugendherberge. Sie, auf dem Soziussitz, gab ihm die Hand, er gab Gas; so zogen sie ihn hin. Am Zürich- und am Zuger See entlang fuhr er dann nach Luzern. Auf einer Wiese am westlichen Arm des Vierwaldstätter Sees, wo er Rast machte, stand ein Schild, das ihm wegen des schweizerischen Doppel-s noch jahrzehntelang zu schaffen machte: „Das Wasser- und Sonnenbaden ist bei Busse verboten.“ Oft und vergeblich hat er sich bei Juristen nach einer schweizerischen Gesetzessammlung oder einem juristischen Kommentar erkundigt, deren Herausgeber oder Verfasser ein gewisser Busse gewesen sein müsse; dann endlich fiel der Groschen.

Er fuhr über den Grimsel-Pass, seinen ersten Gebirgspass. Die Straße war streckenweise in das Gestein gesprengt; er schob sein Rad unter den überhängenden Felsen bergauf. Links war eine hohe Felswand, rechts eine Mauer, über die hinweg er immer neue Ausblicke in ein tiefes Tal hatte. Er war ja noch nie im Hochgebirge gewesen. Der Aufstieg dauerte lange. Es wurde kalt, und er hatte nur Sommerkleidung bei sich. Als er auf der Passhöhe war, konnte er sich endlich wieder aufs Rad setzen, und nun ging es so schnell ins Wallis hinein, dass er kaum die Bremsen festhalten konnte, so steif waren seine Hände gefroren.

Am nächsten Tag musste er wieder bergauf, denn bei Brig begann die Straße zum Simplon-Pass. Der Tag war schon zur Hälfte vergangen, und wieder musste er sein Fahrrad schieben. Die Aussicht hinunter in die Täler und hinauf in die Berge war auch hier unglaublich schön. Als er die Passhöhe erreicht hatte, senkte die Sonne sich schon. Eine Weile konnte er auf einer Ebene fahren, aber als es anfing, bergab zu gehen, stuckerte sein Hinterrad: Panne. Das war in der Kälte so weit oben kein Spaß. Zum Glück war neben der Straße ein Rinnsal. Max stieg ab, nahm das Gepäck vom Hinterrad, bockte das Fahrrad auf, schraubte das Rad vom Rahmen und zog Mantel und Schlauch ab. Dann pumpte er den Schlauch auf, ging zum Wasser, suchte eine Stelle, wo es ruhiger floss, und hielt den Schlauch Stück für Stück hinein.

Das Loch war bald entdeckt, die Blasen perlten nur so nach oben. Er ließ die Luft heraus, nahm einen Flicken aus seinem Handwerkszeug, bestrich ihn und die Stelle am Schlauch mit Gummilösung und versuchte, die richtige Zeit fürs vorläufige Antrocknen abzupassen, dann presste er den Flicken fest auf die schadhafte Stelle und hielt den Daumen drauf, bis der Flicken angetrocknet war. Als er das Rad wieder zusammengesetzt und das Gepäck aufgeladen hatte, hätte er nun losfahren können, wenn es nicht inzwischen stockdunkel gewesen wäre. Er hatte keine Fahrradlampe; er hatte ja nicht vor, nachts zu fahren, schon gar nicht auf ungesicherten Straßen im Hochgebirge. Hätte er eine gehabt, dann hätte er noch immer aufpassen müssen, denn leicht hätte er in einer der zahllosen Kurven über den Straßenrand hinaus in den Abgrund rollen können. Auch die Autos, die hin und wieder noch vorbeikamen, fuhren langsam.

Er hatte sich diese Autos mehrmals angesehen, da reifte in ihm ein Entschluss: Als wieder eins des Weges kam, fuhr er hinterher und achtete genau darauf, dass er in der Mitte hinter den beiden Rücklichtern blieb. Oft gingen die Bremslichter an, dann musste auch er bremsen. Wo die Straße geradeaus oder gar bergauf ging, drehte der Fahrer auf, dann musste Max sich anstrengen, um nicht den Anschluss zu verlieren. Aber das geschah selten. Dann wieder ging es in engen Serpentinen bergab, und es kam darauf an, dass er so dicht wie möglich und mitten hinter den beiden Rücklichtern blieb. Das gelang über Erwarten gut. Manchmal wurde der Motor lauter; ein Echo wurde von den Seiten und von oben zurückgeworfen. Sie fuhren dann durch einen Tunnel. Ein paarmal fielen Max auch Tropfen ins Gesicht, und wenn er die Augen kurz von den Rücklichtern nahm, sah er, wie die Scheinwerfer an den Felswänden entlangliefen. Seine Hände, mit denen er bremsen musste, waren wieder kalt geworden. An der Grenze nach Italien musste der Wagen endlich halten. Auch Max' Papiere wurden kontrolliert. Er schob sein Fahrrad aus dem Lichtkreis der Abfertigungsstelle, denn jemand hätte ja Anstoß daran nehmen können, dass er ohne Licht fuhr.

Nun war er in Italien, dem Land seiner Sehnsucht. In einer kleinen Ebene vor Domodossola, nicht weit von der Straße, sah er ein helles Flackern. Dort mussten Menschen sein; er ging hin. Es waren zwei Franzosen, etwas älter als er, die hier übernachten wollten. Sie hatten ihre Räder bei sich, auch ein Zelt, das sie schon aufgebaut hatten. Jetzt versuchten sie, ihren Spirituskocher, der Feuer gefangen hatte und hoch aufgelodert war, wieder unter Kontrolle zu bringen. Sie erklärten das, dann machte Max mit: Der Kocher war gefährlich dicht beim Zelt, sodass sie ihn aus sicherer Entfernung mit Erdklumpen bewarfen, bis ein paar Volltreffer den Brand löschten. Inzwischen war die Kameraderie unter ihnen auf einen solchen Punkt gekommen, dass sie ihre Vorräte teilten und Max die Nacht über bei ihnen blieb, obwohl sie nur ein Doppelzelt hatten. Sie haben darin ohne Mühe zu dritt geschlafen. Die beiden waren auf der Heimreise; Max fuhr am nächsten Morgen allein weiter.

Dicht bei – vielleicht auch schon in – Domodossola stand ein Denkmal für einen Peruaner, der im Herbst 1910 zum ersten Mal die Alpen mit einem Flugzeug überquert hatte, aber hier kurz vor der Landung verunglückt war. Auf dem Denkmal stand ein Vers auf Deutsch, dessen Daktylen Max so seltsam anmuteten, dass er die Zeilen behalten hat:

Siegreich die Alpen bezwungen,
Brachen dem Adler die Schwingen,
Als er zu Domodossola
Italien'schen Boden berührte.

Das „Siegreich" und das „bezwungen" klang ihm, als hätten sich die Berge mit aller Macht gegen den armen Chavez, den Flieger, gewehrt, wo sie doch einfach nur dagelegen hatten und es ihnen völlig egal gewesen war, wer an ihnen herumkletterte oder über sie hinwegflog.

Bald danach traf Max einen westdeutschen Radfahrer. Sie fuhren am Lago d'Orta entlang nach Novara, dann über Alessandria nach Genua. Sie schliefen auf Friedhöfen und Sportplätzen und waren glücklich, als sie auf der langen Brücke standen, die über den Po führt. An einem Ufer standen und knieten Frauen und wuschen. Manchmal sprachen die beiden mit Einheimischen, die Deutsch konnten. Zwar war die Erinnerung an die deutsche Besetzung meistens noch lebendig, aber alle waren freundlich zu ihnen. Sie waren so jung, dass der Krieg für sie unendlich lange her war.

Westlich von Genua erreichten sie eines Abends das Mittelmeer. Sie fuhren auf einer Vorortstraße, und als sie an einer Häuserlücke vorbeifuhren, sahen sie es glänzen. Dann kam ein Kloster, das auf einem Felsvorsprung über dem Meer lag. Rings herum war es steinig; idyllisch war der Ort nicht. Aber es wurde dunkel. Sie überlegten und kamen darauf, dass sie die Mönche um Erlaubnis bitten könnten, ihr Zelt dicht am Kloster aufzustellen. Blieb nur noch die Frage, in welcher Sprache sie sie ansprechen sollten. Weil den beiden nichts anderes einfiel und Max glaubte, dass alle Mönche, zumal die italienischen, fließend Lateinisch parlieren, klingelten sie, und er trug ihre Bitte in Sätzen vor, die er sich vorher ausgedacht hatte. Darin kam ein „accusativus cum infinitivo" vor, eine Figur, der sein Berliner Lateinlehrer in seinem *Repertorium der lateinischen Grammatik* ein ganzes Kapitel gewidmet hatte. Der Mönch, der auf ihr Klingeln geöffnet hatte, schien aber Mühe mit diesem Latein zu haben. Trotzdem hörte er sich alles an, lächelte und hatte dann doch so viel verstanden, dass er in gebrochenem Deutsch fragte, ob die beiden hier wirklich ihr Zelt aufbauen wollten. Das könnten sie natürlich tun, hier oder da, er zeigte auf dem windigen Felsvorsprung herum. Sie machten sich ans Werk. Das Meer glänzte noch eine Weile von unten, und etwas später kam er noch einmal heraus und brachte ihnen Brot.

Vielleicht ist hier die Gelegenheit, etwas über Max' Lateinunterricht in Berlin zu sagen; die Zeit nach dem Abendessen und vor dem Einschlafen der beiden wird dann nicht gar so lang. Ganz neu war ihm die Sprache nicht; er hatte sich schon in Halle damit herumgeplackt. In Berlin hatte er einen Lehrer, der, wenn eine Lateinstunde vorbei war, eine Quelle großen Frohsinns war, aber wenn die Schüler die Stunde noch vor sich hatten, verbreitete er Angst und Schrecken. Sein Name war Dr. Dr. Freiherr von Billersdorf. Er war schon pensioniert, aber weil Lateinlehrer fehlten, hatte man ihn reaktiviert. Vor jeder Lateinstunde schritt er, unglaublich gerade aufgerichtet, mit schlohweißem Haar und in einem festen graubraunen Anzug, Zigarillorauch hinter sich herziehend, wie ein Perpendikel auf dem Flur vor dem Klassenzimmer auf und ab. Mit dem Klingelzeichen betrat er die Klasse, legte den Zigarillo auf die Tischkante, sodass das brennende Ende ins Leere ragte, und fing an zu unterrichten. Dazu drehte er sein Hörgerät ab, eine schwarze Box, die ihm an einem Band um seinen Hals und über die Weste hing, denn er war der Meinung, dass seine Schüler ihm ja während seines Vortrags zuhören müssten und nichts zu sagen hätten. Das schonte seine Nerven. Manche Schüler haben immer wieder todesmutig versucht, sich diese Situation zunutze zu machen, sich zu unterhalten oder Kommentare über ihn zu machen, aber er hat es verstanden, ihnen bis zu seinem Weggang zu verbergen, welches die „ein"- und welches die „aus"-Position des Schalters an seinem Hörgerät war.

Einmal, als er mit einem Packen korrigierter Klassenarbeiten in den Raum kam, hatte einer seiner inneren Anspannung in dem nicht gerade originellen Ausruf „Ach du kleine Wurzelsau, da bist du ja schon wieder!" Luft gemacht. Dabei hatte er, was in solchen Situationen nötig war, teilnahmslos vor sich hin oder aus dem Fenster gesehen und die Labiallaute ausgelassen, denn sonst hätte er die halb geöffneten Lippen für einen Moment schließen müssen, was Billersdorf vielleicht gesehen hätte. Aber ein anderer Schüler hatte angstvoll gerufen: „Still! Der hat nicht abgestellt!" Darauf hatte Billersdorf sich wie erstaunt nach dem Rufer umgedreht und ihn in seiner langsamen, monotonen Stimme gefragt: „Kaufhold, wollten Sie was sagen?", was Kaufhold natürlich heftig verneinte. Billersdorf ließ auch mal verlauten, dass es unter seinen Schülern Asthmatiker gebe. Damit meinte er nicht diejenigen, die wirklich von Luftknappheit befallen waren – die gab es auch –, sondern diejenigen, die ihre Lippen beim Sprechen nicht bewegten. Nach der Stunde zu ihm zu gehen und ihm eine Frage zu stellen, war sinnlos. Die Antwort war dann regelmäßig: „Fragen Sie mich morgen; hab' schon abgestellt." Der Ton, in dem er mit seinen Schülern sprach, war ein immer auf gleicher Höhe bleibender, monotoner Singsang. Er war ganz künstlich und sollte es auch sein. Denn Billersdorf war der Meinung, dass die Schüler keinerlei Aufregung seinerseits wert seien und dass es seiner Gesundheit abträglich wäre, sich auf sie einzulassen. Deshalb die psalmodierende Sprechweise, der Singsang.

Sein *Repertorium der lateinischen Grammatik* war kunstvoll versifiziert und in Paragraphen geordnet. Den Paragraphen 17 könnte Max noch jetzt auswendig aufsagen, was er lieber lässt. Es geht darin um den Gebrauch des Verbs „interesse". Billersdorf hatte ihnen in einer schwachen Minute – für seine Begriffe fast schon verschwörerisch – erklärt, man könne den

Text auch zur Melodie des Deutschlandlieds singen. Die Schulbehörde hatte die Benutzung des veröffentlichten *Repertoriums* verboten, was ihn zu dem monoton vorgetragenen Spruch veranlasste: „Die Behörde will nicht, dass Ihnen die lateinische Grammatik mit Leichtigkeit nahe gebracht wird. Ich werde das Buch daher konfiszieren, wenn ich es bei einem von Ihnen sehe. Da ich aber von keiner geeigneteren lateinischen Grammatik weiß, verlange ich, dass Sie das *Repertorium* auswendig können." Das war nun wirklich viel verlangt, aber wie gesagt, Max kann den Paragraphen 17 noch heute. Angewandt hat er ihn nie.

Es gäbe nun haufenweis Anekdoten über Dr. Dr. Freiherrn von Billersdorf zu erzählen. Zum Beispiel kriegten vorzugsweise die Schüler wohlhabender Eltern schlechte Noten, weil er die Extraeinnahmen aus dem Nachhilfeunterricht brauchte. Die Gebühr dafür musste immer schon am Anfang der Stunde bezahlt werden, „denn ich weiß ja nicht, ob Sie die heutige Stunde überleben." Dergleichen sagte er so, dass niemand wagte, darüber zu lachen. Weil die Schüler nun gar nicht wussten, wie weit sein Gleichmut wirklich reichte, wollte einer ihn auf die Probe stellen und nahm den gesamten Betrag in Pfennigen mit. Billersdorf stellte in seinem Singsang fest: „Sie haben mir mein Honorar in Pfennigen gebracht. Es ist ein gesetzliches Zahlungsmittel, doch muss ich den Betrag zählen. Das geht von der Stunde ab." Der Schüler war 's zufrieden.

Wotzki, ein anderer von Max' Klassenkameraden, brachte gegen Ende der Schulzeit eine Kamera mit. Er hatte die Idee, Bilder von allen Lehrern zu machen, wie sie die Klasse unterrichten. Dabei ging er einigermaßen diskret vor. Alle Lehrer merkten es zwar, wenn der Auslöser klickte, aber niemand protestierte. Nur als Wotzki auch ein Bild von Billersdorf machen wollte und seinen Apparat noch halb verborgen hielt, vernahm man die Stimme des Objekts: „Wotzki! Wenn Sie ein Bild von mir machen, sorge ich dafür, dass Sie durchs Abitur fallen!" Wotzki war zu Tode erschrocken. Er steckte den Apparat mit den Worten „nein, nein, Herr Doktor" eilig wieder in die Tasche, denn er nahm die Drohung ernst, und alle glaubten, dass er gut daran tat.

Max hat er einmal schlimm mitgespielt, als er wieder mit einem Stapel Klassenarbeiten hereinkam und in seinem Singsang Kommentare von sich gab, die wie Fallbeile auf die Einzelnen niedergingen. Als er bei ihm war, sagte er: „Bärenreiter, was Sie geliefert haben, ist keine Fünf." Die Fünf war die schlechteste Zensur, die es gab. Er hatte keine Ironie, auch keine Trauer in der Stimme, nicht mal gespielte, sodass Max schon

Hoffnung auf eine Vier schöpfte. Aber Billersdorf fuhr fort: „Es ist auch keine Zehn. Weil ich Ihnen aber keine Fünfzehn geben kann, bekommen Sie jetzt von mir drei Fünfen." Und damit hob er sichtbar sein Notizbuch empor, um dreimal eine Fünf einzutragen.

Max weiß auch noch, wie er einmal am Ende der Pause mit Hannes Obermaier im Fenster der Schule im vierten Stock saß, während Dr. Dr. von Billlersdorf draußen auf und ab marschierte und auf das Klingelzeichen wartete. Da war ihnen mit einem Mal der Gedanke tröstlich, dass sie nur ihr Gewicht zu verlagern brauchten, um aus dem Fenster zu stürzen und unten zu zerschellen. Dann würden sie sich der Schinderei nie mehr auszusetzen brauchen. Es war nicht nur Spaß. Der Gedanke, dass dieser Ausweg immer blieb, half ihnen über die graue Qual vieler Lateinstunden hinweg.

Ich habe nun so viel von Billersdorf geredet, dass es aussieht, als hätte er mehr Eindruck auf Max gemacht als die anderen Lehrer. Hat er aber nicht. Max hatte mehrere Lehrer, bei denen er viel gelernt und die ihn in seiner Entwicklung weitergebracht haben. Zwei davon waren Dr. Weiss, der Klassen- und zugleich Englischlehrer und Dr. Ziegler, der Deutschlehrer. Dr. Weiss wurde von den meisten unterschätzt. Er verlangte viel. Die Schüler haben ihn öfter als einmal enttäuscht. Manchmal glaubte er, dass sie faul und apathisch oder auch aufsässig seien. Vielleicht hatte er ja recht. Wenn sie von Lehramtskandidatinnen unterrichtet wurden, trietzten sie die bis aufs Blut oder richtiger: bis sie weinend aus der Klasse rannten. Das hat Dr. Weiss sicher mitgenommen. Jedenfalls war Max überrascht und tief traurig, als er einmal sagte, er wolle diese grausame Großväterklasse zu Beginn des nächsten Schuljahrs abgeben, er könne ihnen nichts mehr geben. Er blieb dann aber bis zum Abitur, und gegeben hat er ihnen mehr als er glaubte. Eine Episode hat sich Max eingeprägt, obwohl sie banal erscheint:

Sie kamen aus dem Pausenhof, und als die Ersten die Klassentür öffneten, entstand ein Luftzug. Das offene Fenster schlug zu, die Scheibe zersplitterte. „Wer war das?" fragte Weiss, der kurz darauf zu seiner Englischstunde hereinkam. Sie sagten ihm, wie es gekommen war. Darauf trug er Tobias, der dicht an der Tür saß, auf, zum Hausmeister zu gehen und ihm zu sagen, die Scheibe müsse auf Kosten der Schule neu eingesetzt werden. Tobias kam mit einem leichten Lächeln auf den Lippen zurück. „Was hat der Hausmeister gesagt?" fragte Dr. Weiss. Darauf Tobias: „Er hat gesagt, die Geschichte mit dem Durchzug können wir Ihnen erzählen, ihm aber nicht.“ Weiss stand ohne weiteres auf, ging mit den Worten „Das wollen wir doch sehen!“ aus der Klasse, alle johlten vor Begeisterung, und als er wiederkam, sagte er ruhig: „Natürlich glaubt auch der Hausmeister an den Luftzug“, schlug das Buch auf, und der Unterricht begann. Es hat Max beeindruckt, wie demonstrativ er sich damals an die Seite seiner Schüler stellte, obwohl er wusste, dass ihnen nicht immer zu trauen war. Sie jedenfalls wussten von da an, dass sie sich auf ihn verlassen konnten, und sie bemühten sich umso mehr, sein Vertrauen zu rechtfertigen. Dr. Ziegler war emotionaler, er war nie so gewissenhaft vorbereitet wie Dr. Weiss, aber er wusste, wovon er sprach, und er konnte sie mitreißen. In seinen Stunden wurde ihnen die deutsche Literatur lebendig.

Nun will ich wieder zu Max‘ Italienfahrt zurückkehren. Sein deutscher Reisegefährte und er blieben zwei Tage in Genua, gingen in der Stadt und im Hafen herum; redeten mit den Hafenarbeitern so gut es ging, die nahmen sie mit in ihre Kantine, eine große Halle, wo sie zusammen aßen. Die Arbeiter organisierten das mit einem gewissen Ernst, als ob sie den beiden jungen Deutschen ihre Solidarität beweisen müssten. Max hatte ein schlechtes Gewissen, weil er glaubte, er sei das nicht wert. In der Rolle eines komischen exotischen Vogels, die er sonst öfter spielte, fühlte er sich wohler.

Von Genua aus fuhren sie noch ein Stück südöstlich die Küste hinunter, drehten eine Runde um Santa Margherita, blieben einen oder zwei Tage in Portofino und fuhren nach Rapallo. Von dort fuhr Max zurück. Er wusste später nicht mehr, wie er wieder nach Hannover gekommen ist, nur ein paar Bilder sind ihm noch im Gedächtnis:

In Pavia klopft er abends an eine Klosterpforte, wird eingelassen und in einen hohen Raum mit einem gotischen Fenster geführt, wo ein Tisch für eine Person gedeckt ist. Er nimmt Platz. Speisen werden gebracht, er findet das großartig, denn er hat Hunger. Später kommt ein Mönch, vielleicht ist es der Abt. Er spricht gut Deutsch und will als Erstes wissen, ob Max denn wirklich ein Pilger auf dem Weg nach Rom sei. Sofort verneint der, er hatte das ja auch nicht behauptet, und um gleich mit der ganzen Wahrheit herauszurücken, sagt er auch noch, dass er gar kein Pilger und außerdem evangelisch sei. Aber das sei doch egal, erwidert der Mönch, so oder so sei er dem Kloster willkommen. Er zeigt ihm einen großen, fast leeren Saal, auf dessen Boden Strohsäcke aufgereiht sind. Dort soll er es sich bequem machen. Dann verabschiedet er sich. Kurz darauf bringt ihm ein Mönch eine Decke. Als Max am Morgen aus dem Saal tritt, ist schon jemand im Durchgang bei der Pforte, der lenkt ihn wieder in den Raum von gestern Abend, wo diesmal ein Frühstück steht.

Niemand hat ihm erklärt, was das zu bedeuten hatte. Später hat er sich gedacht, dass der Tisch vielleicht jeden Abend gedeckt wird; es könnte ja ein Pilger erscheinen. Es mag eine Art Ritual gewesen sein, so wie die gläubigen Russen früher ein extra Gedeck auf den Tisch legten, falls der Herr Jesus vorbeikäme. Auch dass der Pförtner Max vielleicht nicht verstanden und in ihm einen auswärtigen Pilger vermutet hatte, war möglich. Auf seinen Bericht hin kam dann der Sprachkundige.

Kurz bevor er Italien verlässt, steht er an einer Felswand. Eine Quelle rauscht und er ist abgestiegen, um seine Rennfahrerflasche zu füllen, bevor er über die Alpen muss. Gegenüber ist ein kleines Restaurant. Der Wirt erscheint in der Tür und ruft ihn herüber. Das Wasser dort sei nicht gut, gibt er ihm zu verstehen, nimmt die Flasche, füllt sie, tut noch einen Schuss Limonade hinzu und wehrt Max‘ Dank ab.

In der Schweiz schob er sein Rad den Sankt Gotthard hinauf und übernachtete in Jugendherbergen, dann ging es nach Altdorf. Noch einmal kam er durch Stuttgart; von dort fuhr er nordwärts. Geschlafen hat er mehr und mehr in Wäldern und auf Feldern, denn er hatte kaum noch Geld. Er hat sich Roggenbrot gekauft und Zucker darauf gestreut. Das waren gute Mahlzeiten. Manchmal fand er Beeren an Büschen, besonders Brombeeren.

In Hannover war er dann ganz abgebrannt. Er hatte gerade noch den Flugschein und die fünfzig Pfennig für die Jugendherberge außer dem Geld, das er brauchte, um sein Fahrrad wieder nach Berlin zu schicken. Er ließ sein Gepäck in der Herberge und fuhr zum Hauptbahnhof. Dort füllte er einen Frachtbrief aus, aber als er bezahlen wollte, kostete es mehr als auf der Herfahrt. Der Mann am Gepäckschalter erklärte ihm, dass der Preis, den man ihm in Berlin berechnet habe, nur für verpacktes Frachtgut gelte, und als Max ihm seine Not gestand, meinte er, er solle doch den Lenker so umdrehen, dass er parallel zum Rahmen stehe, und die Pedale abschrauben. Den Fahrradrahmen solle er mit Papier umwickeln, es könne ruhig Toilettenpapier sein. Dann gelte das Fahrrad als verpacktes Frachtgut.

Alles wäre leicht zu machen gewesen, wenn Max nur gewusst hätte, wo er Toilettenpapier hernehmen sollte. Eine ganze Rolle Klopapier konnte er sich nicht kaufen; er hatte das Geld nicht. Die Lösung drängte, denn morgen früh flog sein Flugzeug. Er fuhr mit dem Rad durch Hannovers Straßen, immer auf der Suche nach Inspiration. Die kam ihm, als er an einer öffentlichen Toilette vorbeikam. Ich will es kurz machen; es ist wirklich kein Ruhmesblatt für diese Drehscheibe des deutschen Handels: Auf keiner öffentlichen Toilette von Hannover – viele kann Max nicht ausgelassen haben – fand er Papier. Immer zerknirschter fuhr er von einem Örtchen zum andern: Nichts. Als er schon in den Außenbezirken der Stadt war und sich seiner Trübsal überlassen wollte, kam er an einem Fabrikhof vorbei, auf dem ein Arbeiter die täglichen Abfälle zusammenfegte, darunter größere Stücke Packpapier. Dem erzählte er sein Missgeschick. Gemeinsam suchten sie das Nötige zusammen, sogar ein paar Enden Bindfaden fanden sich. Der Mann wollte gleich daran gehen, das Fahrrad zu umwickeln; Max konnte ihn kaum bremsen. Er musste ja erst noch zum Hauptbahnhof fahren. Das sah der Samariter ein, wollte sich aber vorher überzeugen, dass das Papier und der Bindfaden ausreichte, und so packten sie zur Probe.

Alles ging gut. Auch der Mann am Schalter war erfreut. Max bezahlte und war das Fahrrad los. Bevor er wieder in die Jugendherberge ging, sah er sich nochmal die Abfahrtszeiten für den Flughafenbus an, da fiel ihm ein, dass er ja auch noch Fahrgeld brauchte. Er überlegte eine Weile, ging dann in die Jugendherberge, nahm seinen Rucksack mit dem Margarinekarton darin auf den Rücken, nahm die beiden Packtaschen mit den Pedalen in die Hand und ließ sich im Büro seine fünfzig Pfennig zurückgeben Nun hatte er genug Geld für den Bus. Die Nacht verbrachte er im Wartesaal im Bahnhof, und am Morgen fuhr er nach Langenhagen. Im Flugzeug fühlte er sich wieder ganz erhoben. Aber den Weg vom Flughafen Tempelhof bis nach Wilmersdorf musste er mit seinem Gepäck laufen; es waren um die zehn Kilometer. In seinem Zimmer, in einem seiner Bücher, hatte er noch etwas Geld versteckt.

Nun hatte er in einem Jahr viel von Deutschland, Frankreich, Italien und der Schweiz gesehen. Und weil er immer nur langsam vorangekommen war, hatte er unterwegs mit den Leuten reden und sich auch die Gegenden genauer ansehen können.

49 London

Das Schuljahr 1953-54, das nach den Ferien weiterging, brachte nichts Besonderes mehr. Max fing Brieffreundschaften an, schrieb nach hier und nach dort, und auch an ein Mädchen in England. Dorthin fuhr er im kommenden Sommer per Anhalter. Auch Hans Hartnagel, der im Sommer 1953 mit der Eisenbahn in Taormina gewesen war, wollte diesmal nach England, musste aber wieder mit der Bahn fahren, denn seine Mutter brach schon bei der Vorstellung, ihr Sohn stehe „in einem fremden Land am Straßenrand mit bittend erhobenen Händen“ in Verzweiflung aus. Dabei muss sich bei der Vorstellung von den „bittend erhobenen Händen“ ein so wohliges Selbstmitleid über sie ergossen haben, dass sie die Wendung allein schon in Max‘ Gegenwart oft wiederholte. Der war froh, denn er trampte am liebsten allein, weil man dann leichter mitgenommen wurde. Es war die Zeit, in der man kaum eine Chausseekreuzung, eine Ortsausfahrt oder eine Autobahnauffahrt fand, die nicht von mehreren Anhaltern besetzt war. Immer fand man andere Reisende, und auch die Autofahrer, mit denen man fuhr, hörten gern Neues.

Mit Hans verabredete er sich für einen bestimmten Tag zu einer bestimmten Zeit vor der Nelson-Säule auf dem Trafalgar Square. Wann er wieder nach Berlin kommen würde, wusste er nicht genau. Frau Hartnagel mutmaßte, er würde dann ja den August über weg sein und erließ ihm für diesen Monat die Miete. Das wäre großzügig gewesen, nur leider hatte sie sich etwas dabei gedacht.

Inzwischen hatte Max einen Westausweis, er brauchte nicht mehr zu fliegen. Er fuhr auf der Interzonenstraße – halten durfte man nicht – und dann quer durch Westdeutschland. In Belgien lief er durch Brüssel, Gent und Brügge, sah sich an, was man dort sehen musste und war von allem begeistert. In Ostende ging er auf die Fähre. Zum ersten Mal fuhr er mit einem richtigen Schiff. Die Kreidefelsen von Dover tauchten aus dem Dunst auf, das Boot legte an, die Passagiere mussten zur Personenkontrolle und zum Zoll. Max ging mit den meisten Leuten zum Bahnhof und fuhr nach London. Zuerst wohnte er in einem Heim der Heilsarmee. Von der hatte er durch Dr. Weiss‘ Unterricht eine positive Vorstellung, hinter der die Wirklichkeit leider zurückblieb. Einmal sah er im Hof einen Mann, der mit ausgebreiteten Armen, in der einen Hand eine Flasche Alkohol, laut grölte, als rufe er einen großen Geist an. Zwei Polizisten traten von hinten an ihn heran, drehten ihm die Arme um und nahmen ihn mit. Dann wurde

Max im großen Schlafsaal der Gürtel gestohlen; er musste sich einen neuen kaufen. Von den Gesprächen um ihn herum verstand er wenig. Er war froh, wenn er ein paar Einzelheiten mitkriegte.

Seine Briefpartnerin war Verkäuferin in einem Kaufhaus am Picadilly Circus. Sie trafen sich ein paarmal, aber Max merkte bald, dass sie inzwischen einen Freund hatte, den sie nicht aufgeben wollte. Diesmal war ihm das egal, denn sie war ihm viel zu konventionell.

Trotzdem luden ihn die Eltern des Mädchens ein, zu ihnen zu ziehen. Mit ihnen fuhr er manchmal nach Ealing. Sie hatten dort Bekannte, ein Ehepaar, das ebenfalls eine Tochter hatte. Max hat darüber nichts weiter gesagt; es war eben Ealing. Sie machten von dort aus Ausflüge, zum Beispiel nach Kew Gardens oder Hampton Court, manchmal alle sechs, manchmal fuhr Max mit der Tochter allein, zum Beispiel zum Flughafen Heathrow. Da saßen sie im Gras und sahen passenger jets aufsteigen; die waren damals neu.

In die Stadt fuhr er meistens allein. Er sah sich alles an, die Houses of Parliament, die Westminster Cathedral, den Buckingham Palace, die Hyde Park Corner, die Oxford Street; wo man eben in London so hingeht. Zur vereinbarten Zeit war er auch am Trafalgar Square, wo er sich mit Hans treffen wollte. Es goss gerade in Strömen. Weil er keinen Schirm bei sich hatte, blieb er in einem Hauseingang stehen und beobachtete die Nelson-Säule und ihre Umgebung. Hans war nicht da. Max wartete das Ende des Wolkenbruchs ab und ging wieder. Später in Berlin sagte ihm Hans, auch er habe in einem Hauseingang gestanden und die Säule fest im Blick gehabt.

Als Max nach einigen Wochen wieder losfuhr und nach Dover wollte, brachte ihn der Vater seiner Briefpartnerin an eine Ausfallstraße, von wo Max trampte. Einmal nahm ihn ein Fleischer in seinem Lieferwagen mit. Die beiden unterhielten sich ganz freundschaftlich, und als Max wieder ausstieg, sagte er: „I always thought that only a dead German is a good German. Now I think differently." Max gab seiner Freude darüber Ausdruck, fiel aber doch aus allen Wolken. Noch immer hatte ihm kein Erwachsener gesagt, was Deutsche ihren Nachbarn angetan hatten. Max hatte eine Vorstellung vom Krieg, aber der war doch längst vorbei, und in Zukunft würde man sowieso alles besser machen. Konnte man sich da nicht selbstverständlicher vertragen? Der englische Fleischer kam ihm reichlich gestrig vor.

50 Frau Hartnagel

Allmählich war es für ihn jetzt auch in der Opitzstraße in Berlin problematisch geworden. Frau Hartnagel hatte sich vorgestellt, dass ihr Hans in Max einen Gesellschafter hatte, vielleicht einen Freund, obwohl Max sich da nicht sicher war, denn der soziale Abstand zu ihm, dem Ostflüchtling, blieb immer gewahrt. Hans war in der Klasse nicht so beliebt wie seine Mutter das wollte, obwohl niemand unfreundlich oder abweisend zu ihm war. Als Hans ihr erzählt hatte, dass Max von Brauns weg wollte, hatte sie gesagt: „Warum sollen wir so einen nicht mal aufnehmen?" So hat sie es ihm später erzählt; dass er nicht „so einer" sein wollte, ist ihr nicht in den Sinn gekommen.

Er ist viel mit Hans zusammen gewesen. Er lag ihm nicht sehr, denn er war ein behütetes Einzelkind; dass er nichts dafür konnte, hat Max nicht immer erkannt, denn er musste sich gegen ihn wehren. Frau Hartnagel drängte ihn, lieber mit Hans zusammen zu sein und nicht mit seinen beiden anderen Freunden, die in der Nähe wohnten und die in derselben Klasse waren. Zwar waren sie manchmal auch zu viert zusammen, aber das war nicht oft, und es reichte ihr nicht. Die Spannungen wurden über die drei Jahre, vom Frühjahr 1952 bis Anfang 1955, immer intensiver.

Ein wunder Punkt war schon früh, dass Michael Max' Musikbegeisterung teilte. Oft gingen sie zusammen in den Titania-Palast, wo damals die Berliner Philharmoniker spielten. Sie kannten alle großen Dirigenten und Solisten, auch Furtwängler haben sie öfter erlebt. Entweder kauften sie sich Karten für die billigsten Plätze, oder sie gingen zu den Generalproben. Frau Hartnagel hielt Max immer wieder vor, dass Hans nun allein sei. Max erwiderte dann, dass Hans sich ihnen doch anschließen könne. Er sagte sich aber, dass der daran nicht interessiert sei, und wenn er ehrlich sein sollte, war er froh darüber, denn er hätte nicht gewusst, was er mit jemandem anfangen sollte, der nur mitkam, um nicht allein zu sein. Frau Hartnagel aber klagte, dass Max doch verstehen müsse, wie sie darunter litt, und verlangte Auskunft über diesen Punkt, gerade wenn er gehen wollte. Verneinen konnte er ihre Frage nicht. Bejahte er sie aber, dann wollte sie wissen, warum er trotzdem schon wieder gehe.

Obwohl er seine Ausflüge immer schon ein paar Tage vorher ankündigte, fing sie mit ihren emotional geladenen Fragen, die sich mehr und mehr zu kleinen Verhören auswuchsen, immer dann an, wenn er schon los musste. Er stand dann im Korridor wie auf Kohlen und brachte es nie fertig, einfach kehrt zu machen und aus der Wohnung zu gehen, weil ihm das zu unhöflich erschienen wäre. Das wusste sie, und sie nutzte es aus. Erst wenn es schon fast zu spät war, entließ sie ihn mit dem resignierten Bemerken, es sei ja nun Zeit. Er kam dann mit hängender Zunge vor dem Konzertsaal an. Zum Glück schaffte er es fast immer; die Karten kosteten ihn ja ein Vermögen. Als Michael, Tobias und er auch noch darauf verfielen, sich billige Theaterkarten über das *Theater der Schulen* zu besorgen und ins Schiller- oder Schloßpark-Theater zu gehen, wurde der Widerstand stärker. Jetzt musste Max sich bei den Standpauken auch noch Bezeichnungen wie „Belustigungsmolch" anhören; sie hatte das irgendwo falsch aufgeschnappt. Es verbesserte sein Verhältnis zu Hans nicht.

Im Winter 1953-54 wurden die Maßnahmen verschärft: Wenn er nun nachmittags um 14 Uhr aus der Schule kam, war sein Zimmer oft kalt. Max gewöhnte sich auch ab, Essen aus der Schule mitzubringen und fuhr lieber nach Steglitz, wo eine Rot-Kreuz-Küche war. Dort bekam er eine warme Mahlzeit für fünfzig Pfennige. Die Frauen, die das Essen ausgaben, waren freundlich, das Publikum, das er schnell kennenlernte, auch. Das Haus war hell, und die rund sechs Kilometer, die er nach der Schule bis zum Roten Kreuz fahren musste, taten ihm gut. Dumm war nur, dass er im Winter nach seiner Rückkehr oft erst den Ofen anzünden musste, denn es dauert lange, bis ein Kachelofen warm wird. Aber wenn Frau Hartnagel am Nachmittag ihren Hans mit dem ewig gleichen Satz zum Tee rief: "Hänschen, le thé est préparé!", dann war es auch bei Max schon warm.

Einmal war er per Anhalter in München, und als er wieder zurückkam, war er glücklich, dass ein Maßkrug, der aus dem Hofbräuhaus stammte, die Reise in seinem Rucksack heil überstanden hatte. Er betrachtete ihn als eine Art Trophäe. Frau Hartnagel wollte ihn sehen, er brachte ihn in die Küche, Hans war auch da. Max traute seinen Ohren nicht, als er sie sagen hörte, es sei aber nett von ihm, dass er an Hänschen gedacht habe. Der musste sich bedanken. Max wagte nichts zu sagen, auch nicht, als er den Maßkrug ein paar Tage später unten im Keller unter anderm Gerümpel stehen sah.

Jetzt fuhr Max also wieder mit der Fähre nach Ostende zurück, trampte durch Belgien und Deutschland und kam eines Abends in Berlin an. Irgendwo setzte ihn der Autofahrer ab, der ihn durch die DDR mitgenommen hatte. Diesmal hatte er noch Geld, also fuhr er mit der S-Bahn nach Wilmersdorf und ging nach Haus. Er klingelte mehrmals an der Wohnungstür; niemand öffnete. Das war nun wirklich ein Problem, denn seinen Schlüssel hatte Frau Hartnagel an sich genommen, als sie ihm die Miete für den Monat August erließ. Er lief eine Weile durch die Straßen, dann stieg er wieder die Treppe hinauf und klingelte von neuem: Wieder öffnete niemand. Inzwischen wurde es Nacht. Er saß eine Weile auf der Treppe, aber niemand kam.

Da ging er durch die nahe Friedhofsgärtnerei hinüber in einen kleinen Park, den Tannenbusch, legte sich auf eine Bank und schlief ein. Er wurde immer mal wach, horchte, aber niemand war da. Jedes Mal schlief er wieder ein, bis es hinter den Bäumen hell wurde. Weil er nun doch ärgerlich geworden war, ging er ins Haus und klingelte trotz des frühen Morgens noch einmal an der Wohnungstür, aber wieder regte sich nichts. Er setzte sich vor der Wohnung auf die Treppe und schlief noch einmal ein. Als er wach wurde, sah er einen Hausbewohner auf dem Treppenabsatz unter ihm stehen und bei der alten Frau klingeln, die direkt unter Hartnagels wohnte. Die Frau öffnete, sie tuschelten kurz miteinander, dann ging der Mann wieder in seine Wohnung. Bald danach ging die Wohnungstür unten wieder auf. Die alte Frau – Max kannte sie kaum – kam herauf und sprach ihn an.

Warum er hier sitze. „Ich wohne hier“, sagte er, „und kann nicht rein, weil ich keinen Schlüssel habe.“ Sie sagte, Frau Hartnagel sei verreist. Sie komme erst in einigen Tagen wieder und habe ihr gesagt, dass sie Max für den August keine Miete abgenommen habe und auch nicht vor Monatsende mit ihm rechne. – Mit ihm habe sie nicht darüber gesprochen, erwiderte er. – Sie habe einen Schlüssel, sagte die Frau. Sie habe aber Frau Hartnagel versprechen müssen, niemanden in die Wohnung zu lassen, auch Max nicht.

Nun war er wirklich aufgebracht, aber er konnte seinen Ärger schlecht an der Frau auslassen, denn sie hatte ja keine Schuld, und freundlich war sie auch. Sie nahm ihn sogar mit in ihre Wohnung und machte ihm eine Tasse Kaffee. Und als er sagte, er wisse wirklich nicht, wohin er solle, erwiderte sie, er könne bei ihr bleiben. Am Nachmittag, wenn sie es hergerichtet habe, werde sie ihm dasselbe Zimmer überlassen, das er eine Treppe höher bei Frau Hartnagel bewohne.

Da saß er nun nach der Nacht im Park in ihrem bürgerlichen Wohnzimmer an ihrem schweren runden Tisch mit der gehäkelten Decke, vor sich die feine Kaffeetasse, daneben ein Tellerchen mit Keksen und fühlte sich zutiefst unwohl. Neben seinem Stuhl stand auf kostbarem Teppich sein Gepäck: der Rucksack mit dem Margarinekarton, in dem er dringend Ordnung schaffen musste. Er wollte sich auch waschen und umziehen und schon deshalb musste er an seine Sachen. Endlich erklärte sich die Frau bereit, ihn kurz in sein Zimmer zu lassen. Er könne sich nehmen, was er brauche; das könne er dann in ihre Wohnung herunterbringen. Ihm blieb nichts anderes übrig, als diesen Vorschlag anzunehmen. Sie gingen beide hinauf, die alte Frau schloss auf, behielt den Schlüssel in der Hand und blieb im Türrahmen stehen, während Max sich etwas Geld, ein paar Hemden und Wäsche aus seinem bescheidenen Vorrat nahm.

Die Tage bis zu Frau Hartnagels Rückkehr fühlte er sich jämmerlich. Nicht nur, weil er es vermeiden wollte, die filigrane Einrichtung in dem kleinen Zimmer, das er nun vorübergehend bewohnte, in Unordnung zu bringen, sondern auch, weil er endlich begriffen hatte, dass er doch nichts als ein Ostschüler war, einer, der nicht dazugehörte, der nie dieselben Rechte, denselben Wohlstand, dieselbe Würde beanspruchen konnte wie die andern, den man nur benutzte, und sei es, um sich selbst als Wohltäter darzustellen.

Das galt für den Lehrer, der in der Schule die Bibliothek betreute und Max gesagt hatte, auch er sei ein ehemaliger Schüler der Franckeschen Stiftungen in Halle, ihm auch eine Einladung in Aussicht stellte, bis er einmal auf einem Buch, das Max zurückgab, einen kleinen Fleck entdeckte, der wahrscheinlich bei der Schulspeisung auf den Umschlag gekommen war. Damit, sagte er, habe er ihn sehr enttäuscht. Von einer Einladung war nun nicht mehr die Rede.

Dazu gehörte auch die Mutter eines Schulkameraden, die sich bei einem Elternabend, wo von Max die Rede gewesen sein muss, erbot, ihm alle zwei Wochen ein Kotelett zu kaufen. Frau Hartnagel, die das riesig nett fand, wollte es ihm braten. Nun musste Max einen um den andern Sonnabend an der Wohnungstür der guten Frau klingeln, sich sein Kotelett abholen, ihr danken, auch Frau Hartnagel für die Zubereitung danken, und während der ganzen Zeit sehnte er sich nach der Suppe vom Roten Kreuz.

Auch der Fürsorger vom Jugendamt Wilmersdorf zählte dazu. Er hatte erfahren, dass es Max gab, und ihn in sein Büro bestellt, denn er war noch unmündig und hatte im Westen weder Eltern noch Vormund. Max musste ihm erzählen, woher er kam, was er machte, wie er lebte. Dann setzte der Mensch zu einer Moralpredigt an, erklärte ihm, wie unverdient gut er es habe und dass es in Westberlin Kinder gebe, die keine Oberschule besuchen könnten, weil sie ihren Eltern beim Geldverdienen helfen müssten. Was sollte Max dazu sagen, was für ein Gesicht sollte er machen? Zum

Glück hat der Mann keinen Finger für ihn gekrümmt; Max hat ihn auch nicht wiedergesehen. Was er ihm gesagt hat, beschäftigte ihn aber lange. Max hat sich schließlich davon befreit, indem er sich sagte, dass viele Westberliner Kinder auf Oberschulen gingen oder gehen könnten. Sollte er das etwa nicht dürfen, mit der einzigen Begründung, dass er aus dem Osten kam? Schließlich nahm auch er einiges in Kauf. Er richtete sich auf und versuchte, den Mann zu vergessen.

Jetzt, nach der Sache mit dem Zimmer, wollte Max weg von Hartnagels; er wollte ein Zimmer suchen, in dem er frei von emotionalen Belästigungen war. Frau Hartnagel war am Monatsende aus ihren Ferien zurückgekommen; sie war seiner nun auch überdrüssig geworden, weil sie Sorge hatte, dass ihr Ansehen im Haus gelitten haben könnte.

Die Zimmersuche war nicht leicht. Den meisten Vermietern war er zu jung; sie suchten einen gesetzteren Untermieter. Eine Frau, der seine jugendliche Unschuld oder was sie dafür hielt, Eindruck machte, bezeichnete sich als „eine fromme Mutti“ und versprach ihm das Zimmer, für das sie einen Untermieter suchte. Aber als er wiederkam, um den Mietvertrag zu unterschreiben, hatte sie inzwischen mit einer Freundin gesprochen und es sich anders überlegt.

Schließlich fand er ein Zimmer „Am Friedhof“. Das war auch in Wilmersdorf, und es war noch mehr in der Nähe von Michael und Tobias. Es war ebenfalls ein ehemaliges Dienstmädchenzimmer, kostete dreißig Mark und war noch kleiner als das bei Frau Hartnagel. Vor allem war es schmal. An einer Seite stand ein Feldbett, an der andern eine rot bemalte Kiste mit einem Tuch als Vorhang; das war die Ablage. Daneben war ein Waschbecken. Wenn Max sich mit ausgebreiteten Armen ins Zimmer stellte, konnte er, indem er auf demselben Fleck stehen blieb und sich nach rechts oder links neigte, beide Wände berühren. Für einen Tisch war kein Platz. Ein Brett war an die Fensterbank geschraubt, und davor stand ein Stuhl. Das war sein Arbeitsplatz. An einer Wand hing ein Bücherbrett. Seine Kleidung und seine Nahrungsmittel, Brot, Margarine, Wurst und Käse, konnte er in einem Schrank auf der Diele verstauen. Sein Fahrrad stand angeschlossen vor der Haustür. Er war glücklich. Dass sein Zimmer so klein war, fand er eher lustig. Seine Vermieterin war freundlich; sie hat in den gut zwei Jahren, die er dort wohnte, außer der Miete und den üblichen Rücksichten nichts von ihm verlangt.

Als Max umzog, waren es nur noch wenige Monate bis zum Abitur. Es war die Zeit, von der Tobias, Michael und Max später sagten, es sei kein Tag vergangen, an dem nicht jeder jeden besucht habe. Mehr und mehr ging es dabei um die Schularbeiten und die Vorbereitungen auf das Abitur, denn alle drei wollten vom Sommersemester 1955 an studieren. Auch was sie studieren wollten, wussten sie schon: Tobias wollte Architekt werden, Michael und Max sich für Germanistik einschreiben. Schon lange hatten sie fast jeden Tag nach der Schule zusammen mit anderen an der Nietzsche- Ecke Schellingstraße gestanden und über Hermann Hesse oder Thomas Mann geredet, ohne zu merken, wie die Zeit verging. Auch was sie von Goethe, Kleist und anderen lasen, wurde dort besprochen, und immer mehr hatten sie sich dabei in eine Begeisterung geredet, die kaum noch ein anderes Studium zuließ, obwohl Max mit dem Gedanken gespielt hatte, Journalist zu werden. „Dann müssen Sie sich gelbe Socken kaufen", hatte Dr. Weiss gesagt, „Journalisten tragen immer gelbe Socken." Daraufhin hatte Max diesen Plan aufgegeben.

Sowieso mussten sie erst „das Abi schaffen". Die Arbeiten wurden geschrieben; danach war Max einigermaßen zuversichtlich. Er wusste nun, dass er in Russisch geprüft werden würde. Einmal ließ die junge Russisch-Lehrerin, die sich selbst noch vor dem Kollegium und dem Schulamt beweisen musste, fallen, dass es ganz gut wäre, wenn Max etwas über die Geschichte Moskaus wüsste. Sofort schrieb er sich einen kleinen russischen Vortrag auf, den er auswendig lernte. Den Anfang kann er noch heute. Er kam dann nicht nur in Russisch, sondern auch in Mathe „ins Mündliche", worauf er nicht vorbereitet war. Diesen Fragen hielt er auch nur mit Mühe stand. Die Lehrer und die Herren vom Schulamt saßen an Tischen, die hufeisenförmig im Musiksaal aufgebaut waren; alle hatten dunkle Anzüge oder dunkle Kostüme mit weißen Blusen an. Schon damit konnten sie einen aus der Bahn werfen. Und dann die Schulräte, die man noch nie gesehen hatte!

Als Max in Russisch aufgerufen wurde, sprach die Lehrerin ihn gleich in dieser Sprache an: Ob er dem Kollegium vielleicht etwas aus der Geschichte Moskaus erzählen könne. Und ob er das konnte! Er wusste, dass niemand etwas verstand, außer ihr und einem Prüfer, einem älteren Herrn, der an der Uni unterrichtete und den das Schulamt gebeten hatte, die Prüfung mit abzunehmen, weil er Russisch konnte. Umso mehr wollte Max die andern vom Klang dieser Sprache – und natürlich auch von seinem mühelosen Gebrauch derselben – überzeugen. Er fing also an, sagte, dass Moskau nicht die älteste Stadt in Russland sei, Kiew und Nowgorod seien älter – elegant legte er einen Genitiv als Komparativ ein –, und gerade wollte er von Fürst Juri Dolgoruki anfangen, dem Gründer Moskaus, als die Lehrerin ihn mit einem russischen „langsamer, langsamer“ unterbrach. Sein Tempo war ihr wahrscheinlich mulmig geworden; der ältere Herr schmunzelte und nickte. Nun ging es mit der Entwicklung Moskaus stockender voran, Max schien nach Wörtern zu suchen, die er doch genau kannte; sogar einen grammatischen Fehler flocht er ein, allerdings nur einen, denn er brachte es nicht über sich, sein Licht allzu sehr unter den Scheffel zu stellen. Am Schluss hatte die ganze Klasse bestanden. Es war ein sonniger Frühlingstag. Die Schule war von ihm abgefallen. Vor ihm lag die große Freiheit.

Erstmal fuhr er nach Süden. In München traf er auf zwei Neuseeländer; zusammen gingen sie ins Hofbräuhaus. Dort fanden sie es gemütlich; die Zeit verging, und plötzlich fiel ihnen ein, dass die Jugendherberge, in der sie ihre Sachen hatten, um zehn Uhr schloss. Sofort brachen sie auf, hasteten durch die Stadt, kamen vor die Herberge, aber die Tür war schon verschlossen. Sie wussten: Kein deutscher Herbergsvater, der etwas auf sich hielt, würde nochmal öffnen. Da entdeckte einer der beiden Neuseeländer im ersten Stock ein nur angelehntes Fenster. Sie kamen überein, dass die beiden langen Lulatsche Max, den Kleinsten, so hoch wie möglich hieven würden; er sollte sich dann am Fassadenschmuck festhalten und versuchen, ins Fenster zu kommen. Dann würde er durch das Haus hinabgehen, die Tür von innen entriegeln und die beiden hineinlassen.

Gleich machten sie sich ans Werk. Mit Hilfe von Sam und Kevin kam Max ganz schön hoch, kletterte noch ein bisschen, von geflüsterten Anweisungen dirigiert, dann krallte er sich am Fenstersims fest. Nun musste er sich noch hochziehen, das Fenster vorsichtig ganz öffnen und einsteigen. Dass er in einem Schlafraum für Mädchen landen würde, hatte er nicht vorausgesehen. Sie wollten auch gerade anfangen, Lärm zu machen, als es ihm doch noch gelang, sie von seiner Harmlosigkeit zu überzeugen. Einige bekamen sogar Freude an der Rettungsaktion und halfen ihm, die beiden von Downunder ins Haus zu bekommen. Sam, Kevin und Max schlichen auf ihr Zimmer. Sie fuhren dann nach Salzburg. Es war Ostern, und Max weiß noch, wie er auf der Trasse der Zahnradbahn, die noch nicht wieder fuhr, zur Festung hinaufstieg. In späteren Jahren hielt er öfter Vorträge in Salzburg.

51 Die Uni

Die Freie Universität in Berlin-Dahlem war damals noch klein; sie war um die Gary- Boltzmann- und um die Van‘t Hoff-Straße gruppiert. Dorthin fuhren Max und Michael täglich von Wilmersdorf aus. Die meisten Vorlesungen fanden im noch neuen Henry-Ford-Bau statt, im Hörsaal A. Es war ein erhebendes Gefühl, dass niemand kontrollierte, ob sie die Lehrveranstaltungen, für die sie sich eingeschrieben hatten, wirklich besuchten. Professor den Haan gab seine „Einführung in *Des Minnesangs Frühling*“, später las er über „Germanische Dichtung“.

Auch an die Philosophie-Vorlesungen von Frau Professor Zumwald erinnert sich Max. Sie war eine zierliche Person, die über Nietzsche las und das Unglück hatte, dass ein Gewitter tobte, als sie über die *Fröhliche Wissenschaft* sprach. Ausgerechnet, als sie die vertrauten Worte „Gott ist tot ...“ zitierte, brach ein Donnerschlag über den Henry-Ford-Bau herein, sodass sie zusammenzuckte und blass wurde.

Ein andermal, als Professor Jung in seiner „Griechischen Philosophie“ auf die platonische Liebe zu sprechen kam, öffnete sich der große, tiefrote Samtvorhang hinter seinem Rücken langsam und gravitätisch und gab dem zahlreichen, auf ansteigenden Rängen sitzenden Publikum den Blick auf eine Bühne frei, in deren Mitte zwei Stühle standen. Darauf saßen ein Student und eine Studentin nebeneinander, die nun plötzlich dem hellen Licht und den Blicken aus hunderten Augenpaaren ausgesetzt waren. Auf den Knien hielten sie ihre Kolleghefte, in die sie Jungs Weisheiten schrieben.

Die Erklärung war einfach: Der Saal war voll, auch auf den Stufen und Fensterbrettern hockten Studenten; da hatten die beiden die Stühle auf der Bühne entdeckt und sich im guten Glauben, dass der große rote Vorhang immer geschlossen blieb, dort hingesetzt. Der Hausmeister, dieser Filou, hatte das gesehen und den bestmöglichen Zeitpunkt abgepasst, um auf den Knopf zu drücken und den Vorhang zu öffnen. Alle tobten vor Freude über diese unerwartete Demonstration platonischer Einsichten, und Jung lachte, dass ihm Tränen über die Backen liefen.

Leider brauchten die Studenten auch Seminarscheine, zum Beispiel in Althochdeutsch oder Gotisch und auch in Mittelhochdeutsch. Das kostete Mühe, denn dazu mussten sie an Seminaren in der Boltzmannstraße teilnehmen. Dort wurden nun doch Anwesenheitslisten geführt. Wer Germanistik studierte und deshalb Gotisch oder Mittelhochdeutsch lernen musste, hatte nicht nur anwesend, sondern auch präpariert zu sein, denn Professor den Haan hatte eine unfehlbare Methode, selbst große Zahlen von Studenten in den Lernprozess einzubeziehen.

Von Mal zu Mal mussten sie gotische oder – später – mittelhochdeutsche Texte übersetzen. Das ging noch. Aber dann mussten sie auf jedes Wort die vertrackten Herkunftsregeln anwenden und die mutmaßlichen Wortformen bis hinauf ins Sanskrit und hinunter ins Neuhochdeutsche aufsagen oder aufschreiben können, wobei jede erschlossene, nicht belegte Form extra zu kennzeichnen war. Vor sich hatte den Haan eine Liste der Seminarteilnehmer; bis zu zweihundert Studenten saßen in seinen Seminaren. Einen davon rief er auf und bestimmte den Passus, den das Opfer lesen und übersetzen musste. Dann rief er ihm Wörter daraus zu, die zu erklären und abzuleiten waren, und zwar historisch und genau: Nach welchen Gesetzen sich die mittelhochdeutsche Form aus welcher althochdeutschen entwickelt hatte, wie die entsprechende germanische oder indogermanische Form ausgesehen haben muss, ob es eine verwandte gotische Form gab, und welche neuhochdeutsche Form auf die mittel- oder althochdeutsche zurückzuführen war. Alles musste angegeben werden.

Meistens hatte man Glück, denn bei den vielen Namen auf der Liste war es unwahrscheinlich, dass er gerade den eigenen aufrief. Aber irgendwann erwischte es einen doch, und wen es traf, der wurde blass und machte sich ans Werk. Natürlich hätte man in solchen Zeiten der Not immer auch behaupten können, man sei gar nicht da, indem man beherzt ausrief „ist beim Zahnarzt!“ Manche taten das, aber es half nicht wirklich. Über Professor den Haans Gesicht legte sich dann ein maliziöses Lächeln, dass sein Goldzahn glänzte; er nahm einen Bleistift zur Hand und sagte: „Nunn, dann werden wir ein Zeichen setzen!“ Jeder hatte nur eine Abwesenheit frei, und so sicher wie das Amen in der Kirche wurde bald derselbe Name aufgerufen. Glänzte der Träger dann wieder durch Abwesenheit, so nahm er den Bleistift und sagte: „Nunn, dann wollen wir ihn streichen!“ und fuhr mit dem Bleistift, auch von den hinteren Plätzen gut sichtbar, über die ganze Breite der Liste. Nur selten war jemand beim Zahnarzt.

So hat Max Gotisch und Mittelhochdeutsch gelernt. Lange Vokabellisten hat er gebimst, und noch heute weiß er, dass gotisch „anakumbjan“ ein Verb der ersten schwachen Konjugation ist, das neuhochdeutsch „sich zum Essen niederlegen“ heißt, und „plinsjan“ heißt nicht etwa „Plinsen backen“, sondern „tanzen“. Das Vaterunser könnte er auf Gotisch beten, wenn ihm danach wäre. Die Bibel, den einzigen erhaltenen gotischen Text, liest er aber doch lieber in Martin Luthers neuhochdeutscher Übersetzung als in der gotischen des Ulfilas, auch wenn die über tausend Jahre früher entstanden ist.

Oft hat er sich gewünscht, Altgriechisch lernen oder Russisch oder Latein weiter machen zu dürfen; dann hätte er Zugang zu bedeutenden Texten der Literatur, der Philosophie und Geschichte gehabt. Aber nein, am Ende musste er die Klausur des Gotisch-Seminars schreiben. Auch die am Ende des Mittelhochdeutsch-Seminars hat er – allerdings erst im zweiten Anlauf – bestanden. Mittelhochdeutsch hat sich übrigens gelohnt, denn als das Seminar zu Ende war, konnte er die vielen Texte mit erfreulicher Sicherheit lesen. Das war ihm nicht leicht gefallen. Als er am Aushang die Liste derer, die die Klausur bestanden hatten, las und seinen Namen dort nicht fand, ging er spornstreichs ins germanistische Sekretariat, um die Sekretärin zur Rede zu stellen. Er war überzeugt, dass er die Sache mit Bravour hinter sich gebracht hatte und dass es sich nur um einen Fehler seitens der Sekretärin handeln könne. Die aber tröstete ihn mit der Aussicht, dass es nächstes Mal schon gehen werde, denn „ein blindes Huhn findt ja auch mal ein Korn." Max, der partout kein blindes Huhn sein wollte, sah ein, dass er hier nicht weiterkam. Er wiederholte die Klausur, und siehe da, er fand gleich mehrere Körner.

Der mittelalterliche Teil machte die Hälfte des Germanistik-Studiums aus, eine Bedeutung, die ihm, verglichen mit der neueren deutschen Dichtung, bei weitem nicht zukommt. Manche glauben, dass man in den fünfziger Jahren noch allzu dicht an der Nazi-Epoche war, in der die Altgermanistik hochgejubelt wurde, und dass einige Professoren sich noch nicht wieder auf dem bescheidenen Boden der Nachkriegszeit eingerichtet hatten. Mag sein. In der Anglistik gab es dieses Problem natürlich nicht, und deshalb fand Max hier den Zugang zur Moderne leichter: Später, während seines Hamburger Studiums, und danach wieder in Berlin, war er hellauf von William Butler Yeats, T.S. Eliot und James Joyce begeistert.

Ich bin nun weit über Max' erstes Semester hinausgekommen. Wahrscheinlich könnte ich anhand von seinem Studienbuch aufzählen, was er alles belegt hat. Aber wen kümmerts. Was ihm die Dichter von Walter von der Vogelweide bis zu Franz Kafka oder James Joyce bedeutet haben, wäre daraus doch nicht zu erkennen. Max sagt immer wieder, dass es großartig gewesen sei, sie zum ersten Mal zu lesen.

52 Die Heinzelmännchen

Sein privates Leben änderte sich in dieser Zeit. Ab dem ersten Semester bekam er ein kleines Stipendium und lebte nun etwas weniger beengt als früher. Er gehörte auch zu den „Heinzelmännchen“, einer studentischen Vereinigung, bei der Leute anrufen konnten, die irgendeine Hilfe brauchten. Dann kamen die hilfreichen Geister. Alte Leute brauchten Beistand beim Ausgehen, Gärtner wollten ihre Beete vom Unkraut befreit sehen, Importfirmen brauchten dringend drei Leute zum Entladen eines Lastwagens, Hausfrauen hatten Teppiche zu säubern und kamen mit dem Aufhängen und dem Klopfen nicht zurecht: Ein Anruf genügte; sie waren zur Stelle. Morgens um acht musste man vor dem Büro in der Van‘t-Hoff-Straße sein. Dann wurden die Anforderungen vom Vorabend ausgerufen, und man konnte sich melden. Teppiche waren beliebt, aber nur große, die man lange klopfen musste.

Max war oft da. Er ist in seiner vorlesungsfreien Zeit losgefahren, nach Zehlendorf oder Friedenau, Steglitz oder Wilmersdorf, hat in seinen alten Sachen an Wohnungstüren geklingelt, hat wissend gelächelt, wenn die Frauen überrrascht meinten, sie hätten eigentlich einen kräftigeren Herrn erwartet, denn gleich würden sie Augen machen. Er rollte den Teppich zusammen, trug ihn Treppen abwärts, wuchtete den größeren Teil über die Teppichstange, die in jedem Berliner Innenhof horizontal auf zwei vertikalen Pfosten befestigt war, behielt dabei den kleineren Teil erst noch aufgerollt auf seiner Seite und zog das Ganze dann so hin, dass es je zur Hälfte nach unten hing. Dann ging die Arbeit los. Von beiden Seiten her drosch er unverdrossen mit dem kunstvoll aus Rohr geflochtenen, breitflächigen Teppichklopfer auf das gute Stück ein. Immer neue Staubwolken stiegen daraus hervor und senkten sich auf ihn, während seine lauten Schläge von den Mauern des Innenhofs widerhallten: ein so verbreitetes Berliner Geräusch, dass in vielen Hauseingängen Schilder hingen, die das Teppichklopfen zeitlich regulierten. Oft waren die Teppiche so verschmutzt, dass er hinterher auf Sand kaute. Manchmal gab man ihm auch eine Bürste, mit der er hinterher den Teppich noch traktieren musste. Im schlimmsten Fall stand neben dem Gestell ein Teller mit kaltem Kaffee, in den er die Bürste immer wieder stippen musste, weil dies, wie manche meinten, die Farben auffrischte. Reiner Aberglaube. Dann wieder aufrollen, über die Stange wuchten und ab, die Treppen rauf. Es war eine Würgerei.

Natürlich wurde er bei seiner Arbeit immer von oben beobachtet.

Er war so ehrgeizig, dass er sich an keine Unzufriedenheit bei den Auftraggebern erinnern kann, er hörte immer nur Positives. Jetzt klingt das nach Lobhudelei, aber damals machte es ihm Freude, auch diese Sache richtig zu machen, anstatt darüber nachzudenken, wie er sie sich leichter machen könnte.

Max hat in den Jahren bis zu seinem Umzug nach Hamburg alles Mögliche gemacht; die Arbeiten wurden auch immer permanenter, sodass er mit seinem Rad fast regelmäßig zu bestimmten Arbeitsstellen fuhr. Einer kleinen Gartenbaufirma hat er geholfen, Vorgärten anzulegen; bei der Zollabfertigung auf dem Berliner Packhof war er mit der Sackkarre unterwegs, um Zollinspektoren, die manchmal noch lernten und in seinem Alter waren, Kisten, Pakete und Stoffballen vorzuführen, die er messen und wiegen, bisweilen auch ganz auseinandernehmen oder aus denen er Proben entnehmen musste. Mit einer Straßenbaufirma hat er hinter dem *AEG*-Grundstück am Hohenzollerndamm das Pflaster aufgenommen und einen Parkplatz angelegt, obwohl seine Startbedingungen dafür nicht gerade günstig waren. Als er nämlich im Büro der Firma auftauchte, um den Arbeitsvertrag zu unterschreiben, müssen die Sekretärin Zweifel beschlichen haben, was seine Durchhaltekraft betrifft. „Das ist aber schwere Arbeit", sagte sie, „können Sie das denn auf Dauer?" Vielleicht berechtigte seine Konstitution sie zu dieser Frage, aber Max wischte sie mit einer kraftvollen Bemerkung vom Tisch. Als er ging, klemmte aber die Tür, und leider dauerte es etwas, bis er sie aufkriegte. Sie hantierten dann meistens mit großen Forken, um die alten Pflastersteine aufzunehmen. Mit viel Schwung warfen er und die anderen Bauarbeiter sie auf die Laderäume der Lastwagen.

In den Budenwagen, in denen sie in den Pausen und bei Regen saßen, wurden Reden geführt, die er lieber nicht gehört hätte, denn er war erst neunzehn Jahre alt. Es wurden auch Kreuzworträtsel geraten. „Studente, welchet Tier hat 'n die stärksten Kaumuskeln?" konnte es dann aus einer Ecke dröhnen. „Weeß ick nich!" – „Zu wat studierst 'n denn?" Auf die Kameraderie konnte er sich verlassen.

Seinen ersten Dauerjob fand er schon im Sommersemester 1955. Es war die Getränkeverteilung der *EDEKA*; das stand für Einkaufsgemeinschaft deutscher ehrlicher Kaufleute, wie er erfuhr. Eigentlich glaubte er, dass es sich dabei um eine contradictio in adiecto handle. An vielen vorlesungsfreien Tagen war er morgens bei Arbeitsbeginn auf dem Hof. Dann wurden die Helfer eingeteilt. Ungern ging er zur Flaschenspülmaschine, wo er sich eine große Gummischürze umbinden, die leeren Flaschen aus Kästen nehmen und mit den Hälsen nach unten in die kreisrunde Maschine stecken musste. Die lärmte, fauchte, spritzte und schüttelte sich nach allen Seiten, die Flaschen verschwanden hinter einem Gummivorhang und kamen nach einem vollständigen Kreislauf sauber, aber laut scheppernd wieder heraus, wo sie dann in leere Kästen gestellt wurden.

Es gab auch andere Arbeitsgänge, zum Beispiel konnte man in den Keller zur Lagerung kommandiert werden, wo man Weinflaschen aufschichten musste. Gab es Bruch, dann konnte man ein paar Schlucke trinken, man musste nur wegen der Glassplitter aufpassen. Gab es keinen Bruch, konnte man etwas nachhelfen, obwohl es den Studenten schließlich kultivierter vorkam, die Flaschen vorsichtig zu öffnen, ein paar Schlucke zu nehmen, mit Leitungswasser nachzufüllen, die Flaschen wieder zu verkorken und in die Lagerung einzugliedern. Das ging auch dann noch gut, als mal einer, der gar nichts vertragen konnte, sichtbar taumelte, als er aus dem Keller und ans liebe Tageslicht kam. Zum Glück hatte es an diesem Tag Bruch gegeben, also schob man es darauf und lachte über den Studenten. Bedenklich wurde es erst, als die Frauen oben in der Qualitätskontrolle, vor deren wachsamen Augen die Flaschen einem hellen Lichtstrahl ausgesetzt wurden, Schleier darin fanden. Vermutlich war das Wasser im Keller rostig gewesen. Als dann aber noch bekannt wurde, dass die Flaschen mit dem Schleier auch mit durchlöcherten Korken verschlossen waren, durfte kein Student mehr in den Keller. Da war Max aber schon längst in der Auslieferung.

53 Heinrich

Die Auslieferung bei *EDEKA* funktionierte so: Auf dem Hof standen morgens mehrere Lastautos. Jeder Fahrer kriegte eine Route und eine bestimmte Zahl Getränkekästen zugeteilt, die an *EDEKA*-Läden auszuliefern waren. Hatte ein Fahrer keinen Beifahrer, so gab ihm die Geschäftsleitung einen. So kam Max als Beifahrer zu Heinrich. Die Lastautos gehörten nicht *EDEKA*, sondern privaten Fuhrunternehmen. Heinrich hatte ein solches Unternehmen, aber er hatte nur einen Lastwagen und einen Fahrer, das war er selbst.

Er war vielleicht um die siebzig, und sein Auto sah kaum jünger aus. Die Fenster und Türen schepperten laut. Es war knallig bunt und in verschiedenen Mustern bemalt, fast könnte man sagen, es war ein rollendes Kunstwerk. Heute würde man nichts dabei finden, aber als jeder alles noch genauso machte wie alle anderen, fiel eine solche Farbsymphonie ganz schön aus dem Rahmen, vor allem an einem sogenannten Nutzfahrzeug. Die anderen Fahrer auf dem Hof, die bloß ihre einfarbig grauen Lastwagen fuhren, lästerten, Heinrich müsse sein Auto immer mal nachmalen, weil es nur von der Farbe zusammengehalten werde. Auf was für Einfälle einen der Neid bringen kann!

Auf Heinrichs Auto türmten sich die Kästen mit Wein, Bier und Selters immer so hoch, dass sich die Ladefläche bog. Schon wenn er krachend die Gänge einlegte und sie vom Hof rollten, legte sich der Wagen bedenklich auf die Seite. Oft tuckerten Max und Heinrich, immer schön rechts, durch das sommerliche Berlin. Das Auto ächzte und stöhnte, die Flaschen klapperten in den Kästen. Da war keine Hektik, es war nur laut. Das Pflaster, über das sie fuhren, bestand meist aus breiten Steinen, sodass es schon von daher stuckerte. Aber es gab ja nichts zu reden. Vor den Läden hielten sie an, stiegen in ihren großen Lederschürzen aus, Heinrich las nochmal den Lieferschein, Max ließ die Ladeklappe runter, kletterte auf die Ladeflächte und stellte die Kästen an den Rand. Dann trugen sie sie hinein, wobei sie immer wieder „Vorrrsicht, bitte!“ riefen, sowohl auf dem Trottoir als auch in den Kramläden, die fast immer voller Hausfrauen waren. Es war schwere Arbeit; das weiß jeder, der bloß mal versucht hat, einen vollen Weinkasten anzuheben.

Die Läden waren damals noch eng, hinter den Ladentischen war wenig Platz. Dort stellten sie, wenn sie Glück hatten, ihre Flaschen in die Regale. Wenn sie Pech hatten, hob der Kaufmann eine Falltür auf, und sie mussten mit ihren Kästen noch eine steile, dunkle Treppe hinunter in den Keller. Ab und zu bekamen sie auch Trinkgeld, wenn Heinrich sich den Erhalt der Flaschen quittieren ließ und sie mit den letzten leeren Kästen aus dem Laden gingen. Es kam aber vor, dass er es zurückwies. Max erlebte, dass ein Kaufmann ihm ein Fünfzigpfennigstück über den Ladentisch zuschob, das Heinrich mit derselben großen Geste zurückschob, indem er sagte: „Vielen Dank, wir sind zwei.“ Sowas hatte Format.

Schön war es, wenn sie in der heißen Jahreszeit in eine stille, schattige Seitenstraße einbogen, wenn Heinrich dann unter einer Kastanie anhielt und sagte: „So, Junge, hier machen wir Mittag. Kletter‘ mal nach hinten und hol‘ Bruch.“ Max stieg dann auf die Ladefläche und holte eine Flasche. Die tranken sie langsam aus, aßen ihr Brot dazu, redeten auch dies und das. Dabei erzählte Heinrich einmal, er habe auch eine Frau. Die sei aber schon vor Jahren nach Amerika zu der gemeinsamen Tochter gezogen, die dort verheiratet sei. „Und warum bist du dann noch in Berlin?“ fragte Max. „Na weil ich den Lastwagen nicht mitnehmen kann“, erwiderte er. Das leuchtete Max ein. Wenn sie dann dachten, nun könne es weitergehen, wurde die leere Flasche zerschlagen. Die Scherben wies Heinrich am Abend auf dem Hof als Bruch vor.

Einmal wurde es allerdings mit ihm und seinem Lastwagen richtig gefährlich. Die beiden hatten Mittag gemacht und zuckelten nun eine endlos lange und sehr breite Straße entlang. Die Sonne brannte, die Flaschen klapperten, das Auto schepperte. Heinrich lag über seinem Steuer, sodass Max wieder mal nicht sehen konnte, ob er sich bloß ausruhte oder ob er schon am Einschlafen war. Er wollte es auch nicht so genau wissen, denn er war selbst müde, und sie fuhren so langsam, dass nichts Aufregendes passieren konnte. Max kam erst zu sich, als er hinter ihnen, auf seiner Seite, ein aufgeregtes Johlen hörte. Er steckte den Kopf aus dem Fenster und sah weiter hinten ein paar Uniformierte, die sich aufführten wie Rumpelstilzchen. Ihm dämmerte was. Er sah nach vorn, und richtig: Auch da waren Uniformierte; die allerdings sahen in ihren ganz anderen Uniformen und in aufmerksamer Erwartung den guten Dingen still entgegen, die auf den Lastwagen gestapelt auf sie zurollten.

„Heinrich! Die Grenze!“ rief Max aus vollem Hals. „*Wat* is los?“ fragte der zu allem Überfluss und kriegte den Fuß nicht vom Gas. „Die Grenze! Der Osten!“ wiederholte Max. „Ach so!“ sagte Heinrich etwas schlaftrunken, bremste aber doch so scharf, dass das Scheppern und Klirren infernalisch anschwoll, dann krachte der Rückwärtsgang, sie rollten zurück und die Vopos mussten zusehen, wie sich der Abstand zwischen ihnen und den Getränkekästen wieder vergrößerte. Der zurückrollende Lastwagen muss ihnen wie eine Fata Morgana vorgekommen sein. Der Westberliner Zoll wollte dienstlich werden. Weil aber nichts weiter geschehen war und Heinrich ganz so aussehen konnte, als müsse man Mitleid mit ihm haben, kamen sie mit einer Ermahnung davon.

Ich habe noch nicht gesagt, warum Max damals auch außerhalb der Universität so zielstrebig arbeitete: Die Not war es nicht, denn wie gesagt, sein Lebensstandard hatte sich ein wenig verbessert. Vielmehr war es ein neues Projekt. Ihm lag Spanien im Sinn. Er glaubte, dass er in diesem südlichen Land des Blühens und Grünens, der dunkelrot-goldenen Religiosität, der kastilischen Burgen und Kirchen, der maurischen Paläste und der temperamentvollen Zigeunertänze auf palmenbeschatteten, blumengeschmückten Plätzen etwas erleben würde, das weit jenseits seiner Alltagswelt lag. Als er aus Spanien zurückkam, hat er die Fahrt tatsächlich als die schönste angesehen, die er bis dahin gemacht hatte.

Nach dem Semesterschluss machte er sich auf den Weg dahin. Wieder fuhr er per Anhalter und mit dem Karton im Rucksack durch die DDR, durch Westdeutschland und Frankreich. Für Spanien hatte er ein kilométrico gekauft. Das reichte für die Eisenbahnfahrt durch ganz Spanien. Er hatte auch genug Geld, um in Deutschland und Frankreich in Jugendherbergen, in Spanien aber, wo es die nicht gab, in einfachen Pensionen zu übernachten, denn damals war in Spanien noch alles sehr billig. Bisher hatte sich sein Drang in die Ferne immer als größer erwiesen als seine finanziellen Möglichkeiten. Diesmal erwartete er von seinem Spanien-Erlebnis so viel, dass nicht einmal der elende Mangel dem etwas anhaben sollte.

54 Die Fahrt nach Spanien und Marokko

Auf dem Weg nach Spanien muss Max schnell durch Deutschland gekommen sein. Er sieht sich erst in Paris, in Notre Dame, wie er an der Vierung steht und auf die Rosette blickt; dann ist er in Chartres und betrachtet die Engel am Portal der Kathedrale. Gleich darauf hilft er jemandem, sein Auto anzuschieben. Immer ist er mit jungen Leuten zusammen, die er in den Jugendherbergen findet.

Weit im Süden, in einem Dorf an der Charente, einem ruhig fließenden Fluss unter hohen Bäumen und nicht weit von der Mündung, findet er ein ländliches Restaurant an einem schattigen Platz am Ufer. Rotweiß karierte Decken liegen auf den wenigen Tischen; Teller und einfache Bestecke liegen darauf, die Weingläser sind noch umgedreht. Er bekommt eine Speisekarte, bestellt, wartet lange, dann isst und trinkt er ohne Hast, denn im Dorf hat man ihm gesagt, dass „Anthea l'Anglaise", die im Austausch hier ist und mit der zusammen er Erinnerungen an den letzten Sommer in London auffrischen will, mit anderen über Land gefahren ist und erst am Nachmittag wiederkommt. Als sie da ist, reden sie etwas, gehen am Fluss entlang, eine tote Kuh mit aufgedunsenem Bauch, die Beine starr von sich gestreckt, schwimmt meerwärts, von Grünzeug umgeben. Später, als es dämmert, gehen sie immer noch am Ufer spazieren, das Wasser fließt in die Gegenrichtung, denn nun ist Flut, und auch die Kuh kommt auf ihrem Weg ins Landesinnere wieder vorbei. Anthea, die nur an Ealing gewöhnt ist, findet hier alles ganz anders. Endlich muss Max sich verabschieden. Die nächste Jugendherberge ist in Saintes, da muss er noch hin. Es ist Sonntag.

Er kommt in ein seltsam großes und leeres, altes Gebäude, ein paar andere Jugendliche sind schon da, aber niemand kommt zum Kassieren. Dafür kriegen sie das Feuer in der Küche nicht an. Am nächsten Morgen will er weiter. Erst geht er noch in die Innenstadt, weil er ein paar Reiseschecks einlösen will. Die Bank ist zu. Ein junges Paar auf Sandalen kommt vorbei und spricht ihn an. Morgen ist Feiertag, sagen sie, deshalb ist auch heute zu. On fait le pont. Aber die beiden bieten ihm an, dass sie die Reiseschecks nehmen und ihm Geld dafür geben. Sie können sie übermorgen umtauschen, da will er schon in Spanien sein. Die drei unterhalten sich ein bisschen und tauschen ihre Adressen aus, denn sie sind sich gleich sympathisch. Aus der Sympathie ist eine Freundschaft geworden, die noch heute anhält. Marc, der Maler, von dem in Max‘ Haus in Amerika jetzt mehrere Bilder an den Wänden hängen, und Yvonne, eine Altphilologin an der Universität Rennes, haben sich später scheiden lassen. Beide haben wieder geheiratet, und beide sind Freunde geblieben, auch Freunde von Johanna und Max.

Er ist dann durch Bordeaux gekommen, und von dort hat ihn jemand nach St. Jean de Luz mitgenommen. Da hat er zum ersten Mal die Landes gesehen und die gerade, schmale Straße, die durch den endlosen Pinienwald führt. Sie war damals noch nicht ausgebaut; es war kaum Verkehr. An der Straße lagen nur wenige kleine Orte, die so alt aussahen, als wären sie schon immer hier gewesen. Wenn man hielt, roch es nach trockenen Piniennadeln.

Um Mittag kam er nach Hendaye. Er meldete sich in der Jugendherberge an und ging dann zum Strand. Von dort sah er zur spanischen Küste hinüber und fragte sich ängstlich, ob dieses Land, das nun so wirklich vor ihm lag, wohl einlösen würde, was er sich davon versprochen hatte. Am nächsten Morgen kam er an eine kleine Kontrollstation; er reichte seinen Pass von außen in ein Fenster, bekam ihn wortlos zurück und konnte gehen. Auf den Bahngleisen lief er in Richtung Irún. Nicht, dass er die Gleise gesucht hätte, er war einfach darauf geraten. Sie beschrieben eine weite Kurve parallel zum Strand der Biscaya. Da war niemand, kein Mensch, keine Eisenbahn. Max ging und ging und fühlte sich frei und über seine Welt hinausgehoben wie noch nie. In Irún stieg er in einen Zug; er fuhr von jetzt an mit der Eisenbahn, immer mit den langsamsten Zügen, Correos, dritter Klasse. Er hatte sein kilométrico vorgelegt, der Mensch am Schalter in Irún hatte ein paar Marken abgeschnitten und ihm dafür zwei Fahrkarten gegeben, eine von Irún nach Burgos und eine von Burgos nach Madrid.

Max sah aus dem Zugfenster und nahm jede Einzelheit wahr. Wenn der Zug in einem Ort hielt, erstaunten ihn die roten Dächer, die ihm so anders vorkamen als in Deutschland. Stunden später tauchten die Türme von Burgos in der Landschaft auf. Er ging in die Kathedrale, sah das Grab des Cid und spürte die geschichtliche Größe. Dabei wusste er kaum, wer der Cid war. Jahre später, als er es wusste, war es nicht mehr dasselbe Gefühl.

Als er am nächsten Tag in den Zug nach Madrid gestiegen war, kam der Schaffner. Er sah sich Max‘ Fahrkarte an, drehte sie mehrmals um, obwohl hinten nichts zu lesen stand, und sagte etwas. Die Nachbarn rückten näher heran, denn hier bahnte sich was an; sie wollten nichts versäumen. Der Schaffner sagte wieder etwas zu Max, was der nicht verstand. Als die Mitreisenden merkten, dass er mit ihrer Sprache nicht vertraut war, wuchs das Interesse. Ihm wurde unheimlich. Er zog sein kilométrico hervor, der Schaffner nahm es, zuckte die Achseln, sagte hilflos „kilométrico“, und die vorn standen, sagten es denen weiter hinten, die nicht so gut sehen konnten: „kilométrico“. So ging das Wort von einem zum andern, bis es an der Peripherie des Kreises verebbte, in dessen Zentrum Max und der Schaffner standen. Weder das Vorzeigen noch das Wort hatte etwas geholfen, er hatte es auch kaum erwartet, er hatte es mehr aus Hilflosigkeit gezeigt. Der Schaffner nahm nun die Fahrkarte in die eine Hand, pochte mit der andern darauf und sagte wieder etwas. Da fiel Max ein, dass er ja in Irún zwei Fahrkarten bekommen hatte. Er suchte in seinen Taschen, fand die andere und gab sie ihm. Nun sagte der Schaffner etwas Beruhigendes, knipste ein Loch in die Karte, gab sie Max zurück, versuchte sogar den Anflug eines Lächelns, und während die Umstehenden seine Worte wiederholten und nach hinten durchgaben, schienen alle erleichtert. Man sah den Fremden noch einmal an und setzte sich wieder hin.

Nur zwei Jugendliche in seinem Alter, die ein paar Brocken Englisch konnten, wollten ihm nochmal alles erklären. Aber Max hatte längst begriffen. Sie wollten ja auch nur ihr Englisch an den Mann bringen und nebenbei rauskriegen, woher er kam und wohin er wollte. Sie übersetzten alles den Mitreisenden. Die stellten Fragen, die ihm die beiden übersetzen mussten, dann kam Max darauf, Fragen über die Mitreisenden zu stellen. So fuhr man weiter, und die Fahrt verging wie im Fluge.

In Madrid wohnte er in einer Pension auf dem Paseo del Prado, besuchte die Innenstadt, das Schloss, das Museo del Prado, den Park, und fuhr dann weiter nach Toledo. Dort war er von den tiefen Tälern, durch die der Tajo floss und wo an den Steilufern Häuser standen, und von den Bildern El Grecos beeindruckt, auch von den Spuren des Bürgerkriegs, die ihm ein Spanier zeigte, während sie auf der Terrasse von El Grecos Haus standen. In Cordoba irrte Max durch den Säulenwald der Großen Moschee und war überwältigt von dem riesigen Raum, dessen Grenzen vor lauter Säulen kaum zu sehen waren.

Lange blieb er in Sevilla im Halbdunkel der breit hingelagerten Kathedrale mit ihren fünf Schiffen und dem Grabmal Kolumbus‘, nachdem er vorher auf einer Straße entlanggelaufen war, wo ihm die Zunge vor Durst am Gaumen klebte. Dabei kam er an der Tabakmanufaktur vorbei, in der Mérimée seine Carmen arbeiten ließ. In Sevilla blieb er einige Tage; einmal war er von spät bis früh im Barrio Santa Cruz. Als es gerade hell wurde und noch niemand als die Straßenreiniger unterwegs war, riefen die ihm etwas nach und lachten. Max ging weiter und sog am Alcazar den starken, süßen Duft von Jasminblüten ein. Dann weiter nach Cádiz, wo er in den Hafen ging, auf den Ozean hinaussah und von dem Lateinamerika des 15. und 16. Jahrhunderts träumte, denn von hier waren die Schiffe damals ausgelaufen. Nach Algeciras musste er wieder per Anhalter fahren, denn es gab keine Bahnverbindung. Dauernd hatte er die Küste Marokkos vor Augen und dann auch den Felsen von Gibraltar.

Max rechnet nach und denkt, dass er sich den Abstecher nach Marokko leisten kann, den er heimlich im Sinn hatte. Aber ein paar Tage bleibt er noch am Strand von Algeciras. Am letzten Nachmittag schwimmt er weit in die Bucht hinaus, den Felsen von Gibraltar im Blick. Am Strand sind Einheimische. Sie rufen und winken hinter ihm her, und schließlich folgt ihm ein Ruderboot. Die beiden Männer reden aufgeregt auf ihn ein, zeigen dabei ins Wasser, und endlich begreift er, dass sie Angst haben, ihn könnte ein Hai erwischen. Er kehrt um, und als er wieder am Strand ist, sind alle zufrieden.

Am nächsten Vormittag geht er in den Hafen. Er will mit der

Virgen de África nach Ceuta fahren. Es ist noch längst nicht so weit, das Schiff ist nirgends zu sehen. Auf der Pier ist es heiß, aber das macht nichts. Es ist leer. Nur hinten, am Ende der Kaimauer, sitzt noch ein Rucksacktourist, zu dem geht Max. Es ist ein Deutscher. Ein paar Fragen nach dem Woher und Wohin, der andere wartet auf ein Schiff nach Tanger; Max setzt sich erstmal zu ihm, und sie lassen die Beine von der Kaimauer baumeln.

Der andere sagt: „Hast du schon gehört? Thomas Mann ist gestorben." Max hat seitdem oft überlegt, warum ihn diese Nachricht so aus dem Gleichgewicht gebracht hat. War Thomas Mann in seiner Vorstellung ein Garant dafür gewesen, dass es immer eine deutsche Literatur geben würde? Er kannte ja erst drei von seinen Romanen. Und nie hat Max national gedacht, immer wollte er aus den Begrenzungen heraus: Erst aus seiner Heimatstadt, dann aus der DDR, schließlich auch aus Westdeutschland, und nun wartet er auf ein Schiff, das ihn über die Grenzen Europas hinaustragen soll. Warum ging ihm der Tod Thomas Manns so nahe? Brauchte er vielleicht einen Lebenden, der ihm die jüngste Vergangenheit aufschloß? Max hat sich wohl auch an ihn gehängt, weil ihm die Werte, die in der Gesellchaft etwas galten, suspekt geworden waren und er nun auch sein Heil in der Ironie suchte.

Das Schiff nach Tanger kam und fuhr wieder ab. Etwas später kam die *Virgen de África*. Max ging an Bord, hin- und hergerissen zwischen der Trauer um Thomas Mann und der Euphorie, weil er nun über Europa hinauskam. Als sie ablegten, erklang über die Bord-Lautsprecher der letzte Satz von Händels Wassermusik. Der Hörnerklang schallte übers Wasser, Max sah hinüber nach Gibraltar, und das Herz ging ihm auf. Das Wasser glänzte, das Schiff glitt aus dem Hafen, und schon wieder fuhr er in eine unbekannte Wunderwelt hinaus.

Durch Ceuta, das noch spanisch war, stürmte er hindurch. Er wollte nach Tétuan, nach Marokko, und wartete auf ein Auto. Eine Horde Jugendlicher kam auf ihn zu, wie er am Straßenrand stand. Sie redeten auf ihn ein; er verstand nichts. Er fotografierte sie mit seiner Agfa-Box, mit der er noch immer herumzog; sie nahmen bedrohliche Posen ein, nur so zum Spaß. Wenn Max sich das Bild jetzt ansieht, läuft es ihm kalt über den Rücken; etwas ängstlich war er damals wohl auch, doch er ließ es niemanden merken, es war ja auch nur vorübergehend.

Der Gedanke, dass seine Eltern nur von seiner Reise nach Frankreich, aber nichts von Spanien, geschweige denn von Marokko wussten, und dass kein Hahn nach ihm krähen würde, wenn ihm hier „was passierte“, streifte ihn. Er hing ihm aber nicht nach. Ein Auto hielt und nahm ihn mit, und so kam er nach Tétuan.

Max wohnte in einer kleinen Pension. Sein Zimmer enthielt eine eiserne Bettstelle, sonst fast nichts. Schlüssel gab es nicht. Wenn er abends nach Haus kam, klatschte er in die Hände, dann kam jemand aus irgendeiner Straße, um irgendeine Ecke. Der hatte ein großes Schlüsselbund und öffnete eine Pforte. Danach musste er seinen Weg immer noch suchen, durch Höfe und über Terrassen; es war nicht leicht. Am ersten Abend, als er sich hinlegen wollte, kam die junge Wirtin, Gesicht und Hände mit Henna gefärbt, und sagte, sie schlafe hier. Sie zeigte ihm ihr Bett im Nachbarzimmer. Es gab keinen Flur, keinen Gang dazwischen, nur eine Verbindungstür, die hatte kein Schloss.

Von Tétuan machte er einige Ausflüge. Einmal hat er eine Ungarin und ihre Tochter kennengelernt. Sie mieteten ein Auto und fuhren südwärts nach Chefchauen am Rif-Gebirge, wo, wie sie glaubten, die marokkanischen Gebräuche und die marokkanische Architektur noch am besten erhalten waren. Dort liefen sie durch die Stadt am Fuß hoher Berge. Ein andermal hatte ihm jemand gesagt, er fahre an einem bestimmten Tag nach Tanger und komme spät am Abend zurück. Max könne mitkommen. Der Mann hatte ein weißes Cabriolet; es war eine großartige Fahrt. Kurz vor Tanger mussten sie halten; sie wurden kontrolliert, denn Tanger hatte noch den berüchtigten Status einer Internationalen Zone.

Max hat aber nichts von Geheimagenten, Großschiebern, Talmi-Künstlern und verdrehten Millionären gesehen. Stattdessen sprachen ihn in Tanger zwei Jugendliche in seinem Alter an. Er wollte sie abwehren, aber sie sagten lachend, ja, sie seien zwar Fremdenfüher, hätten heute jedoch keine Kundschaft und würden ihm die Stadt umsonst zeigen. Er war einverstanden und zog mit ihnen durch Straßen und über Plätze. Einmal trafen sie zwei Bekannte, die in ihrem Burnus und ihrem Fez einen gesetzten Eindruck machten und Max auch mit ihrem Benehmen und ihrem Englisch imponierten. Sie tranken Tee und sprachen lebhaft und interessiert über Deutschland und Berlin.

Als sie gegangen waren, fragten Max‘ Begleiter, ob er mitkommen wolle, sie wüssten ein Restaurant, wo man Haschisch rauchen könne. Inzwischen hatte er Vertrauen zu ihnen gefasst. Er wollte sowieso nicht wieder aus Marokko abfahren, ohne Haschisch versucht zu haben; von einer Gefahr wusste er nichts. Sie gingen in das Restaurant, saßen in einem Innenhof, aßen etwas und tranken Tee. Dann ließen sie Pfeifen kommen, Max stopfte sich eine. Das Pfeifenrohr war bunt, und an seinem Ende war ein kleiner Tonkopf. Die Pfeife hat er noch immer; sie muss in dem Koffer in seinem Haus sein. Nach den ersten paar Zügen wurde ihm schlecht. Er sah die beiden nur noch in großer Ferne, ihm wurde immer elender, und dann merkte er, dass er sich nicht mehr auf den Beinen halten konnte.

Wieviel Zeit verging, bis er wieder zu sich kam, weiß er nicht. Er lag jedenfalls auf den Pflastersteinen im Hof, und die beiden waren dabei, ihm einen Eimer Wasser nach dem andern über den Kopf zu gießen. Dann schüttelten sie ihn und richteten ihn auf. Es war Abend. Er habe doch gesagt, dass er mit einem Autobesitzer verabredet sei. Es sei nun Zeit. Sie brachten ihn hin. Im Gehen fühlte er nun doch nach seinem Portemonnaie und seinem Pass; alles war noch da. Das Auto kam, der Abschied war herzlich, und auf dem Weg nach Tétuan unter den Sternen und im Fahrwind erholte er sich vollends. Aber um Haschisch hat er seitdem einen Bogen gemacht.

Max war, alles in allem, eine gute Woche in Tétuan, das damals die Hauptstadt des spanischen Protektorats von Marokko war. Die Stadt faszinierte ihn. Sie war so fremd und so farbenfroh. Er lief durch die Souks, sah die kleinen Boutiquen, wo Händler Fleisch zerhackten, sich Ladeninhaber in ihren Dschellabahs zufrieden über lauter beigefarbene Pampuschen aus weichem Leder gelagert hatten, und wieder andere in ihren Eckläden Textilien anboten und öfter mal Tee kommen ließen, damit ihre Kunden sich wohl fühlten und sich umso leichter zum Kauf überreden ließen.

Zum ersten Mal sog er die Gerüche ein, sah die Moscheen, hörte den Muezzin. Die meisten Leute waren traditionell gekleidet, die Frauen waren verschleiert. Nur auf den Märkten hinter ihrem Obst und ihren Früchten saßen unverschleierte Berberinnen mit ihren bunt gestreiften Röcken und großen Hutkrempen, die mit breiten Bändern wie Richtkränze oben am Hut befestigt waren. In den Vororten reihte sich ein Laden mit kunstvoll gearbeiteten Möbeln an den andern. Im Zentrum gab es einen Platz mit grünen Hecken, hinter denen weiße, gekachelte und mit bunten Mosaiken geschmückte Brunnen und Galerien waren, und überall über den Eingängen wölbten sich hufeisenförmige Bogen. Der Ort war voller Leben.

Mit der *Virgen de África* fuhr er wieder nach Algeciras. Bevor er von dort weiterfuhr, kam jemand in der Eisenbahn und fragte, ob Max ein

Paket in seinen Rucksack stecken würde, auf einer bestimmten Station wolle er es dann wieder an sich nehmen. Max begriff erst nicht, was das sollte, spürte aber, dass die Sache nicht koscher war und schüttelte den Kopf. Der Mann redete noch eine Weile auf ihn ein, und als er weitergegangen war, kamen noch andere und wollten dasselbe. Allmählich begriff er: Wenn der Zug auf einer Station hielt, stieg immer jemand zu, sah sich sorgfältig um und ging mit einem der Kuriere, die Max nun kannte, auf die Toilette. Bald darauf kamen sie wieder heraus, und der Besucher stieg aus. Es war Rauschgifthandel; die Ware kam aus Marokko über Gibraltar.

In Granada ging er auf die Alhambra. Die auf das Menschenmaß bezogenen, fein ziseliert in die blühende Natur gebauten Räume und Höfe, denen alles Bombastische fehlte, ließen ihn kaum wieder los. Er saß in Fensternischen und in Gärten und sah auf die Stadt hinunter. Außer ihm war oft keine Seele da. Der nächste Tag war ein Sonntag. Er ging zum Gottesdienst in die Kathedrale, in der die Katholischen Könige Ferdinand und Isabella begraben liegen. Im Zug nach Valencia fand sich dann eine Gruppe zusammen: Zwei Engländerinnen, eine Deutsche, ein Nordafrikaner und Max. Zusammen gingen sie zum Strand, und zusammen fuhren sie nach Barcelona, wo sie einen Stierkampf sahen. Als der erste Stier getötet wurde, weinte eines der Mädchen so untröstlich, dass die Leute um sie herum nicht mit dem Stier, sondern mit der Engländerin Mitleid hatten.

Max sieht sich noch in der Jugendherberge von Perpignan, wo er versucht, seine Begeisterung über Spanien auf zwei Franzosen zu übertragen, dann in Genf, wo er aus dem Fenster der Jugendherberge in das Klassenzimmer eines Gymnasiums sehen kann und im Park des *Palais des Nations* den Mantel der Geschichte rauschen hört. Hier verliert sich die Erinnerung. Aber eines weiß er noch heute: Jahrelang, bis er mit Johanna durch Indien fuhr, hat er die Fahrt nach Spanien als Höhepunkt in seinem Leben angesehen.

In Berlin ging er wieder zu *EDEKA*. Heinrich war nicht für Spanien zu begeistern. Michael und Tobias mögen ihn für besessen gehalten haben, aber er wusste, was er erlebt hatte.

55 Johanna

Das Haus der Quäker in Bad Pyrmont war eine Villa mit vielen Zimmern. Eine Cousine hatte dafür gesorgt, dass Max eine Einladung bekam. Erst hatte er ein Zimmer für sich allein, aber es wurde eine Studentin der Landeswohlfahrtsschule Braunschweig erwartet, dann sollte Max zu einem Theologiestudenten ziehen.

Eines Abends vor dem Essen, die Bewohner hatten sich vor dem Speisesaal versammelt, kam die englische Heimleiterin mit der Braunschweiger Studentin und stellte sie vor. Was Max dachte, weiß er nicht mehr. Aber er weiß noch, dass er versuchte, von da an möglichst oft mit der Studentin zusammen zu sein. Deshalb fuhr er nach seinem Aufenthalt in Bad Pyrmont nicht gleich wieder nach Berlin, sondern erst nach Goslar, wohin sie mit den beiden Quäkerinnen kam.

Dann, im Frühling 1956, ist Max wieder in Berlin. Er ist jetzt im zweiten Semester und lernt gotische Vokabeln, aber das Eigentliche in seinem Leben ist der tägliche Briefwechsel mit Langeoog, wo die Braunschweiger Studentin inzwischen den ersten Teil ihres Praktikums in einem Kinderheim verbringt. Wie selbstverständlich wurde nebenher die Frage erörtert, wann das nächste Wiedersehen sein würde. Sie einigten sich auf Pfingsten. Max hatte einige Tage vorlesungsfrei; in dieser Zeit würde er nach Langeoog kommen. Kaum konnte er es abwarten.

Wieder packte er seinen Margarinekarton und steckte ihn in den Rucksack, dann zog er sich seinen hellen Anorak an und fuhr per Anhalter über Jever nach Bensersiel, dem Hafen, von dem die Fährboote auf die Insel abfuhren. Johanna, so hieß die Braunschweiger Studentin, und Max gingen nach seiner Ankunft zu Frau Peters, der Kapitänswitwe, die ein strohgedecktes und blumenumwachsenes weißes Haus hatte, an dem nur die Tür und die Fensterläden grün waren. Darin war ein Zimmer mit hellen Gardinen und Blumen auf dem Sims. Johanna hatte es für Max auf ein paar Tage gemietet.

Später, als in Berlin das Sommersemester zu Ende ging, besorgte er sich ein Zimmer in einem Studentenheim am Kalckreuthweg in Hamburg. Sein Fahrrad schickte er mit der Bahn und trampte hinterher, denn niemand kam mit dem Fahrrad durch die DDR.

Johanna, die wie er aus diesem Land stammte, hat in Hamburg den zweiten Teil ihres Praktikums abgeleistet. Zuvor hatte sie in Westberlin und Solingen schon eine Ausbildung in der Kinder- und der allgemeinen Krankenpflege hinter sich, und in Hamburg war sie in einem Mütter- und Säuglingsheim angestellt gewesen. Deshalb wollte sie dorthin zurück.

Auch dieser Sommer ging zu schnell vorbei. Max saß wieder in seinem schmalen Zimmer „Am Friedhof", traf sich mit Michael und Tobias, ging tagsüber in die Uni und schrieb abends Briefe. Es dauerte nicht lange, bis er zu seinem ersten Besuch, dem viele folgten, nach Braunschweig fuhr, wo Johanna sich zur Fürsorgerin – später hieß das „Sozialarbeiterin" – ausbilden ließ. Mit S-Bahn und Bus fuhr er nach Dreilinden, der Westberliner Zollstation, wo alle Autofahrer, die durch die DDR nach Westdeutschland wollten, anhalten mussten. Danach kam die DDR-Kontrolle und die mehrstündige Reise durch die DDR. Die Elbbrücke bei Magdeburg war noch baufällig und durfte nur im Schritttempo befahren werden. Bei Marienborn und Helmstedt war wieder eine Kontrolle. Die auf der Ostseite konnte lange dauern. Man musste immer aus dem Auto steigen und zur Pass- und Zollabfertigung und zum Bezahlen der Straßengebühr in eine Baracke gehen. Manchmal mussten die Autofahrer, die zu schnell durch die DDR gekommen waren, auf einem Hof im ersten Gang „üben, langsam zu fahren." Aber bald nach Helmstedt, der Kontrollstation in Westdeutschland, kam schon die Ausfahrt Braunschweig-Ost. Max musste ein Stück laufen, bis er zur Endhaltestelle der Straßenbahn kam. Die brachte ihn dann fast in die Grünewaldstraße und zur Landeswohlfahrtsschule, wo Johanna ihre Kurse nahm.

Weihnachten kam er, wie immer, aus Berlin. Alle waren zu ihren Familien gefahren; diesmal hatten Johanna und Max das Internat ganz für sich. Heiligabend gingen sie in den Dom. Sie gingen auch nach Riddagshausen, und am Abend liefen sie über den Nussberg, der war ganz verschneit. Max blieb, bis Neujahr vorbei war.

Die beiden wollten heiraten. Die Hochzeit sollte in Braunschweig am Tag nach der mündlichen Prüfung sein. Max suchte nach einer Möglichkeit, die beiden kommenden Semester in Hamburg zu studieren, denn Johanna wollte auch das Anerkennungsjahr, bei dem die jungen Fürsorgerinnen noch unter Aufsicht – und bei stark reduziertem Gehalt – arbeiten mussten, dort verbringen.

Die Freie Universität Berlin hatte Austauschabkommen mit westdeutschen Universitäten geschlossen, auch mit Hamburg. Weil man nicht wollte, dass die Studenten immer an derselben Uni herumhängen, sollten sie wenigstens in Deutschland dem Mittelalter nacheifern, als die Studenten von Semester zu Semester quer durch Europa gezogen waren, je nachdem, wo gerade eine Koryphäe ihres Fachs von sich reden machte. Schwierigkeiten mit der Verständigung hatte es nicht gegeben, weil überall Latein gesprochen wurde. In Erinnerung an diese glücklichen Zeiten sollten nun die Vereinbarungen zwischen den Westberliner und den westdeutschen Universitäten die bürokratischen Hindernisse aus dem Weg räumen. Hinzu kam, dass viele Westdeutsche in den Studenten aus Westberlin, das von der DDR umgeben und dessen Verkehrsverbindungen zum Westen niemals sicher waren, bedrohte Freiheitskämpfer sahen, denen sie die Ruhezeit in der Bundesrepublik gönnten. Max hatte keinen politischen Grund, sich für den Austausch nach Hamburg zu bewerben. Sein Grund war ein viel besserer: Auch im Anerkennungsjahr wollte er bei Johanna in Hamburg sein. Er wurde Berliner Austauschstudent.

Nun kündigte er sein Zimmer in Westberlin, schickte seine Siebensachen postlagernd nach Hamburg und fuhr mit der Eisenbahn über Potsdam nach Sachsenbach, von wo er dann zur Hochzeit nach Braunschweig aus der DDR ausreiste. In Braunschweig kam er an dem Abend an, als die Abschlußexamen der jungen Fürsorgerinnen vorbei waren. Dass Johannas Leistungen als sehr gut bewertet wurden, darüber sprachen die beiden kaum, obwohl es alles andere als selbstverständlich war.

Am Tag darauf gingen sie zum Standesamt; sie hatten nun alle Papiere zusammen. Ja, gut, sagte der Standesbeamte; sie könnten das Aufgebot nun bestellen. Wann sie denn heiraten wollten. Sie hatten nur eine Woche Zeit bis zu ihrer Abfahrt nach Mecklenburg, zu Johannas Eltern. Die Heirat musste also in den nächsten Tagen sein; für ein Aufgebot hatten die beiden keine Zeit, und von der Bestimmung, dass sie ihr Aufgebot zwei Wochen im Voraus bestellen mussten, hatten sie keine Ahnung.

Der Standesbeamte konnte sich das alles nicht vorstellen. Bereitet man sich denn nicht sorgfältig auf diesen großen Tag vor? Man muss doch auch die kirchliche Trauung planen, muss die Gäste einladen, für einen Saal, für Essen und Trinken und für Musik sorgen. Sie dagegen stellten ihm vor, dass ihre Eltern in der DDR wohnten und dass sich in Braunschweig, wo sie niemanden kannten, sowieso keiner melden und Bedenken gegen ihre Eheschließung vortragen würde. Er begriff das alles nicht, aber er erinnerte sich an eine „Kann-Bestimmung", die es ihm ermöglichte, ihnen das Aufgebot zu erlassen. Sie sollten sich aber noch entscheiden, wie die Eheschließung beurkundet werden sollte, ob durch eine einfache Urkunde oder durch ein Familienstammbuch, das natürlich seinen Preis hatte, je nachdem, ob es in Leinen oder in Leder gebunden war. Sie waren arm wie die Kirchenmäuse, aber sie entschieden sich für das lederne, denn dies war der Beginn ihrer Familie.

Im Regen gingen sie mit ihren Trauzeugen am festgesetzten Tag durch den Stadtpark zum Rathaus. In einem Amtszimmer nahm der Standesbeamte die Trauung vor; er hielt auch eine kleine Ansprache, die durchaus feierlich war. Dann waren sie wieder draußen.

56 Die Hochzeitsreise

Am Tag darauf fuhren Johanna und Max in die DDR. Es wurde eine abenteuerliche Reise. Sie wollten Fahrgeld sparen, denn der Weg in den Nordosten der DDR war weit. Deshalb hatten sie nur Fahrkarten von Braunschweig bis Magdeburg gekauft und einen Brief an Lena geschickt, in dem sie sie baten, ihnen das Ostgeld für die Fahrkarten von Magdeburg nach Mühlenberg in Mecklenburg zu borgen. Sie wohnte nahe bei Magdeburg. So wollten sie es sich ersparen, den ganzen Fahrpreis schon in Braunschweig in Westmark zu entrichten. In Westberlin, vor der Weiterfahrt nach Mühlenberg, wollten sie sich Ostmark eintauschen und dann das Geld aus Mühlenberg wieder an Lena zurückschicken. Sie hatten gelesen, dass die Kontrollen bei der Einreise in die DDR von Westberlin aus nicht so gefährlich seien wie die von Westdeutschland.

Die Behörden der DDR hatten verboten, ihr Geld, das man im Westen billig bekommen konnte, über die Grenze zu bringen. Man sollte, was man in der DDR brauchte, dort zum Zwangskurs 1:1 kaufen; das Land brauchte dringend Devisen. Wen die Vopos bei der Einreise mit Ostgeld erwischten, der musste mit empfindlichen Strafen rechnen, denn er hatte sich eines schweren Wirtschaftsvergehens schuldig gemacht. Die beiden wollten am Anfang ihrer Hochzeitsreise keine Schmetterlinge im Bauch haben und tauschten deshalb in Braunschweig kein Ostgeld ein; lieber liehen sie es sich von Lena und tauschten es sich dann in Westberlin in einer der vielen Wechselstuben ein.

Aus dem Zug, aus dem Mitropa-Wagen, sah ein junger Kellner: „Ist das ein Hochzeitsstrauß?“ wollte er wissen, indem er auf den großen Strauß, den Johanna bei sich trug, wies. „Was sonst?“ ließ sich Max vernehmen. – „Soll ich den auf Eis legen?“ – Sie dankten und gaben ihm den Strauß. Die Kontrollen kamen schon bald. In Helmstedt gingen die westdeutschen Zöllner durch die Waggons, sahen flüchtig in die Abteile, stiegen wieder aus, und der Zug fuhr die paar Kilometer nach Marienborn. Die Vopos und die DDR-Zöllner kontrollierten wesentlich genauer. Die beiden mussten ihre Westausweise zeigen. Der Volkspolizist fragte erst nach den Einreisegenehmigungen, dann nach den Fahrkarten. Sie zeigten auch die und mussten daraufhin mit ihm in das Sonderabteil kommen, das für die *Kontrollorgane der DDR* bestimmt war. Dort verhörte man sie. Die Vopos wollten wissen, warum sie nur Karten bis Magdeburg hatten, während ihre Einreisegenehmigungen auf Mühlenberg lauteten. Wo sie das Ostgeld versteckt hätten, mit dem sie in Magdeburg Karten für die Weiterfahrt kaufen wollten. Sie versicherten, dass sie keins hätten und dass Max' Schwester, die in der DDR wohne, in Magdeburg an der Bahnhofssperre auf sie warte, um ihnen das Geld zu geben. Die Vopos waren umgänglich. Einer sagte, er würde in Magdeburg mit ihnen zur Sperre gehen, und wenn die Schwester dort sei, wäre alles in Ordnung. Bis dahin mussten sie im Sonderabteil bleiben.

Als ihr Zug quietschend über Weichen und durch Kurven auf den Magdeburger Hauptbahnhof zufuhr, kam der Dom mit den zwei Türmen in den Blick, die Max oft aus Tante Wilhelmines Küchenfenster gesehen hatte. Auf dem einen war ein Ornament, ein Puschel, auf dem andern nicht, und er erzählte Johanna, dass der Feldherr des Kaisers, Tilly, ihn bei der Belagerung der Stadt im Dreißigjährigen Krieg herabgeschossen habe. Einer der Vopos hielt dagegen, das sei nur so eine Geschichte, die er auch kenne; in Wirklichkeit sei auf dem zweiten Turm nie ein Ornament gewesen. Sie taten alle sehr gelassen, als ob die Frage nach dem Ostgeld gar keine Rolle spielte.

Als der Zug in Magdeburg hielt, ging ein Vopo mit ihnen erst zum Mitropa-Wagen, wo der junge Kellner traurig dreinsah, und dann zur Sperre. Lena war nicht da. Sie warteten, sie suchten; Lena war nirgends. Sie konnten sich nicht erklären, warum sie nicht gekommen war. Dann müsse er sie mitnehmen, sagte der Vopo, und sie gingen in eine Kontrollstation im Bahnhof, wo er Meldung machte. Dort gab man sich gleich überzeugt, dass die beiden das Geld irgendwo versteckt hätten und machte mehrmals Miene, eine Leibesvisitation vorzunehmen, indem man warnte: Würden die beiden das Ostgeld jetzt erst herausgeben, wäre es zwar schlimm; aber viel schlimmer wäre es, wenn man es bei ihnen finden würde. Man hätte auch weibliche Polizisten „für die Dame". Die beiden sagten immer wieder die Wahrheit: Sie hatten kein Ostgeld, und warum Max' Schwester nicht da sei, könnten sie sich nicht erklären. Schließlich war Mittag. Die Vopos waren hungrig und ließen Johanna und Max gehen, aber der Genosse Oberleutnant, der sie zuletzt befragt hatte, wollte ihnen wenigstens noch moralisch an den Kragen: Wenn sie nach ihren mehrmaligen Versicherungen nun doch Ostgeld hätten, wäre das wirklich gemein.

Auch auf dem Bahnhofsplatz sahen Max und Johanna sich nach Lena um. Sie wussten ja nicht, wie sie nun weiterkommen sollten. Als ihnen gar nichts anderes einfiel, nahmen sie ein Taxi und fuhren damit in Lenas Wohnort, der 25 Kilometer entfernt lag. Max wird noch heute bei der Erinnerung übel: Womit hätten sie das Taxi bezahlen sollen, wenn Lena nicht zu Haus gewesen wäre? Als sie aber vor dem Haus hielten, trat sie aus der Gartenpforte. Gerade erst war Max‘ Brief aus Braunschweig angekommen, den er schon lange zuvor abgeschickt hatte. Nun war sie auf dem Weg zum Bahnhof; sie wollte nach Magdeburg fahren, um ihnen das Geld zu geben. Gemeinsam fuhren sie mit dem Taxi zurück, und bevor der nächste Zug nach Berlin fuhr, hatten sie noch genug Zeit, einen Kaffee zu trinken. Dann fuhren Johanna und Max weiter nach Westberlin, und am nächsten Morgen gingen sie zu Tobias‘ Eltern, wo Johanna Michael und Tobias kennenlernte.

Bald darauf fuhren sie weiter nach Mühlenberg. In Westberlin hatten sie Ostgeld gekauft. Nach der Abfahrt des Zuges aus Berlin-Lichtenberg ging Johanna auf die Toilette und nahm die Thermosflasche mit, in der sie es versteckt hatten. Als sie zurückkam, stellte sie die Flasche wieder aufs Fensterbrett, an dem die beiden saßen. Jeder von ihnen aß gerade eine Apfelsine, da kam die Kontrolle: Die scharfzügige, laute Vopo-Frau blieb in der Tür zum Waggon stehen und fragte, ob sie Ostgeld hätten, ob in der Thermosflasche welches versteckt sei. Das war ein beliebtes Versteck; man schraubte das Metallgehäuse der Flasche von dem verspiegelten Einsatz los und versteckte das Geld dazwischen. Johanna sah sie ungerührt an und sagte „nein“. Max staunte, denn es klang ehrlich, und er hielt es für unmöglich, dass sie so überzeugend lügen könne. Als die Polizistin weitergegangen war, sah er sie fragend an. Da flüsterte sie ihm zu, die Geldscheine lägen hier auf dem Tisch, zwischen den Orangenschalen und dem zerknüllten Papier. Sie hatte Zweifel am ursprünglichen Versteck gekriegt und es auf der Toilette aus der Thermosflasche genommen. Jetzt ging sie noch einmal auf die Toilette. Den Müll und die Flasche nahm sie mit.

57 Mühlenberg

Es war Max' erster Aufenthalt in Mühlenberg. Onkel Rudolf holte ihn und Johanna aus Greifswald ab. Als sie ankamen, stand der Torweg neben der Fleischerei weit offen, und in der offenen Toreinfahrt stand Opa Isebrecht. Der guckte die Straße hinauf und hinab. Das war auch später so, wenn sie mit dem Auto kamen. Waren sie dann auf dem Hof, legte er zufrieden einen Ziegelstein unter ein Hinterrad, damit das Auto sicher war und nicht zurückrollen konnte. Dann schloss er das Tor.

Weil sie nun verheiratet waren, gehörte Max von vornherein zur Familie. Es war ein harmonischer Besuch, bis auf eine Episode, die ich gleich erzähle. Zum Willkommen hatte man den beiden Blumen ins Zimmer und praktische Geschenke dazugestellt, vor allem Geschirr. Das meiste davon hat nun schon fast sechzig Jahre lang gehalten; sie mögen es noch immer. Sie hatten ja überhaupt nichts, was man zu einem Hausstand braucht. Daneben bekamen sie Geld, mit dem sie in Greifswald einkaufen gingen. Vor allem kauften sie Bücher. Damals wurden in der DDR noch gute Klassiker-Ausgaben gedruckt. Von diesen Ostausgaben hatte Max schon in Berlin einige gekauft; sie blieben die Grundlage seiner Bibliothek.

Eine von denen, die ihnen das Geld dafür gaben, war Johannas Oma, eigentlich ihre Stiefgroßmutter, die Johanna und ihrer Mutter das Leben auf allerlei Arten schwer gemacht hatte. Jetzt war sie nicht nur gealtert; sie hatte sich auch verändert, seit sie mit Herrn Bernburg zusammenlebte, mit dessen Familie die ihre befreundet gewesen war. Weil sie Max von vornherein nur gütig und umgänglich gegenübergetreten war, fiel es ihm leicht, ein freundliches Verhältnis zu ihr zu finden. Bei keinem ihrer zahlreichen Besuche in Mühlenberg haben Johanna und Max es versäumt, sie und Herrn Bernburg zu besuchen. In ihrem Wohnzimmer waren noch die schweren, dunklen Möbel, die früher in Herrn Bernburgs Herrenzimmer gestanden hatten. Ein mächtiger, geschnitzter Schreibtisch gehörte dazu, ein Bücherschrank mit verglasten Türen, dahinter eine grüne Gardine, und vor allem vier tiefe Ledersessel, die dicht an den hohen Kachelofen um einen runden Rauchtisch gerückt waren.

In diese Sessel sanken sie jedes Mal nach der Begrüßung. Herr Bernburg sagte laut und bedächtig „na, denn woll'n wir mal." Damit goss er ein, und sie stießen auf ihren Besuch an. Dann wurde geredet, vom Leben in Mühlenberg und in der Welt draußen, in Berlin, in Frankreich oder – später – in Amerika. Oft wurde es darüber dämmerig, aber Licht wurde nicht gemacht, höchstens ging Oma zwischendurch hinaus und holte was zu essen. Später kamen auch die Kinder mit, die dann nach der Begrüßung wieder mit Oma und Opa Isebrecht nach Haus gingen.

Oma und Opa Isebrecht lebten alles andere als abgeschieden. Omas Küche, in die man vom Hausflur kam, war wie ein Taubenschlag; selten stand die Tür still. Leute vom Lande, Leute aus Mühlenberg, Verwandte und Fremde kamen, wollten was abgeben, wollten eine Nachricht hinterlassen, wollten Opa Isebrecht um Hilfe bitten, wollten ihr Fahrrad unterstellen. Manche wollten auch einfach so mal reingucken, um zu sehen, „wie‘s so geht." Oder es ging jemandem in der Familie schlecht, dann brauchten sie Mami Grauheim, die Wunderheilerin, bei der man sich nicht bedanken und der man auch nichts geben durfte – jedenfalls nicht gleich. Wenn Doktor Kronsberg, für den Opa Isebrecht oft genug seinen Braunen anspannen musste, um mit ihm nachts bei Wind und Wetter über Land zu fahren, mit seinem Latein am Ende war, sagte er seinen Kranken oft: „Lassen Sie mal Mami Grauheim kommen; vielleicht kann Ihnen die noch helfen." Mami Grauheim war schon lange bei Oma und Opa Isebrecht, so lange, dass die Kinder sie alle gekannt hatten und auch Johanna viel von ihr erzählte.

Alle mussten sich erstmal an den Küchentisch von Oma Isebrecht setzen und eine Tasse Kaffee trinken, auch der Postbote, denn der war ja schon lange auf den Beinen. Dann wurden Neuigkeiten ausgetauscht, von denen es immer genug gab, vor allem der Postbote war bestens im Bilde, weil ja die Postkarten offen waren. Öfter noch entnahm er aber den Telegrammen, welche Wechselfälle des Schicksals wen heimgesucht hatten. Er musste sie eigentlich mit dem Fahrrad ausfahren, aber er sortierte sie jeden Morgen nach ihrer Dringlichkeit; Glückwunschtelegramme und dergleichen stellte er erst mit der normalen Post zu.

Er wusste, was in der Welt los war, aber sein Wissen war nichts gegen das von Oma Isebrecht, vor allem, als Johannas einer Bruder in Australien, die anderen beiden in Westdeutschland und Max und Johanna in Frankreich und danach in Amerika wohnten. Da wurde die Küche zu einer Nachrichtenbörse von globalem Zuschnitt. Sonst erfuhr man in der DDR kaum mal, was draußen vor sich ging, aber in Omas Küche immer. Ein paarmal hatten Regierungsspitzel ihre Briefe an Johanna und Max geöffnet; es war an der jämmerlichen Art zu sehen, in der sie sie wieder verschlossen hatten, denn auch Klebstoff war in der DDR rar.

Bevor sie nach Max‘ erstem Besuch wieder aus Mühlenberg abfuhren, schickten sie ein paar Pakete mit der Post voraus, Bücherpakete. Sie konnten einigermaßen sicher sein, dass die Vopos Bücher aus der DDR nicht beschlagnahmen würden, denn die waren ja schon durch eine rigorose Zensur gegangen. Beim Packen passierte Max etwas, das für großes Gelächter sorgte, aber eigentlich nicht nur peinlich, sondern auch etwas bedenklich war:

Johanna und er wohnten im Obergeschoss des vorderen Hauses, in dem unten die Fleischerei war. Hier packten sie auch die Pakete. Der Bindfaden oder das Packpapier ging ihnen aus, also bat Johanna ihn, über den Hof ins hintere Haus zu Oma Isebrecht zu gehen und das Nötige zu holen. Als er damit zurückkam, fand er die Tür zum Vorraum ihrer kleinen Wohnung im Obergeschoss verschlossen. ‚Das kann nur Johanna von innen getan haben', dachte er. Aber warum? Er ging wieder über den Hof zu Oma Isebrecht. Vorsichtshalber gingen Oma und er aber in den Raum, wo die Mäntel hingen. Ihr Mantel war da. Max wieder zurück: Irgendwas stimmte nicht; er ging wieder ins vordere Haus, stieg noch einmal die Treppe empor, aber die Tür blieb verschlossen. Mit seinen Fragen verunsicherte er allmählich auch seine Schwiegereltern. Er ging in die Fleischerei und fragte überall, ob man Johanna gesehen habe. Niemand hatte sie gesehen, aber alle fanden die Sache seltsam.

Schließlich weiß Max nicht mehr aus noch ein; er will in ihrer kleinen Wohnung nachsehen. Weil der direkte Zugang versperrt ist, bittet er Opa Isebrecht um eine Leiter. Gemeinsam lehnen sie sie an den Giebel des Hauses, und Max steigt hinauf, um von außen durch das Fenster ins Zimmer zu sehen. Langsam und voller Angst schiebt er sich über die Sprossen hinauf. Als er ins Zimmer sehen kann, steht Johanna am Tisch vor dem Fenster und packt in aller Seelenruhe ein Bücherpaket. Das heißt, die Seelenruhe schwindet, als sie sein blasses, verstörtes Gesicht draußen vor dem Fenster erblickt. Er findet zuerst Worte: „Warum hast du dich versteckt?" Sie antwortet: „Warum hast du mich eingeschlossen?" Glühend heiß fällt ihm da ein, dass er vielleicht die Tür zum Vorraum in Gedanken verschlossen hat. Er fasst in seine Hosentasche: Da ist der Schlüssel. Opa Isebrecht, der unten die Leiter hält, begreift sofort und ruft: „Du Dödel!" Max sieht hinunter. Unten stehen die Gesellen und Lehrmädchen der Fleischerei, sie blicken zu ihm hinauf, und nun brechen sie in ein Gelächter aus, das befreiend ist, aber natürlich auf seine Kosten geht. Das ist ihm egal. Er ist von einer großen, diffusen Angst befreit.

In Ludwigslust erreichen sie den Interzonenzug Berlin-Hamburg.

Die Koffer stellt Max an die Stirnseite des Waggons; sie selbst sitzen weiter hinten und haben sich vorgenommen, nichts zu sagen, falls die Vopos die Eigentümer der Koffer suchen. Oma Isebrecht hatte ihnen noch Dauerwürste und andere haltbare Esswaren eingepackt, sodass die Koffer ein beträchtliches Wirtschaftsvergehen enthalten. Aber niemand sucht sie. Als sie in Boizenburg die Bundesrepublik erreichen, zählt ihm Johanna auf, was alles in den Koffern ist. Max überkam noch nachträglich Angst, bis sie sagte: „Aber wenn du ehrlich bist, freust du dich doch auch ein bisschen."

58 Hamburg

In Hamburg, wohin sie nun fuhren, fing Johanna an zu arbeiten. Die Wirklichkeit kam aber früher und erschreckender auf sie zu als sie gedacht hatten: Eines Morgens konnte sie sich nicht auf den Beinen halten, ihr war schwindlig. Max lief zur Telefonzelle und benachrichtigte den Notarzt. Der kam und bestellte eine Ambulanz. Die Männer versuchten mehrmals, mit ihrer Bahre in das Zimmer zu kommen. Als es ihnen endlich geglückt war, fuhren sie mit ihr zum nächsten Krankenhaus; Max fuhr mit.

Am nächsten Tag fuhr er mit dem Fahrrad wieder hin und ging in das Zimmer, in dem sie gelegen hatte. Ihr Bett war leer. Man habe sie zu einer Untersuchung gebracht, und von dort sei sie nicht wiedergekommen, sagten die Schwestern. Max verstand das nicht, er sah nur das leere Bett, das schon für die nächste Patientin hergerichtet wurde. Er lief in die Verwaltung. Johanna sei verlegt worden, sagten sie ihm, in ein anderes Krankenhaus, und gaben ihm die Adresse. Die paar Habseligkeiten, die er tags zuvor mitgebracht hatte, gaben sie ihm mit und beschrieben ihm den Weg.

Er fuhr, so schnell er konnte, teils über Kopfsteinpflaster, der Lenker zitterte in seinen Händen und sehen konnte er fast nichts, weil ihm Tränen in den Augen standen. Im anderen Krankenhaus nannte man ihm die Zimmernummer, er ging durch einen Saal mit vielen Frauen; am Ende war eine Tür. Er klopfte, ging hinein und fand Johanna, die das Zimmer mit einer alten Frau teilte. Es war hell, die Fenster gingen in einen Park hinaus. Sie war in der psychiatrischen Abteilung. Allmählich fing Max an zu begreifen und hat sie doch erst jetzt, wo er nochmal mit Johanna darüber geredet hat, richtig verstanden: Im ersten Krankenhaus war man ratlos. Denn Johanna wog kaum mehr als achtzig Pfund. Ihr Blutbild war schlecht, sie war erschöpft. Da hatte man sie ins zweite Krankenhaus gebracht. Der Arzt, der sie untersuchte sagte, sie brauche Ruhe, sie könne nicht arbeiten. Er habe ein helles, freundliches Zimmer, in dem die Mutter eines Kollegen liege. Dort werde er sie mit hineinlegen; sie müsse etwas bleiben.

Max durfte regelmäßig zu Besuch kommen, und die beiden gingen dann in dem großen Park vor ihrem Fenster spazieren. Max brachte der Hauptfürsorgerin im Gesundheitsamt der Freien und Hansestadt Hamburg das Zeugnis über Johannas Arbeitsunfähigkeit. Nach einiger Zeit kam sie wieder nach Haus, wo sie sich weiter erholen sollte.

Dort wurde ihnen klar, dass sie bald Eltern werden würden. Ihre Wirtin sagte, dass im Anbau nur Platz für zwei sei; ihre Eltern, denen das Haus gehöre, würden die Unruhe nicht erlauben. Das hatten sie sich gedacht und das Problem auf ihren Spaziergängen schon hin und her bewegt. Kindertagesstätten gab es damals kaum, und so waren sie schweren Herzens darauf verfallen, Oma Isebrecht zu fragen, ob sie das Baby nehmen könne, bis Johannas Anerkennungsjahr vorbei sei. Dann wäre auch Max' Zeit im Hamburger Studentenaustausch abgelaufen; sie würden wieder nach Berlin gehen, Johanna würde dort als Fürsorgerin arbeiten, Max sein Studium beenden, und das Baby würde wieder bei ihnen sein. Oma und Opa Isebrecht waren sofort bereit. Ich will aber nicht anfangen zu beschreiben, was das für Johanna bedeutete.

Für die Semesterferien hatte sich Max eine Arbeit gesucht. Im Osten Hamburgs betreute er Jugendliche in einem Lager für DDR-Flüchtlinge, Ostvertriebene und Obdachlose. Es gab ein Jugendzentrum, dessen Leiter Max helfen sollte. Diskussionsabende, Filmabende und Englischkurse wurden organisiert, um die Jugendlichen von der Straße zu holen. Aber bald wurde das Zentrum von rivalisierenden Gangs beherrscht, Max selbst war kaum älter als die Besucher, und niemand sagte ihm, wie er die nötige Disziplin halten sollte. Nach jedem Tag war er froh, wenn er spätabends nach Haus fahren konnte, und als das Ganze Anfang Oktober vorüber war, atmete er auf.

Schon am siebten September wurde Christian geboren. Johanna hatte schon lange versucht, Max die Bewegungen in ihrem Bauch fühlen zu lassen, aber immer, wenn er seine Hand dahin legte, wo es gezuckt hatte, war es schon wieder vorbei. „Bis du auch so weit bist ..." Ein paarmal wollte er das Taxi holen, obwohl sie sich noch viel Zeit bis zur Geburt ausgerechnet hatten. Er wollte unbedingt, dass sie rechtzeitig in die Klinik käme. Erst am Abend des sechsten September, zwei Monate vor dem offiziellen Geburtsdatum, stimmte sie zu. Zusammen fuhren sie ins Krankenhaus Elim in Eimsbüttel. Dort warteten sie lange. Dann musste Max wieder umkehren. Straßenbahnen fuhren nicht mehr, noch eine Taxifahrt war ihm zu teuer, also lief er quer durch das nächtliche Hamburg bis hinaus nach Bahrenfeld.

Am nächsten Morgen rief er an. Er sollte kommen. Er sah Christian durch eine Scheibe; eine Schwester hielt ihn. Er war rot im Gesicht und sein Kopf war schief, denn er war eine Zangengeburt. Man sagte, das ziehe sich noch hin, aber Max sah sowieso nur, dass er ein Kind hatte. Als er wieder zurück in Bahrenfeld war, kam er bei der Nachbarin, Frau Oltmanns vorbei; die war gerade im Garten. Sie weinte vor Rührung und ging mit einem Blumenstrauß ins Krankenhaus.

Als sie Christian Anfang Dezember nach Mühlenberg bringen wollten, mussten sie im Bahnhof Hamburg-Altona warten, weil Max sich in der Abfahrtzeit um eine Stunde geirrt hatte. Diesmal hatten sie eine Menge Ostgeld eingetauscht, weil sie in der DDR einkaufen wollten. Das Geld war in Christians Windeln versteckt. Auf dem Grenzbahnhof blieb der Zug lange stehen; sie mussten in eine Kontrollbaracke, alles war voller Vopos und Soldaten. Die Unruhe war so groß, dass irgendwas Besonderes los sein musste; sie aber wussten nicht, was. Als sie die Kontrolle hinter sich hatten, wieder eine Weile gefahren waren und umsteigen mussten, bat Johanna einen Vopo, das Baby neu wickeln zu dürfen. Sie wollte etwas Geld aus den Windeln nehmen, damit sie sich was zu essen kaufen konnten. Ein Soldat mit aufgepflanztem Seitengewehr ging mit; Max musste solange in einer Baracke auf sie warten. Wenigstens hatte er das Schloss von Schwerin im Blick. In Rostock stiegen sie noch einmal um. Sie hatten Hunger und wollten in die Stadt, aber von ihrem Bahnsteig hätten sie mit Kinderwagen und Gepäck die Treppen hinunter in den Tunnel und dann wieder hinauf in das Bahnhofsgebäude gehen müssen. Da sahen sie eine Station der *Caritas*. Sie gingen hin, um zu fragen, ob sie das Baby und die Koffer für kurze Zeit dort lassen könnten. Die *Caritas*-Schwestern stimmten gleich zu.

Nun gingen Johanna und Max in eine Straße, in der sie ein Restaurant sahen. Dort baten sie um eine Mahlzeit, deren Zubereitung schnell gehe. Als das Essen gebracht wurde, sagte Max, sie seien in solcher Eile, dass er gleich zahlen wolle. Da antwortete die Kellnerin, dass sie die Ausweise verlangen müsse. Wenn sie noch keinen Stempel darin hätten, könnten sie noch in alten Banknoten zahlen, hätten sie aber einen, dann nur in neuen. Max verstand nur, dass sie die Ausweise sehen wollte, und in seiner Verwirrung sagte er, sie hätten keine Ausweise bei sich, sie seien auf der Durchreise. Das war dumm, weil man in der DDR schon bestraft wurde, wenn man ohne Ausweis nur aus dem Haus ging. Am Nebentisch saßen einige Männer beim Bier, ihre Unterhaltung stockte; es schien, als seien sie aufmerksam geworden. Einer trug das Parteiabzeichen der *SED* am Revers.

Sie wolle mit dem Geschäftsleiter sprechen, sagte die Kellnerin und ging. Die beiden befürchteten Schlimmes, aber sie kam wieder, brachte das Bestellte und nahm ihre Ostmark, ohne auf den Ausweisen zu bestehen. Sie haben schnell gegessen, sind vom Restaurant zum Bahnhof und zum *Caritas*-Gebäude gerannt, wo Christian noch immer schlief. Dort fragten sie die Schwestern, was denn los sei. Da erfuhren sie, dass die DDR-Regierung am Morgen dieses Tages bekannt gegeben hatte, dass das Geld der DDR in Scheine mit anderen Farben umgetauscht würde, eins zu eins. Damit waren die Ostmark-Beträge, die im Westen lagen, plötzlich ungültig, auch diejenigen, die in Johannas Tasche und in Christians Windeln versteckt waren. Die DDR-Bürger hatten bis 22:00 Zeit, ihr Geld umzutauschen. Die beiden suchten auf diese Auskunft hin eine Telefonzelle, riefen Oma Isebrecht an und erzählten ihr eine Geschichte, in der immer wieder vorkam, wie unvernünftig es sei, wenn man zu früh aus dem Haus gehe. Sie wurden so deutlich wie sie konnten, behielten aber im Sinn, dass die Telefone womöglich abgehört wurden. Der Zensor hätte wirklich dumm sein müssen. Aber sie rechneten damit.

Dann stiegen sie in den Zug nach Stralsund, wo Onkel Rudolf sie abholte. Nachdem er sich über Christian gefreut hatte, fragte er: „Ihr habt Geld?" – „Ja", antwortete Max. – "Hoffentlich schaffen wir es bis zehn", sagte er, „am Bodden ist es neblig." Nun ging eine nervenaufreibende Fahrt los, immer am Greifswalder Bodden entlang. Onkel Rudolf war kein rasanter Fahrer und sein Trabbi kein Rennauto. Dichte Nebelschwaden kamen nur immer so auf sie zu. Als sie vom Bodden wegkamen, war es nicht mehr ganz so neblig, aber richtig aufdrehen konnte er noch immer nicht. Christian schlief fest. Zehn Minuten vor zehn waren sie in Mühlenberg auf dem Hof. Oma kam heraus: „Solange haben wir gewartet; aber vor zehn Mintuen sind wir nun doch zur Bank gegangen. Wieviel habt ihr denn?“ Es half nichts, sie mussten die Sache vergessen, und Christian war sowieso Mittelpunkt.

Sie hatten noch vier Tage Zeit. Eines Morgens, sie lagen noch im Bett, kam Oma Isebrecht ins Schlafzimmer, stellte sich mit dem Rücken an den Kachelofen, rieb sich die Hände und triumphierte: „Ihr sagt immer, ich soll nicht soviel tratschen, aber manchmal kommt doch was dabei raus.“ Gerade habe sie beim Einkaufen die alte Wolffen getroffen, die erst gestern aus dem Westen zurückgekommen sei, wo sie ihre Kinder besucht habe. Die hatte ihr erzählt, an der Grenze hätten die Vopos gesagt, dass sie noch Geld umtauschen könne, falls sie zu Haus noch was liegen habe, denn sie sei ja am Tag des Umtauschs nicht in der DDR gewesen. Sie müsse es aber jetzt sagen, und sie müssten ihr dann eine Bescheinigung geben. „Naja“, habe sie gesagt, „hier bei mir habe ich nischt. Aber zu Hause habe ich ein Versteck, und nu weiß ich nich, ob mein Mann das kennt und ob er das Geld mit umgetauscht hat.“ Sie habe ja gar kein Versteck, hatte sie Oma Isebrecht im Vertrauen gesagt, sie habe bloß gedacht, vielleicht könne sie jemandem einen Gefallen tun. Da hätten die Vopos gefragt: „Na, wieviel haben Sie denn in Ihrem Versteck?“ Sie habe ein bißchen überlegt und denen dann eine Summe genannt, die glaubhaft war. Sie hätte ihre Bescheinigung gekriegt, und nun könne sie diesen Betrag noch umtauschen. Ob Oma Isebrecht nicht jemanden wisse, der noch altes Geld hat. Und ob sie jemanden wusste! Das Geld war noch da, plötzlich war es nicht mehr wertlos, die Wolffen tauschte es ihnen um, und sie kauften Babysachen, Bücher und Geschirr. Dann mussten sie abfahren. Christian hatte es gut in Mühlenberg, aber es fiel ihnen sehr schwer, besonders Johanna.

Weihnachten waren sie wieder in Mühlenberg. Max sieht noch, wie Johanna bei ihrer Ankunft eilig durch die Küche ins Wohnzimmer lief, wo sein Bettchen stand. Allmählich war er so groß, dass Oma Isebrecht ihm Brei und Gemüse gab. Weil man in der DDR keine Südfrüchte kaufen konnte und im Winter auch kein frisches Gemüse, schickten sie immer wieder Pakete nach Mühlenberg, vor allem mit Bananen, Mohrrüben und Blumenkohl, denn der hielt sich am besten.

Johanna war nun wieder im Dienst. Die Arbeit in den verschiedenen Fürsorgezweigen war anstrengend. Mal arbeitete sie in der Tuberkulosefürsorge, dann in der Behindertenfürsorge, und immer hatte sie mit Schicksalen zu tun, die sie nie kalt ließen. Max konnte nicht helfen, er konnte nur zuhören.

Da war die Geschichte von dem geistig Behinderten, der nur ein

Bein hatte, Fürsorgeunterstützung bezog und dessen Haushälterin einen Antrag auf einen neuen Unterrock gestellt hatte. Johanna musste die Berechtigung dieses Antrags prüfen. Sie lebten auf dem Land in einer Hütte, die auf einer Koppel stand. Diese Koppel war voll feindseliger Kühe. Johanna wartete, bis die sich in einer entfernten Ecke versammelt hatten, kletterte über den Zaun und lief schnell zur Hütte. Da saß der Mann am Tisch, hatte Feldsteine vor sich liegen und verkündete: „Das ist mein täglich Brot." Er sprach noch mehr in dieser Art, betonte auch, dass er mit seiner Haushälterin „getrennt von Tisch und Bett" lebe und forderte sie auf, der Fürsorgerin ihren abgetragenen Unterrock zu zeigen, indem er sich umdrehte und die Frau ihren Rock hochhob.

Eine Frau im Lager Alsterdorf hatte ein neues Gebiss beantragt. Johanna musste auch hier die Berechtigung prüfen. Die Frau sagte, dass sie Zähne im Mund brauche, weil sie doch mit ihrer Freundin zusammenlebe, der sie die Zahnlosigkeit nicht zumuten könne. Sie bekam ihr Gebiss.

Im selben Lager lernte Johanna auch die Frau eines Rechtsanwalts kennen. Der Mann hatte sie verlassen; er hatte sich in seine Sekretärin verliebt. Um die Unterhaltszahlungen drückte er sich, indem er zweifelhafte Zeugnisse über sein Einkommen einreichte. Die Frau lebte mit ihrer sechsjährigen Tochter und einem älteren Sohn im Lager, wo sie es trotz ihrer Armut fertigbrachte, inmitten von Schmutz und Aggressivität ein geordnetes Leben zu führen. Sie hatte sich ihre Würde bewahrt. Ihre Tochter, ein niedliches Kind, war gut erzogen. Johanna musste hingehen, um die Kleine abzuholen: Die Mutter hatte Krebs bekommen, Metastasen hatten sich gebildet, eine Operation war in Sicht. Mutter und Tochter verabschiedeten sich voneinander, vielleicht für immer. Johanna ging mit dem Mädchen zur Straßenbahn, vermutlich trug sie auch den Koffer mit ihren Habseligkeiten. Das Mädchen war zutraulich und erzählte; es war eine lange Fahrt. Schließlich kamen sie an den Rand der Stadt, wo das Kinderheim war. Die Kleine verabschiedete sich von Johanna und fasste nun voll Vertrauen die Kindergärtnerin an. Johanna hat nie erfahren, was aus ihr geworden ist; jetzt wüsste sie es gern.

Manchmal brachte sie abends Akten mit. Sie war dann im Dienst nicht mit ihren Berichten fertig geworden und schrieb unter der Wohnzimmerlampe daran weiter. Einmal lachten sie Tränen. Johanna musste einer Minderjährigen, die von einem Ausländer verführt worden war, vor Gericht beistehen. Der hatte in seinem eigenen Deutsch einen nicht gerade schwerblütigen Bericht über den Hergang der Ereignisse verfasst. Den folgenden Satz hat Max behalten: „Am Waldrand hatten wir noch ein Verhältnis (ich bin auf diesem Gebiet sehr leistungsfähig), dann sind wir nach Hamburg hereinspaziert.“ Ein hanseatischer Beamter hatte mit spitzem Bleistift an den Rand geschrieben: „Mit ‚ein Verhältnis haben‘ meint der Angeklagte den Geschlechtsverkehr.“ Der hatte seinem Bericht zufolge an diesem Tag schon mehr Verhältnisse gehabt als sich ein Hamburger Beamter zusammenträumen kann.

Max ging jeden Tag in die Uni, denn zu Haus war es kalt. Er hatte Vorlesungen und Seminare belegt, vor allem Hauptseminare. In Berlin musste man eine gepfefferte Prüfung bestehen, wenn man da rein wollte. Kam man aber von einer anderen Universität und hatte dort schon ein Hauptseminar besucht, dann hatte man auch in Berlin ungehinderten Zugang. Eine bestimmte Zahl von Hauptseminaren musste man absolviert haben, wenn man sich zum Staatsexamen meldete.

In die meisten Vorlesungen und Seminare ging er gern. Am liebsten hatte er Ulrich Pretzels Metrik-Seminar, wo ihm die Bedeutung des Gedichtrhythmus aufging, sodass er nun Gedichte richtig lesen konnte. In den beiden Yeats-Seminaren von Johannes Kleinstück bekam er es zum ersten Mal mit moderner Dichtung zu tun.

Auch eine Arbeit hatte er gefunden: Der Altgermanist Gerd Breitenborn wollte sich damals habilitieren. Er schrieb ein Buch über einen kaum bekannten Dichter des 15. Jahrhunderts und gab dessen *Dichtungen* heraus. Max las Korrektur, was langweilig war. Er hatte aber damals ein Auge für Druckfehler, von denen noch viele im Text standen. Für das Buch schrieb er das Register. Viele Stunden und Tage saß er in Breitenborns Dienstzimmer und war froh, zum ersten Mal mit seiner Wissenschaft Geld zu verdienen. Johanna und er hatten zuvor überlegt, ob er sein Studium abbrechen sollte. Sie wollten aber durchhalten.

Manchmal gingen sie ins Konzert in der Tonhalle, oder sie waren im Theater. Max erinnert sich an zwei Aufführungen im Deutschen Schauspielhaus: Goethes *Faust* und Wolfgang Borcherts *Draußen vor der Tür*, das mit expressionistischen Mitteln ein Heimkehrerschicksal darstellt. Die Frage, ob man nach dem Kriegselend noch an Gott und Menschen glauben kann, wurde darin mit großem Nachdruck gestellt, und Max sieht noch vor sich – sie saßen oben auf dem Rang –, wie Reincke als Beckmann am Schluss in zerrissener und verdreckter Soldatenuniform und mit einer Gasmaskenbrille allein auf der Bühne steht und verzweifelt ins Publikum ruft: „Gibt denn keiner eine Antwort? Gibt keiner Antwort??? Gibt denn keiner, keiner Antwort???“ und wie das Publikum fluchtartig, stumm und ohne Beifall aus dem Parkett stürmt. Als die beiden draußen zur Straßenbahnhaltestelle gingen, kreuzte ein Bundeswehrsoldat ihren Weg, der erste deutsche Soldat, den sie nach dem Krieg sahen. Das Stück blieb lange im Gespräch. Jetzt ist es nicht mehr so aktuell, weil der Krieg schon siebzig Jahre her ist.

59 Protest

Max hat öffentlich gegen einen Professor protestiert, Jahre bevor die Studentenrevolte losbrach. Es war im Hauptgebäude der Universität Hamburg, dem früheren Kolonialinstitut, vor dem das Wissmann-Denkmal stand, das nun schon lange nicht mehr auf seinem Sockel ist. Max ärgerte es jedes Mal, wenn er in die Vorlesung ging: Wissmann mit Tropenhelm und Säbel sah mit Kolonialherrenblick von seinem hohen Sockel über einen Askari hinweg, der unten am Boden stand, eine Fahne über einen sterbenden Löwen senkte und ergeben zu Wissmann aufblickte. Aber nicht *das* wurmte ihn so sehr. Das Tropeninstitut hatte in seiner Blütezeit einen großen Hörsaal besessen, der unzerstört war, und darin fand die Vorlesung statt. Der Professor las über einen Dichter des 14. und 15. Jahrhunderts, genauer, über die Kadenzen in dieser frühen Prosa, wenngleich der Titel seiner Vorlesung einen Überblick über diese wenig bekannte Periode in der frühen deutschen Literatur versprochen hatte. Dass immer noch so viele Studenten darin saßen, nachdem sie wochenlang nur Spezifisches über diese Kadenzen gehört hatten, lag wohl daran, dass sie diese Dinge nicht einordnen konnten und deshalb dem Professor zu lange trauten, der diese Sprache für bedeutend hielt, denn er wollte etwas darüber veröffentlichen.

Aber dagegen protestierte Max *auch* nicht. Der große Hörsaal war amphitheatralisch angelegt; unten war die Bühne mit dem Stehpult. Gänge führten an den Seiten und in der Mitte des Saals durch die Bankreihen aufwärts. Max saß meistens oben, nahe dem Mittelgang, und von dort hatte er einen sich steigernden Missmut der Kommilitonen erlebt: Der Professor erschien immer erst fünfzehn Minuten nach dem akademischen Viertel; seine Vorlesung dauerte nur eine halbe Stunde. Deshalb wurde er immer öfter mit Missfallenskundgebungen begrüßt, es wurde gescharrt und gezischt. Das ging ihm gegen den Strich, sodass er eines Tages hinter seinem Stehpult hervorkam, wo er schon Posten gefasst hatte, an den vorderen Rand der Bühne schritt und Dinge wie „Ich verbitte mir diese Begrüßung!" ins Publikum rief. Max dachte, er hört nicht richtig. Statt sein spätes Erscheinen zu rechtfertigen, wollte er den Studenten das Recht nehmen, Beifall oder Missfallen zu äußern. Schließlich rief er aus: „Dann können die, denen das nicht passt, ja den Saal verlassen." Während alles totenstill war, fing Max an, seine Sachen geräuschvoll zu packen. Er dachte: ‚Wenn jetzt einer den Anfang macht, kommen andere mit, und schließlich ist kein Halten mehr. Alle gehen hinaus.'

Er hat sich getäuscht. Er hat nur für eine kleine Sensation gesorgt. Alle blieben lammfromm auf ihren Plätzen, nur die Augen richteten sich auf ihn, wie er sich von seinem Platz erhob und den langen Mittelgang hinunterging, auf den Professor zu. Erst als Max vor der Bühne eine Linkswendung gemacht und die Saaltür erreicht hatte, sammelte sich der, und mit den Worten: „Wir wollen warten, bis dieser Herr den Saal verlassen hat," stellte er das Einvernehmen mit seinem Auditorium wieder her.

Am selben Nachmittag war Max bei den Katalogen im Vorraum des Germanischen Seminars, da wurde hinter ihm getuschelt, und schließlich sprach ihn eine Studentin an, ob er nicht der von heute morgen sei. Sie finde es „interessant", mal „so einen" kennenzulernen.

Zur nächsten Vorlesung war Max wieder da. Zwar kam der Professor wieder nicht im akademischen Viertel; stattdessen erklomm ein Assistent die Bühne und bat um Verständnis: Der Herr Professor sei krank, er könne nicht mehr so lange stehen. Max fühlte sich schlecht, vor allem, als der Mann bald darauf starb. Doch dann bedauerte er ihn: War er nicht ein Opfer seiner Autoritätssucht geworden? Sein Tod war kein Grund für Max, sich *da*mit auszusöhnen.

Im Sommer fuhr er nach Berlin, er wollte eine Stelle für Johanna suchen. Deshalb ging er mit ihren Papieren in mehrere Berliner Gesundheitsämter. Fürsogerinnen waren damals knapp, er hatte es nicht besonders schwer. Nur vor der Wohnungssuche machte man ihm Angst. Die Kriegszerstörungen waren noch längst nicht beseitigt, es sei absolut nichts zu finden. Er aber strahlte Optimismus aus.

Sie wollten einen Monat lang in Mühlenberg sein, damit Christian sich wieder an sie gewöhnte, dabei aber in der vertrauten Umgebung war. Tobias' Eltern hatten ihnen angeboten, dass sie in diesem Monat ihre Sachen bei ihnen unterstellen und während der anschließenden Wohnungssuche auch bei ihnen wohnen könnten. Es kam aber anders: Die Volkspolizei in Demmin, wo Oma und Opa Isebrecht die Aufenthaltsgenehmigung für sie beantragt hatten, lehnte den Antrag ab. Sofort erinnerten sie sich an Gerüchte, wonach Kleinkinder, die vorübergehend in der DDR bei Verwandten waren, nicht wieder hinausgelassen wurden, denn in der DDR sank die Bevölkerungszahl; zu viele Leute „machten nach drüben", wie man sagte. War ihnen vielleicht die Einreise verweigert worden, weil auch sie nicht mehr an Christian herankommen sollten?

60 Zurück in Westberlin

Auch Johanna musste nun nach Berlin kommen, und Max musste die Sachen – neben der lindgrünen Ausziehcouch hatte sich einiges angesammelt – aus Hamburg nach Berlin holen. Er mietete einen VW-Lieferwagen, und weil er selbst keinen Führerschein hatte, fuhr ein früherer Klassenkamerad mit ihm über die Interzonenstraße von Berlin nach Hamburg. Sie fuhren auf einer Landstraße; die Autobahn gab es damals noch nicht.

In der Nähe von Kyritz, es war schon dunkel, stand ein Anhalter im Regen. Erst fuhren sie an ihm vorbei, dann schlug ihnen das Gewissen, und sie hielten an. Als er ihnen nachgelaufen kam, erinnerten sie sich, dass man in der DDR nur in Notfällen anhalten und vor allem niemanden mitnehmen durfte; es war aber zu spät. Außerdem erkannten sie erschreckt, dass der Anhalter ein Soldat der *Nationalen Volksarmee* war. Er müsse vor dem Zapfenstreich in seiner Kaserne sein, ungefähr zehn Kilometer weiter, sagte er, als sie wieder losgefahren waren, und während er sprach, rochen sie, dass er zu weit in die Flasche geguckt hatte. Da tauchten in ihrem Scheinwerfer zwei Offiziere auf, die vor ihnen die Straße entlanggingen. Sie schubsten ihren Passagier von der Sitzbank, damit nur sie selbst zu sehen waren. Bald darauf kam die Kaserne in Sicht, und er wollte raus. „Nicht direkt vorm Tor halten", bat er, aber so schlau waren sie auch.

Am nächsten Morgen in Bahrenfeld luden sie ihre Habseligkeiten ein. Der Abschied von Frau Oltmanns war herzlich, der von der Wirtin nicht ganz so. Sie fuhren noch in die Innenstadt und gingen zusammen über den Jungfernstieg, dann machten sie sich auf den Weg. In Wilmersdorf brachten sie ihre Sachen in den Keller von Tobias' Eltern.

Jeden Tag fuhren sie nun mit ihren Fahrrädern durch Berlin. Wieder waren sie auf Wohnungssuche, wieder fanden sie nichts. Auf dem Berliner Wohnungsmarkt waren nur Wohnungssuchende unterwegs; Angebote gab es so gut wie keine. Sie waren bei einigen Agenturen registriert, die sich jeweils ein paar Rumpelkammern in guter Lage gemietet hatten, mit denen sie die Leute köderten. Natürlich blieben sie darauf sitzen und konnten sie weiter anbieten. Die beiden besuchten entfernte Verwandte, um zu fragen, ob sie was wüssten. Die Antwort aber war: Auch sie hätten es schwer gehabt. Da kämen die beiden nun aus Hamburg und wollten eine Wohnung haben. So einfach werde das nicht gehen.

Ein Makler sagte, er hätte da eine Wohnung in einer Villa im Grunewald, aber als sie Interesse zeigten, schien er Angst zu kriegen, dass sie ihm diese Wohnung, die er noch als Köder gebrauchen wollte, wegschnappten; deshalb schob er schnell nach, die Wohnung habe noch Bombenschäden und käme nicht infrage, keiner wolle sie nehmen. Sie aber wollten sie sehen. Zugleich mit ihnen waren zwei andere Familien dort. Von einem geräumigen Korridor gingen drei Türen in ein normal goßes Balkonzimmer, ein kleines Zimmer und ein Bad. Die Zimmer waren hoch, aber in beiden hingen die Tapeten in Fetzen von den Wänden, und die Wand, die das kleine Zimmer vom Bad trennte, hatte einen breiten Riss, durch den man ins Bad sehen konnte. Die Badewanne war noch voller Bombenschutt. Eine alte Frau habe dort gewohnt, hatte der Makler gesagt, die geistig nicht gesund gewesen sei. Die beiden anderen Familien waren entrüstet über die Zumutung. Johanna und Max ließen aber nichts erkennen.

Am nächsten Tag kamen Tobias und John Bauer, auch er ein Klassenkamerad, der Architektur studierte, und sahen sich die Wohnung an. Sie fanden, man könne sie herrichten. Das war den beiden lieb, denn sie war einmalig schön gelegen. Ringsum war es grün; vom Balkon sahen sie in einen Garten.

Vom Makler ließen sie sich die Anschrift des Hausverwalters geben, eines Rechtsanwalts am Kurfürstendamm, mit dem sie den Mietvertrag abschlossen. Der Mann und sein Büro waren wieder eine Erfahrung für sich. Alles war protzig: die Einrichtung, der dunkle Anzug, die großen, goldenen Ringe an den Händen. Das Gesicht entsprach dem der riesigen Dogge, die schwarz und weiß gefleckt unter seinem Schreibtisch lag und auch selbstbewusstere Besucher eingeschüchtert hätte. Erst mussten sie lange warten, und als sie mit ihm verhandelten, fürchteten sie immer noch, die Sache könne irgendeinen Haken haben. Aber er fertigte den Mietvertrag im Doppel aus, unterschrieb und ließ auch sie unterschreiben. Nun mussten sie zum Wohnungsamt. Die Wohnung war bewirtschaftet; die Behörde musste ihren Segen geben. Doch als Fürsorgerin hatte Johanna Anspruch auf Wohnraum.

Erst riefen sie den Makler an, damit er nicht noch andere Wohnungssuchende hinschickte. Er sandte ihnen die Rechnung. Obwohl er nur eine Vermittlungsgebühr in Höhe einer monatlichen Kaltmiete zu kriegen hatte, versuchte er, sie über den Tisch zu ziehen und verlangte eine Warmmiete, aber diesmal hatten sie das Kleingedruckte gelesen, überwiesen eine Kaltmiete und erklärten den Unterschied. Wahrscheinlich war das nicht nötig.

Auch dem Hausverwalter war ein Irrtum unterlaufen: Der Münchner Besitzer, der nicht daran dachte, die Wohnung in Ordnung zu bringen, hatte seine eigenen Absichten: Wäre sie nach einigen Monaten noch immer auf dem Markt gewesen, dann hätte er sie von der Bewirtschaftung freibekommen. Er hätte sie dann großartig renovieren und für einen noch großartigeren Preis vermieten können. Das hatte ihm nun der Mietvertrag vermasselt. Später tauchte er einmal auf, als sie beim Renovieren waren. Keinen Pfennig werde er ihnen für die Instandsetzung geben, sagte er. Sie sagten, dass sie damit auch nicht rechneten, da ging er wieder. John Bauer, der gerade Tapeten klebte, rief ihm noch „Plutokrat“ nach. Bald darauf hörten sie, dass der Rechtsanwalt am Kurfürstendamm das Haus nicht mehr verwalte.

Nun holten sie ihre Sachen aus dem Keller von Tobias‘ Eltern, schliefen wieder auf der lindgrünen Ausziehcouch und stellten im Flur einen zweiflammigen Kocher auf. Dann ging es mit Hochdruck an die Arbeit. In der Mitte des großen Zimmers stand immer eine Kiste und darauf, in einem Wasserkessel, ein Blumenstrauß. Johanna fuhr jeden Morgen mit dem Bus den Kudamm entlang bis zur Wilmersdorfer Straße, wo das Gesundheitsamt von Charlottenburg war.

Im kleinen Zimmer und im Bad stellte Max jeweils ein Brett diesseits und jenseits des breiten Risses auf, stützte die Bretter mit Knüppeln ab und goss von oben eine zähflüssige Gipspampe in den Hohlraum. Nach ein paar Tagen nahm er die Bretter weg, und die Wand wurde abgeschmirgelt. Sie wies zwar eine Rundung auf, aber sie war fest. Die Badewanne wurde allmählich leer und war brauchbar, sogar die Wasserhähne funktionierten. In den Flur kamen zwei hohe Kleiderschränke, an deren Rückwände sie weißkarierte Plastikplatten klebten. Damit und mit einem Vorhang teilten sie die kleine Küche ab. Dann wurden die Zimmer gestrichen.

Die Arbeit dauerte lange. Zum Schluss strich Max noch die Eingangstür weiß. Eine Nachbarin kam, sah ihm zu, wunderte sich, weil er das selbst machte, und fragte, wie lange sie denn bleiben wollten. Max sah in die Luft und sagte „vielleicht zwei Jahre." – „Dann lohnt sich das doch gar nicht." Er hatte nicht darüber nachgedacht; für ihn waren zwei Jahre eine Ewigkeit.

Richtig glücklich waren sie, als Oma Isebrecht Anfang Oktober kam und Christian brachte. Der Abschied von ihm fiel ihr nicht leicht; aber Johanna, die ihr sehr dankbar war, wollte ihn nun wieder für sich haben. Die Monate in Berlin vergingen. Johanna fand die Arbeit in der Schulfürsorge interessant, aber sie bedeutete ihr nicht alles. Ihre Familie hatte Vorrang. Gern hätte sie mehr freie Zeit gehabt, aber zu Anfang musste sie sonnabends noch arbeiten; erst am Schluss war der Sonnabendnachmittag frei. Auch mit dem Neid mancher Kolleginnen musste sie fertigwerden. Sie erzählten ihr Geschichten von Studenten, die vom Einkommen ihrer Frauen gelebt hatten, um nach erfolgtem Examen mit einer anderen in weite Fernen zu ziehen, oft unter Zurücklassung eines Kindes. Dass verheiratete Frauen arbeiten, war damals noch nicht üblich; Johanna war eine Ausnahme.

Max fuhr morgens um 9:00 mit dem Bus vom Bismarckplatz in die Uni und kam um 14:00 zurück, um die Frau abzulösen, die sich um Christian kümmerte. Der schlief dann noch, bis die Zeit kam, wo Max ihn anzog und mit ihm zur Bushaltstelle ging, um Johanna abzuholen. Wenn sie ausstieg, fand er immer ein kleines Geschenk in ihrer Tasche. Meistens machten sie noch einen Spaziergang. Beliebt war der Hasensprung, ein Weg zwischen Büschen und Bäumen, der über eine Brücke führte, wo zwei kleine Seen aufeinandertrafen und auf den Mauerbrüstungen zwei steinerne Hasen sprangen.

In diesen Berliner Jahren kam viel Besuch. Michael und Tobias kamen immer wieder mit dem Fahrrad vorbei, und Johanna hatte einige Kolleginnen, die sie manchmal einlud. John Bauer und Luise Völschow hatten sich gefunden, aber sie hatten noch keine Bleibe, also kamen sie öfter in den Grunewald. Dietrich Häusler, der die beiden mit dem Lieferwagen aus Hamburg abgeholt hatte und später viele Jahre Vizepräsident der Freien Universität Berlin war, kam mit seiner Freundin. Ilse kam aus Hannover.

In der Uni im Joyce-Seminar hatte Max einen Argentinier kennengelernt, Rodrigo Steinberg, der mit einem Stipendium und einem Presseausweis versehen war und damit Westberlin unsicher machte. Er hatte auch ein anziehendes Äußeres: Groß und schlank, hatte er ein blasses Intellektuellengesicht, dazu schwarze Haare. Sie trafen ihn öfter im Theater oder im Konzert, wo er meistens in der ersten Reihe saß. Er konnte problemlos Karten zu allen möglichen Veranstaltungen besorgen; er kannte Hinz und Kunz, und oft besuchte er Johanna und Max im Grunewald. Immer war er unterhaltsam. Einmal machte er ihnen vor, wie er ein Mädchen abends nach Haus begleitet hatte; sie wohnte an der Endstation einer Straßenbahnlinie. Es war die letzte Straßenbahn an diesem Abend; mit der musste er wieder zurück in die Stadt. Deshalb sagte er dem Fahrer: „Bitte warten Sie für mir, ich muss nur bringen diese wunder-wunderschöne Mädchen nach Haus." Und was macht der empfindungslose Mensch? Er fährt ab, ohne auf Rodrigo zu warten, der nun den ganzen Weg in die Stadt laufen muss. Rodrigo fuhr auch ins Ausland, in die Tschechei, wo seine Vorfahren herkamen, und nach Israel. Im Jahr drauf besuchte er Colin in London, den er bei den beiden kennengelernt hatte, und fuhr weiter nach Irland. Das hatte mit James Joyce und William Butler Yeats zu tun. Im Grunewald machte er sich darauf mit dem Ausspruch beliebt, Irland sei „everybody's second home".

Colin, der in London ein Geschäft leitete, spielte viel mit Christian. Er war im Grunewald, als die Sowjet-Union ihren Sputnik ins All schoss. Den Westberlinern machte das Angst. Irgendwann erschienen auch Marc und Yvonne, die Max früher auf dem Weg nach Spanien in Saintes getroffen hatte. Jetzt leistete Marc seinen Wehrdienst ab; er wurde in der Napoléon-Kaserne in Westberlin zum Panzerführer ausgebildet. Wenn er kam, brachte er manchmal Kameraden mit, und wenn Yvonne nach Berlin kam, war auch sie bei den beiden. Einmal, Johanna hatte eine besonders gute Suppe gekocht, legte Marc seinen Löffel hin, sah ihr in die Augen und sagte, alles Deutsch zusammennehmend, dessen er mächtig war: „Die Suppe ist gut. Ich liebe Sie." Wahrscheinlich meinte er die dritte Person, aber das Feierliche in seiner Stimme legte die zweite nahe. Noch wahrscheinlicher ist aber, dass ihm die Zweideutigkeit bewusst war und dass er sich unwissender stellte als er war. Wenn er kam, gab es immer was zu lachen. Er ging manchmal mit den dreien spazieren, zum Beispiel in den Zoo. Da setzte er sich in seiner Uniform neben Christian in eine Kinder-Eisenbahn, setzte sein Käppi quer statt längs auf, steckte den Daumen zwischen das zweite und dritte Loch seiner Uniformjacke, schob den Bauch nach vorn und machte auch mimisch einen so bedeutenden

Napoléon, dass alle, die es sahen, lachen mussten.

Aus Ostberlin kam Thomas Wagner, den Max seit seiner Kindheit in Sachsenbach kannte. Er hatte sein Studium abgeschlossen und arbeitete in der Akademie der Wissenschaften am Gendarmenmarkt. In dieser Zeit stand Max einmal vor den riesigen Ruinen des Französischen und des Deutschen Doms, die von einem Bretterzaun umschlossen waren. Da hat er auch die Birke gesehen, die von der Kuppel eines der Gebäude in den Himmel ragte.

Sie redeten viel über Literatur, an der man damals noch Freude haben konnte, und über Politik, die ihnen zu schaffen machte; man war ja mitten im Kalten Krieg, und Westberlin war durch die Sowjets und die DDR-Regierung gefährdet. Immer versuchten sie, die Zufahrtsrechte zur Inselstadt zu beschneiden. Oft lagen diese Versuche knapp unterhalb der Kriegsschwelle. Manchmal donnerten nachts sowjetische Düsenjäger über Westberlin und durchbrachen dabei öfter die Schallmauer, sodass die geplagten Westberliner aus den Betten fielen; dann wieder gab es neue Schikanen im Transitverkehr. Diese Salami-Taktik sollte die Westberliner mürbe machen, bis sie der DDR beitraten. Damit war freilich nicht zu rechnen. Der Westberliner Senat unterstützte die Standfestigkeit, indem er einen Steuerfreibetrag einführte, den man allein schon bekam, wenn man in Berlin wohnte. Die Westberliner sagten „Zitterprämie“ dazu. Die Angst war groß.

Richtig ominös war aber Chruschtschows Berlin-Ultimatum von Ende 1958. Ganz Berlin, sagte er, stehe auf dem Boden der DDR, der er die Kontrollrechte für den Zugang in die westliche Teilstadt übertragen wolle. Das wäre das Ende Westberlins gewesen. Die Angst würgte die Leute geradezu. Erst 1961, als alle Integrationsversuche an der festen Haltung des Westens gescheitert waren und deutlich wurde, dass aus Westberlinern niemals DDR-Untertanen würden, musste die Regierung der DDR anders mit der Flucht ihrer Bürger fertigwerden; sie baute die Mauer.

Einmal hatte Rodrigo Karten fürs Hebbel-Theater besorgt, wo eine irische Truppe mit Synge‘s Drama *The Playboy of the Western World* gastierte. Marc kam gleich vom Dienst und hatte sich nicht mehr umziehen können. Weil er es hasste, seine Uniform spazieren zu führen, hatte er in aller Eile einen zivilen Anzug in seine Tasche gestopft, den er sich im Grunewald anzog. Nach dem Theater musste er aber sofort wieder in die Kaserne, nahm deshalb die Tasche mit, in der nun die Uniform steckte, und gab sie an der Garderobe ab. Es war eine mitreißende Aufführung; natürlich hatten die Iren es bei diesen Irland-Begeisterten nicht schwer. Danach nahm Marc seine Tasche und ging in ein Trümmergrundstück, wo er sich wieder in einen französischen Besatzungssoldaten zurückverwandeln wollte. Doch einige vorbeifahrende Autos leuchteten gerade seine Ecke erschreckend gut aus, sodass er schließlich auf das Umziehen verzichtete und sich stattdessen die Uniform über seinen zivilen Anzug zog. Am Ende sah er aus wie das Michelin-Männchen in Uniform, und um der Authentizität willen blies er noch die Backen auf.

Tante Wilhelmine kam in den Grunewald. Es muss das letzte Treffen mit ihr gewesen sein. Sie hatte allen gesellschaftlichen Geltungsdrang hinter sich gelassen, erzählte aus ihrem Leben und freundete sich mit Christian an. Lena kam mit ihrem Mann und mit Oliver, ihrem kleinen Sohn. Der war nur ein paar Monate älter als Christian. Die beiden konnten noch kaum sprechen, aber sie spielten zusammen und alberten herum. Oma Isebrecht wollte ihren Enkelsohn wiedersehen und außerdem frisches Gemüse aus dem Garten bringen. Auch Max‘ Eltern kamen manchmal am Sonntag.

Im Sommer 1959 wollten die beiden nach Sylt fahren, wo einer von Johannas Studienkameraden aus Braunschweig ein Heim leitete. Er verschaffte ihnen ein Dreibettzimmer in dem sie wohnen konnten. Sie freuten sich darauf. Max bekam außerdem ein Stipendium, mit dem er an einem Ferienkurs im Trinity College in Dublin teilnehmen wollte. Auch das hatte mit Joyce und Yeats zu tun. Auf dem Hin- und Rückweg wollte er Colin in London besuchen. Der Ferienkurs lag zeitlich so, dass Max gleich bei der Rückkehr Johanna und Christian in Hamburg treffen und mit ihnen nach Sylt fahren würde.

Irland war wieder ein Erlebnis: Eine bunte Truppe aus allen Altersgruppen und vielen Ländern hörte Vorträge über irische Geschichte und Literatur, wurde von irischen Originalen betreut, die und machte Ausflüge durch Dublin und in die Umgebung. Kirchen wurden besichtigt und verfallene Burgen, auf deren Zinnen hoch über dem Land manchmal Kühe herumkletterten, dass alle den Atem anhielten.

Von Dublin fuhr Max zusammen mit anderen an die Westküste, nach Connemara, wo sie an der Galway Bay in einer halb verfallenen Jugendherberge wohnten. Nachts wurde es kalt; sie heizten mit Torf. Tagsüber wanderten sie. Einmal mieteten sie Boote bei den Fischern im nächsten Dorf. Die Boote waren geteert, aber als sie sahen, dass sie keine Kiele hatten, wurden sie ängstlich. Die Fischer lachten und zeigten ihnen Flaschen mit Weihwasser und die anderen christlichen Talismane im Bug eines jeden Boots; nichts könne ihnen passieren. Die Fischer selbst würden sich jedenfalls nicht erst die Mühe machen, schwimmen zu lernen. Sie erzählten auch von der Poteen-Herstellung. Das sei ein kräftiger Schnaps, der früher in jedem Haus gebrannt worden sei. Jetzt gebe es ihn nur noch auf den Aran Islands, draußen vor der Küste, wo die Kontrolleure der Regierung nur selten auftauchten. Denn immer, wenn sie hinüberfuhren, wurden auf dem Festland die Sturmglocken geläutet. Das gebe den Leuten von den Aran Islands genug Zeit, alle verdächtigen Geräte und Vorräte zu verstecken.

Bei einer von Max‘ Wanderungen am Wasser fand er einen großen, fast würfelförmigen Felsbrocken, der anderthalb mal höher war als er selbst und vor dem Strand im Wasser lag. Er legte sich eine Weile darauf, sah in den Himmel und hörte, wie die Brandung um ihn rauschte. Als er weitergehen wollte, konnte er nicht weg, denn unten stand ein Bulle, der aufmerksam und nicht gerade friedfertig zu ihm aufblickte. Anderes Hornvieh kam hinzu, und schließlich mag es ein Dutzend gewesen sein. Sie fingen an, Max‘ Felsen zu umkreisen, und schließlich trabten sie. Es war gespenstisch. Zum Glück konnten sie nicht zu ihm heraufkommen; die Felswände waren zu steil. Die Flut kam aber, und das Wasser spritzte immer höher zu ihm herauf. Er wusste nicht, wie hoch es noch steigen würde und ob die Rindviecher ihren Belagerungsring aufheben würden, bevor er ganz vom Festland abgeschnitten wäre. Als sie sich schließlich zurückzogen, sprang er ins Wasser, watete an Land und rannte davon. Er sah sich oft um; aber sie kamen nicht nach. In der Jugendherberge wurde ein Torffeuer gemacht, an dem er sich wärmte.

Eine Woche später warten Johanna und Christian auf dem Weg von Berlin nach Hamburg, wo sie bei Frau Oltmanns schlafen wollen, auf Max. Sie kommen etwas gerädert in Altona an, sehen in alle Richtungen, dann sagt Johanna zu Christian: „Hier bleiben wir sitzen. Max kommt gleich und holt uns ab.“ Sie warten und warten, aber kein Max kommt. Stattdessen kommt überraschend Sven, Johannas Bruder, der gerade in Hamburg ist, von dem Zusammentreffen gehört und sich gedacht hat, ‚gehst mal zum Bahnhof, da kriegst du sie alle auf einmal zu sehen.‘ Nun wartet er gemeinsam mit Johanna und Christian. Als aber noch immer kein Max kommt, bringt er sie nach Bahrenfeld zu Frau Oltmanns. Niemand kann sich das Ausbleiben erklären; schon um Mittag hätte Max auftauchen müssen. Am Abend kommt ein Telegramm bei Frau Oltmanns an, das seine Ankunft für den kommenden Mittag ankündigt. Das kam so:

Drei Tage, nachdem er aus Irland zurück ist, sitzt Max mit Colin in einem indischen Restaurant in Soho. Sie bestellen stark gewürzte Gerichte, Max ahnt nicht, auf was er sich einlässt, da kommt schon der Kellner mit einer großen Wasserkaraffe, und Colin meint „the firefighters are on their way." Nach dem Essen lehnt Max sich zufrieden zurück und sagt zu Colin, heute sei doch Mittwoch. Er will ihn nicht wirklich fragen, er will nur eine Bestätigung; er glaubt es zu wissen. Aber Colin lächelt und sagt: „It's Thursday." Sie streiten sich ein wenig, bis Max einsehen muss, dass Colin Recht hat, und Max weiß nun auch, dass er jetzt schon auf dem Ärmelkanal schwimmen oder im Zug von Ostende nach Deutschland sitzen müsste. Er kann es nicht glauben, aber es ist so: Er hat sich um einen Tag verrechnet. Am nächsten Morgen fährt er früh zur Victoria Station, denn die Sache hat auch eine finanzielle Dimension: Er ist auf eine Art Jugendtransport gebucht und kann nicht umbuchen, sein Fahrschein ist verfallen. Die Organisation hat ein kleines Büro in der Victoria Station, ein Mensch in seinem Alter hört sich die Geschichte an und spricht dann die tröstlichen Worte: „I'll put you on the train tonight." Max rennt in ein Postamt und gibt das Telegramm an Frau Oltmanns auf. Gegen Abend geht der Zug ab, es geht viel zu langsam, dann umsteigen auf die Fähre, und danach fährt er von Ostende nach Deutschland, er kann es kaum abwarten, obwohl er sich denken kann, dass er nicht nur Erfreuliches zu hören kriegt. Diese Geschichte hat über fünfzig Jahre von Max' Zerstreutheit zeugen müssen, obwohl die für ihn gar nicht mal charakteristisch ist, jedenfalls nicht in diesem Maß. Na ja, auch wenn es einmalig gewesen wäre: Schlimm war es.

Der Aufenthalt auf Hörnum war schön; Johanna hat sich dort erholt. Christian kam selten aus dem Wasser. Er hatte keine Angst, und wenn mal eine Welle über ihn wegrollte, hat er gelacht. Die drei haben Sandburgen gebaut, er hat geschippt und unermüdlich einen Eimer Wasser nach dem andern geholt und am Strand ausgekippt. Johanna und Max haben zugesehen und fotografiert.

61 Lille

Die Nacht über fuhr Max durch Deutschland und Belgien. Als er am Morgen in Lille ankam, wo er „Lecteur d'Allemand" werden sollte, regnete es ununterbrochen. Draußen am Bahnhofsgebäude hing ein Stadtplan. Er gab seinen Koffer auf und ging zu Fuß in die Universität, weil er sich ohne Französisch in keinen Bus und keine Straßenbahn traute. In der rue Auguste-Angellier, wo die *Faculté des Lettres et Sciences Humaines* damals untergebracht war, traf er einige seiner neuen Kollegen. Einer sei plötzlich krank geworden, sein zweistündiges Seminar am Nachmittag sei noch nicht abgesagt, das könne Max gleich übernehmen, sagte Yves Beausoleil, der ihm die Stelle verschafft hatte. Zwar hatte Max die Nacht über in der Bahn gesessen; er war durchnässt, sein Koffer war noch auf dem Bahnhof, und er hatte keine Ahnung, wo das Studentenheim war, in dem er schlafen sollte, aber jemand zeigte ihm die kleine Institutsbibliothek, er fand einen Band mit Borcherts Dichtungen, bat seinen Begleiter, ihm genug Kopien der Erzählung *Nachts schlafen die Ratten doch* abzuziehen, irgendwo bekam er etwas zu essen, und dann hielt er sein erstes Seminar. Es war eine werkimmanente Interpretation, wie er sie gelernt hatte. Die Studenten waren begeistert, weil er sie einbezog; sie merkten, wie sie Zugang zu dem Text fanden.

Gegen Abend holte er seinen Koffer vom Bahnhof und fuhr ins Studentenheim. Am nächsten Morgen ging er zum Institutsdirektor. Das war nicht Yves Beausoleil, sondern ein Altgermanist, André Morant. Max bekam seinen Stundenplan und zugleich einen Schreck: Morant sprach längst nicht so gut Deutsch wie Beausoleil; sie mussten sich um die Verständigung bemühen. Beausoleil hatte ihm nicht gesagt, dass Max kein Französisch spricht. Morant fand das schlimm – er gebrauchte das Wort „catastrophe" –, denn schließlich müsse Max auch Übersetzungsübungen halten, thème, und das gehe nur mit Französischkenntnissen. Max versprach, dass er die Sprache schnell lernen wolle. Eigentlich hätte er in dieser Situation in Panik geraten müssen, aber davon war er weit entfernt, denn es gab kein Zurück, und Max merkte auch, dass Morant helfen wollte. Erst allmählich kam er dahinter, dass Beausoleil in seinem Bemühen, das Insitut „plus germanophone" zu machen, ihn an Morant vorbei angeheuert hatte und dieser es irgendwie hatte geschehen lassen. Dass Max nicht Französisch sprach, hielt Beausoleil für einen Pluspunkt; er sagte: „Hauptsache, er kann Deutsch; Französich können wir schon selbst."

Aber Morant kam aus einer anderen Schule.

Max' Vorgänger war gerade in Lille, um seine Sachen abzuholen. Er wollte ihn auch in die Arbeit einführen, und so hatten sie sich telefonisch in seinem Hotel an der Kirche Saint Maurice verabredet. Als Max im obersten Stockwerk aus dem engen und klapprigen, nur mit einem Scherengitter verschlossenen Lift stieg, kam er ihm schon entgegen. Er war älter und wirkte etwas skurril mit seiner Igelfrisur und dem weinerlichen Gesicht. Zudem trug er etwas im Arm, das etwa einen halben Meter groß und im Halbdämmer des Flurs schlecht zu erkennen war. Es sei eine Buddha-Statue, sagte er. Woher er sie hatte und wohin er mit ihr wollte, erfuhr Max aber nicht. Er sah nur, dass über den Kopf des Buddha ein schützendes Tuch gelegt und dieses mit einem Gummiband um den Hals befestigt war. Die Zipfel standen ab wie die Ecken des Wachspapiers, das Mutter um den oberen Wulst von Marmeladengläsern gebunden hatte.

Als sie in dem engen Fahrstuhl abwärts ruckelten, standen auf der nächsten Etage Leute, die auf den Lift warteten. Weil sie sahen, dass der Fahrstuhl voll war, drückte jemand auf einen Knopf; er wollte den beiden das Anhalten ersparen. Auch auf der nächsten Etage sahen sie durch das Scherengitter Wartende stehen, aber die sahen sie vorläufig nur von oben. Denn der Lift, offenbar durch gegensätzliche Signale konfus geworden, hielt mit einem kräftigen Ruck; sie saßen zwischen zwei Etagen fest und mussten nun zu der einen Gruppe der Wartenden hinauf- und auf die andere hinabblicken.

Hinter ihrem Scherengitter müssen sie wie zwei Affen im Käfig ausgesehen haben. Max' Vorgänger sprach, anders als dieser selbst, hervorragend Französisch. Während Max sich im Hintergrund hielt, fing er an, den Leuten halb über wie auch denen halb unter ihnen ihr Schicksal auszumalen, wie sie da zwischen zwei Etagen eingeschlossen und ihrer Freiheit beraubt seien. Weil er sich dabei bald an die eine Gruppe, bald an die andere wandte, reckte er sich mal aufwärts, mal ging er in die Hocke, immer den halb verhüllten Buddha im Arm. Max verstand von seinen Wehklagen nur immer den Ausruf „quel malheur!“ Aber zwischen die amüsierten Zuschauer mischten sich nun auch Mechaniker aus dem Hotel, die ans Werk gingen, um die beiden zu befreien.

In den folgenden Monaten hielt Max Seminare über die unterschiedlichsten Dinge; er konnte sich die Themen selbst aussuchen. Nicht nur Literaturkurse musste er halten; die Tradition wollte, dass der Lektor auch Seminare zur „civilization allemande“ hielt, sodass Max im Lauf seiner vier Jahre in Lille nicht nur über moderne Literatur, über den *Faust*, über Heinrich Heine und über romantische Dichtung redete, sondern auch über die Geschichte der deutschen Architektur, der Musik, der Malerei und über moderne politische deutsche Geschichte. Er hat sich damals ein breit gefächertes Wissen angelesen, und später war er dankbar dafür. Oberflächlich durfte er nie sein, denn die Studenten waren wach und kritisch. Wenn er zum Beispiel über moderne deutsche Geschichte sprach, hörten sie genau hin: In der Gegend von Lille waren Deutsche oft mit Franzosen zusammengestoßen, sie galten als Eindringlinge, und die Erinnerungen an den Zweiten Weltkrieg waren unter ihren Eltern durchaus nicht verblasst.

Beausoleil machte ihn auch mit Kollegen aus anderen Disziplinen bekannt, die sie zufällig trafen, meist in der „salle des professeurs", wohin man zwischen den Unterrichtsstunden ging, um sich an verschiedenen Sorten Alkohol zu stärken. Einmal trafen sie auf eine Kollegin aus dem Philosophischen Institut. Beausoleil stellte Max vor und sagte ihm auch ihren Namen. Sie lächelte ihm zu und sprach dann mit Beausoleil. Max verstand, dass sie sagte, sie wolle ihm nicht die Hand geben; ihre Eltern seien in einem deutschen Lager – sie sagte den Namen – umgebracht worden. Die Versöhnung sei Aufgabe einer späteren Generation. Beausoleil übersetzte es nicht; er ging darüber hinweg, wahrscheinlich aus Rücksicht. Aber Max erkannte zu seinem Entsetzen, wie wenig er wusste und wie wenig sein Vertrauen, dass er zu einer neuen Generation von Deutschen gehörte, galt.

Er lernte mit Hochdruck Französisch. Schon in seinem zweiten Studienjahr machte er eine Übersetzungsübung. Er wählte Passagen aus französischen Schriftstellern und saß nächtelang mit seinem Lexikon am Tisch, um die adäquateste deutsche Version eines französischen Originals zu finden und auch die Holzwege zu erkennen, auf die seine Studenten geraten könnten. Im Seminar musste er natürlich die französischen Wörter und Sätze aussprechen, und manchmal erschien dann ein Lächeln auf den Gesichtern. Er fragte nach seinem Fehler, alle lachten gemeinsam und lernten daraus.

Drei ältere Studenten kamen zu ihm, die sich auf die „agrégation" vorbereiteten, eine Prüfung, die jedes Jahr in Paris für alle französischen Universitäten abgenommen wird. Am Beginn eines jeden Studienjahrs werden die Spezialgebiete dafür vom Unterrichtsministerium bekanntgegeben. Fest liegt auch, wie viele Kandidaten bestehen können; das Ganze ist eigentlich ein Wettbewerb. Der aber ist wichtig, denn die „agrégation" ist

Voraussetzung für das „Doctorat d'État", mit dem man in Frankreich Professor wird.

Die drei Studenten hatten eine Sorge: Niemand in Lille wusste etwas mit Johann Christian Günther anzufangen, der auf dem Prüfungsplan stand. Könnte Max ihnen helfen? Der ihn das fragte, war ein Student, der später Deutsch-Professor in Bordeaux und noch später an der Sorbonne war. Max traf sich regelmäßig mit den dreien und verließ sich auch hier auf die Methode, die er am besten kannte, die werkimmanente Interpretation. Der Student wurde im Sommer über Günther geprüft und führte die Tatsache, dass er die „agrégation" bestand, auf die gemeinsamen Stunden in Lille zurück.

Unter den jungen Studenten, die an Oberschulen unterrichten wollten und deshalb auf die „licence" zuarbeiteten, waren drei, die ihm von vornherein nahe waren: Amélie, eine quirlige Studentin mit großen, dunklen Augen, und ein Freundespaar: Rozier, ein geistig sehr wendiger Protestant aus Reims, und sein Freund Legrand, der schon damals mit dem Gedanken umging, Mönch zu werden, es später auch wurde. Mit ihnen war Max oft zusammen.

An einem Sonntagnachmittag – er und Rozier hatten gerade ein Wochenende in Amiens verbracht – fuhren Rozier und er wieder ab und machten in Arras, wo Amélie wohnte, Station. Ihre Familie war bekannt; sie bekam den Schlüssel zum Rathaus, und nachdem die drei sich auf dem Großen Platz mit seinen vielen Arkaden umgesehen hatten, zeigte sie ihnen den hellen, freundlichen Festsaal im Standesamt, wo noch immer Ehen geschlossen wurden. Zwei Stühle standen vor und einer hinter einem zierlichen Rokoko-Tisch an der Stirnseite des Saals. Da hatte Max den Einfall, eine Heirat nachzuspielen, weil er die Szene beleben wollte: Amélie, die etwas protestierte, und Rozier mussten sich auf die Stühle setzen; er stand hinter dem Tisch und hielt eine kleine Rede, natürlich sehr sittsam und auf Deutsch. Er dachte sich nichts dabei, aber viel später, als die beiden wirklich heirateten, gestand ihm Rozier, dass damals der erste Funke übergesprungen sei.

Auf der Rückfahrt nach Lille stiegen Rozier und Max in ein Abteil, in dem sich zwei Fahrgäste über die aktuelle Politik, genauer über die von der Regierung geförderte Aussöhnung zwischen Franzosen und Deutschen unterhielten. Sie waren sich einig in ihrer Ablehnung und sprachen abwertend von den nouveaux amis. Die beiden schwiegen. Vielleicht hat Rozier gehofft, dass Max nichts versteht.

Damals musste er wieder eine Wohnung suchen, denn im Dezember kamen Johanna und Christian; er musste aus dem Studentenheim ausziehen. Er zog hinaus nach Wattrelos, hinter Roubaix, an die belgische Grenze. Man fuhr mit der Mongi, einer Vorortbahn, deren Station in Lille neben der Oper war, bis Roubaix, und von dort mit dem Bus bis Wattrelos. Dort mietete er die möblierte Wohnung im Obergeschoss des Hauses von Mademoiselle Neufchâtel, einer Apothekerin, die lange für ihre Eltern gesorgt hatte, darüber unverheiratet geblieben und voller Leben und Temperament war. Ein paar Tage vor Johannas und Christians Ankunft zog er ein und besorgte, was sie zum Leben brauchten. Weil Weihnachten vor der Tür stand, kaufte er auch gleich *da*für ein: Baguettes, Käse und Rotwein standen obenan auf der Liste.

Danach hatte er kein Geld mehr. Denn mit dem Einkommen sah es trübe aus: Das Gehalt von der Universität war gering. Beim *Deutschen Akademischen Austauschdienst* hatte er den verprochenen Zuschuss beantragt. Aber weil er wusste, dass der *DAAD* ein Gutachten vom Konsulat brauchte und er nicht gierig erscheinen wollte, ging Max erst ins Konsulat und fragte, wieviel er vernünftigerweise verlangen könne. Der Generalkonsul, ein alter Adliger, der schon früher im Deutschen Auswärtigen Dienst gewesen war, dann aber die Nazizeit mit seiner Frau in traurigen Verhältnissen im englischen Exil verbringen musste, versuchte zu helfen. In praktischen Dingen fand er sich aber nicht leicht zurecht; er überließ sie seiner Sekretärin. Ihr stellte Max seine Frage. Sie nannte eine enttäuschend niedrige Summe, die er in seinen Antrag schrieb und sofort bewilligt bekam.

Sein Französisch reichte noch nicht weit. In den kleinen Läden in Wattrelos aber musste man immer sagen, was man haben wollte. Zu Grandmère, der schon etwas gekrümmt gehenden Besitzerin des kleinen Lebensmittelladens gegenüber hatten sie schnell Vertrauen gefasst. Sie mochte Christian. Wenn sie hereinkamen und er sie auf Französisch begrüßte, antwortete sie mit ihrer tiefen, melodischen Stimme: „Bonjour, mon p'tit coco", und wie an jede ihrer Aussagen hängte sie ein leises, tiefes Lachen. Dann überreichte sie ihm seinen Lutscher. Die Fleischersfrau überblickte die Lage weniger schnell. Max kannte die besonderen Ausdrücke für die Fleisch- und Wurstsorten nicht und wollte sich mit Gesten verständlich machen. Sie sah ihn fassungslos an. Aber dann erhellten sich ihre Züge: „Monsieur est peut-être étranger?" Er bekam auch dort, was er wollte. Alle in Wattrelos waren freundlich zu ihnen, sogar die französischen und belgischen Zöllner am Ortsausgang. Als sie ihr Auto hatten, nannten sie sie „les Wattrelosiens“; sie waren mehr an Fernverkehr gewöhnt. Die drei fühlten sich wohl, aber Wattrelos war doch nicht die Welt, in der sie auf Dauer leben wollten.

Während Max immer aus Wattrelos nach Lille fuhr, kamen die meisten Lehrkräfte der *Faculté* aus Paris. Beausoleil wohnte in einer Villa in Sèvres und kam jeden Donnerstag mit dem Schnellzug. Sein Taxi wartete dann vor dem Bahnhof und brachte ihn in die Fakultät. Von zehn bis zwölf Uhr gab er sein Oberseminar, dann ging er in ein Restaurant, immer mit einer Gruppe, denn beim Essen wurde Universitätspolitik gemacht. Auch Max lud er öfter ein; wahrscheinlich wollte er erfahren, was so im Seminar geredet wurde. Am Nachmittag gab er sein Hauptseminar, dann wartete das Taxi schon vor der Fakultät, und der Schnellzug brachte ihn zurück nach Paris. Beausoleil war übrigens nicht irgendwer, und weil ich einmal von ihm spreche und er in Max‘ Leben eine ziemliche Rolle gespielt hat, will ich aufschreiben, was man sich über ihn erzählte. Manches davon kam mir – auch Max – wie aus der Gerüchteküche vor, aber der historische Wahrheitsgehalt stellte sich später als viel größer heraus, als wir dachten.

Yves Beausoleil war groß und hager und sah aus wie der Südfranzose, der er war. Immer trug er dunkle Anzüge; im Revers hatte er die Rosette einer hohen Auszeichnung: Er war *Compagnion de la Libération*. Als Sohn eines Germanisten hatte er vor dem Krieg in Deutschland studiert und danach an verschiedenen französischen Universitäten unterrichtet. Als der Zweite Weltkrieg ausbrach, verfasste er die Rundfunksendungen des französischen Informationsministeriums, und zur Zeit der deutschen Besatzung war er Partisan. Den Studenten in Lille sagte er manchmal, dass er mit der linken Hand den Nachschub für den französischen Untergrund organisiert und zugleich mit der rechten sein Buch über Hölderlin geschrieben habe.

In der französischen Widerstandsbewegung soll er Waffen und Munition, die alliierte Flugzeuge in den Pyrenäen abwarfen, mit seinen Leuten eingesammelt und verteilt haben. Doch dann wurde er von den Deutschen verhaftet und eingesperrt. Im Zuchthaus lernte er französische Kriminelle kennen, mit denen zusammen er zwei Jahre später ausbrach. Es war die Zeit, als sich auch die französischen Gangster in den Dienst der Befreiung stellten. Beausoleil ist dann wieder abgetaucht und hat weiter den Nachschub für die südfranzösische Widerstandsbewegung koordiniert. Nach dem Einmarsch de Gaulles in Frankreich sollen ihn Offiziere der

Befreiungsarmee, einen geladenen Revolver vor sich, im Sessel des Präfekten von Toulouse gefunden haben; er wollte die Kommunisten fernhalten. Ein Bild zeigt, wie de Gaulle und er, nebeneinander auf einem Panzer stehend, in Dijon einrücken. Dann wurde er Kommissar der Republik in Toulouse, danach war er zwei Jahre lang Präfekt im Département Rhône, und schließlich wurde er Chef der französischen Staatssicherheit, der *sureté nationale*, und residierte in dem Gebäude gegenüber von Notre Dame de Paris.

Da soll ihn seine Vergangenheit eingeholt haben: Aga Khan und die Begum waren im August 1949 auf einer Chaussee an der Côte d'Azur überfallen worden. Die Gangster hatten dabei die Schmuckschatulle mitgehen lassen, die einen hohen Wert hatte. Beausoleil kam ihnen auf die Spur, zögerte aber beim Zugriff, denn die Gangster waren dieselben, die ihn knapp zehn Jahre zuvor aus der Gefangenschaft mit in die Freiheit genommen hatten. Während er seither als Polizist aufgestiegen war, hatten sie in ihrem alten Beruf weitergearbeitet. Über ihren Patriotismus soll er vor Gericht gesagt haben, dass ihm ein Gangster mit Ehrgefühl lieber sei als die vielen durchschnittlichen Leute, die keins haben.

Tags darauf war er seinen Posten als Frankreichs oberster Polizist los. Yvonne de Gaulle soll dahintergesteckt haben; deren strenge moralische Prinzipien waren bekannt. Er war dann Senator im Sudan – den Satz „ich kenne meine Afrikaner!" hat Max oft von ihm gehört –, danach Direktor einer Baufirma, und ab 1958 Germanistik-Professor in Lille. Während der Studentenbewegung der sechziger Jahre machte er unter deutschen Germanisten mit der These Furore, Hölderlin habe seine Geisteskrankheit nur simuliert; er, der Revolutionär, habe sich damit vor polizeilicher Verfolgung geschützt. Viel später, im Sommer 1986, Johanna und Max waren gerade in Paris und hatten *Die Zeit* gekauft, lasen sie den Nachruf auf ihn. Nie wieder sind sie einem Germanisten begegnet, der so vielseitig war wie Beausoleil.

62 Fahrten nach Belgien

Im Frühjahr 1961 nahm Max in Wattrelos Fahrstunden, und obwohl er sich mit dem Fahrlehrer nur wenig unterhalten konnte, merkte er, dass der ihn immer mit „du" anredete. Das erschien ihm seltsam, aber dann fiel ihm ein, dass auch Deutsche mit Ausländern oft so reden, wie zum Beispiel später der Deutsche im Postamt von Estepona, der gar kein Spanisch sprach, sodass Lorenzo ihn nur mit Mühe verstand: „Na siehste," sagte der Deutsche wohlgefällig, „jeht doch!" Von Lorenzo erzähle ich noch.

Die beiden kauften einen gebrauchten Volkswagen, um Ausflüge in flandrische Städte, nach Tournai, nach Ypres, Brügge und nach Gent zu machen. Die flandrischen Landstraßen laufen oft schnurgerade auf einen Kirchturm zu. Damals überragten die Kirchtürme die Banken und Bürohäuser noch erheblich; man sah sie immer schon von weitem. Oft fuhren sie auch nach Paris oder Brüssel.

Gleich wenn man von Wattrelos nach Belgien kam, war da Weide- und Ackerland, das von Kanälen durchzogen und von Bäumen umstanden war. Darauf fuhren Lastkähne, und im Frühjahr, wenn es warm war, bewegten die Pappeln sich im hellen Blau. Allmählich wussten die beiden, an welchen Brücken es kleine Restaurants gab, und einmal organisierten sie ein Zusammentreffen mit Studenten und spielten einen Nachmittag lang „boule" mit ihnen. Man traf dort auch auf Soldatenfriedhöfe, meistens englische. Die hellen Steine mit den Kreuzen darauf standen in Reih und Glied, und manchmal war der Name dessen, den man begraben hatte, unbekannt geblieben; dann trug der Stein die Aufschrift: „A Soldier, known unto God." Die großen deutschen Soldatenfriedhöfe waren im Süden von Lille. Dorthin ging Max immer am Volkstrauertag mit dem Konsul und den Angestellten vom Konsulat. Ein Soldat aus seinem heimatlichen Sachsenbach war dort begraben.

Einmal fuhren sie nach Ypern. Dort war gerade das Katzenfest, das zur Erinnerung an eine mittelalterliche Mäuseplage gefeiert wird. Um die Nager loszuwerden, hatte man die Stadt den Katzen überlassen, die dann zur noch größeren Plage wurden, sodass die Leute von Ypern sie ersäuften, erschlugen und sogar vom Turm des Rathauses warfen. Die drei standen eine Weile am Straßenrand, als der Festzug mit alten Kostümen, mit Musikkapellen, bunten Fahnen, Reitern und Pferdewagen an ihnen vorbeizog. Die Straßen waren voller Fußgänger. Das alles erlebten sie nicht zum ersten Mal; die flandrischen Städte überboten sich gegenseitig mit solchen Festzügen.

Sie hatten sich unter die Bewohner Yperns gemischt. Der Zug ging auf den Platz vor dem Rathaus, jemand hielt aus einem Fenster eine Rede, und dann wurden zur Erinnerung Katzen vom Turm geworfen, kleine Stoffkatzen. Das Volk rannte immer dahin, wo sie durch die Luft geflogen kamen. Hundert Hände reckten sich ihnen entgegen. Das steigerte sich; mit einem Mal waren die drei mitten in einem Menschenknäuel, der Druck von den Rändern her nahm zu. Wie alle, hatte Max seine Hand nach oben gestreckt, wurde aber jetzt nur noch hin- und hergeschoben. Da spürte er in der Hand etwas Weiches, er umschloss es, riss die Hand mit der Beute nach unten und hatte die Stoffkatze schon in der Hosentasche, als die andern noch danach suchten.

Im selben Augenblick hörte er aber, wie Johanna, die Christian auf dem Arm hielt, ängstlich nach ihm rief. Er bückte sich, sah zwischen den Beinen der vielen Menschen Christians Kopf dicht über dem Pflaster schweben und geriet in Panik. Er wandte sich gegen die Leute, die immer noch nach Katzen haschten, schlug auf Rücken ein, schrie irgendwas. Dann war da unerwartet ein Kreis, in dessen Mitte die drei standen. Johanna hielt Christian noch immer auf dem Arm. Der schrie aus Leibeskräften, obwohl ihm nichts geschehen war. Die Leute blickten stumm auf sie. Ob in ihren Blicken Feindseligkeit lag, weiß Max nicht. Er weiß auch nicht, ob sie merkten, dass sie Deutsche waren. Wenn ja, dann war nicht zu erkennen, ob auch sie an den deutschen Giftgasangriff dachten, der sich seit April 1915 mit dem Namen ihrer Stadt verband und den Johanna und Max immer im Sinn hatten.

Sie wollten gehen; es wurde ihnen Platz gemacht. Eine Frau meinte, es sei unverantwortlich, mit einem Kleinkind hierher zu kommen. Innerlich gaben sie ihr Recht, aber sie hatten ja nicht geahnt, was kommen würde. Sie gingen aus der Stadt, setzten sich an einen Straßenrand; Christian hörte nicht auf zu weinen. Endlich kamen die Großen dahinter: Er weinte, weil er keine Katze bekommen hatte. Das war Max‘ Moment. Er griff in die Tasche und holte eine kleine schwarze Stoffkatze mit rotem Halsband hervor, die einen Buckel machte und den Schwanz in die Höhe reckte. Noch bevor in Christians Gesicht die Sonne aufging, fragte Johanna, die es nicht fassen konnte: „Wo hast ‘n *die* her?“ Der Vorfall hat ihr Vertrauen in Max‘ Fähigkeiten nachhaltig gestärkt, obwohl es ja wirklich reiner Zufall war.

Ein andermal, es war im Vorfrühling, machten sie einen Ausflug auf einen der mäßigen Hügel in Frankreich nördlich der Grenze mit Belgien und sahen nach der Kirche von Tournai hinüber. Colin aus London war gerade bei ihnen, und sie sagten ihm, worüber sie sich am Tag zuvor klar geworden waren: Sie würden ihr zweites Kind kriegen.

63 Berlin

Max hatte von Wohnungen für verheiratete Studenten in Paris gehört, er hatte einen Antrag gestellt, Duponts einflussreicher Schwiegervater hatte ein Wort für sie eingelegt und er und Johanna zweifelten nicht, dass sie im September 1961, zum neuen Studienjahr, dort einziehen würden. Wie die meisten Kollegen wollte Max zwischen Paris und Lille pendeln. Bis dahin durften sie ihre Sachen auf dem Boden von Mademoiselle Neufchâtel lassen.

Im Mai wollten sie in die DDR fahren, aber die Einreiseerlaubnisse ließen auf sich warten. Als sie da waren, fuhren sie los, und weil sie nicht an einem Tag bis Sachsenbach fahren wollten, hielten sie in Westfalen und suchten sich ein Hotelzimmer. Das lag über einem Café, in dem getanzt wurde, denn es war der 17. Juni, der Tag der deutschen Einheit, dessen Ursprung Max acht Jahre zuvor am Potsdamer Platz erlebt hatte. In Westdeutschland war es ein nationaler Feiertag geworden. Die Musik war laut. Sie fragten den Wirt, ob es in dem Zimmer, das er ihnen angewiesen hatte, so laut bliebe. Er spielte die Sache herunter. Es werde bald ruhig werden. Aber während sie sich die Nacht lang in ihren Betten wälzten und der Lärm von unten unvermindert zu ihnen heraufdrang; während die Kapelle eine der damals gängigen Schnulzen nach der andern dudelte und, wenn sie mit ihrem Repertoire zu Ende war, unverdrossen wieder von vorn anfing, dachten sie acht Jahre zurück.

Am nächsten Tag fuhren sie über Marienborn in die DDR. Sie blieben einige Zeit bei ihren Eltern und fuhren dann nach Westberlin, wo sie mit einer Gruppe französischer Studenten verabredet waren. Diese Berlinfahrt hatte Max während seines ersten Jahrs in Lille vorbereitet, Legrand und Rozier hatten ihm geholfen; es war eine gute Gruppe zusammengekommen, die Frage der Unterkunft war geregelt. Die Studenten kamen mit der Eisenbahn, liefen mit den beiden über den Kudamm und sahen sich an, was es in Westberlin zu sehen gab. Beausoleil kam mit dem Auto. Dass er nicht zu Anfang da war, fand Max bedauerlich, denn er hatte eine erhebliche finanzielle Unterstützung für die Reise in Aussicht gestellt, die er bei irgendeinem Amt in Bonn loseisen wollte. Erst am dritten Tag – Johanna und Max warteten im Völkerkundemuseum in Dahlem auf die Studenten – sahen sie ihn, wie er interessiert zwischen den afrikanischen Masken herumging und kaum davon zu unterscheiden war, nur dass er ein Herren-täschchen unterm Arm trug, wie sie damals Mode waren. Er entnahm ihm ein ansehnliches Bündel Banknoten, das er Max gab. Der wollte ihm eine Quittung geben, aber er sagte: „Nehmen Sie nur, das ist für Sie und die Studenten.“ Ob er nicht auch für sich etwas brauche, fragte Max. „Nein, nein, für mich habe ich schon.“ So war Beausoleil, und niemand hätte angenommen, dass er zu kurz gekommen sei.

Sie gingen ins Theater und in Konzerte und fuhren auch nach Ostberlin. Johanna und Max passierten mit ihrem Volkswagen das Brandenburger Tor und fühlten sich großartig, wie sie mit zurückgeschobenem Verdeck abends über den sommerlichen Kudamm in den Grunewald fuhren. Wenige Wochen später wurde die Mauer gebaut.

64 In den französischen Alpen

Von Berlin fuhren Max, Johanna und Christian in die französischen Alpen, wo ein Freundeskreis, zu dem Marc und Yvonne gehört hatten, hoch oben in den Bergen eine Hütte besaß. Der Kauf war mal in einer feuchtfröhlichen Laune beschlossen worden, alle waren schonmal dagewesen, aber nun fuhr kaum noch jemand hin, denn es fehlte an allem Komfort in „Onkel Marcs Hütte“; die drei mussten in ihren Schlafsäcken schlafen. Ein paar Töpfe und Pfannen und das allernötigste Tischgeschirr standen auf einem Brett, das unter dem Dachansatz um die Innenwände der Hütte lief. Es gab nur einen Raum. Das Mobiliar bestand aus einem Tisch und zwei Bänken. Die Hütte stammte aus dem siebzehnten Jahrhundert; man hatte flache Steine ohne Mörtel übereinandergeschichtet. Das Dach war erneuert worden, es gab auch ein kleines Fenster, aber wenn man wirklich Licht und Luft hereinlassen wollte, musste man die Tür öffnen, durch die dann öfter eine Kuh ihren Kopf steckte. Ein Klo gab es nicht. Gewaschen haben die drei sich in einem eisigen Gebirgsbach, der in einiger Entfernung zutal rauschte. Früher war hier oben ein Dorf gewesen. Ein paar Hütten, jetzt alle unbewohnt und verfallen, standen in der Nähe.

Aber die Landschaft! Sie war wirklich einmalig. Auf dem Hinweg war es von Grenoble aus schon lange nur aufwärts gegangen, und dann, oberhalb von La Grave, waren nur noch Feldwege, die immer enger und kurvenreicher wurden. Als sie glaubten, höher gehe es nicht mehr, kam noch eine Brücke, unter der tief unten Wasser floss. Sie war so schmal, dass Johanna mit Christian aussteigen und Max hinüberdirigieren musste.

Auf einem Feldweg erreichten sie die verlassene Siedlung mit der einen etwas erneuerten Hütte. Der Weg endete hier, rings um sie ragten schneebedeckte Berge auf. Nur wo sie herkamen, ging der Weg bergab. Es war später Nachmittag, die Schatten schoben sich die Berghänge hinauf. Auf einer bunten Bergwiese neben den Hütten öffneten sie die Autotüren, und schon hatte Max einen schlimmen Asthma-Anfall, denn er litt sehr unter einer Allergie. Johanna stellte schnell die Liege auf, er legte sich darauf, röchelte und konnte nichts anderes tun. Seine Lippen liefen blau an. Er nahm einige Medikamente; die halfen nicht. Nun war guter Rat teuer: Hinunter konnten sie nicht, Hilfe holen auch nicht, denn Johanna fuhr nicht Auto. Vorerst hatten sie aber was zu essen, kaltes Wasser gab es genug, und eine Gasflasche für den Camping-Kocher hatten sie auch mitgebracht. So haben sie die erste Nacht überstanden. Am Tag darauf machten sie Pläne; Johanna wollte zum nächsten Dorf hinabgehen. Aber was sollte sie den Leuten sagen? Sie übten den Satz „mon mari est malade", aber was dann? Max blieb den Tag über auf der Liege. Als sie am zweiten Morgen wach wurden, hörten sie ein rhythmisches Geräusch: Ein Bauer war mit seiner Sense heraufgekommen und mähte die Wiese. Als er fertig war, war das Asthma so gut wie vorbei.

Eine Zeitlang schob sich jeden Morgen aus dem Tal eine Wolkenschicht aufwärts. Sie kam dicht heran, aber sie erreichte das Haus nie, sodass die drei entweder im Sonnenschein oder im Schatten der Berge waren. Zu hören war nur das Rauschen des Bachs. Auf der Wiese stellten sie ihr Zelt auf, und dann entwickelten sie eine Routine: Morgens, wenn die Sonne über die Berge gekommen war, gingen sie zum Bach, wuschen sich, und Christian warf Steine ins Wasser, so große, dass er sie zum Ausholen kaum über seinen Kopf wuchten konnte. Danach machten sie einen Spaziergang, der oft in eine Kletterpartie ausartete. Selten trafen sie Leute. Ein paar Kletterer kamen; andere suchten Edelweiß. Wenn sie wieder am Zelt waren, lasen sie oder Max schrieb an seiner Dissertation und Johanna brachte den kleinen Haushalt in Ordnung. Am Nachmittag gingen sie nochmal los. Die Sonne verschwand früh hinter den westlichen Bergen. Sie mussten sich bewegen, damit sie warm blieben. Abends gingen sie immer zu einem Bauernhof, der im ersten bewohnten Dorf bergabwärts stand, um Milch und Käse zu kaufen. Da saßen sie einige Zeit und sprachen mit der Bauersfrau, so gut es ging. Einmal erzählte sie, dass während des Krieges deutsche Soldaten auf der Straße im Tal viele Leute umgebracht hätten. Max verstand nicht, waren es Angehörige des Widerstands oder hatte man sie aus Rache getötet? Aber war das nicht gleichgültig? Die Menschen waren so und so tot. Später, als sie einmal durchs Tal fuhren, sahen sie eine Tafel, die in eine Felswand eingelassen war und an den traurigen Tag erinnerte. Wenn sie von dem Hof wieder hinauf in die Hütte gingen, war es immer schon dunkel, aber die vielen Sterne leuchteten ihnen, und ihnen war, als seien sie ihnen nahe.

Nach einigen Wochen hörten sie nachts ein Klappern zwischen dem Geschirr oben auf dem Wandbrett. Es war klar, was das war. Sie banden Christians und auch ihre eigenen Schlafsäcke oben fest zu, aber irgendwas musste geschehen, denn sie horchten nachts nur noch, statt zu schlafen. Ein erkennbares Loch, das sie hätten verstopfen können, gab es nicht zwischen den aufgeschichteten Steinen. Da waren tausende Löcher, durch die eine Maus oder eine kleine Ratte passte. Sie brauchten eine Falle, und weil sie sowieso einen größeren Ausflug planten, wollten sie die aus dem Tal mitbringen. Indem sie durch enge Haarnadelkurven fuhren, merkten sie, dass Danni – so nannte er sich – sich übergeben hatte. Sie fragten ihn, warum er nichts gesagt habe. Er antwortete: “Ihr sagt immer, mit vollem Mund spricht man nicht; und Dannis Mund war gleich voll.“

Sie fuhren ostwärts bis nach Susa in Italien und blieben dort über Nacht. In dem Hotel war es warm; sie hatten fast vergessen, wie schön mildes Klima sein kann. Auf der Rückfahrt kauften sie die Falle. Die stellten sie auf, und schon am andern Morgen war eine schön gemusterte kleine Ratte hineingegangen. Sie buddelten ihr ein Grab in einem ausgetrockneten Bachbett, nannten sie Alarich und beerdigten sie. Dann kam ein kleines Kreuz obendrauf, und Christian fand noch ein paar Wiesenblumen. Fünfundvierzig Jahre später schrieb Yvonne, der Bach sei inzwischen dicht an die Hütte herangekommen. Sie schob es auf Alarichs Geist.

65 Spanien und Nordfrankreich

Nach der Nacht in Susa wuchs die Sehnsucht der drei nach Wärme und Weite; sie dachten ans Abfahren. Sie hatten noch viele Wochen Ferien vor sich. Max brauchte erst in der zweiten Septemberhälfte wieder in Lille zu sein. Seine Fahrt durch Spanien lag schon sechs Jahre zurück, aber jetzt erinnerte er sich daran. Sie zählten ihr Geld und fanden, dass es reichen müsse, wenn sie sparsam wären, packten ihre Sachen zusammen und fuhren los. Unterwegs schliefen sie im Zelt. Sie kamen durch Aixen-Provence, da waren in einem Landhaus Bilder von Cézanne ausgestellt. Hinter Avignon zelteten sie am Pont du Gard; in Nîmes gingen sie in die Arena. Alles war ihnen neu, ihre Augen waren noch nicht durch viele Bauten, Statuen und Gemälde müde geworden. Sie sperrten ihre Augen auf, auch wenn sie das Gesehene nicht einordnen konnten.

Eines Abends waren sie an der spanischen Grenze hinter Perpignan, dicht bei Banyuls. Es war schon dunkel. Sie fuhren am Strand entlang und sahen plötzlich die Silhouetten von Zelten. Da hielten sie, bauten ihr Zelt dazu und legten sich schlafen. Am andern Morgen sahen sie, dass sie in einem Zigeunerlager waren. Man grüßte sich, sie frühstückten, packten auf und fuhren weiter. Auf einem Zeltplatz bei Tarragona kamen sie mit einem Deutschen ins Gespräch. Der fragte, ob er sich ihr Zelt ansehen könne, und als er an den Eingang kam, wo vom Baden her noch etwas Sand lag, sagte er: „So sieht es bei uns aber nicht aus."

Beim Zeltplatz in Alicante war ein kleines Restaurant. Sie waren hungrig und gingen hin, bevor sie ihr Zelt aufgestellt hatten. Max trank mehr Sangria als gut für ihn war, und auf dem Weg zurück zum Auto wurden ihm die Knie weich; er aber lachte. Er legte sich auf den Rücksitz, ließ die Beine zum Fenster raushängen und lachte weiter. Johanna kam mehrmals und wollte ihm klarmachen, dass sie das Zelt aufbauen müssten, es donnerte, und das immer stärker. Er lachte. Sie war verzweifelt. Dann kam aber mit einem Mal ein Wind auf, und ebenso schnell wurde es dunkel. Im Nu war Max in der Wirklichkeit angekommen, sprang aus dem Auto, und sie stellten das Zelt auf. Sie waren noch nicht fertig, da wurde es noch dunkler, der Wind verwandelte sich in einen mächtigen Sturm, und riesige Hagelkörner fielen vom Himmel. Sie saßen alle drei im Zelt, Christian zwischen den beiden Erwachsenen, und hielten sich eine Luftmatratze, die Johanna noch rechtzeitig aufgeblasen hatte, über den Kopf. Zum Donner kamen die Schüsse der Küstenartillerie. Sie schoss in die Wolken, damit möglichst viel Regen auf dem Land niederging, bevor sie hinaus aufs Meer trieben. Das Zelt sackte schon zusammen, da tröstete sich Christian ein ums andere Mal mit dem Spruch: „Der liebe Gott will nicht, dass der Danni kaputtgeht." Sie versicherten es ihm immer wieder; aber nachgerade hätten sie gern jemanden gehabt, der es auch ihnen bestätigte, so schlimm war das Unwetter.

Als sie endlich herauskrochen, sahen sie, welches Glück sie gehabt hatten: Ihr Zelt stand auf einer Bodenwelle. Weiter unten stand das Wasser knietief, und schon sah man Touristen mit Eimern und Kanistern darin herumlaufen. Sie sammelten Oliven, die Sturm und Hagel von den Bäumen gerissen hatten, oft mit Zweigen und Ästen. Die Touristen wussten genau, wie groß die Hagelkörner gewesen waren: wie Taubeneier. Wahrscheinlich zogen sie diesen Vergleich schon im Hinblick auf die Parties zu Hause, auf denen man zu den gruseligen Geschichten die Oliven reichen würde.

Über Múrcia und Almeria fuhren sie nach Málaga. Die Straßen waren schmal, der Belag voller Schlaglöcher; sie kamen nur langsam voran, obwohl kaum Verkehr war. In den Bergen waren die Kurven mehr oder weniger durch rot-weiße Drahtnetze gesichert. In der Gegend von Málaga wollten sie sich eine Unterkunft suchen, sie fanden aber nichts, das erschwinglich gewesen wäre. Erst kurz vor Estepona war eine bescheidene Bungalow-Anlage, wo sie sich für vier Wochen einmieteten.

Nun lagen sie faul in der Sonne oder im Schatten, gingen zum Strand und schwammen. Max hatte Christian ein Flugzeug zusammengenagelt, nur ein paar Stöcke, die er gefunden hatte. Den Rest musste Christians Fantasie besorgen. Er hatte sich sein Flugzeug zwischen die Beine geklemmt und war nun dauernd auf Erkundungsflügen. Oft flog er bei Pedro vorbei, der am Schwimmbecken arbeitete und in einer Grube saß, die er vertiefen sollte. Über deren Rand erschien von Zeit zu Zeit zuerst sein Hut und dann sein lachendes Gesicht mit dem breiten Schnauzbart und den blitzenden Zähnen. Nur wenige Familien waren da; man redete ein bisschen und ging in die nahe Venta, um einzukaufen. Abends fuhren die sechs oder sieben Fischkutter aus dem Hafen vorbei. Jeder hatte ein paar Ruderboote im Schlepp.

Alle paar Tage fuhren sie die zwei Kilometer nach Estepona. Das war noch ein kleines Fischerdorf mit niedrigen, weiß gestrichenen Häusern, an denen sich Blumen hochrankten. Die Strandpromenade gab es noch nicht, die hohen, grauen Häuser an der Hauptstraße auch nicht. Auf dem Dorfplatz vor der Post stand eine Palme. Wenn sie kamen, schloss Lorenzo, der Postbeamte, die dunkel-grüne Tür ab, steckte sich den mächtigen Schlüssel in die Tasche, nahm Christian an die Hand und ging mit ihm um die Ecke zum Eismann. Hatten sie Post, dann brachte er sie mit heraus. Max und Johanna saßen inzwischen auf einer Bank unter der Palme, und Lorenzo und Christian setzten sich dazu, wenn sie mit ihren Eiskugeln zurückkamen. Danach gingen die drei ins Lebensmittelgeschäft und kauften Sardinendosen, weil Max einen Heißhunger auf Sardinen hatte und zum Nachmittagskaffee eine ganze Dose verdrücken konnte. Butter war damals in Estepona noch selten, Schokolade gab es nicht, aber es gab Käse und Brot, auch Gemüse und was Johanna sonst brauchte, um sich und ihre beiden Männer zu ernähren. Im Geschäft von Maria standen Keksschachteln auf einem Regal, von denen sich Christian immer eine aussuchen durfte. Wahrscheinlich machte er das nach den Bildern, die außen drauf waren.

Ihr Geld ging zur Neige. Zwar hatten sich auf dem Konto in Lille zwei Monatsgehälter angesammelt, aber die Devisenbestimmungen waren streng: Nur mit einer besonderen Genehmigung konnte man Geld aus Frankreich transferieren, und diese Genehmigung musste man in Frankreich beantragen. Max hatte an seine Bank in Lille geschrieben und gebeten, das Geld wenigstens postlagernd nach Hendaye zu schicken, dem französischen Grenzort an der Biscaya. Bis sie dort waren, musste das Geld reichen, das sie bei sich hatten.

Anfang September, es wurde Zeit, dass sie sich auf den Rückweg machten, kam ein Brief: Das Studentenheim in Paris könne sie nicht aufnehmen. Sie verkrafteten das nur schwer, denn sie hatten ja nun keine Wohnung. Max fuhr voraus, um eine zu suchen. Das eilte schon, weil das zweite Kind bald geboren werden sollte. Johanna und Christian würden in Madrid bleiben und dann nachkommen.

Auf der Fahrt von Estepona nach Madrid muss ihnen etwas bänglich zumut gewesen sein. Max weiß noch, dass sie in Madrid am Paseo del Prado hielten, dass er dort in die Pension ging, wo er sechs Jahre zuvor gewohnt hatte, dass sie ihm aber jetzt unzureichend vorkam. Nicht weit davon, gegenüber vom Prado, fanden sie eine etwas bessere Pension, wo sie sich einquartierten. Max blieb noch ein paar Tage, in denen sie im Parque del Retiro und in der Mitte des Paseo im Schatten der Bäume spazieren gingen. Er war einigermaßen beruhigt: Madrid war damals noch geruhsam, und in der Pension wohnten Studenten, von denen manche sogar etwas Deutsch konnten. Der Abschied stand ihnen dennoch bevor.

Max hatte kaum noch Geld, das er Johanna zurücklassen konnte; sie hätte die Pension nicht bezahlen können, hätte man ihr sofort eine Rechnung vorgelegt. Ihr Plan war, dass er das – hoffentlich – in Hendaye postlagernde Geld abholen, damit zurück auf die spanische Seite nach Irún fahren, es umtauschen und hauptpostlagernd nach Madrid schicken würde. Die Hauptpost, ein stattliches weißes Gebäude im Zuckerbäckerstil, war nicht weit von Johannas Pension.

An einem Morgen machte er sich auf. Johanna und Christian stiegen mit ins Auto. Sie fuhren eine Weile, bis sie fanden, dass sie nun anhalten und sich trennen müssten, damit der Rückweg für die beiden nicht zu lang würde. Max weiß noch, wie sie am Bordstein standen. Dann fuhr er los, sah in den Rückspiegel und konnte kaum sehen, wie sie winkten, so verschwommen war alles. Er fuhr durch die weiten Täler und Berge Kastiliens, auf denen hier und da die Schatten von Wolken lagen, nach Burgos und verschwendete kaum einen Gedanken darauf, dass er sechs Jahre zuvor in der Kathedrale vor dem Grab des Cid gestanden hatte, denn er hatte es eilig: Es war Freitagnachmittag, und er wusste nicht, wann das französische Postamt in Hendaye am Sonnabend schließen würde, ob um dreizehn oder erst um vierzehn Uhr. Er war langsamer vorwärts gekommen, als er gehofft hatte. Nach langer Trockenheit war ein feiner Regen gefallen; die gewölbten Straßen waren glatt, und auf seinen Reifen war so gut wie kein Profil mehr. In Vitoria im Baskenland musste er übernachten. Am nächsten Morgen fuhr er früh los, kam aber wieder nur langsam vorwärts; es regnete immer noch, und der Verkehr auf der engen, kurvenreichen Straße zwischen Tolosa und der französischen Grenze nahm zu.

Kurz nach zwölf war er am Schlagbaum. Als er abgefertigt war, fragte er einen Zöllner, wo es zur Post gehe. Der beschrieb ihm den Weg, sagte aber, er könne sich ruhig Zeit lassen, denn die seien alle um zwölf nach Haus gegangen, heute nachmittag sei sowieso geschlossen, morgen sei Sonntag, und der Montag sei ein Feiertag, da sei ebenfalls zu. Bis Dienstag früh sei da gar nichts zu machen. Max fuhr nach Hendaye und war deprimiert. Weiterfahren ging nicht, denn Johanna wartete auf das Geld, das er nur aus Spanien abschicken konnte. Aber er hätte sowieso nicht weiterfahren können, denn nicht mal zum Tanken reichte, was er noch hatte. Er saß am Strand und kam zu dem Schluss, dass er einen Zeltplatz suchen und drei Tage bleiben müsse. Um pünktlich in Lille anzukommen, würde er eben schneller durch Frankreich fahren müssen.

Doch dann dachte er, dass er den Zeltplatz immer noch finden würde, und weil er bis dahin nichts Wesentliches zu tun hatte, fuhr er zum Postamt, um nachzusehen, ob es stimmte, was der Zöllner gesagt hatte. An der Tür war ein Aushang: Es stimmte. Wer weiß, vielleicht hatte die Bank in Lille das Geld gar nicht geschickt, vielleicht standen dem irgendwelche Bestimmungen entgegen, sagte er sich, vielleicht war auch Max' Brief dort gar nicht angekommen. Und konnte das Geld nicht noch unterwegs sein? Alles traurige Möglichkeiten, die in seiner Vorstellung immer wahrscheinlicher wurden. Aber dann fiel ihm ein, dass er noch immer und überall verzweifeln könne. Bis dahin wollte er beobachten, ob nicht mal jemand in das Postgebäude hineinging oder herauskam.

Es dauerte lange, aber dann kam ein Mann mit ein paar Paketen, öffnete die Tür mit einigen Schlüsseln und wollte gerade hineingehen, als Max erschien und, all sein Französisch zusammennehmend, seine Lage schilderte. Der Mann ließ sich den Pass geben, der war deutsch. Er prüfte die postlagernden Sendungen, fand eine Postanweisung für Max, ließ ihn ein Formular unterschreiben und zahlte ihm das Geld aus, als ob nichts dabei wäre. Max dankte, quittierte und ging. Zum Überlegen kam er nicht, denn nun musste er schnell zurück nach Spanien. An der Grenze wechselte er seine Francs in Peseten und fuhr dann zum Postamt in Irún, das noch offen war. Er zahlte das Geld für Johanna ein: Madrid, poste restante. Dann fuhr er los, wieder über die Grenze nach Frankreich und weiter auf der langen, geraden Straße durch die Landes, Richtung Bordeaux.

Bei Labouheyre, dem Dorf auf halber Strecke, wurde es dunkel. Er übernachtete in einem Gasthaus; überall roch es wieder nach trockenen Tannennadeln. Am Abend darauf war er in Blois. Dort wohnte Yvonne; Marc war vor einem Jahr und sechs Monaten aus Berlin nach Algerien versetzt worden, wo Krieg war. Max fragte jemanden nach der Straße. Der Mann stieg in sein Auto, fuhr vor ihm her und verabschiedete sich erst, als Yvonne die Tür öffnete. Max traute seinen Augen nicht, als hinter ihr auch Marc erschien; er war gerade an diesem Tag aus der Armee entlassen worden. Sie erzählten und aßen, dann war Max müde. Sie legten ihm eine Luftmatratze in die Küche. Marc besorgte ein Grammophon und legte Beethovens Pastorale auf. Dass Beethoven auch eine Geräuschkulisse abgeben sollte, begriff Max erst später. Am Abend drauf – es war dunkel und regnete in Strömen – hielt Max mit seinem Auto auf der Grande Place in Lille. Bei diesem Wetter war kein Mensch auf der Straße; es war trostlos. Schließlich fuhr er über Roubaix hinaus in ein Nest an der belgischen Grenze und übernachtete dort. Es hörte nicht auf zu regnen.

Bei der Wohnungsvermittlung der Universität, wohin er am nächsten Tag ging, waren ein paar Wohnungen gemeldet, die er sich ansah. Die meisten kamen nicht infrage, nur eine schien etwas aussichtsreicher zu sein. Er fuhr hin, musste mit der Familie Kaffee trinken und der Mann holte zu einer Ansprache aus: Er wisse, dass Max Deutscher sei, aber wie immer ihr geschäftlicher Kontakt ausgehe, er solle wissen, dass er ihnen willkommen sei, und so weiter. Das war schön, aber Max brauchte eine Wohnung, und auch diese kam nicht in Betracht.

Am Abend war er in einem anderen Dorf an der belgischen Grenze, da ging er in ein Bistro. Es war voll. An der Theke ließ er sich ein Bier geben und fragte den Wirt, ob er vielleicht eine Wohnung für eine junge Familie wisse. Der rief ins Gästezimmer hinein, ob jemand eine Wohnung für einen Deutschen habe. Es wurde gespenstisch still, alle sahen ihn an. Als keiner etwas sagte, zahlte er und ging. Ein paar Tage später erfuhr er, dass bei diesem Dorf während des Krieges ein deutscher Transportzug in die Luft geflogen war, worauf die Deutschen alle Männer des Ortes zusammengetrieben und erschossen hatten.

Er ging zu Mademoiselle Neufchâtel. Das hatte er vermeiden wollen, doch nun wusste er nicht weiter. Die Wohnung war inzwischen vermietet, aber sie gab ihm ein Zimmer im Erdgeschoss. Max war froh, als er von der Straße war. Der Unibetrieb ging los. Er suchte weiter. Abends saß er und schrieb nach Madrid. Es regnete wochenlang.

Schließlich brachte ihn jemand darauf, dass er doch eine Neubauwohnung mieten könne, es würden gerade welche in der rue Henri Dunant fertig. Er fuhr hin. Man zeigte ihm eine Zweizimmerwohnung im sechsten Stock; ein Zimmer hatte einen Alkoven, den sie später mit einem Vorhang abteilten, sodass sie drei Zimmer hatten, dazu eine Küche, ein Bad, sogar eine Vorratskammer war da. Die ganze Wohnung war sehr hell. Man sah auf den Park und die Zitadelle, die Vauban im siebzehnten Jahrhundert gebaut hatte. Max ging ins Konsulat, sprach mit dem Konsul selbst, der ihm zusicherte, er wolle versuchen, für ihn mehr Geld vom *DAAD* zu bekommen, er solle die Wohnung nehmen. Nicht auszudenken, was die beiden getan hätten, wenn der *DAAD* nicht mitgespielt hätte. Er spielte aber mit. Das einzige Problem war, dass die Wohnung erst Anfang Dezember fertig sein sollte, und jetzt war Ende September. Er schrieb Johanna davon, sie schrieb zurück, sie halte es bis dahin in Madrid aus. Damit lagen die Zukunftsaussichten fest. Nun brauchten sie wieder Möbel, eine ganze Einrichtung, einschließlich Lampen, Gardinen, Küchengeräten.

66 Die Heimkehr

In der Uni lernte Max einen Kollegen kennen, den die schweizerischen Behörden entsandt hatten. Er war zwei Jahre älter als Max und kam vor allem zu Forschungszwecken nach Lille. Später war Urs Wiemann Ordinarius für Romanistik in Mainz. Sie waren viel zusammen. Manchmal saßen sie im Café du Nord an der Grande Place, manchmal durchsuchten sie die Buchhandlung Furet du Nord oder er kam mit in Max' Seminare. Zusammen gingen sie auch in diejenigen von Yves Beausoleil oder von Pierre David, einem elsässischen Altphilologen. Sie machten auch Ausflüge nach Belgien. Urs Wiemann war Junggeselle, kam aus Verhältnissen, in denen man immer schon gebildet war, aufgewachsen war er in einem italienischen Internat und trat nur im dunkelblauen Blazer mit Krawatte, Kavalierstaschentuch und mit geputzten Schuhen auf, worüber er sich selbst lustig machte.

Er war voller Anekdoten und Geschichten, besonders aus Kunst und Politik, auch solchen aus seinem Leben. Er konnte spannend und humorvoll erzählen, sodass alles, was er in seinem schweizerischen Tonfall von sich gab, schon dadurch zum Ereignis wurde. „Ja stellen Sie sich vor," sagte er zum Beispiel, als sie später mal zu dritt beim Sonntagskaffee saßen, „ich bin in der Wallenstein-Aufführung" – er nannte Ort und Regisseur – „und Wallenstein sagt am Schluss die doch nun wirklich schicksalsschweren Worte: ‚Ich denke einen langen Schlaf zu tun.' Darauf geht er durch eine Tapetentür ab." Hier machte er eine Pause, es hatte abschließend geklungen, aber natürlich kam die Hauptsache erst: „Im Theater ist es mucksmäuschenstill, jeder ist ergriffen. Und was soll ich Ihnen sagen? Da geht doch die Tapententür nochmal auf, und Wallenstein stellt seine Stiefel zum Putzen heraus! Ja, das ist doch völ-lig un-mög-lich!" Dann prusteten alle drei los, teils über die Schnapsidee des Regisseurs, teils über Urs Wiemanns bewusst überzogene Entrüstung.

Urs Wiemann kam mit ins Hôtel de Vente in Lille, wo Max nun im Oktober und November oft hinging, um die Möbel zu ersteigern, die nötig waren. Man konnte sich die gebrauchten Sachen immer einen Tag vor der Versteigerung in einem Lagerhaus ansehen. Ein Problem war, dass Urs Wiemann nicht recht begriff, warum Max dort hinging. Während Max billige, brauchbare Möbel suchte, war Wiemann mehr auf das Antiquarische, das Ästhetische bedacht. Einmal stand eine Polstergarnitur aus dem Rokoko im Hôtel de Vente. Sie war gut erhalten, und auf den Lehnen der

Sessel und des Sofas waren hervorragende Stickereien aus dem achtzehnten Jahrhundert, Motive aus den Fabeln von Lafontaine. Entsprechend war natürlich der Preis. Urs Wiemann war hellauf begeistert und wollte Max überreden, dass er diese Garnitur unbedingt nehmen müsse.

Was der dann – wesentlich billiger – ersteigerte, war ein Wohnzimmer aus dem neunzehnten Jahrhundert, mit zu Figuren und Ornamenten gepreßtem Leder in den Rückenlehnen der Stühle, dazu einen soliden Tisch, einen Schrank mit Schnitzereien und zwei dunkelgrüne Plüschsessel, die fast so schwer waren wie die von Herrn Bernburg in Mühlenberg. Um die musste Max hart handeln, weil ein anderer Bieter sie auch haben wollte und den Preis in die Höhe trieb. Das ging so weit, dass das Publikum unruhig wurde. Als Max die Sessel an sich gebracht hatte, kam eine Frau und erklärte ihm, er dürfe das Geld nicht schon in der Hand halten und müsse desinteressiert tun. Der Mitbieter hätte ja der Verkäufer sein können. Solche Gedanken waren ihm damals noch neu. Hauptsache, er hatte die grünen Sessel. Das Glanzstück war aber ein fast neuer Küchentisch, ausziehbar und mit Resopalplatte. Zunächst konnte er alles im Hôtel de Vente lassen. Betten und Lampen kaufte er in einem Geschäft. Vorhänge nähte Johanna später selbst.

Die hatte ihre Ankunft auf den Abend desjenigen Tags Mitte Dezember gelegt, an dem die Wohnung fertig sein sollte. Die Lieferanten, die ihnen die ersteigerten und auch die neuen Möbel bringen sollten, hatte Max für denselben Tag bestellt.

Johanna und Christian lebten inzwischen in Madrid in Verhältnissen, die nicht gerade ideal, aber wenigstens geordnet waren, seit die Geldsendung aus Irún eingegangen war und andere folgten, die Max aus Belgien abschickte. Sie gingen viel im Park und auf dem Paseo spazieren, Christian kaufte sich jeden Tag eine Brezel für „una peseta". Nachmittags, wenn Johanna noch Siesta hielt, ging er von Zimmer zu Zimmer, besuchte die Studenten und ließ sich von ihnen etwas basteln oder ein paar Worte Spanisch beibringen. Die beiden aßen in der Pension.

Einmal klopfte das Zimmermädchen. Ein Bote von Fleurop stand in der Tür und hatte die Arme voll roter Nelken, fünfundsiebzig Stück. Johanna glaubte an eine Verwechslung, aber der Mann ließ sich nicht abweisen; er hatte ja die Karte. Die war von Max. Der war nach Kortrijk gefahren, die Verkäuferin im Blumengeschäft hatte gemeint, man solle am besten den Spaniern überlassen, was sie dort gerade haben, und so hatte er „fleurs de saison" zum geringstmöglichen Preis bestellt. Dass es trotzdem so viele waren, dass Johannas Zimmer davon ausgefüllt war und das Zimmermädchen öfter mal die Tür aufmachte, wenn Johanna nicht da war, um anderen Gästen die Pracht zu zeigen, konnten sie beide nicht wissen.

Die Zeit wurde trotz allem lang. Es war auch kälter geworden, sodass Max in Mademoiselles Haus auf den Boden gestiegen war, um Johannas Mantel zu suchen und ihn zusammen mit anderen warmen Sachen nach Madrid zu schicken. Der Tag der Ankunft kam. Im Lauf des Tages sollten die Möbel in die neue Wohnung gebracht werden, zuerst die aus dem Hôtel de Vente, dann die aus dem Geschäft. Max mietete einen Lieferwagen, mit dem er am selben Tag auch die Sachen aus Wattrelos nach Lille bringen wollte. Gegen Abend wollte er Johanna und Christian mit dem Familienauto, das er inzwischen in der rue Henri Dunant geparkt hatte, vom Bahnhof abholen.

Leider ging schon vorher etwas schief: In der neuen Wohnung war aus irgendeinem Grund der Strom noch nicht angeschlossen, obwohl man Max hoch und heilig versprochen hatte, dass am Tag des Einzugs alles fertig sein würde. Als er von der Panne erfuhr, ging er ins Büro der Gesellschaft und machte einen Höllenspektakel, was wegen seines Akzents komisch geklungen haben muss, aber er kannte keine Rücksicht; er wollte Johanna nicht in eine Wohnung ohne Elektrizität bringen. Doch es war Freitagnachmittag, da war nichts zu machen. Bis Montag würden sie kein Licht haben. Die Heizung und das warme Wasser funktionierten ja, und kochen würden sie eben mit dem Campingkocher.

An dem bedeutungsvollen Tag holte Max erst den gemieteten Lieferwagen und dann Herrn Wiemann ab, der in der leeren Wohnung sitzen und die beiden Möbellieferungen entgegennehmen wollte. Er brachte sich eine Decke, ein Buch und drei Äpfel mit und ließ sich im leeren Wohnzimmer auf dem Fußboden nieder. Dann fuhr Max einen deutschen Austauschstudenten abholen, der ihm helfen wollte, die Sachen von Mademoiselles Boden zu holen, in das Auto zu laden, sie von Wattrelos nach Lille zu bringen, dort wieder abzuladen und mit dem Aufzug in die neue Wohnung zu schaffen. Am Nachmittag wollten sie ankommen. Das hatte Max Herrn Wiemann versichert.

Alles ließ sich gut an. Sie fuhren in Mademoiselles Haus – sie arbeitete wie immer in ihrer Apotheke –, schleppten die Koffer und Kisten die gewundene Treppe hinunter, luden sie ein, aber als sie losfahren wollten, sprang das Auto nicht an. In Wattrelos kannte Max keinen Mechaniker, sein eigenes Auto war in Lille, Mademoiselle, die vielleicht jemanden gekannt hätte, war nicht da, die beiden saßen fest. Max versuchte ab und zu; der Motor rückte und rührte sich nicht. Nie hat ein Auto so zur Unzeit seinen Dienst versagt. Denn man musste sich schon Sorgen um den Zeitplan machen, vor allem um das Treffen am Bahnhof. Also verabredete Max mit dem Studenten, dass der beim gepackten Auto bleiben, er selbst aber mit Bus und Mongi nach Lille fahren würde, um Herrn Wiemann zu beruhigen und Hilfe beim Autovermieter zu holen. Die Fahrt dauerte lange. Als er in der Wohnung ankam, war die erste Möbellieferung schon eingetroffen. Urs Wiemann war guter Dinge: Max solle tun, was zu tun sei, und sich um ihn keine Sorgen machen. Beim Autoverleiher hatte er es schwerer: Man kenne in Wattrelos keinen Mechaniker, habe auch niemanden, den man hinschicken könne. Max selbst müsse jemanden suchen.

Bedrückt fuhr er mit Mongi und Bus wieder nach Wattrelos. Der Student hatte ausgeharrt, aber nun wurde es spät, sie beide hätten eigentlich schon auf dem Bahnhof in Lille sein müssen. Max drehte noch einmal den Schlüssel um, und siehe da, der Motor sprang an. Er legte den Gang ein, aber gerade als sie loswollten, fuhr ihm Mademoiselles Renault vor die Räder. Sie stieg aus, wollte wissen, warum sie noch nicht auf dem Bahnhof seien und war dann der Ansicht, dass auf das Mietauto kein Verlass sei; der Zug käme schon bald an, und jetzt würde *sie* zum Bahnhof nach Lille fahren. Sie setzte sich wieder in ihr Auto und sauste los, die beiden im Lieferwagen hinterher. Inzwischen war schon Berufsverkehr, und dann gerieten sie noch in einen Stau.

Als Max endlich auf den Bahnsteig stürzte, standen Johanna und Christian neben ihren Koffern, und Mademoiselle Neufchâtel war bei ihnen. Er war erleichtert. Dass er außer Atem war und an seinen Händen noch Öl und Schmiere klebten, störte das Wiedersehen nicht. Sie hatten sich ja fast ein Vierteljahr lang nicht gesehen.

Johanna und Christian hatten auch einiges hinter sich. Sie waren durch den Tag und die Nacht gefahren, hatten in Paris von der Gare d'Austerlitz zur Gare du Nord gemusst, und als sie näher an Lille kamen und Christian unruhig wurde, hatte Johanna ihn getröstet, dass sie nun bald da sein würden, dann würde Papa am Bahnhof sein und sie abholen, und er wisse ja, Papa habe immer ein Haus für sie. Mit solchen Erwartungen waren sie aus dem Zug gestiegen, aber es war nun schon das zweite Mal, dass sie mit ihrem Gepäck auf einem Bahnsteig standen und Papa nirgends zu sehen war. Johanna hatte daraufhin überlegt. Gerade wollten sie sich auf die Suche nach einem Telefon machen, um das Konsulat anzurufen, als erst Mademoiselle und dann Max den Perron entlang gerannt kamen. Er war froh, Frau und Sohn wiederzusehen, aber Mademoiselle dachte auch daran, wie übermüdet sie sein mussten. Sie bestand darauf, sie in ihrem Wagen in die neue Wohnung zu bringen; Max und dem Mietauto traute sie nicht mehr über den Weg.

Fast gleichzeitig kamen sie in der rue Henri Dunant an. Urs Wiemann saß geduldig auf seiner Decke und wurde von allen begrüßt. Auch die Möbellieferung aus dem Hôtel de Vente war inzwischen eingetroffen. Mademoiselle blieb noch eine Weile, dann fuhr sie zurück nach Wattrelos. Der Student und Max fuhren noch einmal mit dem Lieferwagen in die Stadt, um etwas zu essen zu kaufen. Auf einem Markt fanden sie heiße Hühnerkeulen mit pommes frites; sie kauften auch Brot, Käse, Butter, Wein, Milch und Obst und sogar einen großen Blumenstrauß und ein paar Kerzen samt Streichhölzern; nicht mal Salz und Pfeffer vergaßen sie. Dann eilten sie mit ihren Schätzen zurück in die rue Henri Dunant.

Dort trafen sie auf eine Idylle: Herr Wiemann saß noch immer auf seiner Decke, aber neben ihm saß Christian und hörte mit großen Augen ein Märchen. „Ja, und weißt du, dann passierte etwas ganz Furchtbares," sagte Herr Wiemann gerade, „das muss ich dir noch erzählen, hoffentlich werden wir nicht traurig." Und Christian war ganz Ohr und hatte keinerlei Interesse an den Einkäufen. Er aß aber die dünnen Apfelscheibchen, die Herr Wiemann ihm zwischendurch zuschob. Mit denen musste er sparsam umgehen, denn zum Schluss hatte nur noch den einen Apfel, also wurden die Scheiben immer durchsichtiger. Christian merkte es nicht. Die Tür zum Bad, das kein Fenster hatte, war leicht geöffnet, damit wenigstens etwas Licht hineindrang, und heraus drang ein Plätschern. Auf der langen Fahrt hatte sich Johanna nach einem Bad gesehnt. Hier hatte sie eine Gelegenheit; Herr Wiemann hatte diese Lösung vorgeschlagen.

Als sie herauskam, half sie dem Studenten und Max, die Mahlzeit vorzubereiten. Sie wischten den Küchentisch und fünf Sitzgelegenheiten ab. Draußen war es inzwischen dunkel geworden, drinnen herrschten Chaos und Idylle. Weil sie keinen Strom hatten, hielten sie ihre Mahlzeit in der Küche bei Kerzenschein. Später verabschiedeten sich der Student und Herr Wiemann, der Christian versprechen musste, bald wiederzukommen. – „Ja, natürlich, wir müssen ja noch sehen, was dann mit der Prinzessin geschah." Johanna und Max richteten ihr Lager notdürftig her. Alle drei schliefen lange in den nächsten Morgen hinein.

In den kommenden Tagen wurde in der neuen Wohnung gescheuert, gewischt, geputzt und geschrubbt, auch gehämmert und geschraubt. Wenn Max aus der Uni kam, zeigte ihm Johanna jedes Mal wieder ein Möbelstück, das in neuem Glanz erstrahlte. Sie waren froh und machten sich immer gleich an die nächste Aufgabe. Auch ein Babybett kauften sie; denn nach Christians Frühgeburt wollten sie kein Risiko mehr eingehen. Als alles fertig war, hatten sie eine Wohnung, wie sie sie sich wünschten.

Max bekam Weihnachtsferien. Für Christian kauften sie eine Garage mit einem Aufzug für seine Autos und waren selig. Dass sie danach kaum noch Geld hatten, bekümmerte sie erst, als die Männer von der Müllabfuhr zwischen Weihnachten und Neujahr klingelten. Es war üblich, dass sie um diese Zeit von Tür zu Tür gingen und etwas Geld bekamen. Die beiden hatten nur noch ein Zweifrankenstück. Erst tat Max so, als verstehe er nicht. Doch dann konnte einer der Müllmänner Deutsch. Sie drehten sich wieder um und wären wohl gegangen, aber das gefiel ihm nicht. Er gab ihnen die zwei Franc, sie bedankten sich, er setzte sich an den Küchentisch, und nun musste Johanna ihn doch trösten.

Viel Zeit zum Nachdenken blieb ihnen nicht, denn Sonja wurde, wie ihr Bruder, zu früh geboren. Johanna war in einer städtischen Klinik. Sonja schien zuerst unglücklich zu sein, denn sie schrie oft, sodass die anderen Frauen meinten, das sei nicht normal und anfingen, Johanna Ratschläge zu geben. Die brauchte sie aber nicht, denn als Säuglingsschwester wusste sie, dass ihre Tochter vor allem ihre Lunge in Betrieb nehmen wollte.

Christian und Max waren inzwischen für sich. Ein paarmal, wenn Max unterrichtete und niemand zu finden war, der bei ihm blieb, musste er Christian allein lassen. Er schärfte ihm dann ein, dass er im Bett bleiben und auf keinen Fall die Tür öffnen solle. Er hatte seine Bilderbücher, die er sich vorlas, das heißt, er konnte den Text auswendig und sagte ihn auf. Einmal war ein französischer Kollege an der Tür, der etwas von Max wollte und sich wunderte, weil drinnen geredet wurde, ohne dass ihm jemand aufmachte. Max ging mit Christian auch einkaufen, denn sie mussten ja einen Kinderwagen für Sonja besorgen.

Einmal saß Max noch spät bei Lampenlicht an seinem Schreibtisch. Da gab es plötzlich drüben in der Zitadelle ein wahres Feuerwerk: Leuchtkörper flogen in alle Richtungen, die Nacht wurde zum Tag. Damals gab es in und um Lille viele Terroranschläge. Pieds noirs, Algerier französischer Herkunft, die sich aus Algerien vertrieben sahen, wollten sich an de Gaulle rächen. Das taten sie am liebsten in Grenzgebieten wie dem um Lille, wo sie schnell nach Belgien verschwinden konnten, wenn die Polizei hinter ihnen her war. Vom Fenster im sechsten Stock sah Max die Explosionen aus erster Hand; sie sahen bedrohlich aus. Er weckte Christian, damit sie notfalls gleich weg konnten. Anziehen konnte er ihn nur mit Mühe, denn Christian stand auf dem Schreibtisch, war begeistert und tanzte jedes Mal los, wenn die Granaten den Himmel erhellten. Nur allmählich beruhigte sich die Nacht, und er musste wieder ins Bett. In den Tagen danach kamen Johanna und Sonja nach Haus.

So verging das zweite Studienjahr. Sonntags kam gewöhnlich Herr Wiemann. Er kam immer an einer Pâtisserie vorbei, wo er etwas fand, mit dem er den Kaffeetisch bereicherte, manchmal war es auch ein kleiner Karton „Zürcher Leckerli". Er hielt dann das Päckchen an dem Band, in das es verknotet war, sodass es hin und her schaukelte, und überreichte es Johanna mit einer angedeuteten Verbeugung und einem ironischen Lächeln. Immer hatte er neue Geschichten auf Lager, die er erzählte, während sie zu fünft an der Zitadelle spazieren gingen.

67 Göttingen

Für die Sommermonate hatten Max und Johanna diesmal zivilere Pläne: Max schrieb sich für das Sommersemester in Göttingen ein. Er musste dort promovieren, weil Professor Schwertfeger, sein Doktorvater, inzwischen einen Ruf dorthin angenommen hatte. Die Georgia Augusta verlangte von allen Doktoranden, dass sie mindestens zwei Semester in Göttingen studiert hatten. In Lille waren dagegen von Mai bis September Ferien. Sie fuhren deshalb im Mai alle mit dem Auto nach Helmstedt, wo Johanna und die Kinder in den Zug stiegen. Sie wollten zuerst nach Mühlenberg und dann nach Sachsenbach fahren.

Inzwischen nahm Max an Schwertfegers Oberseminar teil. Er ging auch in die Vorlesungen und Seminare anderer Dozenten. Aber er war enttäuscht. Die meisten waren schlecht vorbereitet; er lernte nur wenig. Gewohnt hat er in einem Dorf bei Göttingen. Er hatte eine Wohnung gesucht, in der alle vier Platz haben würden, wenn Johanna mit den Kindern aus der DDR zurückkommen würde. Wenn das Wetter schön war, fuhr er mit seinen Büchern hinaus, setzte sich an einen Waldrand und las.

Einmal fuhr er an die deutsch-deutsche Grenze. Er wollte sie sich aus nächster Nähe ansehen. Den Volkswagen ließ er auf einem Feldweg bei Duderstadt kurz vor der Grenze stehen und ging zwischen zwei niedrigen Hügeln hindurch. Er wusste, was ihn erwartete: Von Westen her würde er zuerst an einen breiten, geharkten Erdstreifen kommen, in dem die DDR-Grenzsoldaten leicht die Spuren von Flüchtlingen aus der DDR entdecken konnten, vorausgesetzt, die kamen so weit. Dahinter kam der Weg, auf dem man Patrouille lief, dann ein hoher Zaun, und danach noch ein breiter Erdstreifen, in dem Minen lagen. Dieser Streifen war von hohen Zäunen umgeben.

In Wirklichkeit kam Max zuerst an ein Schild, das die Bewohner der Bundesrepublik vor der nahen Grenze warnte. Aber auf den Fußpfad diesseits des geharkten Erdstreifens war er nicht vorbereitet. Er sagte sich deshalb, dass ja auch die westdeutschen Grenzpolizisten irgendwo gehen müssen. Sicher verlaufe der Pfad im Westen. Er wunderte sich nur, weil er so eng mit dem „DDR-Schutzwall" verbunden war. Er lief auf dem Pfad entlang, immer an der Grenze hin. Einmal schoss es schräg hinter ihm, das war eindeutig im Westen. ‚Na ja,' dachte er, ‚da jagen welche.' Dann rannte ein Hase knapp vor ihm über den Grenzstreifen. Weiter weg, auf einer Anhöhe, stand ein Beobachtungsturm der DDR-Grenzpolizei, den wollte er sich genauer ansehen. Zwei östliche Grenzsoldaten kamen von dorther auf ihn zu. Die beschleunigten ihre Schritte. Natürlich würden sie auf ihrem Pfad jenseits des geharkten Feldes bleiben, dachte Max, und ging ihnen weiter entgegen. Dann fing er an zu zweifeln, ob sie wirklich auf dem östlichen Pfad gingen. Und was, wenn sie herüberkämen, um ihn zu verschleppen?

Nun kehrte er um, ging ebenfalls schneller, und als er in den Feldweg eingebogen und wieder hinter den Hügeln war, wo er sein Auto sehen konnte, kam ein Mann in westlicher Uniform und mit einem Gewehr auf ihn zu und verlangte seinen Ausweis. Es war ein Zöllner. „Was haben Sie die ganze Zeit in der DDR gemacht?" – „Ich war nicht in der DDR, ich war auf dem westlichen Fußweg." – „Dieser Fußweg gehört auch zur DDR." Es dauerte eine Weile, bis er glaubte, dass Max nicht absichtlich in der DDR gewesen war. „Ich habe einen Warnschuss abgegeben, haben Sie den nicht gehört?" Max sagte, dass er dahinter einen Jäger vermutet hatte. Der Zöllner rollte die Augen. Ein Hase sei ohne Papiere in den Osten gerannt, sagte Max, der die Situation durch einen Witz auflockern wollte. „Du lieber Himmel, da waren Sie schon wieder in Lebensgefahr. Wir nehmen immer volle Deckung, wenn wir einen Hasen sehen. Was glauben Sie, wie oft schon eine Mine hochgegangen ist, bloß weil ein Hase drübergerannt ist!“ Dann, als sie zusammen eine Zigarette rauchten, erzählte er Max, wie er mal einen jungen Mann erwischt habe, der noch viel schlimmer gewesen sei als er. Der sei rückwärts über den geharkten Streifen in die DDR und vorwärts wieder in den Westen gegangen. Danach seien eine Menge Vopos gekommen, die nun geglaubt hätten, dass zwei ihrer Bürger in den Westen geflohen seien. Solche Geschichten kannte auch Max. Es gab Leute, denen die DDR-Grenzhüter übel mitgespielt hatten und die sich, kaum waren sie im Westen, an ihnen rächen wollten. Einige haben das mit dem Leben bezahlt.

Nach vielleicht zwei Monaten holte Max Johanna und die Kinder wieder aus Helmstedt ab. Sie blieben dann noch mehrere Wochen in der Nähe von Göttingen. Christian hatte etwas über Indianer gehört und wollte nachts die Tür verschließen. „Aber Christian, hier sind doch gar keine Indianer.“ – „Das glaubst du. Aber wenn wir morgen früh aufwachen, sind wir vielleicht alle tot.“ Er ging oft zu den Bauern nebenan und fuhr mit ihnen aufs Feld.

Johanna und Max breiteten unterdessen eine Decke über das Gras im Garten und spielten mit Sonja. Sie machten Ausflüge, wenn er nicht in die Uni musste, und manchmal hatten sie Besuch. In diesem Sommer war sein Asthma besonders schlimm. Nächtelang saß er im Bett, versuchte Luft zu kriegen und hustete, ohne dass ihm leichter wurde. Sie fuhren in die Universitätsklinik, wo er Gymnastik machen musste, aber nichts half. Manche sagten, die Luft in ihrem Tal sei schwer und feucht und die Pollendichte besonders hoch. Weil auch das Einvernehmen mit ihrer Wirtin mehr und mehr litt, waren sie froh, als das Semester zu Ende war. Von Lille aus fuhren sie noch einigemal an die Küste bei Boulogne. Max schrieb auch an seiner Dissertation, wozu er während des Studienjahres und in Göttingen wenig gekommen war. Dann begann wieder der Unterricht.

68 Streit

Auf einem Empfang im Konsulat unterhielt sich Max mit diesem und jenem. Auch ein afrikanischer Kollege war da, und plötzlich verengte sich Max' Blickfeld auf dessen Gesicht. Er hoffte immer, der Afrikaner werde aufhören zu erzählen, aber nein, er redete weiter. Max brach der Schweiß aus; schließlich fiel er in Ohnmacht. Der Konsul musste sowieso zu einem Spezialisten nach Boulogne fahren und nahm ihn mit; er sollte sich auch untersuchen lassen. Der Artzt fand aber nichts.

Das dritte Studienjahr war nun schon Routine und wäre es auch geblieben, wenn sich die Verhältnisse im Konsulat nicht drastisch geändert hätten. Aus dieser Veränderung entstand Max' erster beruflicher Streit. Ich will ihn hier schildern, denn er hat Johanna und ihn sehr mitgenommen. Er gefährdete ihre berufliche und wirtschaftliche Existenz, und er hat Max vielleicht auch verändert.

Schon seit der Ankunft in Lille war sein Verhältnis zum Konsulat problematisch. Der alte Konsul war fürsorglich, aber die Sekretärinnen profitierten von seiner Realitätsferne. Eine von ihnen war es gewesen, die ihn in dem Brief, den er vor seiner Übersiedlung in Berlin erhielt, vor zu hohen Erwartungen gewarnt hatte. Als Max angekommen war, bestätigte sich auf unerwartete Weise, dass Lille für einen verheirateten Lektor ein schwieriges Pflaster war, denn die Damen, es waren vier oder fünf, waren, obwohl in den Zwanzigern und Dreißigern, noch unverheiratet. Natürlich hätten sie lieber einen ledigen Lektor gesehen. Urs Wiemann, der nicht verheiratet war, hat sich zum Schutz sogar eine Freundin Iris im fernen Zürich erfunden, von der er immer neue Episoden zu berichten wusste. Die waren so skurril, dass Iris' Abneigung gegen einen Besuch in Lille, wo die Damen darauf brannten, sie kennenzulernen, als eine ihrer Idiosynkrasien hingenommen werden musste.

Die Unterstützung, die Max mit Hilfe dieser Konsulatssekretärinnen beim DAAD beantragt hatte, war auch nach zwei Erhöhungen noch gering, weil der Konsul es ihnen überlassen hatte, die Begleitbriefe mit den Empfehlungen des Konsulats zu verfassen.

Auch Max' Verhältnis zum Goethe-Insitut war nicht gerade harmonisch. In München, in der Zentrale der Goethe-Institute, war man auf die Idee gekommen, die Arbeit der deutschen Kulturinstitute im Ausland auf Multiplikatoren zu konzentrieren, auf Menschen, die ihren Schülern und sonstwie Abhängigen die Segnungen deutscher Kultur nahebringen sollten. Besonders bevorzugte Multiplikatoren waren die Auslandsgermanisten. Der Goethe-Direktor in Lille nahm Max deshalb, kaum war er dort angekommen, beiseite und eröffnete ihm, er wolle mit seiner Hilfe einen Fuß in die Tür der *Faculté* kriegen. Als Unterrichtskraft in seinem Institut könne er sich ein Zubrot verdienen; die Arbeitsbelastung sei gering. Max hätte das tun können; von den Multiplikatoren wusste er nichts. Aber er fragte Morant. Der meinte, es sei besser, wenn er sich auf seine Aufgaben in der Fakultät konzentriere; vielleicht dachte er dabei an an seine fehlenden Französischkenntnisse. Jedenfalls war die Sache für Max damit erledigt. Der Direktor aber ließ nicht locker und bat ihn bei jeder Gelegenheit, nochmal darüber nachzudenken.

Dass der Direktor unter Druck war, merkte Max bei den halbjährlichen Treffen, zu denen die Deutsche Botschaft alle Lektoren aus Frankreich in die Villa Said in Paris einlud. Da wurde er von den Leuten, die aus der Münchner Zentrale anreisten, immer wieder sorgenvoll nach dem Direktor gefragt: Warum nur baute er keine Beziehungen zu Max' Kollegen auf? Dem dämmerte allmählich, dass die französischen Professoren wirklich nicht viel vom Goethe-Institut wissen wollten. Ihre Gründe dafür konnte er nachvollziehen. Die meisten wohnten ja nicht mal in Lille. Er suchte die Münchner Bedenkenträger zu beruhigen.

Die Treffen in der Villa Said waren nicht besonders ergiebig. Eingeleitet wurden sie vom Deutschen Botschafter, der jeweils einen Bericht über die politische Lage der Bundesrepublik gab und dabei die Lektoren immer um größte Vertraulichkeit bat. Dann erzählte er, was gerade in der Zeitung stand. Es ging ihm darum, ihr Selbstbewusstsein als Deutsche zu stärken; die Zeit des „wir sind wieder wer" lag ja noch nicht lange zurück. Einmal verabredeten die Lektoren, schriftlich gegen diese Haltung zu protestieren. Einer erbot sich, den Protest zu formulieren und den Brief zur Unterschrift herumzuschicken. Es kam aber kein Brief. Stattdessen eröffnete der *DAAD* eine Zweigstelle in Paris und ernannte den betreffenden Lektor zu dessen Leiter, was Max verwunderte.

Anfang 1963 wurde der alte Konsul in Lille pensioniert. Ein Vizekonsul kam und führte vorerst die Geschäfte allein. Er war gut vierzig Jahre alt und eröffnete Max, dass seine Unterstützung durch den *DAAD* noch immer zu gering sei. Sie müssten einen richtigen Antrag stellen. Max war natürlich einverstanden; auch dieser Antrag wurde genehmigt. Dass seine Unterstützung auch danach noch immer nicht auf der Höhe des Üblichen war, sah er daran, dass auf dem Bescheid dünn mit Bleistift und ohne Unterschrift geschrieben stand: „Bitte erwägen Sie, ob Sie nicht in

Anbetracht Ihrer Familie eine höhere Summe beantragen wollen." Das tat er, und auch dieser Antrag wurde genehmigt.

Der neue Vizekonsul erzählte indessen von seiner Vision: Vor dem Institut, dessen renovierte Fassade durch Kugellampen erhellt werden sollte, müsse eine Haltestelle der Straßenbahn sein und der Schaffner würde immer „Institut Goett" ausrufen. Die Bundesrepublik sollte sich als wohlhabend und elegant präsentieren, und alle Deutschen sollten dabei mithelfen. Vermutlich sollte Max' finanzielle Unterstützung ihn in die Lage dazu versetzen. Als er bei der Begehung der alljährlichen Liller Industriemesse dem Tross des Vizekonsuls zugeteilt war, kritisierte der den Anzug, den sich Max in einem westdeutschen Warenhaus gekauft hatte. Der sei wohl noch aus der DDR.

Das war ja zu ertragen. Aber dann kam etwas, das Max empörte: Der Vizekonsul rief ihn zu sich und fragte ihn rundheraus nach der Einstellung der Liller Germanistik-Professoren zu Deutschland. Nie kämen sie zu den Veranstaltungen des Goethe-Instituts; die deutschen Dienststellen in Lille hätten keinerlei Verbindung zu ihnen. Max warb um Verständnis: Seine Kollegen hätten wahrscheinlich auch keine Verbindung zu französischen Dienststellen; Beausoleil und einige andere wohnten in Paris, und Morant, nun ja, man sage, dass er als Kriegsgefangener in Deutschland mit der Hundepeitsche zur Arbeit getrieben worden sei. Mit dieser Erklärung war der Vizekonsul nicht zufrieden. Max solle ihm zu jedem der Professoren „ein Kärtchen erstellen" – er deutete mit den Fingern die Größe einer Karteikarte an –, auf dem er aufschreibe, was er über sie wisse, vor allem, wie er ihr Verhältnis zu Deutschland bewerte. Das lehnte Max rundheraus ab, und der Krach war da.

Ein paar Tage später wurde er wieder ins Konsulat bestellt. Der Vizeksonsul fing damit an, dass Max doch einen großen Teil seiner Bezüge aus Deutschland erhalte. Der bejahte. Dann sagte er, es handle sich zwar um Gelder des *DAAD*, doch würden sie im Bundestag durch das Auswärtige Amt vertreten. Auch das wusste Max. Er habe im Bundestag einflussreiche Freunde, die damit befasst seien, sagte er. „Was glauben Sie, was der *DAAD* täte, wenn wir sagen würden, wir möchten diesen Lektor dort haben und jenen dort nicht?" Beide Positionen unterstrich er, indem er mit dem Zeigefinger auf der Schreibtischplatte herumbohrte. Max fragte, ob dies ein Gespräch unter Gleichen sei oder ob der Herr Vizekonsul glaube, Max' Arbeitgeber zu vertreten. Der antwortete nach einiger Überlegung: „unter Gleichen." Dann möchte er es an dieser Stelle abbrechen, sagte

Max, erhob sich und ging. Wahrscheinlich hat er den Mann zu wichtig genommen. Aber konnte er das wissen? Er war siebenundzwanzig Jahre alt und hatte noch nie dergleichen erlebt.

Es war Ende Mai, die Abreise der Familie nach Spanien stand bevor, als es eines Tages, es war bald nach dem abgebrochenen Gespräch, klingelte. Unten stand der Mercedes des Konsulats. Der Chauffeur kam herauf und überreichte Max einen Brief. Der enthielt die Aufforderung, bis zur Klärung der Unstimmigkeiten zwischen Max und dem Konsulat in Lille zu bleiben. Der Vizekonsul wollte den Empfang bestätigt haben, worauf Max erwiderte, der Chauffeur habe den Brief ja selbst abgegeben, das solle er dem Vizekonsul sagen; das müsse genügen. Zwei Tage später stand der Mercedes wieder da, und der Chauffeur brachte noch einen Brief. Diesmal schrieb der Vizekonsul, er habe gehört, dass Max schon in den nächsten Tagen abfahren wolle. Er fordere ihn auf, seinen Dienstort Lille nicht zu verlassen.

Er hatte richtig gehört; das Auto stand bepackt in der Garage. In der Fakultät war nichts mehr los, die Vorlesungen und Seminare waren vorbei, die Studenten in alle Winde verstreut, und auch von den Lehrkräften war niemand mehr da. Johanna und er hatten sich erinnert, dass sein Asthma im Sommer zuvor an der Costa del Sol, wo der Wind meistens vom Meer her weht und die Blumen, Gräser und Bäume im Sommer schon verblüht sind, abgenommen hatte. Er hatte deshalb seine Manuskripte eingepackt und wollte dort arbeiten. Morant, den er um seine Zustimmung gebeten hatte, war einverstanden. Deshalb ignorierten sie die Aufforderung und fuhren am nächsten Morgen los.

Yvonne und Marc wohnten damals in Versailles. Sie machten bei ihnen Station, und von dort rief Max in Sèvres an, um auch Beausoleil zu fragen, ob er etwas gegen seine Abwesenheit habe. Der bat ihn zu sich. Max musste ihm erzählen, was geschehen war, er griff zum Telefonhörer, ließ sich mit dem Konsulat in Lille verbinden und sagte dem Vizekonsul, dass dessen Bitte um Informationen über einzelne Professoren die deutsch-französische Annäherung nicht eben befördere, vor allem dann nicht, wenn er, Beausoleil, die französische Presse darüber informiere. Das aber würde er tun, wenn das Konsulat weiterhin versuche, den Lektor unter Druck zu setzen. Dieser fahre jetzt mit Billigung der Fakultät nach Spanien und werde zu Beginn des kommenden Studienjahrs zurück sein. Auf die Bitte des Vizekonsuls, der Herr Professor möge ihm das alles schriftlich geben, weil es am Telefon leicht zu Missverständnissen komme, antwortete Beausoleil: „Ich gebe mir Mühe, Deutsch mit Ihnen zu reden. Wenn ich es aufschreibe, dann auf Französisch, und dann geht es an die Humanité." Dieses Organ der Kommunisten war gegen die deutsch-französische Verständigung auf konservativer Grundlage. Der Vizekonsul, wohl wissend, dass das Auswärtige Amt von ihm erwartete, das rapprochement nach Kräften zu fördern, wollte es dazu nicht kommen lassen. Max und Johanna fuhren nach Andalusien.

Als sie im September wieder in Lille ankamen, wartete Post vom *DAAD* auf Max. Er sollte in die Zentrale nach Bad Godesberg kommen. Warum, wusste er nicht. Ein neuer Konsul war in Lille, der Vizekonsul war abgelöst. Bei der ersten Gelegenheit, es war schon Herbst, und die Tage waren unterrichtsfrei, fuhr Max nach Bad Godesberg, wo er den Lektorenreferenten, den er von früheren Besuchen her kannte, freundlich wie immer begrüßte. Aber der war seltsam unzugänglich, brachte ihn in ein Wartezimmer und sagte, der Herr Generaldirektor persönlich wolle ihn sprechen. Er sei aber noch beschäftigt, Max möge warten. Dann ging er. Das war seltsam, denn sonst war Max mit ihm in sein Zimmer gegangen, und sie hatten über seine Erfahrungen und Aufgaben gesprochen. Er wartete lange.

Dann endlich wurde er zum Generaldirektor vorgelassen. Der fing, kaum hatte sich Max gesetzt, mit einer Standpauke an: Was der Herr Vizekonsul getan habe, sei falsch, keine Frage. Aber was Max getan habe, sei auch schlimm. Dann machte er eine Pause. Max sah ihn fragend an. Er erklärte: Schlimm sei, dass er die Franzosen informiert habe. Max verstand nicht, warum das schlimm sein sollte, sagte das auch und erwähnte, dass es die betroffenen Kollegen doch unmittelbar anging. Sollte er ihnen nicht sagen dürfen, dass jemand von ihm schriftliche Informationen über sie verlangte? Es gab doch einen deutsch-französischen Freundschaftsvertrag. Ja, schon, meinte der Generaldirektor, aber man müsse doch immer nach dem Prinzip „right or wrong – my country!" handeln. Darauf wusste Max nur *eine* Frage: „Warum?"

Er hat diesen dummen Spruch damals zum ersten Mal gehört; sein Unverständnis und seine Naivität waren echt. Er war auch entrüstet, denn er hatte ja schon etwas von dem gesehen und gehört, was Deutsche in anderen Ländern angerichtet hatten. Der Generaldirektor gab sich Mühe, in ihm doch noch Verständnis für seinen Wahlspruch zu wecken, meinte dann aber mit Trauer in Blick und Stimme, dass Max wohl der Sinn dafür fehle. Der bestätigte es. So endete das Gespräch.

Als er wieder im Auto saß, konnte er zuerst gar nicht begreifen, dass man ihn deshalb aus Lille herbestellt hatte. Erst allmählich kam er darauf, dass es wahrscheinlich Teil einer Einigung war: *DAAD* und Auswärtiges Amt konnten ihn nicht mehr beiseite schieben und ihm den Unterhaltszuschuss streichen, denn Beausoleil passte auf. Auch sein Doktorvater Schwertfeger, der damals öfter in der *Zeit* schrieb, hatte den *DAAD* wissen lassen, dass es in Deutschland nicht unbemerkt bleiben würde, wenn Max etwas passiere. Der Vizekonsul war deshalb als Kulturattaché an die Deutsche Botschaft in Paris versetzt worden – ausgerechnet! Aber nun musste auch Max was aufs Dach kriegen, der Generaldirektor des *DAAD* musste ihm die Leviten lesen. Man hielt das für einen ausgewogenen Kompromiss.

Er ist dann von Bad Godesberg nach Bonn gefahren, hat in einem Kaufhaus ein Spielzeugauto für Christian und einen Teddy für Sonja gekauft, den er in seinen Rucksack steckte und mit dem Kopf oben herausgucken ließ wie er es damals bei seinem Opa gesehen hatte, als der bei Oma Bärenreiter hielt. Dann sah er ein Plakat vom Bonner Germanistentag und ging hin. Gerade hielt sein alter Berliner Professor den Haan einen Vortrag, aber der interessierte ihn nach dem, was er erlebt hatte, nur mäßig.

Zwischen Köln und Aachen nieselte es. Wie er auf der Autobahn unter einer Brücke durchfuhr, stand da ein junger Mann mit einem Rucksack und einer Gitarre und fröstelte. Max hielt; der junge Mann stieg ein. Es war ein Kanadier. Ob er keinen Pullover habe. Doch, er habe einen gehabt, aber den habe man ihm schon in der Südsee geklaut. Lange habe er dann keinen gebraucht, und jetzt habe er kein Geld mehr. Sein Bruder wohne auf einer Kanalinsel, da wolle er hin. Dann habe er wohl gar nichts von Deutschland gesehen? Doch, gestern sei er aus Polen gekommen, da habe er die Berliner Mauer erst von Osten, danach von Westen fotografiert. Und heute habe er unwahrscheinliches Glück beim Trampen gehabt. Er hatte nichts mehr zu essen, sodass sie teilten, was Max noch hatte. Zu Abend aßen sie in Lille; dann schlief er in der Küche auf einer Campingliege. Am nächsten Morgen frühstückten sie, und Max brachte ihn an eine Ausfallstraße. Es war nicht mehr weit bis Guernsey.

69 Die Villa Paraíso

In Frankreich und Spanien, wohin sie vor der Reise nach Bad Godesberg gefahren waren, hatte die Familie wieder gezeltet. Ein paar Kilometer auf der anderen Seite von Estepona, in Richtung Gibraltar, fuhren sie durch eine Kurve. Eine hohe, weiße Mauer, die sich an der Straße hinzog, wurde von einem noch höheren Torbogen unterbrochen. Daneben stand kunstvoll aus Mosaiksteinchen eingelegt und bunt in der Abendsonne leuchtend der Name: „Villa Paraíso". Sie hielten an, Max nahm Sonja auf den Arm und ging durch das Tor, um zu sehen, was sich dahinter verbarg. Sie kamen auf einen Platz neben einem weiß gestrichenen Haus, von wo der Blick hinunter und weit über das Meer ging. Eine malerisch drapierte Frau kam heraus, es war Eivor. Sie sprach zuerst Schwedisch, konnte aber auch etwas Deutsch. Max sagte, was er wollte, und sie ging mit ihm einige Stufen abwärts, wo ein größeres Haus stand, die eigentliche Villa Paraíso. Darin waren vier Wohnungen, die beiden unteren mit großen Terrassen und einer hüfthohen Mauer davor, von der aus man über den Strand und das Meer sehen konnte. Um zum Strand zu kommen, musste man noch ein paar Stufen hinab durch einen kleinen Garten mit einer Palme, einem Ziehbrunnen und hohem Schilf gehen. Das Haus leuchtete weiß in die Gegend. Die Keramikverzierungen waren bunt. Alles sah fantastisch aus. Auch innen wiederholten sich die Mosaike. Adalrik, Eivors Mann, hatte alles selbst gemacht. Er war in Stockholm Konditor gewesen.

Man sah den ganzen langen Strand entlang, weit nach Westen; es gab keinen Menschen. Weit hinten stand ein maurischer Wachtturm und daneben ein einstöckiges Haus, in dem einige Leute der *Guardia Civil* mit ihren Familien wohnten. Noch viel weiter weg sahen sie die Umrisse von Gibraltar und die marokkanische Küste. Eivor zeigte ihm die größte ihrer Wohnungen. Sie war leer, und sie war wirklich paradiesisch schön. Bevor sie ihm den Preis nannte, gestand sie, dass die Villa Paraíso ihren Namen auch insofern mit Recht trage, als es darin keine Elektrizität und kein fließendes Wasser gebe. Man müsse auf alle Elektrogeräte verzichten und abends mit einer Öllampe auskommen. Wasser zum Waschen gebe es im Ziehbrunnen unten im Garten, Wäsche müsse man hinten am Bach, einen halben Kilometer entfernt, waschen, und das Trinkwasser befinde sich in Korbflaschen, die man am öffentlichen Brunnen auffüllen könne. Später erfuhren sie, dass Adalrik und Eivor das Geld ausgegangen war, bevor sie die Elektrizität und die Wasserversorgung anlegten. Sie nannte den Wochenpreis. Er war noch recht hoch.

Es wurde Abend, die Familie musste eine Bleibe finden, auch schrie Sonja auf Max' Arm immer lauter, weil ihr Eivors künstlerisches Temperament nicht geheuer war. Johanna kam auf das Geschrei herbei. Sie mieteten die Wohnung für eine Woche. Als sie gegessen hatten und die Kinder schliefen, standen sie an der Terrassenmauer und sahen über den Garten und auf das im Mondschein glänzende Wasser und wünschten sich, länger bleiben zu können. Schon zwei Tage später, als Max mit Adalrik sprach und durchblicken ließ, dass sie eigentlich eine Bleibe für mehrere Monate suchten, sagte er, dass der Monatspreis günstiger sei. Er nannte die Summe, und die beiden erkannten, dass sie bleiben konnten.

Noch immer konnte man in Estepona kaum Geld ausgeben. Sie fuhren zweimal in der Woche morgens ins Dorf und kauften ein, das meiste in der Markthalle. Die Fischer waren dann von ihrer nächtlichen Fahrt zurück und priesen laut ihre Sardinen an. Die briet Johanna zu Haus in Olivenöl. Sie kauften Gemüse und Obst, und bald kannten sie Verkäufer, zu denen sie immer wieder gingen. Der Fischer legte jedes Mal mit großer Geste noch ein paar Sardinen auf den Kauf, und die eher in sich gekehrte Gemüsefrau, der eine Tochter zur Hand ging, begrüßte sie immer mit ihrem offenen, freundlichen Lächeln. Sie gingen in die Bäckerei und kauften Brot, Lorenzo von der Post ging wieder mit Christian zum Eismann, und auch Maria im Lebensmittelladen freute sich, als sie die größer gewordene Familie wiedersah.

Manchmal gab es Landwind, der war penetrant. Schon morgens war dann ein dunkelblauer, horizontaler Streifen auf dem Wasser zu sehen; dort gingen die Wellen höher. Der Streifen wurde breiter, das Dunkelblau kam näher, dann gab es die ersten Windstöße, und der Sturm setzte ein. Er war warm und blies vom Landesinneren her; das Wasser wurde kalt. Das dauerte immer zwei Tage lang, höchstens drei. Viel öfter hatten sie aber schönes Wetter. Wenn sie Wäsche hatten, gingen sie hinüber zum Bach, der durch eine von Oleander umstandene Bucht ins Meer floss.

Nach dem Frühstück nahm Max seine Bücher und Manuskripte, den Campingtisch, den Sonnenschirm und einen Stuhl und zog hinunter zum Strand. Dort saß er stundenlang, auch nachmittags, und arbeitete an seiner Dissertation, während das Wasser seine Füße umspülte. Gegen Abend kam der Schafhirt mit seiner Herde vorbei, blieb stehen und unterhielt sich mit ihm, so gut es ging. Fast immer kamen dann auch Johanna,

Christian und Sonja dazu, und manchmal hatte der Hirt ein kleines Lamm auf dem Arm, das gerade geboren war.

Wenn aber der Ziegenhirt kam, musste Max aufpassen: Während sie erzählten und die Ziegen um sie herumstanden, fingen sie manchmal an, die gesammelte Weisheit anzuknabbern. Es passierte auch, dass an einem sonst windstillen Tag plötzlich ein paar Windstöße über den Strand fegten und Max' Blätter mitnahmen. Dann beschwerte er alles auf dem Tisch mit Steinen und rannte los, um die manchmal schon weit hinten über den Strand wehenden Seiten wieder einzufangen. In einem späteren Jahr, Sonja konnte schon laufen, war es einmal so schlimm, dass er in seiner Not um Hilfe rief und die ganze Familie hinter den Seiten herlief, die in immer weitere Fernen über den Strand hinflatterten. Sie nahmen sie vom Boden, fingen sie aus der Luft und lösten sie aus Kaktushecken, und Max erzählte den Kindern, dass einige auf den Meeresgrund gefallen waren, wo die Fische sie lasen. Oft kam Johanna aus dem Haus, um mit Max schwimmen zu gehen. Dann sahen sie, wie die Berge hinter der Villa Paraíso aufstiegen.

In diesem und in den folgenden Sommern litt Max noch unter Asthma. Er hatte Tabletten, aber wenn er sich damit etwas Erleichterung verschaffte, geriet sein Kreislauf so durcheinander, dass er zitterte. Er hatte die Wahl: Entweder akzeptierte er das Asthma, saß nachts aufrecht und hustete dauernd oder er wurde von den Tabletten, vom Herzklopfen und Zittern wachgehalten. Allmählich entwickelte sich eine Routine, die er über mehrere Sommer beibehalten hat: Er entschied sich für die Tabletten, wachte gegen zwei oder drei Uhr morgens aus Alpträumen auf und ging hinaus auf die Terrasse, zündete die Öllampe an und las stundenlang. Im Ganzen nahm sein Asthma an der Costa del Sol aber ab. Richtig aufgehört hat es erst, als er in Amerika einen „Ventolin-Inhaler" bekam.

Oft machte sich gegen Morgen ein Wind auf, dann musste Max die Flamme seiner Öllampe abschirmen. Er hat im Lauf der Jahre viele Romane und Erzählungen aus dem neunzehnten Jahrhundert aus Lille mit nach Estepona genommen und dort gelesen, vor allem französische: Nerval, Stendhal, George Sand, Mérimée, Balzac, Musset, Hugo, Flaubert. Es waren die gelben Bände der *Classiques Garnier*.

Im fahlen Licht des Morgens wurde allmählich der Strand sichtbar, dann konnte er sehen, wo der Bach ins Meer floss, und der maurische Turm trat aus dem Dunst. Oft war Johanna eine Weile bei ihm. Der Strand und das Meer dehnten sich weit. Irgendwann kam auch die kleine Fischereiflotte zurück, die in der Abenddämmerung losgetuckert war: sechs oder sieben Boote, alle in einer Reihe, die Ruderboote mit großen Lampen, die hinten an ihnen festgemacht waren. Wenn es schon hell wurde, kreisten Möven um die Bootsmasten. Max stand an der Brüstung, bis das immer hellere Grau den Sonnenstrahlen und den Farben wich und der Tag anfing. Dann ging er zurück zu seinem Buch, und wenn er müde genug war, ging er nochmal ins Schlafzimmer.

In den Sommern von 1963 bis 1973 sind sie fast regelmäßig in der Villa Paraíso gewesen, nur 1965 und 1968 waren sie nicht da. Zwar gab es von Mal zu Mal Veränderungen – die größte kam 1966, als auch Cornelia dabei war und sie aus Amerika kamen –, aber sonst war es immer dasselbe. Gewöhnlich blieben sie zweieinhalb bis drei Monate. Das alles zerfließt in Max' und Gedächtnis in einen großen, langen Ferienaufenthalt.

Abends nach dem Essen gingen sie fast immer hinunter zum Wasser und „zu den Felsen". Das Haus lag an dem nach Westen hin endlosen Strand, aber im Osten ragte eine kleine, felsige Halbinsel ins Meer. Bevor die Sonne unterging, schien sie noch lange auf die riesigen Felsbrocken, die an deren Fuß lagen, teils auf dem hier recht schmalen Strand, teils schon im Wasser. Diese Felsen strömten noch Wärme aus, während die Luft schon kühl wurde. Auf einen davon lagerten sie sich dann, sahen in die bei Gibraltar untergehende Sonne und sangen Abendlieder, an die Johanna und Max sich erinnerten. Zwischendurch sprachen sie von diesem und jenem; es passierte ja immer etwas, entweder in Estepona oder in der Villa Paraíso, manchmal auch auf dem Wasser; man durfte nur nicht wer weiß was erwarten. Oft dachten sie an ihr Zuhause in Lille oder später in Amerika oder auch an Deutschland.

Selten saßen sie oben an der Straße, wo sie den Bauern zuwinkten, die nach der Feldarbeit auf ihren Eseln nach Haus ritten, nach Estepona. Bei jedem der Trippelschritte kippten die Tiere ihre Hufe zierlich nach hinten weg. Einmal kam ein Bauer vorbeigeritten, der sang mit lautem Jubel in die Landschaft hinein. Dazu warf er immer wieder eine Orange hoch in die Luft und fing sie auf. Als er dicht bei ihnen war, änderte die Orange plötzlich ihre Richtung und flog auf Johanna zu, die sie auffing. Er lachte, dass seine Zähne blitzten, und er rief „naranja!" Man konnte ja nie wissen, wie dumm die Nordeuropäer manchmal waren.

Ab und zu fuhren sie nach Gibraltar. In den englischen Kaufhäusern fanden sie vieles, das es in Estepona nicht gab. Über Serpentinen fuhren sie auf den Felsen, von wo man einen weiten Blick auf die Bucht von Algeciras und auf die Küstengebirge von Marokko hat und wo die Makaken, die Gibraltar-Affen, herumturnen. Bei ihrer ersten Fahrt lockte ein englischer Soldat einige mit einer Banane heran; sie fassten Sonja an und liefen mit ihr im Kreis. Sie war glücklich; sie muss wohl gedacht haben, dass es andere Kinder seien. In einem Geschäft in La Línea de la Concepción, der Stadt, die vor dem Zugang zu Gibraltar liegt, kaufte sich Max einen mittelgrauen, gestreiften Anzugstoff von hervorragender Qualität und brachte ihn einem Schneider, der auch in La Línea wohnte und ihm daraus einen Anzug nähte. Der saß so gut wie in seinem ganzen Leben kein zweiter.

Bald hatten sie sich angewöhnt, Siesta zu halten. Christian spielte oder las indessen auf der Terrasse. Wenn sie wieder wach wurden, kletterte auch Sonja aus ihrem Bett. Viel sprechen konnte sie noch nicht, aber die Erwachsenen wussten, was sie wollte. Sie trug in jeder Hand eine große Sandale, ließ sie vorm Bett fallen, zog am Laken und krähte: „Auf! Auf!“, wobei sie die Stimme jedes Mal wie fragend hob. Das war so durchdringend, dass sie immer schnell zum Ziel kam.

Als sie im ersten Jahr aus Estepona abfahren wollten, gab ihnen ein Bauer im letzten Moment noch einen großen Korb voll Zitronen, den Johanna bis nach Lille zwischen den Füßen hatte, weil sonst kein Platz war. Sie übernachteten in Sevilla und fuhren weiter nach Salamanca. Dort in der Nähe wurde es zum zweiten Mal Abend, aber weit und breit gab es keinen Zeltplatz und keine Pension. Ein Weg führte von der Straße zu einem Herrensitz. Sie fuhren hin, ein Mann kam aus dem Haus, seiner Kleidung nach nicht der Eigentümer; allenfalls der Verwalter. Max fragte, ob sie hier igendwo zelten könnten, der Mann zeigte auf einen Hof, in dessen Mitte ein schmiedeeiserner Brunnen stand. Überall wuchsen Gras und Unkraut, die Gebäude waren verfallen. Der Mann hielt eine Rede, in der öfter die Reichen und der abwesende Eigentümer vorkamen; dagegen bleibe für ihn und seinesgleichen nur der Erde und der Himmel. Im Sprechen zeigte er auf beides. So ist der Mann ihnen im Gedächtnis geblieben: wie er vor einer grauen Wolkenwand und zwischen Himmel und Erde vor ihnen stand, ganz allein. Nur durch seine Worte und Bewegungen war seine Gegenwart mächtig. Bevor er ins Haus ging und sie ihr Zelt aufschlugen, sagte er noch, seine Frau müsse morgen früh zum Zahnarzt, Max solle sie beide fahren.

Zur angegebenen Zeit saß Max im Auto. Die Frau in ihrer Sonntagskleidung hielt sich die Backe. Es mögen zwanzig Kilometer gewesen sein. Als sie ausstiegen, fragte Max, wo er warten soll. Nein, sagte der Mann mit Bestimmtheit, zurück kämen sie mit dem Bus. Max solle jetzt zu seiner Familie fahren.

70 Abschied

Zum vierten Mal begann das Studienjahr für Max in Lille. Weil Johanna und er vom *DAAD* unabhängig werden wollten und weil er gehört hatte, dass Lektoren im Durchschnitt vier Jahre lang auf ihren Posten bleiben, sahen sie sich nach einer neuen Arbeit um. Max hatte zwar Lust, im französischen Unibetrieb auf Dauer Fuß zu fassen, aber dazu hätte er nicht nur Franzose werden, er hätte auch in den Krieg nach Algerien ziehen müssen. Das wollte er nicht. Er wollte auch nicht nach Deutschland in den Schuldienst gehen, denn das hätte in eine heillose Routine geführt. Einmal kam ihnen ein Inserat zu Gesicht. Eine australische Universität suchte eine junge Lehrkraft. Max bewarb sich.

In der „salle des professeurs" saß manchmal ein amerikanischer Austauschprofessor und aß seine Butterbrote. Australien sei ja ganz gut, meinte er, aber in der amerikanischen Germanistik gebe es doch mehr Möglichkeiten. ‚Schon richtig', dachte Max, aber nach vier Jahren Lille und Kanalklima zog es seine Familie und ihn in die Sonne, und die, dachte er, scheint in Australien zuverlässiger als in den USA. Aber dann kam wochenlang keine Antwort auf seine Bewerbung, sodass er sich noch einmal meldete. Eines Morgens traf eine telegrafische Absage ein. Man hatte schlicht vergessen, ihn zu benachrichtigen. Nun beschlossen sie, eben doch in die USA zu gehen. Die Stelle in Bloomington, von welcher der Austauschprofessor wusste, war inzwischen besetzt, aber im German Department in Madison, Wisconsin, suchte man einen Instructor. Als Max die Stelle bekam, waren ihre Monate in Lille gezählt.

Max fuhr nach Göttingen. Er wollte mit Professor Schwertfeger über seine Dissertation sprechen und ihm versichern, dass er weiter daran arbeite. Das war ihm wichtig, jetzt, wo sie bald nach Nordamerika gingen. Sie verabredeten einen Termin, die Kollegen in der Fakultät übernahmen Max' Stunden, und er fuhr los. Er war zwei Tage unterwegs, und als er am dritten Morgen zur festgesetzten Zeit an Schwertfegers Haustür klingelte, öffnete seine Frau erstaunt die Tür: Ihr Mann sei verreist und habe nichts gesagt. Er komme erst in ein paar Tagen zurück. Das war ärgerlich, umso mehr, als Schwertfeger fuchsteufelswild werden konnte, wenn jemand nur ein paar Minuten zu spät kam, sei es ins Seminar oder zu einem Treffen. Jetzt war er im Unrecht, aber was half das schon. Max fuhr zurück nach Lille.

Sonja war inzwischen groß genug, um Christians Verbot, sich in seiner Abwesenheit über seine Eisenbahn herzumachen, diskriminierend zu finden. Sie hatte kein sehnlicheres Ziel als den kreisrunden Schienenstrang. Da nahm Johanna sie eines Tages, als Christian in der Schule war, setzte sie mitten hinein und ließ die Eisenbahn um sie herumrattern. Sie freute sich wie eine Schneekönigin. Vor Weihnachten durfte sie, in ihrem Kinderstuhl sitzend, auch beim Backen helfen. Christian bestreute die Kekse, und weil die Erwachsenen seine Spannung auf Weihnachten erhöhen wollten, ging Max ins Schlafzimmer nebenan, lehnte sich aus dem Fenster und klopfte mit dem Schrubber ans Küchenfenster. Christian sollte denken, dass es vielleicht der Nikolaus, jedenfalls irgendwas Feierliches, Erhabenes sei. Das mit dem Klopfen gelang; sogar die Scheibe blieb heil. Max war aber nicht schnell genug. Christian blickte beiläufig auf, sagte zu Johanna „da is ‘n Schrubber“, und ließ sich beim Bekrümeln der Kekse nicht stören. Dabei ist ihm der Schrubber im sechsten Stock erschienen!

Als Ostern kam, fuhren sie wieder in die DDR. Es war ihr Abschiedsbesuch bei beiden Elternpaaren; sie wussten nicht, wann sie aus Amerika wiederkommen würden. Und dann wollte Max aus Köln ein neues Auto holen, einen Ford. Den hatten sie schon vor einiger Zeit bestellt, und sie hatten es trotz ihrer Amerika-Pläne dabei gelassen, weil sie dort gleich mit einem eigenen Auto ankommen wollten.

Die Kinder wurden auf dieser Reise getauft. Was der junge Pfarrer in Sachsenbach gegen Max‘ Familie hatte, blieb allen unklar. Vielleicht störte es ihn, dass Johanna und Max nicht kirchlich getraut waren oder dass die Kinder erst jetzt getauft wurden; Max‘ Beruf war ihm wohl auch nicht geheuer. Jedenfalls spickte er seine Taufpredigt mit Bemerkungen, in denen er das Wort Goethes zu einem stehenden Tümpel degradierte, wogegen das Wort der Heiligen Schrift ein frischer Strom war. Später gab er ihnen noch eine Botschaft an de Gaulle mit: In Sachsenbach mag man ihn nicht. Vermutlich hat der Neid aus ihm geredet, denn er musste in der DDR bleiben, während Max sich mit seiner Familie wieder aufmachte. Das war wirklich keine Kleinigkeit.

Auf dem Rückweg holt Max sein neues Auto aus Köln ab. Gegen Abend sieht er sich beim Tanken in einem Kölner Vorort die verschiedenen Behälter unter der Kühlerhaube an, auch den für die Bremsflüssigkeit. Der ist leer; zu sehen ist nur das lichtdurchlässige Hellgrau des Behälters. Vorsichtig fährt er zur nächsten Ford-Werkstatt. Die Leute stehen Kopf. Sie finden es kriminell, dass Ford ihm den Wagen so übergeben hat und lassen ihn nicht weiterfahren, denn sie müssen morgen erst nachsehen, ob die Bremsleitungen dicht sind. Er muss über Nacht bleiben. Am andern Nachmittag wissen sie, dass man im Werk nur vergessen hat, die Bremsflüssigkeit einzufüllen.

Max fährt weiter und ist am Abend, es ist schon dunkel, an der Grenze zwischen Belgien und Frankreich. Der belgische Zöllner sieht aus seiner Baracke und winkt ihn durch. Nach drei Kilometern Niemandsland kommt er an den französischen Schlagbaum. Der französische Zöllner kommt aus seinem Häuschen, was ungewöhnlich ist. ‚Na ja,' denkt Max, ‚hier ist so gar nichts los, der Mann will sich ein bisschen unterhalten.' Aber dann stellt er gezielte Fragen. Warum Max mit einer deutschen Zollnummer fährt, will er wissen. Der erklärt ihm, dass er als Ausländer in Frankreich wohnt und morgen zum Zoll in Lille gehen wird, um sich eine französische Diplomatennummer geben zu lassen. Der Zöllner sieht seinen Pass an, in dem Lille als Wohnort eingetragen ist, und sagt, er müsse eine normale französische Nummer haben. Max weiß, dass er dann den Einfuhrzoll entrichten muss. Kurz denkt er daran, dem Mann von der bevorstehenden Abreise nach Amerika zu erzählen, wohin sie das Auto mitnehmen werden, aber das würde die Sache nur noch komplizierter machen. „Vous n'êtes pas en règle", sagt der Zöllner wiederholt.

Inzwischen merkt Max, dass der Geruch, den er schon eine Weile bemerkt hat, vom Zöllner ausgeht, und er kann ihn auch identifizieren: Es riecht nach Wein und Knoblauch. In seiner Not denkt er, dass man bei diesem Geruch nicht so auf seine Bestimmungen pochen sollte. Er versucht es noch einmal: Drei Jahre lang sei er mit seinem alten Auto und der französischen Diplomatennummer umhergefahren. Diese Nummer habe ihm der Zoll in Lille gegeben. Was damals richtig war, könne doch jetzt nicht falsch sein. Genau hier, an diesem Übergang, sei er mit dieser Nummer immer wieder über die französisch-belgische Grenze gefahren, und nie habe ihn jemand angehalten. Der Zöllner aber bleibt dabei: Wenn die in Lille ihm eine französische Diplomatennummer gegeben hätten, verstünden sie – entre nous – nichts von ihrem Beruf. Er jedenfalls ließe ihn nicht durch. Max müsse das Auto verzollen – er verlangt eine astronomische Summe, Max hat kaum einen Bruchteil bei sich – oder zurückfahren. Er entscheidet sich fürs Zurückfahren; er kann es ja an einem anderen Grenzübergang versuchen oder auch in Belgien übernachten und morgen wiederkommen; vermutlich ist dann ein anderer Zöllner da.

Also fährt er die drei Kilometer zurück nach Belgien. Aber diesmal kommt auch der belgische Zöllner, neugierig geworden, aus seinem Häuschen. Ist Max nicht erst vor einer kleinen Weile nach Frankreich gefahren? Was will er denn jetzt schon wieder in Belgien? Dem fällt nichts Vernünftiges ein, also sagt er die Wahrheit. Was? sagt der Belgier, der französische Zoll hat ihn nicht durchgelassen? Er soll ihm doch mal seine Autopapiere und seinen Pass zeigen. Beides nimmt er mit in seine Baracke, und als er nach abgeschlossenem Studium zurückkommt und bei Wind und Dunkelheit wieder an seinen Schlagbaum tritt, weiß er, dass der französische Zöllner Recht hat. Belgien habe ähnliche Bestimmungen, Max könne auch hier nicht mit dem falsch deklarierten Auto einreisen.

Der macht ihn auf seine beklagenswerte Lage aufmerksam, nachts zwischen den Schlagbäumen im Niemandsland, aber der Belgier sagt, das sei sein Problem, er jedenfalls lasse ihn nicht nach Belgien. Also fährt er wieder in Richtung Frankreich. Er hält im Niemandsland und überdenkt seine Lage. Die ist so belämmert; dass es eigentlich gar nichts zu überlegen gibt. Zögernd fährt er wieder los, zurück zum französischen Zöllner; er will sein Vertrauen in die menschliche Vernunft noch nicht ganz aufgeben. Der Zöllner sieht ihn, kommt wieder aus seinem Häuschen und riecht inzwischen noch penetranter nach Wein und Knoblauch. Max erzählt ihm sein Missgeschick mit dem belgischen Zoll und macht ihm klar, dass er nun auf die drei Kilometer Straße zwischen Belgien und Frankreich beschränkt ist, wo er, wenn es nach den Zollbestimmungen beider Länder geht, sein Leben irgendwann aushauchen muss. Der Zöllner überlegt ein Weilchen, erst jetzt scheint ihm die Ernsthaftigkeit des Problems aufzugehen. Plötzlich sagt er, er habe Max nicht gesehen, geht zurück in die Wärme seines Wachlokals, der Schlagbaum geht hoch, und Max fährt nach Haus.

In Lille verkauft er den Volkswagen, aber als er sich erkundigt, wie er seinen neuen Ford am besten von Spanien, wo die Familie den Sommer verbringen will, nach Nordamerika expediert, sagt man ihm, dass es gar nicht ratsam sei, einen in Deutschland gebauten Ford dorthin mitzunehmen, denn drüben baue Ford ganz andere Autos, und nur dafür gebe es

Ersatzteile. Das findet er bedenklich, aber jetzt kommt erstmal der Sommer, und wenn sie in Spanien sind, sehen sie weiter.

Die beiden verkaufen auch hier ihre mühsam erhandelten Möbel an den nächsten Wohnungsinhaber. Dann kommt eine Speditionsfirma und holt zwei Kisten ab, die sie nach Chicago schicken. Wieder hat sich einiges angesammelt. Den Rest ihrer Habseligkeiten verstauen sie im neuen Ford. Sie wollen den Sommer in der Villa Paraíso verbringen und von dort nach Madison fliegen.

71 Spanien und Abflug

In Versailles sind sie noch einmal ein paar Tage bei Marc und Yvonne. Sie müssen ihre Visa in der amerikanischen Botschaft in Paris abholen. Als Max im beigefügten Merkblatt das Kleingedruckte liest, fällt ihm auf, dass ihr Aufenthalt in den USA auf zwei Jahre begrenzt ist, es sei denn, es liege im Interesse der USA, dass sie bleiben. Das ist sicher die Lösung. Deutschlehrer werden dort gesucht; da liegt es natürlich im Interesse der USA, dass sie bleiben.

Dann fuhren sie weiter. Abends schlugen sie ihr Zelt auf wie früher so oft; die Kinder waren froh, dass sie herumlaufen konnten. Durch die lange, gerade und noch immer schmale Straße, die südlich von Bordeaux durch die Landes führte, kamen sie wieder nach Hendaye und von dort nach Irún. Unterwegs war es sonnig und trocken, und die Wolkenschatten breiteten sich wieder über den weiten, waldlosen Hügeln und Tälern Kastiliens aus. In Burgos gingen sie noch einmal in die Kathedrale, dann kamen sie an Lerma vorbei, und als sie den Wegweiser sahen, fiel Max der *Don Carlos* und die Stelle ein: „Der König hat geweint." Seltsam: Schillers Dramenfigur hatte eigentlich nur den Namen mit dieser Landschaft gemein, und trotzdem hat ihn dieser Satz nirgends so sehr erschüttert wie hier.

Sie machten einen Umweg und fuhren über Segóvia und Ávila, es war wie ein Abschied aus dem alten Europa. Dann kamen sie durch Madrid und Aranjuez, und wieder dachten sie an *Don Carlos*. Diesmal legten sich die Eingangsverse Max aufs Gemüt, wenn es dafür auch keinen anderen Grund gab als seine Sentimentalität:

Die schönen Tage in Aranjuez
Sind nun zu Ende ...

Weiter südwärts, vorbei am Gefängnis von Ocaña mit seinen hohen Mauern und dem Wachtturm dicht an der Landstraße, ging es durch die Mancha nach Bailén. Von dort führte die Hauptstraße in südwestlicher Richtung nach Cordoba und Sevilla. Sie aber fuhren weiter nach Süden, nach Jaén und Granada, wo sie noch einmal durch die Alhambra gingen. Für Sonja war es das erste Mal, sie war begeistert und fiel gleich in das Rinnsal im Löwenhof. Ab Loja eröffneten sich ihnen immerzu neue Ausblicke, und dann war tief unten wieder Málaga und dahinter das Meer.

Estepona war unverändert. Sie richteten sich in der Villa Paraíso ein, um dort die drei Monate bis zu ihrer Abreise zu verbringen. Die Hirten und Bauern kamen wieder vorbei, Lorenzo kam, die Männer von der *Gurdia Civil* in ihren grünen Uniformen und mit den napoléonischen Kopfbedeckungen unterbrachen ihre Patrouillen am Strand, bei denen sie ihre Karabiner auf dem Rücken schleppen mussten, und tranken ein Glas Casera. Tagsüber stand der Campingtisch am Strand, und die Kinder spielten in der Nähe. Mittags gab es wieder gebratene Sardinen. Johanna und Max tranken Weißwein dazu, von dem jetzt immer eine große Korbflasche in der Küche stand. Danach hielten sie Siesta, und wenn sie aufwachten, hielten sie eine Hand an die Reihe von Glasbausteinen, die Adalrik in die Wand zwischen ihrem Schlafzimmer und dem der Kinder eingelassen hatte. Auf der anderen Seite erschien dann der Umriss einer Kinderhand.

Einmal kam Christian vom Strand die Treppe herauf auf die Terrasse gerannt, schloss die Tür, die am Tag immer offen stand, drehte den Schlüssel um und lief an die Brüstung, um über Garten und Strand hinweg aufs Wasser zu sehen. „Christian, was ist denn los?“ rief Johanna, die aus dem Haus gelaufen kam. „Ein Haifisch!“ – „Und wo ist Sonja?“ – „Da unten.“ Sie schippte Sand in ihren Eimer, ganz in sich versunken. Max kam hinzu. Sie sahen, dass ein paar Delphine im Wasser spielten, dicht am Strand. Sie zeigten und erklärten es den Kindern und alle freuten sich über die Tiere, wie sie sich im Wasser tummelten.

Doch die Haifische hatten sich noch nicht aus Christians Überlegungen verabschiedet. Schuld daran war Lorenzo, der von ihnen angefangen hatte, denn es hatte wirklich mal den einen oder anderen Hai gegeben, allerdings selten und über die Jahre verteilt. Sie sagten Christian alles, was ihnen zu seiner Beruhigung einfiel und versuchten, ihm klar zu machen, dass Fische nicht auf dem Strand herumlaufen, denn gerade dieser Gedanke schien ihn zu ängstigen. Er traute ihnen aber nicht hundertprozentig: „Und wenn nun doch mal einer kommt?“ Johanna sagte lachend: „Dann bist du höflich, nimmst deinen Strohhut ab und sagst guten Tag.“ Das leuchtete ihm ein: Bürgerliche Konformität als magischer Zwang. Am nächsten Tag fragte er aber, scheinbar ganz nebenbei: „Johanna, hat der liebe Gott auch einen Strohhut?“ Sie brauchten Zeit, um das Ausmaß seiner Fürsorglichkeit zu erkennen. Dann machten sie ihm klar, dass der liebe Gott so viele Hüte haben kann, wie er will, auch Strohhüte, aber dass die Menschen und Tiere ihm auch so gehorchen, sogar die Haifische.

Einmal machten sie einen Ausflug in die Berge nach Casares. Damals wand sich nur ein staubiger Feldweg die vierundzwanzig Kilometer dorthin. Sie mussten langsam fahren, es ging meistens bergauf. Am Ende der kurvenreichen und langen Fahrt stieg ein Bergkegel vor ihnen auf, der war mit weißgetünchten Häusern bedeckt und setzte sich gegen die graubraune Landschaft ab. Die Dorfstraße war sehr eng, sie führte steil nach oben. Sie stellten ihr Auto vor dem Dorf ab und gingen zu Fuß hinauf. Vor den Türen standen Leute, die ihre schwarzen Sonntagskleider trugen. Die Stille war gespenstisch; überall wurde ihr Gruß mit getragenem Ernst erwidert. Ganz oben, auf dem Gipfel des Bergkegels, stand eine zerfallende Kirche, daneben war der Friedhof. Sie setzten sich auf eine Mauer, die schon anfing zu zerbröckeln und ganz am Rand des steinigen Kirchplatzes stand. Die Glocken begannen zu läuten, und von Zeit zu Zeit konnten sie zwischen den Häusern einen Zug von Menschen in der Hauptgasse sehen, der sich allmählich heraufbewegte. An der Spitze schritt ein Priester, dann kamen Männer, die einen offenen Sarg auf den Schultern trugen. Die Menschen, an denen er vorbeigetragen wurde, bekreuzigten sich und schlossen sich dem Zug an.

Plötzlich sah Johanna hinter sich und sah in einen unendlich tiefen Abgrund. Ganz unten erstreckte sich eine Ebene weit nach Westen hinaus. Sie zeigte es Max. Was sie vom Osten her für einen riesigen Bergkegel gehalten hatten, war nur ein halber Kegel gewesen. Unter ihnen flogen Raubvögel mit aufgespannten Schwingen an der senkrecht abfallenden Felswand hin und her. Als der Zug der Trauernden in der kleinen Kirche angekommen war und das Läuten aufgehört hatte, machte sich wieder die Stille breit. Sie waren nicht mehr daran gewöhnt, denn in Estepona rauschte immer das Meer.

Da zerriss ein schriller Schrei die Stille. Sie sahen sich erschreckt um. Mit ihnen auf der Mauer, dichter zur Kirche hin, saß eine alte Frau. Als sie noch einmal schrie, wussten sie, dass sie geisteskrank war. Die Kinder suchten Schutz; es gab so viele Fragen. Die Großen versuchten zu antworten und sahen dabei immer die unheilvolle Felswand hinunter, und manchmal hörten sie die Frau, und die Fragen hörten nicht auf. Sie blieben, bis die Leute aus der Kirche gekommen waren und die Leiche in eine offene Grabkammer in der Friedhofswand geschoben war. Es wurde dunkel; sie blieben sitzen, bis sie nach Haus mussten.

Jahrzehnte später waren Johanna und Max noch einmal dort. Eine Asphaltstraße in den Ort war gebaut worden, die Kirche und die bröckelnde Mauer waren repariert und weiß gestrichen. Touristen standen vor Andenkenläden und Jungs in Trikots droschen ihren Fußball auf dem nun gepflasterten Kirchenvorplatz immer wieder gegen die neuen Laternenpfähle. Max und Johanna blieben nur kurz.

Fünfundvierzig Jahre lang hängt über dem Kamin in ihrem Wohnzimmer ein Spiegel. Der Spiegel selbst ist nichts; der Rahmen ist alles. Es ist ein alter, vergoldeter Bilderrahmen mit Verzierungen und schwarz ausgemalten Vertiefungen, wodurch die Farbkontraste, das Gold und das Schwarz, zur Geltung kommen. Das Spiegelbild, das er einrahmt, ist oval und von einem schwarz-goldenen Schnur-Ornament umgeben. An seinen Rändern ist der Rahmen rechteckig. Dabei treten die vier Ecken besonders hervor; sie sehen aus wie die Vorwerke im Grundriss einer Festung. Die Flächen an diesen Ecken sind mit Rankenornamenten ausgefüllt. Der vergoldete Rahmen hat das Wohnzimmer der beiden immer mit einem Glanz erfüllt, als schiene dauernd die Sonne. Freilich, das Spiegelglas, das davon umgeben ist, stellt nur eine Verlegenheitslösung dar. Wenn man sich dicht davorstellt, erscheint man sich selbst in diesem Rahmen, aber das ist ziemlich lächerlich. Aus unterschiedlichen Blickwinkeln sieht man in ihm unterschiedliche Teile des Wohnzimmers. Reiner Zufall. Der Rahmen selbst ist bedeutend, nicht, was er mit seiner Pracht umgibt.

Als sie ihn kauften, stellte sich die Frage anders. Er hing in einem Antiquitätengeschäft in einer Scheune in La Línea de la Concepción, und sogleich wurden sie auf ihn aufmerksam. Damals erfüllte er eine Funktion: Aus dem Oval blickte das gemalte Konterfei des jungen José Antonio Primo de Rivera, des Gründers der Falange, der faschistischen Staatspartei. Als sie das Bild sahen, regierte der Diktator Francisco Franco Spanien noch mit eiserner Hand. Er hatte José Antonio, den die Republikaner erschossen hatten, zum Märtyrer erklärt und einen wahren Kult um ihn begründet.

Neben ihnen stand der Antiquitätenhändler. Johanna und Max konnten nicht wissen, ob er einer derjenigen war, die zu dem lebenden

Franco und dem toten Primo de Rivera hielten oder zur zunehmenden Zahl ihrer Gegner. Er war alt genug, er konnte im Bürgerkrieg gekämpft haben. Aber auf welcher Seite? Irgendwie mussten sie auf José Antonio reagieren; die Situation war politisch geladen. Max fragte möglichst obenhin, was denn das Bild koste. Der Händler nannte einen recht hohen Preis. Max fragte, was der Rahmen denn ohne das Bild koste; sie seien eigentlich nur an dem Rahmen interessiert. Der Händler lächelte vorsichtig und nannte denselben Preis. Das könne doch nicht sein, sagte Max, seinerseits lächelnd, dass der Händler für das Bild des Märtyrers keinen Preis veranschlage. Der aber antwortete, natürlich sei das Konterfei José Antonios unbezahlbar, auch ihm gehe es nur um den materiellen Wert des Rahmens. Um den handelten sie lange, bis sich ihre Vorstellungen aufeinander zubewegten.

Als nächstes mussten sie ihren neuen Ford verkaufen, denn sie hatten ihre Flüge nach Madison noch nicht gebucht, weil ihnen das Geld dazu fehlte. Weil sie das Auto aber in ihrer Abgeschiedenheit in der Villa Paraíso noch brauchten, hatten sie sich Zeit gelassen; sie glaubten nicht, dass der Handel schwierig würde. Das Auto war in Spanien nicht verzollt; deshalb kamen nur Gibraltar oder Rota, ein amerikanischer Marinestützpunkt, infrage. Sie suchten auch eine spanische Spedition, weil sie auch aus Estepona noch eine Kiste abschicken mussten, damit ihr Fluggepäck unterhalb der Freigrenze blieb.

Inzwischen hatten sie Billy und seine Frau Laura kennengelernt, die an der Straße zwischen Estepona und Gibraltar Land gekauft und mit dem Bau eines großen Hotels begonnen hatten. Eines Tages war ihnen das Geld ausgegangen; sie konnten die Baufirmen nicht mehr bezahlen. Niemand gab ihnen Kredit, und nun standen die Häuser im Rohbau da, und davor vertrockneten die hohen Palmen, die sie für viel Geld aus einer entfernten Gegend Spaniens hatten kommen lassen. Auf ihrem Briefpapier, wo ihre Suiten angepriesen waren, stand aber noch: „You name it – we have it.“ Billy war Amerikaner, Laura Deutsche. Sie kamen öfter auf die Terrasse in der Villa Paraíso, und wenn die vierköpfige Familie nach Gibraltar fuhr, besuchte sie die beiden in ihrer Hütte neben dem unfertigen Hoteleingang. Auf dem Rückweg fuhren Billy und Laura manchmal mit nach Estepona.

Billy kannte amerikanische Sodaten in Rota, die hatten an ihrem Schwarzen Brett eine Annonce mit einem Bild von dem Ford angebracht, das Johanna aus einem Prospekt ausgeschnitten hatte. Einmal kamen auch zwei Soldaten, sahen sich den Wagen an, aber es wurde kein Geschäft daraus.

Schlimm war eine Erfahrung, die Max in Gibraltar machte. Er setzte ein Inserat in die örtliche Zeitung. Eine englische Krankenschwester schrieb, sie suche ein Auto, weil sie mit ihrer Freundin das spanische Umland erkunden wolle. Max fuhr hin. Von Estepona nach Gibraltar waren es immerhin sechzig Kilometer. Die Straße war schlecht. Aber irgendwie musste die Familie ja nach Amerika kommen; Max und Johanna wurden schon nervös.

Die Krankenschwester in ihrem Zimmer im Garnisonslazarett sagte etwas betreten, dass Dr. Jones auf Max warte. Er wolle ihm einige Fragen stellen. Max ging hin. Als er eintrat, waren zwei junge Männer da, die gar nicht abwarteten, was er zu sagen hatte; vorstellen taten sie sich auch nicht. Der eine fragte unvermittelt: "Now, tell us, what is wrong with the car?" Dass er kein „old chap" anhängte, war schon viel. Max versicherte, dass das Auto in Ordnung sei, er wolle es verkaufen, weil er mit seiner Familie nach Amerika gehe. Der eine setzte ein mokantes Grinsen auf, mit dem er signalisierte, dass er Max für einen Gauner hielt, den er durchschaue. Er hatte der Krankenschwester den Kauf ausgeredet. Als Max zurückging, meinte sie, Max könne sich an sie wenden, wenn sich kein anderer Käufer finde.

In Gibraltar ging er gleich noch in ein Reisebüro und buchte die Flüge nach Madison. Man verlangte eine kleine Anzahlung. Den Rest würde er bezahlen, wenn er die Flugscheine holte.

Er kannte den jungen Mechaniker einer kleinen englischen Autowerkstatt. Den fragte er, ob er ihm helfen könne. Doch, erwiderte er, es gebe da einen Mann, der eine Mietwagenfirma betreibe und gut erhaltene Autos kaufe. Den könnten sie fragen. Gesagt, getan. Der Käufer hörte Max an, der Mechaniker sagte, technisch sei das Auto vollkommen in Ordnung, und der Engländer machte ein Angebot, das kaum unter dem deutschen Kaufpreis lag. Sie handelten ein bisschen, Max nahm ihm als Teil der Bezahlung das Versprechen ab, dass er der Familie am Tag der Abreise ein Auto schicken würde, das sie nach Sevilla bringen solle, denn von dort wollten sie nach Lissabon fliegen, dem Abflughafen ihres PanAm-Flugzeugs. Sie gaben sich die Hand darauf. Max war froh, als das geregelt war.

Nun brauchten sie einen Behälter, in dem sie ihr Gepäck, das nicht ins Flugzeug ging, nach Amerika schicken konnten. Billy wusste Rat:

Bei ihnen in der Nähe siedelten mehrere Zigeunerfamilien. Die flochten Körbe aus Weidenruten. Als sie dort mit Johanna und Max ankamen, stellte sich heraus, dass für so große Aufträge nur Agustín el Gitano in Betracht kam. So nannten ihn alle, auch seine Frau. Agustín der Zigeuner war aber nicht da; sie konnten lange rätseln, ob das Schnarchen, das aus dem hinteren Teil des Zelts drang, nicht doch seine Anwesenheit verriet, denn für sie war auch ein schlafender Agustín abwesend. Mehrmals fuhren sie hin, es war nicht weit, und einmal war er doch da. Sie fragten ihn, ob er einen rechteckigen Korb machen könne, und nannten ihm die Maße. Er schob sich die Mütze in die Stirn, um sich am Hinterkopf zu kratzen, überlegte eine Weile und meinte dann, ja, es ginge. Um den Preis verhandelten sie zäh; es dauerte lange, bis sie seine übertriebenen Erwartungen ihren begrenzten Möglichkeiten angenähert hatten.

Dann fuhren Billy, Christian und Max eines Vormittags wieder hin, um den fertigen Reisekorb abzuholen. Agustín el Gitano führte sie vor einen riesigen Korb und hob den kunstvoll gearbeiteten Deckel auf, um ihnen die Qualität vorzuführen. Er war stolz und erwartete offensichtlich ein Lob, sodass Max es nicht übers Herz brachte, den Korb zurückzuweisen. Ihm war aber sofort klar, dass sie ihn nicht nehmen konnten. Denn so groß er war, so kreisrund war er auch. Er wies Agustín darauf hin, der aber hielt das für einen Schönheitsfehler, den er erklären konnte: Hätte er die Weidenruten so scharf gebrochen, dann hätte die Stabilität gelitten. Max musste einsehen, dass er sich Mühe gegeben hatte, auch mit der Ästhetik: Abgesehen von dem Deckel, der sogar einen Griff hatte, verjüngte sich der runde Korb zur Basis hin. Max bezahlte den ausgehandelten Preis, und die drei Männer fuhren in die Villa Paraíso zurück. Oben am Parkplatz setzten sie Christian hinein, dann trugen Billy und Max das Möbel hinunter auf die Terrasse. Dort wurden sie erwartet: Johanna und Laura waren da, auch Johannas Bruder Sven und seine Frau. Die waren vor einiger Zeit aus Dudweiler in die Villa Paraíso gekommen. Jetzt saßen sie mit den beiden Frauen auf der Terrasse. Auch Lorenzo war da, sodass der Auftritt sich lohnte. Billy und Max trugen den runden Korb durch die Tür – weil die zu eng war, mussten sie ihn etwas hochkant nehmen, wodurch Christian vorübergehend in eine Schräglage geriet –, dann setzten sie ihn ab, Christian sprang auf, warf den Deckel ab wie *Jack in the Box*, und alle lachten. Natürlich mussten die beiden nun überlegen, woher sie eine Holzkiste bekamen. Irgendwie gelang das aber, und Lorenzo freute sich über den runden Korb, in dem seine Verlobte ihre Aussteuer sammeln wollte.

Als die Abfahrt der vier bevorstand, fuhren Sven und Max mit beiden Autos nach Gibraltar, um den Ford zu übergeben und die Flugscheine abzuholen. Es war noch früh am Morgen, aber der Mechaniker war schon in seiner Werkstatt. Zusammen mit ihm ging Max zum Haus des Käufers, wo sie auf der Straße etwas Geschrei machen mussten, bis er verschlafen auf dem Balkon im fünften Stock erschien und ihnen eine alte Stofftasche herunterwarf, die auf den Asphalt klatschte. Das Geld sei darin, rief er; Max solle das Auto, den Schlüssel und die Papiere dem Mechaniker geben. Der bekam sein Teil vom Geld, dann verabschiedete sich Max und ging zum Reisebüro, um die Flugscheine abzuholen. Am nächsten Morgen fuhr der Besuch aus Dudweiler ab, und am Abend kam die Spedition, um die neue Kiste mit einem riesigen Lastauto abzuholen. Jetzt hatte die Familie nur noch ihr Reisegepäck.

Am Tag der Abfahrt ging Max noch einmal schwimmen und sah auf die Villa Paraíso und die Berge im Hintergrund. Er sah ein schwarzes, herrschaftliches Auto, das durch die Toreinfahrt der Villa Paraíso einbog; es war das Auto, das sie nach Sevilla bringen sollte. Max lief hinauf, trocknete sich ab, alle vier verabschiedeten sich von Adalrik und Eivor und fuhren los.

Bis zum anderen Mittag wollten sie noch in Sevilla bleiben. Dort leisteten sie sich eine Stadtrundfahrt in einer Pferdekutsche. Christian durfte mit dem Kutscher auf dem Bock sitzen und dessen Mütze tragen. Die Gedanken der Großen waren teils im Barrio Santa Cruz, wo Max acht Jahre zuvor gewesen war, teils schon beim morgigen Transatlantikflug.

Der hatte zwei Höhepunkte: Erst flogen sie mit einem spanischen Motorflugzeug nach Lissabon, und weil sie dort ein paar Stunden Zeit hatten, nahmen sie ein Taxi und machten auch hier eine Stadtrundfahrt. In einer festlich geschmückten Kirche wurde eine Hochzeit gefeiert. Das hob ihren Lebensmut.

Der zweite Höhepunkt war ganz anderer Art und ereignete sich nach ihrer Rückkehr zum Flughafen: Als ihr Flug aufgerufen wurde, gingen sie zur Passkontrolle, und Max schob dem Polizisten die vier Pässe unter einer Glasscheibe durch. Der reagierte nicht. Auf dem Tisch hatte er drei Pässe ausgebreitet und wartete nun, wie er auf Max' Frage sagte, auf den vierten. Der war sicher: Er hatte ihm alle vier Pässe gegeben. Johanna hatte es beobachtet und sagte das auch vernehmlich. Der Polizist suchte den Fußboden und seinen Tisch ab und behauptete darauf steif und fest, er habe nur drei bekommen. Schließlich musten sie zur Seite treten, um andere Passagiere durchzulassen. Zeit verging. PanAm rief ihre Namen mehrmals durch einen Lautsprecher auf; ihr Flugzeug stehe zum Abflug bereit. Max lief zum PanAm-Schalter, um die Leute dort zu alarmieren. Zuvor hatten Johanna und Max, nur um irgendetwas zu tun, immer wieder ihr Handgepäck durchsucht. Schließlich kam ein Vertreter von PanAm. Der Polizist und sie selbst klärten ihn über die unterschiedliche Sicht der Dinge auf. Er sagte, dass er da nichts machen könne. Weil die Familie inzwischen in immer kürzeren Abständen aufgerufen worden war, sagte Max, dass er nun zur zentralen Polizeistation gehen werde. Erst als er schon auf dem Weg war, rief der Polizist ihn zurück. Er hatte den vierten Pass gefunden. Er sei ihm auf den Fußboden gefallen, sagte er teilnahmslos. Im Laufschritt wurden sie zu ihrer Maschine gebracht.

Die Verkettung der Umstände auf dem Flughafen haben sie lange nicht begriffen, zumal der Polizist den Fußboden in seiner Kabine mehrmals abgesucht hatte. Später kam ihnen der Verdacht, dass der Mann vielleicht eine Art Lösegeld erwartete und Max zu naiv war, das zu begreifen. Er könnte ihn mit seiner Absicht, zur zentralen Polizeistation zu gehen, in Bedrängnis gebracht haben. Jedenfalls war das ihr letztes Erlebnis in Europa. Erst allmählich trat dahinter das Bild Lissabons, einer wahrhaft schönen Stadt, hervor. Dann war nur noch Wasser.

Als der neue Kontinent in den Blick kam, der Pilot die Motoren gedrosselt hatte, sodass es in der Kabine still geworden war, erhob sich Christian von seinem Sitz, und damit alle es hörten, rief er, jede einzelne Silbe betonend: „Jetzt sind wir in A-me-ri-ka!“